总主编　马小红

法律文化研究

RESEARCH ON LEGAL CULTURE

第十五辑

中国传统死刑专题

Symposium on Traditional Chinese Death
Penalty

主　编　姜晓敏
副主编　张文韬

社会科学文献出版社
SOCIAL SCIENCES ACADEMIC PRESS (CHINA)

原　序
从传统中寻找力量

　　出版发行《法律文化研究》（年刊）酝酿已久，我们办刊的宗旨当然与如今许多已经面世的学术刊物是一致的，这就是繁荣法学的教育和研究、为现实中的法治实践提供历史的借鉴和理论的依据。说到"宗旨"两字，我想借用晋人杜预《左氏春秋传序》中的一段话来说明："其微显阐幽，裁成义类者，皆据旧例而发义，指行事以正褒贬。"即通过对历史上"旧例""行事"的考察，阐明社会发展的道理、端正人生的态度，记述历史、研究传统的宗旨就在于彰显复杂的历史表象背后所蕴含的深刻的"大义"。就法律文化研究而言，这个"大义"就是发掘、弘扬传统法的优秀精神，并代代相传。

　　然而，一部学术著作和学术刊物的生命力和影响力并不只取决于它的宗旨，在很大程度上，它是需要特色来立足的，需要用自身的特色力争最好地体现出宗旨。我们定名为《法律文化研究》（年刊）有这样几点考虑，第一，我们研究的对象是宽阔的，不只局限于"法律史"，从文化的角度，我们要探讨的甚至也不仅仅是"法"或"法律"。我们的研究对象包括法的本身与产生出不同模式的法的社会环境两个方面。因此，我们在考察法律的同时，要通过法律观察社会；在考察社会时，要体悟出不同国家和地区的法律特色之所在，以及这些特色形成的"所以然"。第二，在人类的历史长河中，传统文化的传承、不同文化间的交流与融合，构成了人类文明不断发展的主旋律。一个民族和国家的传统往往是文化的标志，"法律文化"研究的重点是研究不同民族和国家的不同法律传统及这些传统的传承；研究不同法律文化间的相同、相通、相异之处，以及法律文化的融合、发展规律。

因此，我们的特色在于发掘传统，利导传统，从传统中寻找力量。

在此，我们不能不对近代以来人们对中国传统法律文化的误解作一辩白。

与其他学科相比，法学界在传统文化方面的研究显得比较薄弱，其原因是复杂的。

首先，近代以来，学界在比较中西法律文化传统时对中国传统法律文化基本持否定的态度，"发明西人法律之学，以文明我中国"是当时学界的主流观点。对传统法律文化的反思、批判，一方面促进了中国法律的近代化进程，另一方面也造成了人们的误解，使许多人认为中国古代是"只有刑，没有法"的社会。

其次，近代以来人们习惯了以国力强弱为标准来评价文化的所谓"优劣"。有一些学者将西方的法律模式作为"文明""进步"的标尺，来评判不同国家和地区的法律。这种理论上的偏见，不仅阻碍了不同法律文化间的沟通与融合，而且造成了不同法律文化间的对抗和相互毁坏。在抛弃了中国古代法律制度体系后，人们对中国传统法律的理念也产生了史无前例的怀疑甚至予以否定。

最后，受社会思潮的影响，一些人过分注重法学研究的所谓"现实"性，而忽视研究的理论意义和学术价值，导致传统法律文化虚无主义的泛滥。

对一个民族和国家来说，历史和传统是不能抹掉的印记，更是不能被中断或被抛弃的标志。如果不带有偏见，我们可以发现中国传统法律文化中凝聚着人类共同的精神追求，凝聚着有利于人类发展的巨大智慧，因此在现实中我们不难寻找到传统法律文化与现代法律文明的契合点，也不难发现传统法律文化对我们的积极影响。

就法的理念而言，中西传统是不谋而合的。东西方法治文明都承认"正义"是法律的灵魂，"公正"是法律追求的目标。只不过古今中外不同的文化对正义、公正的理解以及实现正义和公正的途径不尽相同。法国启蒙思想家伏尔泰说："在别的国家法律用以治罪，而在中国其作用更大，用以褒奖善行。"西方文化传统侧重于强调法律对人之"恶性"的遏制，强调通过完善的制度设计和运行来实现社会公正与和谐。中国传统法律文化的主流更侧重于强调人们"善性"的弘扬、自觉的修养和在团体中的谦让，通过自律达到和谐的境界。在和谐中，正义、公正不只是理想，而且会成为可望也可即的现实。

就法律制度而言，中国古代法律制度所体现出的一些符合人类社会发展、符合现代法治原则的精华也应该引起我们的关注。比如，尊老恤弱精神是传统法律的一个优秀之处。历代法律强调官府对穷苦民众的冤屈要格外关心，为他们"做主"。自汉文帝时开始，中国古代"养老"（或敬老）制度逐渐完善，国家对达到一定岁数的老者给予税役减免，官衙还赐予米、布、肉以示敬重。竞争中以强凌弱、以众暴寡在中国传统文化中被视为大恶，也是法律严惩的对象。这种对困难群体的体恤和关怀，不仅有利于社会矛盾的缓和，而且体现了法律的公正精神，与现代法律文明完全一致。再比如，中国古代法律中对环境开发利用的限制也值得我们借鉴。《礼记》中记载，人们应顺应季节的变化从事不同的工作和劳动，春天不得入山狩猎，不得下湖捕捞，不得进山林砍伐，以免毁坏山林和影响动植物生长。这一思想在"秦简"和其他王朝的法律典籍中被制度化、法律化。这种保护自然、保护环境的法律法规，反映的是"天人合一"的观念、对自然"敬畏"的观念及保护和善待一切生命的理念等，而这些观念与现代法治中的环境保护、可持续发展精神也是吻合的。

在现代法治的形成过程中，从理念到制度，我们并不缺乏可利用的本土资源，我们理应对中国源远流长的传统法律文化充满信心。我们进行研究的目的，也是希望能够充分发掘传统法律文化的价值，从中找到发展现代法治文明的内在力量。

我们也应该切忌将研究和弘扬传统法律文化理解为固守传统。任何一种对传统的更新都不可能在故步自封中完成。只有在与现实社会相联系的淘汰与吸收中，传统才能充满活力，完成转型。传统法律文化也是如此，古今中外，概莫能外。

就中国法律而言，现代社会已经大不同于古代社会，我们的政治、经济环境和生活方式已经发生了巨大的变化，古代的一些法律制度和理念在确立和形成的当时虽然有其合理性，但随着时代的变迁，这些制度和理念有些已经失去了效用，有些甚至走向发展的反面，成为制约社会进步的因素。在对传统法律文化进行改造和更新时，我们要注意积极地、有意识地淘汰这样的制度和理念，注意学习和引进外国的一些先进的法律文化，并不断总结引进外国法律文化的经验和教训。近代以来，我们在引进和学习西方法律文化方面有过成功，也有过失败。比如，罪刑法定主义的确立就值得肯定。1764年，意大利法学家贝卡里亚出版了《论犯罪与刑罚》一书，对欧洲封建刑事法律制度的野蛮性和随意性提出了谴责，从理论上提出了一些进步的刑法学说，其中罪刑法定的原则影响最大。罪刑法定，即犯罪和刑罚应由法律明文规定，不能类推适用。近代以来，这一原则逐渐为各国刑法承认和贯彻。1948年联合国大会通过的《世界人权宣言》和1966年的《公民权利和政治权利国际公约》都规定了罪刑法定原则。罪刑法定主义的学说在清末传入中国，此后，在颁行的一些刑法中也得到原则上的承认。但是，由于种种原因，这一原则在司法实践中或难以贯彻实行，或类推适用一直被允许。直到1997年修订《中华人民共和国刑法》，才明确规定了"法律明文规定为犯罪行为的，依照法律定罪处刑；法律没有明文规定为犯罪行为的，不得定罪处刑"。类推适用在立法上被彻底废止，司法实践则在努力的贯彻之中。罪刑法定原则的确立，对促进中国法律的发展和提升中国的国际形象有着重要的意义。

世界文明兴衰史雄辩地证明，一个民族、一种文明文化唯有在保持其文化的主体性的同时，以开放的胸襟吸收其他文明的优秀成果，不断吐故纳新，方能保持其旺盛的生命力，保持其永续发展的势头，并创造出更辉煌的文明成果。其实，近代西方法律传统转型时也经历过一个反思传统—淘汰旧制—融合东西—形成新的传统并加以弘扬的过程。在许多启蒙思想家的法学经典著作中，我们可以看到西方法学家对中国法律的赞扬和批判、分析和评价。孟德斯鸠《论法的精神》、伏尔泰《风俗论》、魁奈《中华帝国的专制制度》、梅因《古代法》、黑格尔《历史哲学》等都对中国的法律有着精湛的论述。即使现代，西方的法治传统仍然处在变化"扩容"之中，中国的一些理念不断地融入西方法治中。一些现代欧美法学家或研究者更是将中国法律制度作为专门的领域精心地进行研究。比如费正清《中国：传统与变迁》、D.布迪等《中华帝国的法律》、高道蕴《中国早期的法治思想》以及欧中坦《千方百计上京城：清朝的京控》、史景迁《王氏之死》等。一些中国传统法律的理念，比如顺应而不是"征服"自然，弱者应该得到或享有社会公正，以和睦而不是对立为最终目标的调解，等等，在吸纳现代社会气息的基础上，在西方法治体系中被光大。如同历史上的佛教在印度本土式微而在中国的文化中被发扬一样，这些具有价值的思想和理念在中国却常常因为其是"传统"而受到漠视或批判。

因此，我们应该发扬兼容并蓄、与时俱进的精神，在融合中西、博采古今中改造和更新传统法律文化，完成传统法律文化的现代转型。

近代以来，中国传统法律文化的断裂是一个不争的事实，但是，另外一个不争的事实是，近年来，中国传统文化越来越受到社会的广泛重视，不仅政府致力于保护各种文化遗产，学术界也从哲学、史学、社会学等各个方面对传统文化进行研究。中国人民大学首创全国第一所具有教学、科研实体性质的"国学院"，招收了本科学生、硕士研究生和博士研究生，受到国人的广泛关注。此前，武汉大学在哲学院建立了"国学班"，其后，北京大学建立了"国学研究院"和"国学教室"，中山大学设立了"国学研修班"，国家图书馆开办了"部级干部历史文化讲座"。鉴于各国人民对中国传统文化的热爱和兴趣，我国在世界许多国家和地区设立了近百所"孔子学院"。2005 年底，教育部哲学社会科学重大攻关项目"中国传统法律文化研究"（十卷）正式启动，这个项目也得到国家新闻出版总署的重视，批准该项目为国家重大图书出版项目，从而为传统法律文化的研究工作注入了新的推动力。我作为项目的首席专家深感责任重大。孔子曾言"人能弘道，非道弘人"，我们希望能从传统中寻找到力量，在异质文化中汲取到法治营养，并为"中国传统法律文化研究"（十卷）这个项目的顺利进行营造学术环境，努力将这一项目做成不负时代的学术精品。

《法律文化研究》是学术年刊，每年出版一辑，每辑约 50 万字，这是我们献给学人的一块学术园地，祈望得到方家与广大读者的关爱和赐教。

曾宪义

2005 年

改版前言

《法律文化研究》自 2005 年至 2010 年已经出版六辑。时隔三年，我们改版续发，原因是多方面的。

《法律文化研究》停发最为直接的原因是主编曾宪义教授的不幸去世。此外，近年来我本人新增的"做事"迟疑与拖沓的毛病也是这项工作停顿的原因。

2004 年我调入中国人民大学不久，曾老师告诉我他有一个计划，就是用文集的方式整合全国法史研究的资源，展示法史研究成果。不久曾老师就联系了中国人民大学出版社并签订了六辑出版合同。后来，作为教育部重大攻关项目"中国传统法律文化研究"（十卷）的首席专家，曾老师明确将年刊与《百年回眸——法律史研究在中国》定位为重大攻关项目的配套工程。

在确定文集的名称时，曾老师斟酌再三，名称由"中国传统法律文化研究"改为"传统法律文化研究"，再改为"法律文化研究"。对此，曾老师在原序《从传统中寻找力量》中解释道："我们研究的对象是宽阔的，不只局限于'法律史'，从文化的角度，我们要探讨的甚至也不仅仅是'法'或'法律'。我们的研究对象包括法的本身与产生出不同模式的法的社会环境两个方面。因此，我们在考察法律的同时，要通过法律观察社会；在考察社会时，要体悟出不同国家和地区的法律特色之所在，以及这些特色形成的'所以然'。"

时光荏苒，转眼近十年过去了，当时我所感受到的只是曾老师对法史研究抱有的希望，而今天再读"原序"中的这段话，则更感到曾老师对法史研究方向或"出路"的深思熟虑。

感谢学界同人的支持与关注，《法律文化研究》自出版以来得到各位惠赐大作与坦诚赐教。近十年来"跨学科""多学科"研究方法的运用，已然使曾老师期冀的法律文化研究"不只局限于'法律史'"的愿望正在逐步成为现实，而唯有如此，"法律史"才能与时俱进，在学术与现实中发挥它应有的作用。我本人在编辑《法律文化研究》的过程中，在跟随曾老师的学习中，也认识到"学科"应是我们进入学术殿堂的"方便门"，而不应是学术发展的桎梏，研究没有"领地"与"边界"的限制，因为研究的对象是"问题"，研究的目的是解决学术和实践中的问题而不只是在形式上完善学科。

为此，在《法律文化研究》再续时，我与学界一些先进、后锐商议，用一个更为恰当的方式反映法律文化研究的以往与现实，于是便有了这次的改版。改版后的《法律文化研究》，不再设固定的主编，每辑结合学术前沿集中于一个专题的研究，由专题申报者负责选稿并任该辑主编，每一辑都力求能反映出当前该专题研究所具有的最高学术水准与最新研究动向。每辑前言由该辑主编撰写"导读"，后附该辑专题研究著作与论文的索引。这样的形式不仅可以使研究集中于目前的热点、难点问题，而且可以使更多的学者在《法律文化研究》这个平台上发挥作用。

编委会与编辑部的工作机构设于中国人民大学法律文化研究中心与曾宪义法律教育与文化研究基金会。希望改版后的《法律文化研究》能一如既往地得到学界的赐稿与指教。

马小红

初稿于 2013 年仲夏

再稿于 2014 年孟春

目　录

主编导读：中国传统死刑研究评析

姜晓敏　张文韬[*]

　　死刑制度向来是法史学界与刑法学界共同关注的话题。一方面，死刑与传统法制的其他内容相伴相生，既是研究传统刑法不可逾越的重要组成部分，是"人类社会最久的刑罚"，[①] 又与政治文明发展跬步不离——对于中国传统死刑的研究既有助于我们认识中国刑法史，也有助于我们考察传统中国政治文明的模式与流变；另一方面，死刑仍然是当今世界上包括中国在内的诸多国家共同适用的一种刑罚，历史的考察无疑有助于今人对死刑制度更加深刻的理解，也有助于解决今人基于死刑而产生的一系列学术争议与纠纷。钱穆先生曾言，"一切问题，由文化问题产生。一切问题，由文化问题解决"，[②] "研究学问，都应该拿文化的眼光来研究。每种学问都是文化中间的一部分"。[③] 探求传统死刑背后的文化逻辑，从而服务于学术认识与实践活动，正是本书编撰的意义所在。基于这一目的，下文将主要围绕四个部分展开：第一部分对中国传统死刑的内涵予以界定，这是学术叙事所应有的逻辑起点；第二部分对中国传统死刑的研究范畴与视野进行讨论，以求读者可以更加明确地判断出本书所引论著究竟能否满足自己的需要；第三部分意在对中国传统死刑的研究现状进行学术综述，对主要研究成果分门别类进行梳理，以备读者查阅；第四部分对具体论著进行内容概述与学术价值方面的举例叙说。由于笔者能力所限、版权等相关问

---

　　* 姜晓敏，中国政法大学法学院教授；张文韬，中国政法大学 2020 级法律史专业硕士研究生。

① 〔德〕布鲁诺·赖德尔：《死刑的文化史》，郭二民编译，三联书店，1992，第 1 页。

② 钱穆：《文化学大义》，正中书局，1981，第 3 页。

③ 钱穆：《从中国历史来看中国民族性及中国文化》，香港中文大学出版社，1979，第 100 页。

题，本书所引论著主要是中国大陆学者对于中国传统死刑专题的研究成果，并罗列了部分民国时期法学家的相关著述；此外，择选了三篇海外学者对中国传统死刑的研究成果，以便读者管窥海外研究之风格特点。

以下分部分进行介绍。

一　中国传统死刑的内涵

"死刑"一词，通常指剥夺犯罪人生命的刑罚。[①] 由于是以剥夺犯罪人生命这种对犯罪人而言在残酷性上无以复加的方式为处罚内容，死刑常常被视为一种相当严酷的刑罚，从而与其他刑罚有所区别。作为一种对剥夺犯罪人生命的刑罚的笼统称呼，揆诸实际，其执行必然牵扯一系列配套的具体制度，首先必然包括行刑方式、行刑时间、行刑地点、行刑人等与死刑执行直接相关的制度安排，进一步而言还应包括死刑政策、死刑复核制度、限制死刑措施等作为国家刑罚手段的死刑制度所应具备的、加持有行政或司法特征的内容，而且往往还能从中反映一个民族在一个时代所秉持的文化观念。它存在于各个国家与民族的历史之中，伴随着不同文明在政治与文化上的进步，表现出愈渐发达之貌，中华文明自然也形成了相对发达并且独树一帜的死刑制度与死刑文化，其嬗递蜕变可谓有源有流，不仅为历史上的中国人所感知、所体味，而且在今天的生活中仍能见到些许痕迹，因此中国传统死刑为近现代法学与史学学者共同关注也就在情理之中了。

死刑文明是一个民族刑罚文明中相当具有表见意义的组成部分，从其演变中似乎也可以看出某种刑罚文明的发展脉络；而一个民族的刑罚文明又无疑同政治文明存在频频的互动与深深的纠葛。约言之，死刑文明的发展脉络映射着某个民族政治文明的进退沿革。在中国早期国家形成的过程中，便已可找寻到死刑的踪迹。学界一般认为中国古代"刑起于兵"，作为"兵"的军事征伐也正可以算作一种死刑的行刑方式，"战争本身即带有翦灭、屠戮的性质，与死刑的置人于死地有相通之处。这一说法揭示了中国古代各部落之间频繁的战争对死刑产生过巨大影响，强调死刑是为了

---

① 蒲坚：《中国法制史大辞典》，北京大学出版社，2015，第1072页。

适应战争的需要而启动的，它最早的用武之地是在金戈铁马的战场上；或者说，死刑最早是从军事领域走向全社会的"。① 而无论是传说中的早期刑罚"黄帝五刑""蚩尤五刑"，还是上古三代刑罚"夏刑""汤刑""禹刑"，都将死刑作为其中的重要内容。自周代及至南北朝，死刑的执行方式更是纷繁，仅法定刑便包括斩、戮、腰斩、弃市、车裂、磬、磔、具五刑、族诛等。隋唐正式将法定死刑的执行方式规定为绞、斩两等，一直延续至明清，并使其与法外酷刑相伴而行。死刑的产生背后必然有思想理论的支撑，而传统中国的慎刑思想无疑为传统中国限制死刑的实践提供了相当的价值基础，并衍生出了一套比较完备的包括死刑复核在内的限制死刑的配套制度。以上不过是执一驭万之言，历史文献对于中国传统死刑的记载可谓卷帙浩繁，这也给学者研究留下了广阔的空间。本书旨在对学者研究进行综述索引，以备读者需要时查询，由于笔者目力不及、能力有限，本书索引论文难免挂一漏万，但力求能不失为可用。

本书所讨论的是文化层面上的死刑制度，希冀超脱仅作为刑罚制度的死刑，而将讨论的范围扩大为包括司法层面、行政层面以及思想观念层面的与死刑相关的制度与意识的总和，以求能从法律文化的角度叙写中国传统死刑。此外，本书将对中国死刑的研究限定于"传统"，即主要讨论中国近代之前的死刑制度与死刑文化，同时兼顾部分民国学者对死刑研究的成果。

二 中国传统死刑的研究范畴与视野

如前文所言，本书所指死刑的研究范畴为宽泛意义上的死刑，具体到中国传统死刑上，大体可以分为死刑种类、死刑改革、死刑文化和慎刑与死刑的复核制度四类，同时还将民国学者死刑问题研究专门归作一类，这样大致可以囊括近代以来学者有关中国传统死刑的代表性研究成果。

对死刑种类专题的讨论往往是围绕某种或某些死刑的具体执行方式展开的。其中最受关注的无疑是先秦秦汉时期的死刑刑罚。由于正处于中国

---

① 姜晓敏：《中国古代死刑的文化透视》，载《中国监狱文化的传统与现代文明》，法律出版社，2006，第 53～68 页。

法制文明发展成熟期的前夜，因此这一时期死刑的具体执行方式呈现出纷繁多样的状态。然而传世文献对于死刑具体执行方式的记载又表现出一定程度的模糊，给研究者留下了可以广泛讨论的余地。近代以来，随着出土文献的大量增加，对于部分死刑的具体执行方式的讨论更加热烈，例如车裂、具五刑、坑、弃市、戮、殊死、磔、夷三族等刑罚，成了先秦秦汉法制史研究的热门话题。隋唐时期，法定死刑正式被确定为绞、斩两等，一直延续至明清，还出现了凌迟、决重杖一顿处死等行刑方式。此外赐死一类的适用于特权阶层的死刑变通执行方式也成了学术讨论的话题。

死刑制度的演变与一个社会文明的进步息息相关，因此在中华文明向前迈步的过程中，死刑制度也经历着变革与演化，相较于对相对静止的死刑种类的讨论，死刑改革从动态的角度讨论了中华文明发展关键节点上的死刑制度的演变，其中尤其以在近代以来中国传统法制历经重大变革的过程中死刑制度的剧烈变化为学者观察所偏好。

一定的死刑制度背后总能透露出其所蕴含的文化观念与背景。"文化概念的引入有助于超越流行的普遍主义。法律是特定社会与文化的一部分；文化具有不同类型，相应地，法律也可以被区分为不同类型，具有不同的精神和性格。"[①] 一方面，学者热衷于讨论思想史与制度史互动形成的文化现象，对中国传统死刑背后的思想基础，如报应刑思想、重刑思想、功利主义思想、人性观念等，以求从形而上的角度观察；另一方面，对死刑的起源、行刑时间安排、特殊刑罚制度的法文化原理等话题的探讨，通过文化史层面的分析，往往能得出提纲挈领的新结论。因此，中国传统死刑的法文化无疑也是相当值得关注的领域。

"中国作为东方文明古国之一，死刑制度上体现了东方民族和国家法律制度的一些基本特征。在仔细分析后，可以看到虽然有滥用死刑以达到加强集权专制统治的倾向，但同时也存在一系列相应文化、价值上的困惑，即有反对滥用死刑的制度和文化上的理论。"[②] 根植于传统中国法律思想与文化精神的慎刑观念，在很大程度上影响着中国传统死刑的发展与演变，主要表现在对于不人道的死刑执行方式的反对以及对于减少死刑执

---

① 梁治平：《法律史的视界：方法、旨趣与范式》，《中国文化》2002 年第 19 期、第 20 期。
② 胡兴东：《中国古代死刑制度史》，法律出版社，2008，第 27 页。

行、完善死刑复核等尊重人权的制度的促进上。学者一方面对中国传统的慎刑思想本身进行讨论，另一方面又对慎刑思想影响下的死刑复核制度、死刑赦宥减免制度、死刑审级制度、恤刑制度投入了深切关注，尤其对明清以来的死刑复核制度投入了较高热情，历代学者步武前贤，形成了对于明清死刑复核制度研究的丰富成果。

近代以来，在西法东渐的过程中，中国在法律制度层面发生了强烈的震变；西方的社会科学理论与方法传入中国，促进了法学理论的更新，进而推动着近代中国法制实践的发展。民国学者在对中国传统死刑制度进行考察的同时，更多地开始关注死刑存废、死刑效用与大赦制度等现实问题，形成了大量的学术积累，许多讨论不仅对今天的学术发展仍具有不可替代的参考价值，同时是民国这一特殊历史时期死刑研究的学术反映，因此有必要单列一节，以备读者查询之用。

三　对中国传统死刑研究的学术综述

关于中国传统死刑的研究著作，通常包括综合研究论著、断代研究论著与兼论死刑的刑法史论著。在综合研究论著中，学者常常不仅讨论死刑制度本身，还会论及与死刑理论相关的内容。如胡兴东的《中国古代死刑制度史》（2008）较为系统地论述了中国古代死刑制度，对于死刑的适用原则、文化基础、刑种、运作机制、相关制度进行了讨论；崔敏的《死刑考论：历史、现实、未来》（2008）讨论的内容并不局限于中国古代的死刑制度，而是将之作为其中一章，从纵向与横向两个维度对我国现行死刑政策与死刑立法进行反思；杨文革的《死刑演变要略》（2011）同样对死刑理论进行了讨论，尤其对新中国的死刑发展给予了更多关注；刘春花的《向死而生：中国死刑制度改革的政治抉择》（2015），穿越中国数千年法律政治文明史，对死刑制度做了全景式观察。而断代研究论著，以直接讨论某个断代死刑制度的写法为主，如宋杰的《汉代死刑制度研究》（2015）综合运用传世文献与出土文献对汉代的死刑制度进行了讨论；石冬梅的《唐代死刑制度研究》（2018）对唐代死刑犯罪的起诉、审判和复核，死刑的减免、替代和缓刑，以及死刑的执行进行了综合讨论；孙家红的《清代的死刑监候》（2007）从思想与制度两个层面梳理了死刑监候制度的历史沿革；陆侃怡的《死刑刑事政策：近代以来死刑立法的变迁》（2015）对近代以来的死刑立法的演变进行了综述。死刑制度无疑也是刑法史研究绕不开的内容，如周密的《中国刑法史纲》（1998）、蔡枢衡的《中国刑法史》（2005）、龙腾云的《刑罚进化研究》（2014）、王宏治的《中国刑法史讲义》（2019）都在综述中国刑法史沿革的过程中论及了死刑制度，而如冨谷至的《秦汉刑罚制度研究》（2006）、连宏与赵静波的《汉唐刑罚演变特点研究》（2016）、戴建国的《宋代刑法史研究》（2008）等作品对不同断代的死刑制度也有涉及，沈家本的《历代刑法考》（1985）也对死刑制度的沿革进行了较为严密的考据。

就论文而言，从内容上粗略可以分为死刑种类、死刑改革、死刑文化和慎刑与死刑复核制度四类。

（一）死刑种类

死刑种类主要讨论死刑的具体刑种问题。

不少学者提纲挈领地讨论了死刑种类的发展变化，以通史叙述的方式为我们展现了中国传统死刑发展演变的大致脉络，如蔡枢衡的《刑法名称的由来》（1981）、许晓麓的《我国古代的死刑》（1981）、王耀虎的《浅谈中国古代死刑制度的演变及特点》（1999）、王仲修的《从野蛮走向文明——中国死刑执行方式的历史演变》（2004）、邢琳的《我国古代死刑制度的演变过程及其动因》（2008）与胡兴东的《中国古代死刑行刑种类考》（2009）等，都对中国传统死刑种类进行了罗列与综述。

先秦秦汉魏晋的死刑种类向来是学界关注的热点问题，其研究材料与研究方法的特点决定了这一时期的死刑种类具有广阔的讨论空间。如对于"坑"的讨论有郭建、姚少杰的《"坑"考》（2001）与杨艳的《"坑"之"活埋"义考》（2011）等；对于磔刑的讨论有曹旅宁的《秦汉磔刑考》（2007）、朱湘蓉的《从简牍材料看秦汉时期"磔"的含义》（2008）、石冈浩的《张家山汉简〈二年律令〉之〈盗律〉所见磔刑的作用》（2012）与连宏的《汉代磔刑考辨》（2016）等；对于弃市刑的讨论有张建国的《秦汉弃市非斩刑辨》（1996）、牛继清的《关于秦汉"弃市"的几个问题——兼与张建国先生商榷》（1997）、张建国的《"弃市"刑有关问题的再商榷——答牛继清先生》（1998）、曹旅宁的《从天水放马滩秦简看秦代的弃市》（2000）、宋杰的《汉代"弃市"与"殊死"辨析》（2015）等。其他刑种亦有所讨论，如谭世保的《"车裂"考》（1982）、宋杰的《汉代死刑中的"枭戮"》（2012）、宋洁的《"具五刑"考——兼证汉文帝易刑之前存在两个"五刑"系统》（2014）等，对于先秦秦汉魏晋的诸多死刑种类进行了细致的考证，在一定程度上形成了学术争鸣的局面，有助于更加全面细致地认识先秦秦汉魏晋的刑事立法与实践。

隋唐时期法定死刑种类正式确定为绞、斩两类。学者一方面对汉唐的刑罚制度尤其是死刑制度的演变给予了关注，如冨谷至的《从终极的肉刑到生命刑——汉至唐死刑考》（2009）、连宏的博士学位论文《汉唐刑罚比较研究》（2012）、赵久湘的《秦汉简牍法律文献所见死刑与〈唐律疏议〉死刑之比较》（2020）等，都细致地刻画了汉唐时期死刑制度所经历的演变。另一方面，学者对隋唐的具体死刑制度也进行了数量可观的专门讨论，这既包括对《唐律疏议》进行详细考证的唐律学的研究成果，如刘晓林的《"〈唐律疏议·户婚〉无死刑"辨正》（2007）、《〈唐律疏议·贼盗〉死刑律文考述》（2008）与《唐律中的"杀"与"死"》（2020），又包括一系列对唐代死刑进行综合研究的作品，如钱大群的《中国"死缓"制度的萌芽形式》（2001）、赵旭的《唐宋死刑制度流变考论》（2005）、秦艳的《唐律死刑考析》（2007）、杨二奎的《唐代死刑适用研究》（2010）、邱冬华的《唐代死刑问题研究》（2011）、黄涛的《唐代五刑实施情况研究》（2013）以及陈俊强的《唐代死刑发展的几个转折》（2019）。此外，唐代的赐死制度也成了学者关注的内容，如许仲毅的《赐死制度考论》（2003）、陈玺的《唐代赐死制度之演进与适用》（2015）。

宋元时期的死刑研究，一方面，是对宋元两朝的死刑研究，如孔学的《论凌迟之刑的起源及在宋代的发展》（2004）、卢祎的《宋代死刑制度研究》（2016）、胡兴东的《宋朝死罪分类制度及对死刑适用的影响》（2018）、凡如玉的《宋代死刑案件的审理和监督研究》（2019）与曾代伟的《蒙元法定死刑考辨》（2004）；另一方面，是对同时代少数民族政权死刑制度的研究，如刘海涛的硕士学位论文《辽代死刑研究》（2008）。

明清时期的死刑与清末的死刑制度转型同样是学者关注的重点。对于明清时期的死刑研究，唐景的《论明代死刑制度》（2010），铃木秀光、吕文利、袁野的《恭请王命考——清代死刑判决的"权宜"与"定例"》

（2009），林宁的《清代死刑案件审理程序研究》（2011），陈嘉煌的《清代凌迟刑研究》（2019）与刘任的《清代死刑制度的立法特征：基于〈大清律例〉的实证研究》（2019）等，都从不同视角进行了有益的学术探讨。

（二）死刑改革

晚清时期的中国受到西方法理论与法实践的强烈冲击，对死刑制度进行改革成了面对"冲击"所作"反应"的重要部分，"中国刑法之发展成为资本主义刑法史之一页"，[①] 死刑制度方面所经历的改革是前所未有的。

对清末死刑制度转型的研究，既包括对清末死刑制度宏观视角的研究，如许建刚的《晚清死刑改革研究——以清末修律为中心的考察》（2007）、李欣荣的《清末死刑方式的转变与争论》（2011）与赵秉志的《晚近中国大陆死刑制度演进之观察——纪念韩忠谟先生百年诞辰》（2013），同时包括微观视角的研究，如柴荣的《近代刑法人权保障功能机制的建立》（2006）、徐健的硕士学位论文《沈家本与清末死刑改革研究》（2008）与姜晓敏的《晚清的死刑废除问题及其历史借鉴》（2013）等。

此外，在传统中国也并非没有废除死刑的声音，其对死刑制度的影响与背后的思想基础也同样为学者所重视与探讨。如石冬梅的《略论唐代废除死刑的尝试》（2009）、陈银珠的《中国肉刑的废除过程对死刑废除的启示》（2011）、杰罗姆·布尔贡的《中国古代废除死刑论的得与失》（2014）等，都对这样的"声音"进行了讨论。

（三）死刑文化

"死刑首先是一种社会文化现象，其次才是一种法律现象；中国古代的死刑是由中国传统文化塑造出来的，只有借助中国传统文化的观照，才有可能使死刑问题得到更准确、更深层次的阐释。"[②] 近几十年来，学者开始更多关注死刑制度与传统文化的互动，一方面通过对传统文化的探索来检视中国传统死刑制度；另一方面通过对中国传统死刑制度的研究管窥传统文化的样貌。因而，对死刑文化研究的作品，其研究对象的外延往往会

---

① 蔡枢衡：《中国法理自觉的发展》，清华大学出版社，2005，第270页。

② 姜晓敏：《中国古代死刑的文化透视》，载《中国监狱文化的传统与现代文明》，第53～68页。

较对传统死刑制度研究的作品更加宽泛。

对于中国古代死刑制度的特点，学者往往采用贯通的视角与宏观的视野来观察。何柏生的《论中国古代死刑制度的特点》（1990）较早地探讨了中国古代死刑制度的若干特点，王立民的《古代东方死刑论》（2000）则从比较法的视角系统讨论了古代东方死刑的特点，高绍先的《重刑考》（2003）从重刑的角度切入探讨了中国古代刑罚适用的特点，徐忠明的《古典中国的死刑：一个文化史与思想史的考察》（2006）从文化的角度对死刑的起源、演变、思想进行了讨论，胡兴东、刘婷婷的《中国古代死刑适用机制初探》（2006）则综合讨论了中国古代死刑适用与制约死刑适用的各种机制，姜晓敏的《中国古代死刑的文化透视》（2011）从起源、种类、裁量、执行、废除的各个专题探讨了中国古代死刑制度的特点。

除了对中国传统死刑制度的特点进行综合讨论，学者也对中国传统死刑制度背后的思想与文化基础进行了探讨。步德茂的《死刑与儒家的公平正义——中国传统法律有关宽宥的限度》（2006），从儒家的公平正义观角度探讨了中国传统死刑的赦宥制度；陶阳、肖阳的《中国古代关于刑罚目的以及功利主义与反功利主义价值观的争论》（2007），从功利主义与反功利主义的角度探讨了中国古代的刑罚；蒋冬梅的《杀人者死的中国传统观念及其实践研究》（2008），对"杀人者死"话语的思想基础及其实践进行了讨论；赵秉志、王东阳的《中国古代死刑观念论要》（2008），对中国古代死刑的诸多观念进行了分别讨论；岩井茂树的《宋代以降死刑的诸种状况与法文化》（2008），对宋代以后的死刑制度、实践及观念进行了讨论；刘建的《清末至民国时期死刑观念变革浅探》（2009），对清末以来传统死刑观念的变革进行了专门讨论；肖洪泳的《中国古代死刑观的人性基础》（2012），对中国传统死刑背后的性善观、性恶观基础进行了讨论；刘仁文、谢青松的《论我国古代死刑制度中的人道精神》（2012），对中国传统死刑尊重人性的文化特点进行了探讨。

从具体朝代的死刑制度与实践切入探讨中国传统死刑文化，也是学者探讨死刑文化经常运用的方法。如古胜隆一的《魏晋时的皇帝权力与死刑——以西晋末的诛杀为例》（2008），从西晋末的一起死刑实践案例切入探讨魏晋的皇权对死刑实践的影响；吕丽、杨二奎的《影响唐代死刑适用的法律观念分析》（2010），从唐代死刑适用的个例管窥中国传统死刑制度适用的观念与文化。

中国古代死刑执行的时间，通常被认为透露着传统中国人对于天人关系的理解，因此无疑是适格的死刑文化的研究对象。胡兴东的《中国古代死刑行刑时间制度研究》（2008），对中国古代死刑的行刑时间进行了综合研究和概述；陈鸣的《东汉秋冬行刑的立法及其思想嬗变》（2015），就东汉秋冬行刑的问题进行了专门的考察研究。

就地正法是一种地方官员在无须皇帝批准的情况下，直接在所在地对犯人裁决并执行死刑的制度。学者一般认为，就地正法制度出现于晚清，是清政府为了应对太平天国起义后全国性的大动乱而采取的带有临时法特征的死刑政策，某种程度上正是中国传统"刑罚世轻世重"思想的实践。相关研究成果，如李贵连的《晚清"就地正法"考》（该文首次发表于1994 年，2002 年收入《近代中国法制与法学》一书时又重新修订）、邱远猷的《太平天国与晚清"就地正法之制"》（1998）与《晚清政府何时何地开始实行"就地正法之制"》（2000）、王瑞成的《就地正法与清代刑事审判制度：从晚清就地正法之制的争论谈起》（2005）、娜鹤雅的《清末"就地正法"操作程序之考察》（2008）、张世明的《清末就地正法制度研究》（2012）、刘彦波的《晚清两湖地区州县"就地正法"述论》（2012）、刘伟的《晚清州县"就地正法"司法程序之再考察》（2015）、张本照的《论清代"就地正法"之制的产生时间》（2016）、柏桦和高金的《正法与就地正法考》（2016）、娜鹤雅的《晚清中央与地方关系下的就地正法之制》（2018）等，都对就地正法制度给予了关注与探讨。

（四）慎刑与死刑复核制度

"死刑作为最早的刑罚之一，正如有些学者所指出的一样，是人类社会中最早最基本的禁忌之一——不可杀人在法律上的产物"，"死刑不管用什么理论支持都构成了对此禁忌的违背，于是各民族把死刑的适用作为重要的事情，采用相应特殊方式对此进行抵销"。① 此等特殊方式，往往体现出统治者对于死刑裁判和执行所持有的相当慎重的态度，也往往表现为系统与成熟的制度设计。

---

① 胡兴东：《中国古代死刑制度史》，第15、16 页。

对于慎刑观念的思想史表达及其与制度的互动，学者进行了深入的讨论，如赵恩龄的《漫谈中国古代法制对死刑的慎重态度》（1995）、冯卓慧的《中国古代慎刑思想研究——兼与 20 世纪西方慎刑思想比较》（2006）与吕丽的《中国传统的慎杀理念与死刑控制》（2016）等。

与慎刑观念直接相关的重要制度——死刑复核制度，在中国刑法史上可谓源远流长。丰富的史料对死刑复核制度设计的系统记叙以及司法档案对死刑复核制度实践的详细记载，都无疑给了死刑复核制度广阔的学术探讨空间。一方面，学者对中国传统死刑复核制度进行了综合性的学术讨论，主要有王立民的《中国古代的死刑复核制度及其思想基础》（2002），周国均、巩富文的《我国古代死刑复核制度的特点及其借鉴》（2005），岳悍怡的《中国古今死刑复核制度价值取向的比较研究》（2007），张明敏的《中国古代死刑复核制度的文化解读》（2008）与《中国古代死刑复奏制度的流变及其现代价值》（2008），邱远猷、王茜的《"慎刑恤杀"传统与古今死刑复核制度》（2009），徐丽的《试论中国古代死刑复核制度》（2013）；另一方面，学者对具体朝代的中国传统死刑复核制度也有专门的讨论，如沈厚铎的《秋审初探》（1998），孙家红的《论现行死缓制度与清代死刑监候之不同》（2007），王宏治的《唐代死刑复核制度探究》（2008），王一鸣的《试论明代朝审制度》（2010），王伟、高若辰的《清朝秋审与当前死刑复核程序的比较研究》（2013），高若辰、高铭暄的《清代秋审与当代中国死刑复核程序的比较研究》（2016），冯义强、王剑的《死刑适用案例指导制度的构建——以清代秋审成案机制为鉴》（2017），林晓炜、周东平的《唐代死刑复核制度之研究》（2019），何慧的《我国死刑复核制度之完善研究——以清朝秋审为视角》（2019），孙祺祺的博士学位论文《清代秋审免死减等机制研究》（2020），等等。

除了以死刑复核制度表明对死刑裁判的审慎态度外，中国古代的统治者还常常以赦免为形式对死刑案件的执行进行限制，并形成了一套完整系统的赦宥制度与赦宥传统。学者对于这一主题也不乏深入的研究与探讨，如吕友仁的《古代刑制大赦、曲赦、德音小辨》（1984）、沈厚铎的《试析中国古代的赦》（1998）、郭东旭的《论宋代赦降制度》（2001）、胡兴东的《赦宥在中国古代死刑适用中的作用》（2008）、常宁的《死刑赦免制度探析》（2008）等。

　　除死刑复核与赦宥制度外，中国传统死刑的其他限制制度同样为学者所注重与讨论，如张佐良的《中国古代限制死刑适用路径初探》（2008），胡兴东的《中国古代死刑中替代刑的运用问题研究》（2008），赵晓耕、王帅的《老弱不受刑——论我国死刑适用年龄上限的历史演进》（2014），李睿的《论终身监禁的法律性质——以中国古代的死刑减等刑为视角》（2019），等等；从具体朝代的死刑限制政策与制度中也常常可以管窥到中国传统慎刑观念的痕迹，学者的讨论如赵海龙的《两汉"减死刑"问题探析》（2014）、石冬梅的《唐代死刑的减轻探析》（2015）、刘安志的《"比古死刑，殆除其半"与唐贞观年间的死刑减免问题》（2019）、刘晓林的《传统刑律中的死刑限制及其技术策略——以〈唐律疏议〉中的"至死"为中心的考察》（2019）、张守东的《人命与人权：宋代死刑控制的数据、程序及启示》（2015）等。

　　除上述制度安排外，还有许多诉讼制度上的安排，也毫无疑问体现出了慎刑观念的影响并为学者所研究与探讨，但由于篇幅所限，本书不予列举，请读者见谅。

（五）民国学者死刑问题研究

　　民国时期中国传统刑罚体系在很大程度上趋于瓦解，取而代之的是西学传入后逐渐形成的近代大陆法系的刑罚体系，作为刑罚体系重要部分的死刑制度也因此发生了转变。作为这一转变的亲历者，民国学者对死刑制度的研究既包括对传统死刑制度的考据与解读释义，又包括对其所处时代死刑发展方向与趋势的探索与倡议。前者的研究作品，有王恩生的《唐虞夏商周刑法研究》（1926）、赵韵逸的《舜代刑法思想之一斑》（1928）、五恒颐的《汉文帝废止肉刑与中国刑制之得失》（1930）、余群宗的《死刑考》（1930）、任启珊的《论语中的刑法思想》（1933）、孙传瑗的《中国上古时代刑罚史》（1934）、董光孚的《古代苗民刑法之研究》（1934）等。后者的研究作品，一方面，在西方废除死刑风潮的影响下，学者对死刑废除的问题进行了诸多学理上的探讨，如黎楷的《论生命刑之废止及执行之方法》（1913）、庄永芳的《废止死刑之我见》（1924）、许藻镕的《不定期刑》（1924）、张树声的《我国对于死刑应否废止之研究》（1926）、黄禹裳的《死刑存废问题》（1926）、镜蓉的《死刑果有预防杀人罪之效果乎》

（1927）、潘莹的《论死刑存废》（1928）、刘之谋的《死刑与防止犯罪之效果》（1928）、孟普庆的《死刑废止之必要及其改善之方法》（1928）、百友的《死刑不应废止乎》（1928）、高鳞阁的《废除死刑论》（1929）与《死刑应否废止》（1929）、楼兴邦的《死刑存废问题与我国今后应采取之方针》（1930）、沈孝祥的《废除死刑》（1930）、徐雍舜的《废止死刑诸国的成绩》（1930）、郎云鹏的《废止死刑是否与我国国情相适合论》（1931）、陈文藻的《死刑存废问题》（1931）、林廷柯的《我国死刑存废问题》（1933）、刘少荣的《废止死刑刍议》（1933）、李海波的《废止死刑之我见》（1934）、赖班亚的《死刑存废问题》（1934）、林治衡的《废除死刑的商榷》（1934）、胡孔殷的《再论废止死刑》（1934）、仲珍的《死刑存废之我见》（1934）与居正的《死刑存废论》（1936）等；另一方面，对于死刑制度本身也进行了刑法学与法理学上的讨论，如李世杰的《死刑之研究》（1929）、待行的《死刑之阶级性》（1930）、真太的《死刑矛盾论》（1930）与蔡枢衡的《刑法文化之展望》（1933）等。同时，民国学者对大赦制度的研究也着墨较多，如胡长清的《论大赦》（1929）、顾石苇的《论大赦》（1948）、钱健夫的《论大赦及赦典》（1948）等。

四　中国传统死刑研究成果举例评析

（一）沈家本：《删除律例内重法折》（1902）

沈家本（1840～1913），字子惇，别号寄簃，清末官员、法学家。一方面，沈氏凭借其深厚的律学功底，完成了大量的历史考证工作，留下了丰富的史学、文献学、目录学、法律史学学术研究可供参引的重要著述；另一方面，官任修律大臣的沈氏也是清末修律过程中的重要代表，其本人及其著述中的思想又成了后世法史学者研究的重要专题。基于此，其于光绪二十八年（1902年）完成的《删除律例内重法折》一文，在形式上为上奏皇帝改革刑制的重要奏折，在内容上则是载有严密考证的律学作品，并已有了近代法学的诸多韵味。其中回溯了诸多死刑、肉刑的由来，并通过考证与比较的方法对这些刑种进行了批评，以此来论证刑制改革的重要性。

《删除律例内重法折》一文作为奏书，本身具有不同于现代学术形式的规范：首先在开篇就援引了光绪帝上谕，以表明作者修律乃奉旨行事；进而回溯了自修订法律馆开馆以来，作者等人在译介各国法律方面的努力，并在考察诸多法律作品后，得出了比较而言刑制罪名"中重而西轻者为多"的结论，并以此作为旅居中国之洋人逃避中国法律监管的原因。因此，基于"收回治外法权"之目的，提出"刑法之当改重为轻"，是"今日仁政之要务，而即修订之宗旨也"。而作者在考察《大清律例》后，提出刑制改革首先要删除的内容，一曰"凌迟、枭首、戮尸"，一曰"缘坐"，一曰"刺字"，并分别考证了此诸刑名的渊源与流变。其中"凌迟、枭首、戮尸"为死刑之刑种，作者在考证其源流演变后，得出了今比之古这三类刑罚或应改而未改，或适用范围反而加宽的结论，并对此等残酷死刑的实施意义进行了质疑，认为这样的刑罚既超出了惩罚罪犯应有的限度，又增加了社会的残酷心理；为加强废除此类刑罚的论证说理性，作者又引用了宋真宗有关"五刑自有常刑，何为惨毒也"以及作为帝制中国时期法典仪表的《唐律》并无此类刑罚的事实作为论据，最终提出"请将凌迟、枭首、戮尸三项一概删除，死罪至斩决而止"的意见，并提出了具体的修改建议。作者对"缘坐"与"刺字"应废除之论证方法，也大抵如此。其后，作者又以"前人之论说，既多议其残苛"，而"考诸今日环球各国，又皆废而不用"，基于法律应当"随世运为转移"的基本观点，又以日本明治维新变法而强之例证补强，最终仍落脚于变法修律的目的上。

作为清末律学的重要著述，沈家本《删除律例内重法折》一文的意义不同凡响。该文在一定程度上表现了清末律学对传统死刑研究的一种范式，同时此文又毫无疑问是与近代西方法学冲击与碰撞的结果，因此也为清末的特殊时代做了注脚。尽管以今日之人与今日之学问考察此文，该文对废除三类死刑刑种之理由的论述除带有比较法的视角外，并未超脱汉魏时人对于废除肉刑的理由的论述，但作为清末变法修律特殊时代的产物，又是以奏书形式呈现的作品，自然会有不同于今日学术的规范，将该文作为中国传统死刑研究的代表性成果之一，显然是毋庸置疑的。

（二）居正：《死刑存废论》（1936）

居正（1876～1951），早年赴日本留学，加入同盟会，南京国民政府成立后，历任国民党中央执行委员、司法院院长兼最高法院院长、司法行政部部长等职，在任期间锐意改革，在法学学术领域也颇有建树，著有《为什么要重建中国法系》等著述。民国期间，西方法学已在中国广泛传播，不但近代西方理论开始在中国政法领域有所实践，一些西方学界所关注的前沿命题也开始为中国学界所讨论，死刑存废问题便是其中重要的一项。居正1936年发表于《中华法学杂志》第1卷第4期的《死刑存废论》，即以较短的篇幅阐述了其本人的观点。

《死刑存废论》一文仅两段。第一段作者认为死刑起源于人的"弒杀之性"，它在古代中西方文明中共同存在。随着时代进化、人道昌明，贝卡里亚《论犯罪与刑罚》首倡废除死刑，之后西方许多国家相继废除死刑，未废除的国家也大多保有很低的犯罪处死率，例如，英国每年处死人数仅三十，比利时、芬兰议会多次提交废除死刑之草案，意大利更是"屡废屡复"，当时死刑的存在被作者认为是墨索里尼时代的特别法，德日亦然。在谈论了各国限制与废除死刑的现状后，作者简述了中国古代的刑制演变，并落脚于民国现行刑法独科死刑的条文仅仅四条的事实上，至此作者完成了"废除死刑为世界潮流"的论证。第二段作者又对反对废死派的诸多观点进行了回应：首先认为死刑的惩戒功能并不高于自由刑，然而执行死刑后若是蒙冤之人便无法得到昭雪；其次就教育功能而言，死刑执行也助长了社会戾气，况且死刑缺乏伸展性，更无实证数据表明死刑可以有效降低重罪犯罪率。据此，作者表明了废除死刑的态度。

居正以相当短的篇幅，分别从世界发展趋势、中国刑制演化趋势以及死刑实际效果等多个角度论证了自己支持废除死刑的主张。与沈家本一文相比，本文明显少了律学色彩，引用了更多的西方近代刑法学理论。但总体而言，该文许多观点仅仅以论点的形式提出而缺乏有效的论证，因而更多表现出提纲挈领之效而非严密论证之功，具有鲜明的时代印记，不失为民国时期死刑存废问题讨论的代表性作品。

（三）高绍先：《重刑考》（2003）

《重刑考》原载于《现代法学》2003年第4期。作者在文中对重刑的历史分别作了"制度"与"理念"上的考察，以论证重刑思想对中国传统文化观念存在深刻的影响，并最终将对这一思想的论证投射至现代中国的法制实践中来。而死刑的内容，则被作者认为是重刑的重要组成部分。

作者首先对重刑的内涵进行了限定，认为其专指"中国奴隶制刑法和封建制刑法中的严刑峻法的制度与思想"，并认为其外延包括"刑种苛繁""罚不当罪""肉刑发达""死刑残刻"四个方面，然后开始进行分别论述，论述的内容都以历史文本记载为主，以时间为轴。在"死刑残刻"部分，作者认为中国古代"死刑残刻"的反映主要包括三个方面：首先是"死刑罪名多"，作者分别引用了《汉书·刑法志》《魏书·刑法志》中对于"死罪决事比"数量的记载以及程树德《九朝律考》中的考证，证明中国古代死刑罪名之多；其次是"执行方法残酷"，作者列举了中国古代各个时期的酷刑，包括商代的"炮烙""醢""剖心"，东周秦汉的"枭首""腰斩""椹质""磔""坑""绞"等，并对"具五刑"与"凌迟"的残酷性进行了特别讨论，又对秦汉之后历代存在的法外酷刑进行了描述；最后是"族诛广泛"，作者认为"族诛"一方面"范围广"，另一方面"罪及无辜"，因此"比单个死刑更不人道"。在文章的下一部分，作者对中国古代的重刑思想进行了评析，认为"法家是绝对的重刑主义者，凡是法家都无一例外地主张重刑"，对管仲、商鞅、韩非等法家代表人物的重刑思想进行了重点阐释，并认为"性恶论"是法家重刑思想的理论支撑；相比于法家，作者认为儒家总体而言强调"德主刑辅、明德慎罚"，主张"仁政"与"刑罚适中"，但儒家的"乱世用重典"思想也包含了一部分重刑思想的痕迹，以此得出儒家"对重刑并不绝对否定"的结论；作者还记叙了中国历史上部分思想家在"肉刑存废的争论"以及"对重刑和酷刑的批判"中表现出的支持或反对重刑的观念，勾勒了中国古代"重刑"思想的大致样貌。至此，作者完成了对"重刑"在历史上的"制度"与"理念"的阐述，并开始将目光投入"重刑主义"对新中国成立以来刑事立法的影响，认为"重刑思想"的现实影响主要来源于传统中国对"刑""报应循环""自我保护"的认识。此外，作者还对"严打"政策与重刑思想的联系进行了讨论。

本文的特别之处在于，作者不但对重刑主义数个方面的特点分别进行了纵向的制度史、思想史描摹，而且打通了"历史"与"现实"的关节，谈及了传统思想的现代影响，充满了现实关怀与宏观视野。尽管总体而言，"死刑"并非本文的全部内容，但作者将"死刑"作为"重刑"主题论证的一个组成部分，从透视中国传统"死刑"中得到了更多的意蕴，并服务于对现实的批判，因此可以视作对"死刑文化"的某种阐述，非常具有启发意义。

（四）郭建、姚少杰：《"坑"考》（2001）

《"坑"考》选自《华东政法大学学报》2001年第3期。传统观点认为，"坑（阬）"是一种活埋犯人的刑罚，在战国时期的秦国与统一六国后的秦朝都曾大量施用。而该篇论文则通过大量的文献考证，论证了"坑"非但"并非秦朝所独有"，而且"也很难说是一种刑罚"，甚至"并不一定是指活埋杀人"，并对人们对"坑"的"长期误解"作出了分析说明。

全文共分为三个部分，主要包括以下内容。第一部分，作者论证了"坑"并非刑罚。首先，作者基于对史籍记载的考察，认为"坑"不见于任何一部古代法律条文，未经审判程序，也往往针对不特定数量的战俘或百姓；其次，作者举了两个少见的史籍将"坑"记载为"刑"的例证，并认为这里的"刑"也并非刑罚意义上的"刑"，而秦始皇"焚书坑儒"中的"坑"也并非秦律的规定，仅仅是秦始皇的特别处分；最后，作者提出刑罚成其为刑罚，必须具有一定的合法性或合乎时人的道德伦理观念的正义性，但史籍中记载的实施"坑"刑的人全部都是反面人物。因此，作者认为"坑"是"针对特定无辜对象的集体屠杀行为"。第二部分，作者论证了"坑"并非活埋。作者提出，史籍从未明确提出"坑"是指活埋，稍微涉及"坑"意的记载也都不是指"活埋"；从技术上考虑活埋上万人也不具有可行性；而睡虎地秦简对于"活埋"往往记为"生埋"，在其他史籍中又被记载为"生瘗"。总之，无法从史籍中证明"坑"就是"活埋"。第三部分，作者对"坑"的确切内涵提出了自己的见解，认为它是指"针对特定无辜对象进行的，并积尸于野或乱葬坑的集体屠杀行为"。具体而言，"早期的'坑'实际是将无辜者尸体堆积在地面上，而隋唐以后的'坑'有的是堆积尸体，有的是将无辜受死者的尸体扔弃于土坑之内"。作者首先指出，古代战场上将敌人的尸首进行堆积而成的大坟堆称为"京观"，而"坑"与"阬"则"不仅表示土坑，在古代这两个字还可以用于表示突出于地面的物件的意思"，因此作者提出"坑"实际上就是"京观"的另一称呼，但"京观"自古以来只能针对"淫慝大恶"之人，而类似白起杀降、秦始皇焚书坑儒、王莽杀反对者等行为则是"不义行为"，只能叫作"坑"而非"京观"。其次，"史籍中也有很多将被屠杀者的尸体扔入坑中的记载"也被称为"坑"。最后作者分析，之所以采用"坑"的形式处罚，与中国文化中"入土为安"的传统有关——"反过来凡是不能安葬入土就成为莫大的悲哀"——因此"坑"对民众拥有很大的威吓性。

对学术界似乎已经成为"定说"的观点予以质疑并提出新的观点，无疑是学术进步的重要方式，这一方面推动着学界向着更加客观还原历史的方向前进，另一方面也感召更多的人提出新的观点，促成"百家争鸣"的局面。从这个意义上来讲，这篇文章具有相当大的启发意义。当然，关于"坑"或"阬"是否能作为一种刑罚，学术界也一直存在其他的观点。①与该篇论文中的观点或应和或对立或对其进行补充，这些都构成了学术讨论的一部分。正如前文所述，该篇论文给予学人在死刑种类研究乃至整个学术研究过程中的启发意义是相当大的。

（五）胡兴东：《中国古代死刑行刑时间制度研究》（2008）

《中国古代死刑行刑时间制度研究》选自《云南师范大学学报》（哲学社会科学版）2008 年第 1 期。中国古代的死刑执行在时间上有着严格的限制，这是死刑制度的效用价值与传统中国人的自然观相互交融产生的结果。本文一方面对中国古代不同时期死刑的行刑时间进行了详密考证；另一方面又对"秋冬行刑"这一能深刻体现中国古代死刑行刑时间特点的制度与思想进行了阐发，生动地展示了制度与思想的互动与碰撞。

作者在开篇第一部分提出，"死刑的存在本身就是一个矛盾体"，因为死刑制度一方面违背了"不能杀人"的禁忌，另一方面它又有其存在的合理性与正当性，并将这一矛盾视为死刑行刑时间制度产生的重要原因，即以这样的"仪式性的行为来让决定者和执行者得到内心的平衡"。在阐明死刑行刑时间制度产生的文化因素后，作者提出，中国古代死刑行刑时间制度具有月、日乃至时辰多个维度，并分别进行了细致的源流考证。首先，时间作为中国古代死刑行刑的要件，具有消极与积极两个方面的作

---

① 如杨艳《"坑"之"活埋"义考》，《理论月刊》2011 年第 1 期。

用，即禁止行刑的时间与可以行刑的时间，在西周时便已经有了"决不待时"和"秋后执行"两类，并且当时认为执行死刑是会导致"上天不乐"的事件，印证了前文关于死刑行刑时间制度的文化因素的猜想。其次，作者主要通过讨论"禁止行刑月份"对"可以行刑月份"进行了考证，提出许多朝代的死刑执行一般是在秋分或霜降后，至冬至或立春后便不得执行死刑，且有着"决不待时"与"秋后执行"两类，接着对汉朝至清末具体的禁止执行死刑的时间与可以执行死刑的时间进行了分别考证与梳理。再次，作者对"可以行刑的日"进行了考证，并认为"在特定的日期内"执行死刑"至少在西周时就开始"了，最早的记载即《周礼》中"协日刑杀"，并从汉人的注疏"若今时望后利日也"中论证汉朝也同样形成了择日行刑的制度，其后又对魏晋南北朝、隋唐、五代、宋、金、元、明与清各个朝代关于"特定日期"的规定进行了考证。最后，作者还提出，中国古代对于死刑执行的"时辰"也有规定，并认为一般是在"天亮以后，天黑以前"进行。第二部分，作者对"秋冬行刑"制度的理论基础与具体制度进行了考证与梳理。首先，作者认为，"秋冬行刑"制度的形成，与中国传统的自然观密不可分，通过对自然界的观察，古代中国人发现了"春生秋杀"的现象，并将其视作天象，因而君主也必须"赏以春夏，刑以秋冬"，以此作为"获得福的制度保障"。其次，作者又对"秋冬行刑"在不同朝代的具体时间与散见于典籍中的具体记载进行了综述，并特别强调了"中国古代认为冬至后天气已经由阴转阳，即阳气已生，万物开始转生"，因此"秋冬行刑"并非整个冬季都可以行刑，更加鲜明地彰显了自然观与制度的互动。最后，作者还强调了上述规定设置也只是通常性规定，实际中则是"在一种灵活的选择和禁止中进行"，以达到统治者对于"功利"与"理想"的追求。

"秋冬行刑"作为中国法律史学界的通说流传甚久，但对于"秋冬行刑"的具体沿革流变的考证并不常见于学者的研究。该文则以时间为轴，梳理了不同朝代死刑行刑时间的具体内容，颇能起到提纲挈领、纲举目张之功效。事实上，作者近年来对于中国传统死刑制度的研究投入了相当大的精力，并著有包括《中国古代死刑制度史》一书以及《赦宥在中国古代死刑适用中的作用》、《中国古代死刑中替代刑的运用问题研究》、《中国古代死刑行刑种类考》在内的一系列研究成果，极大地丰富和深化了中国传统死刑研究的内容。

（六）徐忠明：《古典中国的死刑：一个文化史与思想史的考察》（2006）

《古典中国的死刑：一个文化史与思想史的考察》选自《中外法学》2006 年第 3 期。作者在开篇明白地提出了自己的写作目的：针对越来越多的学者对死刑存废问题提出的论证与见解，作者认为"法律固然是国家理性的表达，然而也有回应社会舆论和民众感情的必要"，基于平衡"法律理性"与"民众感情"之间的"微妙关系"，作者希望通过对古典中国死刑起源、演进与思想的研究，探求古典中国的"死刑传统"，以此来观察这种"微妙关系"可能的样态。

第一部分，作者对古典中国死刑的起源进行了探讨。首先，作者对"车裂、斩首、大辟不是现代意义上的死刑"进行了反驳，认为死刑的本质是死刑的"条件"与"原则"，而非死刑本身，并引用学者雅克·德里达的判断标准，认为死刑的本质特征包括"与国家主权相连""是国家形态下的制度安排与合法谋杀""公开性和可视性"，车裂、斩首、大辟符合上述特征，当然不能简单地认为其不是死刑。但它们毕竟仍与现代死刑不同，作者认为这种不同应当是"赖以存在的政治语境和思想基础"、"背后的权力技术与科学技术之间的差异"与"死刑的轻重等级"三方面的不同。其次，对于死刑的起源，作者对作为国内学界通说的"刑起于兵"说做了评述，认为"战争以及刑罚"具有密不可分的关系确实是古典中国法律诞生的一个"显著特征"，而且这并非中国特有的状况；作者继而又对《尚书·甘誓》"用命，赏于祖；不用命，戮于社。予则孥戮汝"进行了解读，提出"杀人献祭也是上古中国死刑的来源"，随着政治权力的世俗化，这种意义上的死刑才"退出了历史舞台"；作者还通过对先秦时期"复仇"的考察，提出复仇也是上古中国死刑的重要起源。第二部分，作者对古典中国死刑的演变进行了探讨。夏商周时期死刑被统称为"五刑"，据沈家本考证死刑只有"大辟"一项，但存在株连子孙的刑罚；作者还认为商代的死刑执行方式中"炮烙""醢""脯"只是一种临时刑罚，"膊、辜、轘"的执行方式中体现了"杀人献祭"的意蕴，"醢、脯、焚"的执行方式则与巫术有关，作者提出若着眼于巫术与献祭的根源，则"很难把它们理解成为现代意义上的酷刑"；至春秋战国时期，作者认为，出于组织战争的目的而建立"集权专制和技术化、官僚化的行政体制"以及"具有可预测性和可计算性的法律体系"的需要，法律体系尤其是严刑峻法体系发生变化；秦汉时期，死刑宗教色彩淡化，转而成为维护专制统治的酷刑，死刑技术也得到了简化，并出现了基于"身份等级"的"死刑的执行技术与尸体的处置方式"的不同；魏晋之后，死刑则朝着"日益简单化和人道化的方向"发展。作者同时还提到了比较法视野中对待中西死刑的态度问题，认为只有在"整个人类死刑历史发展"与"相当的历史发展阶段"中比较中西死刑才显得公允。第三部分，作者对古典中国的死刑思想进行了探讨。作者以上帝戒律与人间法律的关系为例，提出了"人的观念与死刑的关联"的重要命题，并依序讨论了死刑与夏商"神本"思想、西周"以德配天""敬天保民"思想、孔子的"仁学"思想、法家"轻罪重罚"的思想以及中国传统宇宙秩序观的关系，认为这些学说都"没有排斥适用死刑的可能性"或为死刑的存在提供了"正当性"。第四部分，作者还简要列举了关于古典中国死刑思想的其他丰富论述。

作者以天马行空的思绪与旁征博引的论证梳理与解读了古典中国死刑的起源、演变与思想，论述了死刑在中国古代的存在所具有的"正当性"，并暗示了这种"正当性"对今天的中国人仍然有影响，这在今天学者探讨死刑存废问题中也有体现。也正因为如此，作者不仅叙写了死刑制度与思想在中国古代的互动，还打通了观念史上古代与今日的关节，尽管作者自己也写明了本文毕竟所引文献仅仅为历代基本法律，并不能将古代中国死刑制度阐述得面面俱到，但其仍无疑是从文化史角度观察中国古代死刑制度研究的优秀作品。

（七）〔法〕杰罗姆·布尔贡（Jérôme Bourgon）（中文名"巩涛"）著、李滨译：《中国古代废除死刑论的得与失》（2014）

《中国古代废除死刑论的得与失》选自《环球法律评论》2014 年第 6 期。作者对一些"反对死刑的人士"将 747 年唐玄宗颁发的有关废止死刑的敕令视为"历史上最早废除死刑的实践"进行了驳斥，经过全面考察后，认为死刑并没有因此而废除过，并进行了详细的解读。

作者在开篇即列举了一些"反对死刑的人士"所持有的这样的观点，

并认为这样的观点"被西方学者的兴趣和研究方式扭曲了"。尽管作者肯定了"中国是最早并且是唯一出于人道主义的动机宣布废除一系列肉体刑罚的国家，将对人身的尊重确立为一项基本原则"，但仍然认为唐玄宗在747年颁布的敕令"显得滞后而且作用有限"。全文一共分为两部分，第一部分作者对747年废除死刑的敕令进行了重新审视与解读，第二部分作者对公元前167年汉文帝废除肉刑的诏书进行了考察。在第一部分中，作者分别列举了《维基百科》关于"死刑"的词条、美国历史学家查尔斯·本（Charles Benn）的观点，表明将747年有关废止死刑的敕令视为历史上最早的废除死刑的实践的观点确实存在，接着又举出保罗·拉契纳夫斯基（Paul Ratchnevsky）的观点，以此与查尔斯·本的观点进行对比，进而提出了作者的认识："所谓废除死刑实际上是用其他刑罚来代替死刑，即用实施重杖来代替绞刑和枭首。"作者列举了《旧唐书》中有关747年敕令的记载，其中"大赦天下，除绞、斩刑，但决重杖"是作者主要解读的内容，并认为这段文字并没有出现在《刑法志》而是记载于编年史部分，因而"更具有宗教和仪式的性质，而并非法律的性质"。作者接着提出两项可商榷之处，中国古代皇帝经常性地采用赦免的方式法外施恩，《旧唐书》的这段文字记载有可能是在赦免的框架下作出的；而"重杖"并未出现在刑罚的分类中，"但决重杖"应当认为是"仅执行重杖"的意思。作者又举出马端临《文献通考》的记载，从"杖，古以代肉刑，或犯非巨蠹而捶以至死"解读出尽管废止了绞、斩刑，但死刑仍然可以通过杖刑实现；又有刑部尚书班红于782年对皇帝的奏疏写有"重杖既是死刑，诸司使不在奏请决重杖限"，作者认为这正是在所谓的"废除死刑"后，"重杖"成了适用于一般犯罪的死刑执行方式；马端临更是在书中指出，经历一段时间后杖刑次数便不再由立法加以限制，从而转变为了一种事实上的死刑。作者在第一部分的最后，得出了结论，"由于继续实施重杖的原因，死刑从未被废除过"，同时也指出"死刑废除是一个显著同时又非常复杂和充满矛盾的过程。历史上曾出现过许多废除死刑的实践，那些先前已经被废止了的死刑又常常在后来的实践中被再次废除，这就使人们不得不怀疑每一次死刑废除实践的实际效果"，并认为公元前167年汉文帝肉刑废除过程对古代君王的废除死刑决策影响较大。第二部分，作者则再现了汉文帝刑制改革的过程，以及肉刑废除后在魏晋南北朝时期的复废争论，以此论证死刑废除过程与肉刑废除一样是"一个持续或至少是不断重复的运动"，而中国古代的死刑废除运动并未取得成功，而是一种"不断重复的尝试"。

该文是西方汉学界的中国法律史研究成果，读者可以直观感受到这篇文章与本书收录其他文章学术规范与写作风格之不同。作者在文中更具天马行空的联想力，并时时将中西法制史作对比，凸显西方汉学家法律史研究的立场与风格，这正是该文的特别之处，可以让读者管窥西方汉学家的法律史研究样貌。

（八）张建国：《秦汉弃市非斩刑辨》（1996）

《秦汉弃市非斩刑辨》选自《北京大学学报》（哲学社会科学版）1996 年第 5 期。针对沈家本在《历代刑法考·刑法分考》中将汉代"弃市"考证为斩刑并认为至晋朝"弃市"的执行方式才成了绞刑，而程树德《九朝律考·晋律考》认为沈氏关于魏晋时弃市已经成为绞刑的论断并不合理，作者则认为，如果将绞刑作为一种执行方式而不仅仅是刑名，则"至少秦汉时可能已经存在，其刑名就是弃市"。

作者首先指出，《后汉书·章帝纪》记载："其改建初九年为元和元年，郡国中都官系囚减死一等，勿笞，诣边县，妻子自随，占著在所。其犯殊死，一切募下蚕室，其女子宫。"从中可见，汉代的死刑有殊死与非殊死之分，在死刑仅有枭、斩、弃市三种的情况下，如果认为"弃市"以斩刑为执行方式，那么殊死就包括了全部执行方式，则诏书没必要将"殊死"单独列出，完全可以像其他诏书一样统称"死罪"，此为弃市刑不同于斩刑的一个论据。又《后汉书·吴祐传》有记载孝子毋丘长犯死罪，为报答胶东侯相吴祐恩情，在"冬尽行刑"之日"投缳而死"。沈家本将此视为自缢，而作者引用《居延新简》中的记载，认为秦汉时期监狱管理制度已相当严格，不可能给囚犯自缢的机会，而如果有这样的机会，西汉周亚夫则不必选择绝食自杀；而"冬尽行刑"是冬天最后一天，应当是行刑之日，因此毋丘长主动就刑戮也情有可原，此为汉时绞刑存在的重要论据。作者又引用了汉人刘熙《释名》记载："砍头曰斩，砍腰曰腰斩。"又云："市死曰弃市。市，众所聚，言与众人共弃之也。"作者认为，如果弃市就是斩首，那么刘熙就应当有所说明；而张斐《注律表》有，"枭首者

恶之长，斩刑者罪之大，弃市者死之下"，刑名与秦汉并无不同，说明
"无论是从名称或死刑等级皆非魏晋的创制"；而如果如沈家本所言"弃
市"在魏晋发生了变化，那《晋书·刑法志》就不应该没有记载。因此，
作者得出结论，如果推定"弃市"为绞刑，则上述记载都可以得到解释；
并且作者认为弃市后更名为了"绞"，但行刑方式并无变化，所以习惯上
仍有沿用前代旧名称的记载，如《隋书·刑法志》又记载"乃命盗一钱已
上皆弃市"；至于沈家本所引论据——郑玄为《周礼》记载"掌戮，掌斩
杀贼谍而搏之"作注"斩以斧钺，若今要斩也。杀以刀刃，若今弃市也"，
作者认为郑氏并非对执行方式进行类比，而是单纯强调刑等的差别。

先秦秦汉时期的部分刑名，一直是法律史学界讨论的热点问题，这样
的讨论无疑会使读者越来越接近历史的真相、得出更可靠的结论。作者对
于"弃市"刑的考证，可谓精细严密，不仅使读者对"弃市"的理解有所
增进，同时也为读者研究秦汉刑种提供了一种方法论的启示。至于学界对
本篇论文论点的批评，则可参见宋杰的《汉代"弃市"与"殊死"辨析》
（《中国史研究》2015 年第 3 期，作者在文中详细考察了"弃市"与"殊
死"两个与汉代死刑制度密切相关的名词，同时又对包括张建国先生所述
观点在内的学界的其他观点——尤其是"秦汉弃市专用绞刑说"——进
行了辩驳，作者不赞同"秦汉弃市专用绞刑说"，而是主张传统的"弃市
斩刑说"，与张建国先生的论文可对照研读）。

（九）〔日〕富谷至著、周东平译：《从终极的肉刑到生命刑——汉至唐死刑考》（2009）

《从终极的肉刑到生命刑——汉至唐死刑考》选自《中西法律传统》
第 7 卷（北京大学出版社，2009）。作者将秦汉至隋唐的死刑刑种的演变
解读为"从终极的肉刑到生命刑"的变化，并认为秦汉直至清朝，"中国
法定正刑的死刑仅有腰斩、斩（首）、绞（首）三种"，执行方式较为简
单，残酷性也较世界其他地区淡薄。作者在该文中动态地考察了死刑刑种
的流变。

作者将全文分为五个部分，主要包括以下内容。第一部分，作者对汉
代的死刑进行了考证。作者认为，秦汉时代的法定死刑正刑主要包括枭
首、腰斩与弃市，并表达出与前述宋杰先生同样的对"秦汉弃市专用绞刑

说"的反对态度，并对绞刑与弃市刑进行了考辨。作者通过考证，提出与"hang"这样的吊死不同，绞刑主要指"strangle"这样的"绞紧首级至死"的行刑方式，而与此有关的"经""绞""缢"在秦汉典籍中都限于他杀与自杀意义上的杀害，并非秦汉死刑的执行方式。作者又对弃市刑为斩首刑的观点提供了论据。首先，作者列举了传统观点常常引用的郑玄在《周礼》中的注与刘熙在《释名·释丧制》中的解释；其次，作者引用《陈蕃传》中将"弃市"与"欧刀"相连的记述，以及青铜器图像、汉代画像砖等材料中斩首常常出现类似于"市"的娱乐场所的情形，认为这些都证明了汉代弃市的执行方式是斩首。作者又对"磔、枭首、车裂、腰斩、弃市"几种刑罚进行了考释，认为磔刑是"张其尸、遗体而晒之"的刑罚，枭首刑是适用于特殊犯罪的"如曝晒枭这种鸟的头部一样"的刑罚，车裂刑是用车牵引人的身体致其开裂的刑罚，并认为磔刑与车裂刑在"使人见其遗体而加深印象"的目的方面有所交集；源于战争杀戮行为的斩刑，被作者认为是"古代刑罚的根基所在"，并对上述刑罚进行分类，将腰斩、斩首、弃市分为"杀害方法"的一类，将车裂、磔、枭首分为"杀害后尸体的处理方法"一类，并认为后者是"中国自古以来持续的死刑原理和性格的固有表现"；作者又将秦汉的死刑放在上古"五刑"——墨、劓、剕（刖）、宫、大辟与秦汉"五刑"——黥、劓、斩趾、宫、死的体系之中解读，认为之所以将死刑放于其中，无外乎死刑也是毁损身体的一种刑罚罢了，死刑是作为"切除身体"部分逐渐加重而达到的肉刑的"极致"形态，枭首、磔刑不过都是附加的死刑而已。由此，作者完成了死刑在秦汉时期为"终极肉刑"的论证。第二部分，作者对魏晋的刑罚进行了考证。作者通过对比同样的罪名在秦汉文献与《唐律疏议》中的具体处罚，认为从汉至唐"量刑为腰斩刑的犯罪变为斩首，而原来应处以斩首刑的犯罪则处以绞刑"，而通过考察魏晋文献，作者认为"绞刑"无疑是魏晋的法定正刑，但并非如沈家本所认为的是"弃市"在魏晋历经演变的结果，认为传统观点所引用的魏晋文献过于孤立。作者通过《三国志》与《晋书》中的记载，提出"魏晋的死刑与汉代相同，依然以腰斩和弃市（斩首）为法定正刑，在这个阶段，尚未将绞杀刑作为死刑之一"。第三部分，作者对绞杀刑作为北朝死刑而出现的历程进行了叙述。作者认为绞杀刑作为法定正刑的出现始于北魏太武帝神麚四年崔浩制定律令，并与"腐刑""镬刑""焚其家""负羖羊抱犬沉诸渊"等刑罚一同出现，而绞杀刑在北魏以前并未作为正刑出现，却在拓跋部落建国时期的法令中有所规定，作者因此提出了推测，认为绞杀刑应当是作为少数民族具有宗教意义的献祭方式出现，而在北魏胡汉融合的过程中成了中国刑罚的正刑，在孝文帝太和初年正式确立了枭首、斩首、绞首三等死刑。第四部分，作者对北齐、北周至隋朝的死刑演变进行了考证，主要观点是，北齐、北周在继承北魏创立的死刑体系中，在"杀害方法"中都保留了绞、斩刑，其他死刑刑罚则是"杀害后尸体的处理方法"一类；在隋唐"杀害后尸体的处理方法"一类在法定刑上被予以废除，作为"杀害方法"的绞、斩刑的死刑体系则被保留了下来。至此，作者完成了对于汉至唐死刑演变的考释。第五部分，作者还提及了南朝的死刑制度，认为其仍然是沿袭汉晋的死刑制度。在"结语"中，作者重新系统地概括了自己的观点，其核心观点是"秦汉以来存续的刑罚理念被南朝继承而归于终焉。此后的隋唐直至清末的死刑乃至中国的刑制，应是胡汉融合的刑罚"。

该文与前述张建国先生、宋杰先生的两篇论文均包含了丰富的对于"弃市"等刑罚的考证，不同之处在于，前两篇论文以对刑罚的具体内涵进行考证为目的，该文则是将相关考证作为论证作者论点的一部分而展开，提出了一种解读秦汉以后法定死刑体系形成历程的新思路，无论是考证还是解读的精彩程度，都令人惊艳；同时，读者将该文与前述两篇论文结合阅读，足可管窥学术争论的一个侧影，并了解对相同材料进行运用与解读的不同范式。

（十）陈俊强：《唐代死刑发展的几个转折》（2019）

《唐代死刑发展的几个转折》选自《中华法理的产生、应用与转变》2019年12月出版。作者在文中重现了唐代死刑废兴的过程，并将目光主要着眼于前期的太宗朝，中期的玄宗朝与后期的德宗、宪宗朝三个时期，通过详细的考证，在叙述了唐代死刑发展几个转折后，又对几个具体的问题提出了自己的见解。

作者将文章内容按照时间分为三个部分，主要包括以下内容。第一部分，叙述了唐初死刑的革新。唐朝的法定死刑——绞、斩刑承自隋代，作者认为两等死刑的安排是为了附会阴阳学说，即以偶数作为阴数配合其他四种阳数的刑罚实施；对于绞、斩二等的划分，作者又解释道，斩刑重于绞刑是由于古人"身体发肤，受之父母"的理念，身首异处既违反孝道，同时会使灵魂失去居留场所。对于唐太宗削减死刑改施加役流刑这一法律史上的重要事件，作者也予以重现，在对该事件发生在贞观朝而非武德朝进行考证之后，又对该事件的参与者进行了考辨，并提出经过这一变革唐代基本确立了"继承隋制而又有别隋制的唐代法制"。第一部分的最后，作者又叙述了唐代覆奏制度建立的过程，认为这一系列的改革措施无不体现出唐太宗对于死刑的关注与执行死刑的慎重。第二部分，作者叙述了唐玄宗废除死刑的尝试。作者首先提出，在玄宗登基以来一直到开元晚期，死刑都"备而不用"而没有得到真正的执行，这主要是因为判处死罪的罪犯都以"免死配流"的方式予以执行，并认为此类"贷死之刑"主要包括流刑与杖刑，具体又包括"流远恶之处""长流""决杖与决重杖"。"流远恶之处"是流放至边远险恶之处，且有超过七成流放至岭南远恶处；"长流"始于高宗朝，是皇帝以"别敕"方式来处断死罪，遇常赦也不在宽免之列，是对严重恶行者一律杖决六十后长流至岭南远恶处，对于普通死罪犯决杖一顿后并流岭南；"决杖与决重杖"是在常法外对犯人施刑。作者认为，三种刑罚配合实施，加上皇帝不时地大赦天下，导致了"市无刑人"局面的出现。也正是在这样的背景下，作者引用了巩涛在《中国古代废除死刑论的得与失》中引用过的文献，对玄宗废除绞、斩刑进行了评述，认为玄宗实质上是以"重杖配流岭南"代替死刑执行，使死刑"虚刑化"的同时实际上也导致了许多犯人被"杖杀"，并引起了朝臣的争议；在"安史之乱"发生后，肃宗对参与叛乱的朝臣进行了"腰斩""斩""赐自尽""重杖"等处决，但作者认为这并非宣告了死刑废除的失败，而只是一种临时举措；玄宗死刑废除尝试的正式结束是在肃宗上元二年（761 年），刑部从刑罚体系的混乱、帝王赦宥时带来的不便、重杖时的内外有别几方面抨击了玄宗死刑废除的措施，肃宗最后下旨恢复法定死刑。第三部分，作者叙述了唐代后期死刑的发展。德宗朝时，创制了重杖决死之制，适用于除十恶中前四恶的犯罪，实质上减轻了死刑执行；宪宗朝时又创制了"免死配流天德军"的贷死之刑，后又明确规定配流期限为 6 年，适用于除大逆与杀人外的其他死刑犯罪，这样的死刑局部的"虚刑化"，在作者看来仍是某种意义上的"废死刑"。回顾唐代死刑废复的整个过程，作者认为，它并非一蹴而就，而是一直向着"废死刑"的方向前进，一系列的措施也落实了皇帝"好生之德、哀矜人命"的精神。

与其他论文主要研究具体死刑问题不同，该文将对于具体死刑问题的讨论融入对唐代死刑废除过程的叙述，在对死刑议题进行探讨的同时，也给读者提供了一种历史叙事的写法启发，具有独特的学术风格，论述细腻，展现了作者深厚的研究功力。

（十一）刘晓林：《唐律中的"杀"与"死"》（2020）

《唐律中的"杀"与"死"》选自《政法论坛》2020 年第 3 期。"杀"与"死"是《唐律疏议》中的高频词，作为犯罪行为的"杀"与作为行为结果的"死"本身又在律条中呈现密切的联系，基本可以表述为"杀就是死，死并非杀"，作者在文中即对这种关系进行了讨论。

作者的讨论主要分为四个部分，具体内容如下。第一部分，作者对"杀"与"死"在唐律中的分布与特征进行了量化统计与探讨。从篇章结构的分布角度考察，"杀"与"死"在律内各篇的分布高度重合，无论是频次最高的几篇还是最低的几篇，且"杀"与"死"表述较为集中的篇目也常常与相关篇目设立的宗旨"相契合"，如《名例》《贼盗》《斗讼》等；从律条结构的分布角度考察，在"律""注""疏"三个部分中，"杀"与"死"的分布也呈现高度重合。上述现象反映了"杀"与"死"两个法律术语之间的内在关系，而由于律内并未出现"杀死"与"死杀"等连用的形式，因此，这样的关系具有探讨价值。第二部分，作者对"杀"与"死"作为立法语言的含义与用法进行了研究。"杀"在唐律中绝大多数特指"杀人"，亦有部分"杀"指"杀牲畜"且主要集中于《厩库》篇内；同时"杀"作为"死刑"意也见于唐律，但多为一般意义上的描述，与针对具体犯罪行为的死刑适用并无直接关系；"杀"作为"消减"意，特指服制与亲缘关系的消减，表述形式如"尊卑降杀""情有降杀""恩情转杀"等。"死"作为"剥夺生命的刑罚"是在唐律中的主要用法，"死罪"是最主要的表现形式，表"死刑"、犯罪结果与死亡状态的用法也同时存在。第三部分，作者对"杀"与"死"在律条内重合的关系进行了讨论。首先，作为犯罪行为的"杀"与作为刑罚的"死"之间的关系，即"杀人者死"的用法，在唐律中有所表现，但并非针对杀人行为定

罪量刑的主要表现，这是因为一方面死刑适用需要指向具体的刑等，如
"绞""斩"等，另一方面也并非所有的杀人行为都处以死刑。其次，作为
犯罪行为的"杀"与作为行为结果的"死"之间的关系，"杀人→行为对
象死亡"的情况很少出现，更多的是"行为对象死亡→杀人"，因为往往
只有在行为对象"死亡"时才会构成"杀人"，针对行为对象的"死亡"
直接量刑的情况也大量存在，但从表现形式上并不能看出"致死"与按照
"杀人"定罪量刑的直接关系。第四部分，作者对以"死"比附"杀"定
罪量刑的逻辑及其渊源进行了讨论。这样定罪量刑的逻辑即"杀就是死，
死并非杀"——以"杀人"定罪量刑一定是行为对象"死亡"，但行为对
象"死亡"并不意味着一定按照"杀人"定罪处刑。而对"杀"与"死"
呈现的相互联系，作者认为与秦汉律有关——尽管作者在考察秦汉律后，认
为秦汉律中"杀就是死，死就是杀"，在随后发展的过程中行为人的主观心
态对于定罪量刑的影响逐渐强化，"行为对象'死亡'的结果与行为人的
主观心态相结合，共同表现出其不同于'杀人'的独立定罪量刑意义"。

在今天的部门法研究中，不乏通过量化统计分析法律条文内在逻辑与
思想原理的学术成果，而该文作者将量化分析的方法运用到唐律研究中，
同样为读者提供了一种方法论的启示：在各种法史典籍文本的分析中可以
尝试运用更多的社会科学方法，想必会得出更加合理的、深层次的认识。
该文的启发价值正在于此。

（十二）王宏治：《唐代死刑复核制度探究》（2008）

《唐代死刑复核制度探究》选自《政法论坛》2008 年第 4 期。死刑复
核制度是中国传统死刑制度的重要设计，是促进司法公平、维护皇权专制
的重要制度安排。作者认为中国古代死刑复核制度主要有三个特征：只针
对死刑案件、程序的法定化和由国家最高权力机关履行。作者认为唐代死
刑复核制度的产生与唐初君臣总结隋代法制败坏而亡的教训密不可分，武
德年间即将审慎死刑融入了法制建设；唐太宗在错杀张蕴古后，将死刑复
奏制度编入《唐令》。唐初执行死刑人数较少的现象与此制度安排与思想
观念不无关系。

作者在文中主要对唐代死刑复核的六个主体进行了讨论。第一个主
体，是履行司法复核职能的刑部。刑部是常设的死刑复核机关，即使是贞

观以后改由中书省、门下省复核死刑，刑部的复核权仍然被予以保留。实际的案例也反映了刑部复核的效果。刑部复核死刑的结果，除了减刑外，还存在加重刑罚的可能。刑部复核所考虑的因素，除法律规定外，还包括政治、经济方面的影响。唐代确立的刑部死刑复核制度对后世影响颇深，元、明、清都由刑部主持死刑复核。第二个主体，是履行立法复核职能的门下省。唐太宗时，在刑部复核的基础上，增加了中书省、门下省的复核程序，并将相关诏命编入了《狱官令》。门下省复核死刑，主要是基于"出帝命"的考虑。具体执行职务的是给事中，而隶属于门下省的谏议大夫也会参与门下省的死刑复核活动。门下省在复核死刑的过程中，还承担着修改现行法律的特殊任务。第三个主体，是同样承担立法复核职能的中书省。中书省的死刑复核具体工作主要由中书舍人承担，中书舍人常常与给事中、御史组成"三司"复核冤滞案件，甚至在穆宗时还会出中书舍人一员参酌死刑案件审理。第四个主体，是承担行政复核职能的尚书都省。尚书都省是尚书省的总办公厅，在唐初有相当多的工作是关于狱讼方面的事务。中唐以后，随着尚书仆射地位降低，尚书省在司法方面的职能也有所限缩。尚书左丞与尚书右丞是具体负责从事司法监督工作的官员。尚书都省主要管辖徒刑以上的案件，左右丞勾徒刑，左右相判流刑和死刑。也就是以勾、判的方式对死刑进行复核。第五个主体，是承担监察复核职能的御史台。出于履行监察职能的需要，御史台在遇到重大案件时，也会参与到死刑的复核之中，常常与中书省、门下省组成"三司"参与司法活动与复核死刑，最早的"三司推案"的案例即高宗年间的李义府案，后渐成制度。第六个主体，是握有最高死刑复核权的皇帝。皇帝常常分别以亲自或派员"录囚"、死刑复奏、百姓向皇帝直诉以及"赦"的形式，参与死刑复核，强化君权专制与中央集权。

在法制史研究中，制度的研究离不开研究主体的确定。作者便通过细密的考证，对唐代死刑复核制度主体的人员组成、运作方式、设立目的与实际效果进行了提纲挈领的叙写，达到了纲举目张的效果。在叙述手法上，作者在阐述制度设计的同时，与实际运作中的案例结合起来，叙事又与史论结合，丰富了制度讨论的维度与厚度。该文不失为一篇死刑复核制度研究的佳作。

（十三）陈玺：《唐代赐死制度之演进与适用》（2015）

《唐代赐死制度之演进与适用》选自《华东政法大学学报》2015 年第 4 期。唐代明确将斩、绞二刑作为法定死刑，但对于部分官僚贵族的犯罪，赐死作为一种制度也同时存在，并在唐代得以完善。赐死制度"内容繁杂，程序严格，牵涉广泛"，对律令规定有所变通。这样的赐死制度可以追溯到西周时期贵族犯罪的"八辟"原则与甸师氏秘密处决的制度，唐代更是在"尊奉古礼，优崇衣冠"原则的指导下，将"五品已上犯非恶逆以上，听自尽于家"的规定载入《狱官令》。作者则对唐代赐死制度的执行程序、实质规则、涉案罪名与特征进行了考察。

作者以上述四个问题将全文分为四个部分。第一部分，作者对唐代赐死制度的执行程序进行了考证。发布敕令是首要程序，与其他文件一样要经过"三司"。敕令拥有凌驾于常法之上的特别效力，不得事后追补，也可以口头形式进行，并以"赐自尽"为官方称谓。遣使监决同为必要程序，御史在宣达赐死诏敕的同时也监刑，但作为"天子耳目"，必然"无法有效平反冤狱"，致使最终流于形式，中唐后也常由宦官宣达诏敕。赐死的行刑方式也是程序的重要部分，御史或宦官宣达后，人犯应当"荷奉圣慈，领旨谢恩"并有权自尽其命，但多数仍由使臣或法司处决，至宣宗时甚至出现剔取人犯喉结复命的现象。第二部分，作者对唐代赐死制度的实质规则进行了考证。就赐死场所而言，依令应当在私宅中进行，但实践中在内廷与流所赐死的情况更加多见，至玄宗朝始"左降官中路赐死"的现象更加普遍，"彰显出朝廷严惩左降官与流人的真实意图"。就赐死官僚的优待方面，唐代允许犯人"饮食洗沐、料理后事"与书写家传墓志，并允许临刑人犯上表奏陈，这些都是古代"君臣荣辱一体精神"引导的结果。人犯在赐死行刑完毕后，由于收葬其尸骨需要承担一定政治风险，所以只有在朝廷"恩宥或特赦"后，方可依礼正式安葬，且赐死于监所或驿路的人犯只能"就近权殡"，"左降官死，亦必遇赦而后归葬"。第三部分，作者对唐代赐死制度的涉案罪名进行了考证，主要涉及十恶重罪中的"谋反"、"谋叛"、"大不敬"与"不道"，经济犯罪中的"监临主司因事受财"、"监临主守盗"与"坐赃"，交通犯罪、杀人犯罪与军事犯罪等其他犯罪也可作为赐死的案由。基于上述考证，作者在第四部分对唐代赐死制度的特征进行了归纳总结。首先，唐代赐死制度与唐代政治密切相关，尤其与唐代宫闱政治直接关联，被赐死者常为重臣贵胄。其次，唐代赐死对死刑规则多有变通，既不遵循死刑行刑时间的法律规定，也不遵守覆奏制度。最后，唐代赐死制度对后世影响颇深，《宋刑统》更是援引唐《狱官令》明确规定了赐死制度，使其在宋代得以延续。

传统上，法史学界对唐代死刑制度的关注，往往集中于《唐律疏议》等传世法律文献的记载，这样难免会造成对唐代死刑体系的整体把握出现偏差。近年来，学者越来越多地开始考察法定正刑之外的死刑的执行方式，以求最大限度地还原历史原貌。该文便对唐代的"赐死"这样一种特殊的死刑执行制度进行了考证，不仅给读者生动具体地呈现了唐代赐死制度的样貌，而且启发读者更多地关注正刑之外的特殊行刑制度——或许中国传统死刑文化的"密码"，恰恰正藏在此间。

（十四）张守东：《人命与人权：宋代死刑控制的数据、程序及启示》（2015）

《人命与人权：宋代死刑控制的数据、程序及启示》选自《政法论坛》2015 年第 2 期。宋代以"刑不滥施，死无冤人"为死刑执行方针，以"唐代贞观年间两位数的死刑执行数目"为"标准"调控本朝的死刑执行数目。在该文中，作者探讨了宋代如何通过死刑制度的设置以及政策上的微调来服务于死刑判决与执行数目的调控，并定义此种死刑数量控制的观念为"人命"观念。

全文共分为三个部分。第一部分，作者对宋代的死刑数据进行了探讨。作者首先通过刑部侍郎燕肃的奏疏发现，唐代两位数的死刑执行数量对于"人口基本相当"的宋代起到了"示范"作用。而《续资治通鉴长编》和《建炎以来系年要录》等资料记载，北宋死刑执行数量基本为四位数，南宋则为两位数。作者又通过对史学界研究成果的归纳提出，宋代死刑数据的来源至少有两种——一种是"刑部汇总的各路提刑司依据程序核准的死刑判决"，另一种是"四方奏到大辟刑名疑虑及情理可悯公案"等"奏裁"。作者认为，前者的死刑数据被作为调控死刑制度的参照，除非遇赦绝不宽待，而宋代君臣则常常通过"减少奏裁案件的实际执行数目"来实现仁政。第二部分，作者对基于宋代死刑数据的审判制度的微调进行了探讨。如前文所述，"程序上需要奏裁的案件"承担起了宋代降低死刑执行数量的"重任"。"奏裁"案件是指必须上奏朝廷敕裁的"刑名疑虑、情理可悯"的案件。这些案件各州原本可以自裁后"奏闻"即可，后来须交各路提刑司核准才能执行，只有部分案件才需要奏报皇帝裁决。这样的奏裁程序尽管利弊共存，但作者认为正是在奏裁程序的"伸缩消长"中，宋代君臣对"人命价值的关怀"才更充分地体现了出来。第三部分，作者对这样的"人命"观念进行了探讨。作者视这样的"人命"观念为"另类人权观念"，认为这是自刘邦以来"历代统治者论证政权正当性"的"主要依据"，除了体现于奏裁程序，还体现在对被告人人命的保护、"事干人命许越诉"等制度设计上。作者将这样的观念与宋代死刑数据的公布与公开联系起来，得出了结论：为了保护死刑案件被告人人权，死刑数据的公布与公开是一个不可替代的举措。

作者将宋代死刑数据的公布公开与宋代死刑制度的调整联系了起来，并提出"人命至重"同样可以作为保护被告人权益的伦理与法理观念。这样的联系的建立不仅打破了古代制度与思想之间的壁垒，也跨越了历史与现实之间的鸿沟，具有现实视野与关怀，也在还原历史真相之外体现了又一种死刑制度研究的意义。

（十五）李贵连：《晚清"就地正法"考论》（2002）

《晚清"就地正法"考论》选自李贵连的《近代中国法制与法学》（北京大学出版社，2002。该文首次发表于《中南政法学院学报》1994年第1期，收入该书时又重新修订）。太平天国运动爆发后，清政府废除了持续二百多年的一系列死刑裁判、复核与执行制度，施行"就地正法"的临时政策。这在有效维护清政府统治的同时，也造成了削弱皇权、与儒家仁政思想背离、破坏法制秩序等一系列恶果。作者在文中通过对零散史料的细致梳理，对晚清"就地正法"制度进行了历史还原与评价探讨。

作者按照时间顺序对晚清"就地正法"制度进行了梳理与述评。在太平天国运动爆发之前，清政府适用一套严密的死刑复核制度以维护皇帝的权威；太平天国运动爆发之后，全国性的动乱迫使清政府实行了一套"快速、省事、严厉"的"就地正法"政策，咸丰三年（1853年）以皇帝谕旨形式予以发布，在战争时期授权各级地方官"于捕获讯明以后，即行

'就地正法'"的权力，这是一项兼具军法与戒严法性质的特别刑事法规。诸多史料都反映这一制度造成了大量的冤杀、滥杀现象，但出于维护清代"政体"的需要，"上告申诉也不准翻案平反"。即使在太平天国和捻军相继被消灭后，被破坏的法制也再难恢复。作者认为"就地正法"施行多年使得地方官员"自专成习，嗜杀成性"，这无疑导致了专制皇权的"权力失控"与"权威丧失"，促成了包括杨乃武案在内的一系列冤假错案的发生。基于此，清政府也企图恢复旧制，造成了"就地正法"的存废之争。最初是同治八年（1869 年）在御史袁方城的上奏下，清政府颁布谕旨，肯定了"就地正法"只是"一时权宜之计"，但又无真正恢复旧制的勇气，只是以"军务"与地域条件予以限制。同治十二年（1873 年）御史邓庆麟又上奏请求恢复旧制，清政府将奏章咨行各省督抚，得到了一致的反对意见。光绪初年，一系列冤案的曝光，使得清政府重新开始考虑停止"就地正法"的执行，更是遭到了包括李鸿章、左宗棠、卫荣光在内的各地督抚以"所治地方的特殊性"为由的反对；御史对督抚提出了反对意见，刑部在对所有条陈进行研究分析后，再次限缩了"就地正法"的执行范围，以"军务"和"土匪、马贼、会匪、游勇"而区分实施。光绪二十四年（1898 年），戊戌变法失败后，慈禧太后为了粉饰统治，提出对劫盗犯进行"法外施仁"，发布限制"就地正法"的谕旨，但督抚们"仍然我行我素"。宣统元年（1908 年），法部核议御史奏疏后，重新限缩"就地正法"的范围，并于宣统三年将相关内容编入《大清现行刑律》，这成为"范围限制最小的一次解释"，最后随着清政府的灭亡而结束长达几十年的争论。

作者从细碎的史料中整理并描绘出了"就地正法"制度施行变迁与存废争论的全过程，并揭示了破坏正常法制秩序的残酷临时特别刑事措施必定会对法制秩序造成长久的破坏的真理——这样的历史认识无疑是十分精准与振聋发聩的，引导读者思考死刑政策与法制秩序建构之间的微妙互动，意义重大，堪称经典。

（十六）孙家红：《论现行死缓制度与清代死刑监候之不同》（2007）

《论现行死缓制度与清代死刑监候之不同》选自《江西财经大学学报》2007 年第 4 期。我国现行死刑缓期执行制度向来是我国刑法学界热衷讨论的话题，其中尤为重要的便是我国死缓制度的渊源问题。学者们围绕这一问题形成了"死缓是我国的一种独创"的"独创说"与"明清的秋审和朝审制度是死缓制度的萌芽形式"的"萌芽说"。作者在文中便对此问题进行了探讨。

对于"独创说"，作者提出，英文本身有"reprieve"一词表示"暂缓执行"，是法院对怀孕妇女与精神错乱的已定罪的犯罪人允许暂缓执行的制度，说明死刑暂缓执行的方式在西方国家的确存在。而我国现行的死缓制度，直接产生于新中国成立初期镇压"反革命"的运动，是对于"没有血债、民愤不大和虽然严重地损害国家利益但尚未达到最严重的程度而又罪该处死者"采取"判处死刑，缓期二年执行，强迫劳动，以观后效"的政策，这与中国传统的慎刑思想不无相通之处。苏联 1927 年 6 月 6 日《法令汇集第四十九号法令第三三○号》中对"反革命"犯罪同样有"判处剥夺自由二年以上"以代替死刑的规定，但并没有能直接证明我国死缓制度源于苏联的证据，基本上可以认定我国死缓制度是新政权下的一种"独创"。对于"萌芽说"，作者认为我国古代的死刑监候制度与今天的死缓制度具有"都作为同'死刑立即执行'相对的一种制度使用"、判决"都是决定于犯罪的性质和危害程度"与都是在一定"期限届满后由司法当局作出执行死刑或减刑的决定"三个共同之处。但同样有两个根本不同之处：现行死缓制度实行劳动改造，而古代死刑监候则不同于此，现行死缓的判决根据罪犯本人的表现，而古代作出死缓判决取决于罪行既定的情况及不以犯罪人意志为转移的方面。此外，作者从宏观层面考察，认为中国古代的死刑监候制度来源于"天人合一"的哲学理念，而我国现行的死缓制度则产生于现实的政策需要。从微观层面考察，古代"定案时拟定死刑监候并非最终确定的刑罚"，且只能经过秋审与朝审才能获得进一步的处理结果；而现行死缓制度中"死缓"的判决则是"定刑"，在判决同时即被明确宣判。基于上述观点，作者认为"死缓制度属于中国现代刑法范畴，而清代死刑监候制度更属于传统中华法律文化的一个重要组成部分，二者存在本质的不同"。

与之前引用许多论文对古代的某种刑罚或某种制度进行详细考证的风格不同，该文并没有将着眼点放在对我国古代死刑监候制度的考证上（作者在其专著《清代的死刑监候》以及一系列学术论文中也在不断进行着这一工作），而是放在了我国现行死缓制度与古代死刑监候制度的异同考察上。这无疑需要作者对古今两种制度都有相当深刻的了解并拥有相当敏锐的洞察力，从而在使读者对古代死刑监候制度的了解上有所增进、为学术界搭建沟通古今制度的桥梁方面有所贡献。

（十七）姜晓敏：《晚清的死刑废除问题及其历史借鉴》（2013）

《晚清的死刑废除问题及其历史借鉴》选自《法学杂志》2013 年第 12 期。一般认为，1764 年贝卡里亚较早提出了死刑废除的问题，自此西方各国纷纷在废除死刑的道路上有所发展，而这一进程无疑对近代以来的中国造成了很大的影响。晚清时期，中国被拖入了世界舞台，在西方思想的冲击下，死刑问题也成了晚清中国知识界所关注的问题之一。具体而言，陈虬与沈家本分别是在学理上提出死刑废除与实践中主导死刑制度改革的代表人物，该文即对这两个人物的主张及其意义进行了探讨。

陈虬是清末维新派的代表人物之一，他较早提出了废除死刑的看法，但具体认识与西方学界、政界有根本不同。陈虬认为处死杀人者尽管符合为死者抵命的主张，但对于死者而言并无裨益，反而对犯罪者与受害者双方家庭造成了很大的伤害。因此，陈虬主张废除死刑，而以杖、宫、墨、髡刑及劳役相折抵，"强令犯人做苦工，以其劳役所得工钱来补偿受害之家，每月由官府定期给付，大约以二十年为期"，一方面通过劳动对罪犯进行教化，另一方面受害者之家也受到了补偿，从而实现"天下大治"。作者认为这样的想法尽管有"迂阔色彩和空想成分"，但提出对被害人及其家属进行经济补偿并肯定劳动改造的价值，对于完善死刑案件中的民事赔偿制度具有明显的启示价值。沈家本对死刑制度的改革，源于近代以来西方刑制近代化改革之后呈现的"中重而西轻"的状况。沈家本的死刑改革主张，首先是在《删除律例内重法折》中提出废除残酷的死刑执行方式，其次是在《虚拟死罪改为流徒折》中提出将戏杀、误杀、擅杀等三种杀人罪由虚拟死罪改为流刑与徒刑，最后是在《变通行刑旧制议》中主张专设刑场、秘密行刑。沈家本在程序方面还主张"行政各官不得干预司法"与"死刑终审权归属于专任审判的大理院"，尽管这些主张都不是一般意义上的死刑废除观点，但以上种种都是沈家本基于对清王朝现实状况考察后实事求是的主张，成了沈家本"二步废除论"的第一步主张，在第二步方才"谋教养、讲道德、废死刑"。作者肯定了沈家本没有盲从西方废除死刑的思潮，而是认识到废除死刑需要一定的社会基础，注意以适宜的策略推动死刑改革，以传统的仁政思想为立论基础，循序渐进、客观务实，同样是十分可贵的观念认识。

作者将对于个别人物思想的具体分析放在了近代废除死刑的话题框架下，使具体人物的观点获得了主线的串联；同时，作者试图建立古今沟通的桥梁，探讨具体人物的思想对于今天法治建设的启示与借鉴，具有现实的关怀与视野，是思想史维度研究死刑专题的尝试之作。

五 结语

除了以上 17 篇论著，书后还附有中国传统死刑专题目录索引，包含23 本专著和 192 篇论文，时间截至 2020 年，在一定程度上展现了百余年来海内外学者对于中国传统死刑研究的基本概况。其中既有具体观点的争鸣和激烈论辩，又有贯通古今、阐释现实借鉴意义的尝试和努力，反映了一代代学者继往开来，在研究视角、研究方法、研究材料、研究理论等多个层面的不懈求索。尽管笔者能力有限，难免有各种缺漏和不足，但仍希望读者可以通过阅读本书一窥中国传统死刑研究的诸般成果。

对于本书的不足之处，笔者深感有必要在此向读者坦诚说明。

第一，尽管本书对于我国台湾地区学界与日本、欧美汉学界的研究成果有所引入，但仍主要关注我国大陆学界的研究成果。如读者朋友想要更多了解我国大陆学界以外的研究成果，还需在本书之外寻找信息。

第二，本书所收论文主要来自学术期刊，对书籍中的研究成果，恐怕多有遗漏；即使是学术期刊，由于技术原因或编者疏忽，恐怕未引入的也不占少数。未尽周延之处，还望读者海涵。

第三，本书对相关研究成果的选录，是基于帮助读者管窥该领域研究状况的目的以及笔者联系论文作者的客观情况进行的，未选入的论文并不意味着其学术价值与选入的论文有高下之分。

其余未提及的不足之处，还望读者多多包涵指正，笔者深切希望以此书出版为契机同读者进行更多交流，在此向读者以及所有支持本书出版的同仁和师友表示诚挚感谢。

前路漫漫，尽管目前还有不少学术难题尚未解决，但是未来可期，衷心祝愿有关中国传统死刑的研究不断走向客观和深入。

删除律例内重法折

沈家本[*]

　　奏为遵旨考订法律谨拟将现行律例内重法数端先行删除以裨治理而彰仁政恭折仰祈圣鉴事。

　　光绪二十八年四月初六日，奉上谕："现在通商交涉事益繁多，著派沈家本、伍廷芳将一切现行律例，按照交涉情形，参酌各国法律，悉心考订，妥为拟议，务期中外通行，有裨治理。等因。钦此。"

　　仰见圣谟宏远，钦佩莫名。当经臣等酌拟大概办法，并遴选谙习中西律例司员分任纂辑，延聘东西各国精通法律之博士、律师以备顾问，复调取留学外国卒业生从事翻译，请拨专款以资办公，刊刻关防以昭信守各等因，先后奏明在案。计自光绪三十年四月初一日开馆以来，各国法律之译成者，德意志曰刑法，曰裁判法，俄罗斯曰刑法，日本曰现行刑法，曰改正刑法，曰陆军刑法，曰海军刑法，曰刑事诉讼法，曰监狱法，曰裁判所构成法，曰刑法义解；较正者曰法兰西刑法。至英、美各国刑法，臣廷芳从前游学英国，夙所研究，该二国刑法虽无专书，然散见他籍者不少，饬员依类辑译，不日亦可告成。复令该员等比较异同，分门列表，展卷了然，各国之法律已可得其大略。臣等以中国法律与各国参互考证，各国法律之精意固不能出中律之范围，第刑制不尽相同，罪名之等差亦异，综而论之，中重而西轻者为多。盖西国从前刑法，较中国尤为惨酷，近百数十年来，经律学家几经讨论，逐渐改而从轻，政治日臻美善。故中国之重法，西人每訾为不仁，其旅居中国者，皆借口于此，不受中国之约束。夫

　　* 沈家本（1840~1913），字子惇，别号寄簃，浙江吴兴人，清末官员、法学家。曾任清政府修订法律大臣、大理院正卿。

西国首重法权，随一国之疆域为界限，甲国之人侨寓乙国，即受乙国之裁制，乃独于中国不受裁制，转予我以不仁之名，此亟当幡然变计者也。方今改订商约，英、美、日、葡四国均允中国修订法律，首先收回治外法权，实变法自强之枢纽。臣等奉命考订法律，恭绎谕旨，原以墨守旧章，授外人以口实，不如酌加甄采，可默收长驾远驭之效。现在各国法律既已得其大凡，即应分类编纂，以期克日成书，而该馆员等佥谓宗旨不定，则编纂无从措手。臣等窃维治国之道，以仁政为先，自来议刑法者，亦莫不谓裁之以义而推之以仁，然则刑法之当改重为轻，固今日仁政之要务，而即修订之宗旨也。

现行律例款目极繁，而最重之法亟应先议删除者，约有三事。

一曰凌迟、枭首、戮尸。查凌迟之刑，唐以前无此名目，始见于《辽史·刑法志》。辽时刑多惨毒，其重刑有车辕、炮掷诸名，而凌迟列于正刑之内。宋自熙宁以后，渐亦沿用。元、明至今，相仍未改。枭首在秦汉时唯用诸夷族之诛，六朝梁、陈、齐、周诸律始于斩之外别立枭名。至隋而删除其法，自唐迄元，皆无此名。今之斩枭，仍明制也。戮尸一事，唯秦时成娇军反，其军吏皆斩戮尸，见于《始皇本纪》，此外无闻。历代刑志并无此法，《明律》亦无戮尸之文。至万历十六年始定此例，亦专指谋杀祖父母、父母者而言。国朝因之，后更推及于强盗案件，凡斩、枭之犯，监故者无不戮尸矣。凡此酷重之刑，固所以惩戒凶恶。第刑至于斩，身首分离，已为至惨，若命在顷忽，菹醢必令备尝，气久消亡，刀锯犹难幸免，揆诸仁人之心，当必惨然不乐。谓将以惩本犯，而被刑者魂魄何知？谓将以警戒众人，而习见习闻，转感召其残忍之性。故宋真宗时，御史台请裔旯杀人贼，帝曰："五刑自有常刑，何为惨毒也？"陆游常请除凌迟之刑，亦谓肌肉已尽而气息未绝，肝心联络而视听犹存，感伤至和，亏损仁政，实非圣世所宜遵。隋时颁律，诏云枭首义无所取，不益惩肃之理，徒表安忍之怀。洵皆仁人之言也。且刑律以唐为得中，而《唐律》并无凌迟、枭首、戮尸诸法。国初律令，重刑唯有斩刑，准以为式，尤非无征。拟请将凌迟、枭首、戮尸三项一概删除，死罪至斩决而止。凡律内凌迟、斩枭各条俱改斩决，斩决各条俱改绞决，绞决俱改监候，入于秋审情实，斩候俱改绞候，与绞决人犯仍入于秋审，分别实、缓。将来应否酌量变通，再由臣等妥议核定。或谓此等重法，所以处穷凶极恶之徒，一旦裁除，恐无以昭炯戒。顾有唐三百年不用此法，未闻当日之凶恶者独多。且贞观四年断死罪二十九，开元二十五年才五十八，其刑简如此。乃自用此法以来，凶恶者仍接踵于世，未见其少，则其效可睹矣。化民之道，固在政教，不在刑威也。

一曰缘坐。缘坐之制，起于秦之参夷及收司连坐法。汉高后除三族令，文帝除收孥相坐律，当时以为盛德。惜夷族之诛犹间用之，故魏、晋以下仍有家属从坐之法。《唐律》唯反叛、恶逆、不道律有缘坐，他无有也。今律则奸党、交结近侍诸项俱缘坐矣，反狱、邪教诸项亦缘坐矣。一案株连，动辄数十人。夫以一人之故而波及全家，以无罪之人而科以重罪，汉文帝以为不正之法，反害于民。北魏崔挺尝曰："人有罪延及阖门，则司马牛受桓魋之罚，柳下惠膺盗跖之诛，不亦哀哉！"其言皆笃论也。罚弗及嗣，《虞书》所美。罪人以族，《周誓》所讥。今世各国咸主持刑罚止及一身之义，与罪人不孥之古训实相符合，洵仁政之所当先也。拟请将律例缘坐各条，除知情者仍治罪外，其不知情者悉予宽免，余条有科及家属者准此。

一曰刺字。刺字乃古墨刑，汉之黥也。文帝废肉刑而黥亦废。魏、晋、六朝虽有逃奴、劫盗之刺，旋行旋废。隋、唐皆无此法。至石晋天福间，始创刺配之制，相沿至今。其初不过窃盗、逃人，其后日加繁密，刺事由，刺地名，刺改发，有例文不著而相承刺字者，有例文已改而刺字未改者，其事极为纷糅。在立法之意，原欲使莠民知耻，庶几悔过而迁善。讵知习于为非者，适予以标识，助其凶横，而偶罹法网者，则黥刺一膺，终身僇辱。诚如《宋志》所谓，面目一坏，谁复顾籍，强民适长威力，有过无由自新也。夫肉刑久废而此法独存，汉文所谓刻肌肤痛而不德者，正谓此也。未能收弼教之益而徒留此不德之名，岂仁政所宜出此？拟请将刺字款目概行删除。凡窃盗皆令收所习艺，按罪名轻重定以年限，俾一技能娴，得以糊口，自少再犯三犯之人。一切递解人犯，严令地方官认真金差押送，果能实力奉行，逃亡者自少也。

以上三事，皆中法之重者。参诸前人之论说，既多议其残苛，而考诸今日环球各国，又皆废而不用，且外人訾议中法之不仁者，亦唯此数端为最甚。此而不思变通，则欲彼之就我范围，不犹南辕而北辙乎。查各国修订法律，大率于新法未布，设单行法，或淘汰旧法之太甚者，或参考外国之可行者，先布告国中，以新耳目。是以略采其意，请将重法数端，先行删除，以明示天下宗旨之所在。此外或因或革，端绪繁多，俟臣等随时厘订，陆续奏闻。唯更张之始，度必有议其后者。窃思法律之为用，宜随世运为转移，未可胶柱而鼓瑟。昔宋咸平时删太宗诏令，十存一二，史志称之。我朝雍正、乾隆年间修改律例，于康熙时现行条例删汰不知凡几。即臣等承诏之初，亦以祖宗成宪，未敢轻议更张，第环顾时局，默验将来，实不敢依违模棱，致令事机坐失。近日日本明治维新，亦以改律为基础，新律未颁，即将磔罪、枭首、籍没、墨刑先后废止，卒至民风丕变，国势骎骎日盛，今且为亚东之强国矣。中、日两国，政教同，文字同，风俗习尚同，借鉴而观，正可无庸疑虑也。伏唯我皇太后、皇上深念时艰，勤求上理，特诏考订法律，期于通行中外，法权渐可挽回，用敢择其至要者，披沥上闻。倘蒙俞允，并请明降谕旨，宣示中外，俾天下晓然于朝廷宗旨之所在，而咸钦仁政之施行，一洗从来武健严酷之习，即宇外之环伺而观听者，亦莫不悦服而景从。变法自强，实基于此。所有臣等酌拟变通刑法缘由，谨恭折具陈，伏乞皇太后、皇上圣鉴训示。谨奏。

三十一年三月二十日奏。内阁奉上谕："伍廷芳、沈家本等奏考订法律请先将律例内重刑变通酌改一折。我朝入关之初，死刑以斩罪为极重。顺治年间修订律例，诏用前明旧制，始有凌迟等极刑。虽以惩儆凶顽，究非国家法外施仁之本意。现在改订法律，嗣后凡死罪，至斩决而止，凌迟及枭首、戮尸三项，著即永远删除。所有现行律例内，凌迟、斩枭各条俱改为斩决，其斩决各条俱改为绞决，绞决各条俱改为绞监候，入于秋审情实，斩监候各条俱改为绞监候，与绞候人犯仍入于秋审，分别实、缓办理。至缘坐各条，除知情者仍治罪外，余著悉予宽免。其刺字等项，亦著概行革除。此外当因当革应行变通之处，均著该侍郎等悉心甄采，从速纂订，请旨颁行。务期酌法准情，折衷至当，用副朝廷明刑弼教之至意。将此通谕知之。钦此。"

[原文载沈家本著《历代刑法考》（四），中华书局，1985，第 2023～2028 页，收入本书时略有改动]

死刑存废论

居　正[*]

　　死刑之起，盖基于原人弑杀之性，由来甚古，吾国唐虞三代，皆有大辟之刑，埃及希腊古世，亦有断头车裂火燔之制，历世以降，虽宽严损益，屡有嬗变，而大要沿用不改，至一七六四年，义大利学者倍加利始首倡废止死刑之议，一时名流如卢骚孟德斯鸠辈，皆著论反对，而卒赖时代之进化，人道之昌明，倍氏之议逐渐为各国立法所采用，由学说而形成事实，考今日各国刑法，已实行废止死刑者，在欧洲有奥大利、葡萄牙、罗马尼亚、瑞士、荷兰、挪威、瑞典、塞尔维亚、立陶宛、捷克、丹麦，在北美有合众国之八州，在中美有哥斯脱利加、危地马拉、尼加拉圭、宏都拉斯，在南美有委内瑞拉、巴西、乌拉圭、古巴、阿根廷、哥伦比亚。其他诸国，虽未完全废止，而适用范围，已大殊往昔，如英国在百年以前，每岁平均处死者约八十人，今日则止三十人，其半数且被赦免；法国一九〇六年之刑法草案，已一度为废止死刑之拟议；比利时将死刑废止案四次提交议会，虽卒未通过而事实上罕见被处死刑者；芬兰亦然，义大利为倍加利之祖国，受倍氏影响最大，自十八世纪下半期以来，对于死刑屡废屡复，最近一九二一年之斐丽氏刑草未定死刑，而一九二七年之洛恪氏草案则又规定之，盖其时适有暗杀首相慕沙里尼之密谋发见，为维持非常时之秩序计，乃有此极刑之恢复也；德国刑草，尝数度为废止死刑之努力，迄未成功，但若普鲁士汉堡诸邦，实际上已刑措不用；日本刑法专科死刑者不过四条。吾国刑法，周时大辟二百，汉武帝时增至四百九条，唐贞观中

---

　　* 居正（1876～1951），原名居之骏，字觉生，号梅川，湖北广济人。曾任南京国民政府司法院院长等职。

渐减至九十三条，至清末复增至八百四十余条，民国以来大事削减，现行刑法专科唯一之死刑者，仅存四条，以今视昔，盖不可同日语矣。

上述情形，虽为时势所造成，而倍加利之倡议，上合天理，下契人心，故能振臂一呼，举世响应，其有功人类，良非浅鲜。今上溯倍氏著书之时，将二百年而一般学者于死刑存废问题，犹复论辩不休，是亦不思进取之甚矣。彼为死刑张目者，无非谓罪大恶极之徒，非此不足以昭儆戒耳，殊不知刑罚之效果，不在有威吓性而在有持续性，人类之精神，往往对于一时痛苦颇能忍受，而卒不能忍受长时间之痛苦，故以儆戒论，死刑实不及自由刑也。至以政治犯而罹死罪者，或且以殉身溅血，为无上之光荣，死刑于此，尤完全失其作用。或又以为长期监禁，与世隔离，去死无几，从人道论，有何分别，此则所谓差之毫厘，谬以千里。死刑绝无昭雪回复之余地，而无期徒刑，则又赦免假释之机会，岂可相提并论，且死刑不但以人罚贵在感化，而人死不可复生，绝无自新之路；刑罚不能保无过误，而一旦执行死刑，虽明知冤滥，无由救济，语其流弊，更仆难数，即就事实论，死刑之行久矣，而可当死刑之重罪，方层出不穷。回视实行废止死刑诸国，犯罪之数，未闻加多，孰得孰失，岂不彰彰乎，善乎老子之言曰，民不畏死，奈何以死惧之，老子者申韩之所由出，世之明法者，其三复斯言。

（原文载 1936 年《中华法学杂志》第 1 卷第 4 期，收入本书时略有改动）

重刑考

高绍先[*]

重刑，作为一种制度和理念，在中国刑法史上长期存在。历史上有许多伟大的思想家、法学家发表过不少的宏篇伟论，对重刑高唱赞歌，力证重刑对治国安邦之不可或缺；肉刑的存废之争，更延续了上千年。重刑的价值取向在全社会有相当普遍的共识，不仅统治者对其情有独钟，一般善良百姓也津津乐道，直至现在，重刑思想在中国仍有深厚的社会、文化基础。为对历史上的重刑追本溯源，辨析其在惩治犯罪上的利弊得失，特作重刑考。

一 重刑的含义

重刑，可以有各种解释。例如，中国法律传统"重刑轻民"中的重，为看重、注重、倚重之意，指在法律体系中，刑法发达，一枝独秀；而民法、商法则相对萎缩。又如在"刑之轻重"中指刑罚按一定次序的排列，我国刑法设定的主刑中死刑、无期徒刑、长期徒刑重于短期徒刑、拘役、管制；死刑、无期徒刑、长期徒刑称重刑，短期徒刑、拘役、管制称轻刑。本文所论之重刑，专指中国奴隶制刑法和封建制刑法中的严刑峻法的制度与思想。它至少包括以下几个内容：（1）刑种苛繁；（2）罚不当罪；（3）肉刑发达；（4）死刑残刻。这四方面虽然不免互有交叉，例如肉刑发达、死刑残酷，肯定就会导致罚不当罪，但从其主要反映的内容看，又各有其相对独立的价值。

---

[*] 高绍先，西南政法大学教授。

（一） 刑种苛繁

苟，言其严酷；繁，言其类多。中国古代的刑罚究竟有多少种，恐怕无人能说清。史书动辄以千计，《尚书大传》就称，"夏刑三千，周刑二千五百"，然只见数目，不见刑名。也有说得稍为具体的，如云："夏刑则大辟二百，膑辟三百，宫辟五百，劓、墨各千。殷因于夏，盖有损益。"[①]《吕刑》对周刑亦有具体记载："墨罚之属千，劓罚之属千，剕罚之属五百，宫罚之属三百，大辟之罚其属二百。"这里，周刑不是二千五百，而是三千了。周与夏比，大辟、墨之数相等，其余互有增减。这些数字，几乎坊间各种刑法史、法制史的专著均在引用，但终因不见具体罪名，未可全信。揆诸中国文人惯于夸张的陋习，夸大其辞盖也难免，但不论再打多少折扣，中国古代刑罚之多是不争的事实。

秦汉以后，史料渐多，使我们对封建刑罚的认识更加清晰。秦时，刑种在八十种以上，其中，生命刑十九种，身体刑十五种，劳役刑三十二种，财产刑九种，自由刑五种，以致后人评论说："秦法繁于秋荼，而网密于凝脂。"[②] 法条之多，胜过秋天漫山遍野的茅草；法网之密，有如凝固的油脂，刑安得不重？汉承秦制，但刑名有大幅减少。程树德的《九朝律考》称：汉之刑罚有十五种，死刑三：枭首、腰斩、弃市；肉刑五：宫、刖右趾、刖左趾、劓、黥；髡刑一：髡钳城旦春；完刑一：完城旦春；作刑五：鬼薪、白粲、司寇作、罚作、复作；赎刑、罚金、夺爵、除名、夷三族、徙边、督、鞭杖、顾山，禁锢各一。程氏这一分法不够合理。完刑、作刑，均可归入自由刑，夷三族应列为死刑。但即令如此，汉之刑种仍属苛繁。隋唐以后，刑种逐渐规范，形成封建制的五刑：笞、杖、徒、流、死，五等二十级。但律虽有明文，而法外滥刑历朝不绝，因此要确切统计古代的刑种，实非易事。周密先生于其专著《中国刑法史》中附《中国刑罚制度史一览表》，将历代刑种详细列出，并将刑种分为法有明文规定的"法定刑"、法无明文规定的，但实际执行的"非正刑"和违反其刑法规定的"非刑"，确实花了一番工夫，但恐难免有遗漏，中国古代刑种

---

① 《魏书·刑法志》。
② 《盐铁论·刑德》。

之苛繁可见一斑。

（二）罚不当罪

此处之罚不当罪有两层含义：一是指轻罪重罚；二是指罪及无辜。

轻罪重罚是中国古代重刑思想的典型，既有刑法制定上的问题，也有刑法执行上的问题。殷代就有"路上弃灰者斩手"的规定，倾倒垃圾固然有碍卫生，影响环保，但刑至断手，令人终生残废，不也太过乎？《法经》被称为我国封建刑法的开篇之作，约成于公元前400年，从现存史料的断简残篇中，可以窥见其重刑主义的色彩。

《法经》"以为王者之政，莫急于盗贼"，把杀人、抢劫、偷盗作为刑法打击的重点，予以严惩，是可以理解的，但对其他一些轻微的违法犯罪行为也毫无例外地给以重刑，如规定"窥宫者膑，拾遗者刖，曰有盗心焉"。拾遗，即捡得他人之遗忘物或遗失物不归还，显然，这是一项轻罪，但是统治者认为有非法占有他人财产权的故意，因而要施以断足之刑。"大夫家有侯物，自一以上而诛"，这只是违背了当时的等级制度，如今日坐车超标一样，就要处以死刑。另外对重婚罪的"夫有一妻二妾，其刑馘"（乃割耳之刑），"夫有二妻则诛"，对妇女通奸罪的"妻有外夫则宫"，都是明显的轻罪重罚。尤其突出的是"越城一人则诛，自十人以上夷其乡及族"。越城就是私出国境。战国时诸国林立，有的小国不过数县，人口、疆域最为宝贵，逃亡他国，就是强敌而弱己，需要重罚，但十人以上的集体逃亡，竟至于杀尽乡族，刑罪之不相当，可谓至也。《法经》乃战国时魏文侯师李悝撰次诸国法律而成，并非他一人独创，可见重刑是当时各国普遍奉行的刑罚原则。

唐律号称"得古今之平"，以刑罚宽和适中，为后世所赞誉。但我们看它的有些条文，如"诸私入道，及度之者，杖一百，监临之官，私辄度人者，一人杖一百，二人加一等，罪止流三千里""诸居父母丧，生子及兄弟别籍异财者，徒一年""署置过限，及不应置而置，一人杖一百，三人加一等，十人徒三年""乘驿马枉道，一里杖一百，五里加一等，罪止徒二年"等，在唐律中可谓俯拾即是。"私入道"，是指未经官府核发度牒，而私自出家；别籍异财是指分家，再细分，别籍是指单立户口，异财是指分割财产，而且"二者不相须"，即只要在为父母守丧期间有其中一项行为，便构成犯罪；署置过限，即超编，超编一人，即大杖一百，十人以上徒刑二年；乘驿马枉道，是指出使官员乘坐驿马，不按规定路线，而绕道行走。由于夏商以来，重刑的起点太高，积淀太深，所以，虽是"得古今之平"，也是"平"得够分量的。

罚不当罪还有一层意义，即罪及无辜，这主要体现在株连之制上。史料记载，春秋以前无株连之制，秦文公是株连的始作俑者，"文公二十年，法初有三族之罪"。① 然自此以后，历代的不肖子孙变本加厉，诛三族、诛五族、诛九族者，不绝于史，明方孝孺因不肯为明成祖写登基诏，竟至被诛十族；清朝文字狱的株连更是骇人听闻，庄廷鑨《明史》一案株连者达数千人，仅被杀的就有221人，案发时，事主庄廷鑨已死，仍被开棺戮尸。

（三）肉刑发达

肉刑源于同态复仇，这在中外历史上都得到了印证，中国的肉刑尤其突出，殷墟甲骨文字中即有"劓""刖""刵"等字。《尚书大传》称，"男女不以义交者，其刑宫"，则肉刑的历史已有四千多年。从历史的演变看，中国古代刑罚可分为奴隶制五刑与封建制五刑。总的特点是身体刑发达，自由刑萎缩。奴隶制五刑中，墨、劓、剕、宫、辟，肉刑五占其四，没有自由刑。封建制五刑中，笞、杖、徒、流、死，徒刑只有五个等级，从一年到三年，每半年一个档次。笞、杖虽为责打之刑，不残人肢体，但也是以直接造成被刑人身体痛苦为满足的，从严格意义上讲，也可以归入肉刑。

春秋战国时期，肉刑盛极一时，齐景公时法网严苛，致百姓有"履贱踊贵"之说；秦始皇时严刑峻法，以致"劓鼻盈累，断足盈车，举河以西，不足以受天下之徒"②。阿房宫就是70万受过宫刑的犯人的血肉筑成的。不仅一般罪犯动辄可以受到肉刑的处罚，许多上层人士、皇室、卿相都难以幸免。商鞅时"公子虔复犯约，劓之"。③ 秦末汉初名将英布因微时受过黥刑，人称黥布。一代文学巨匠司马迁更以被宫的刑余之身，写出了不朽之作《史记》。汉文帝时实行过一次以废除肉刑为主要内容的刑罚改

① 《史记·秦本纪》。
② 《盐铁论》。
③ 《史记·商君列传》。

革，将斩左趾改为笞五百、劓刑改为笞三百，这次刑罚改革是一次有深远历史意义但又极不彻底的改革。说它有深远历史意义是它冲破了以残人肢体为主的奴隶制的刑罚体系的藩篱，自此以后，削鼻、割耳、断足、阉割等酷刑被逐出了正式的法典；说它极不彻底，是徒有轻刑之名，而实质仍是重刑的窠臼。将斩左趾改为笞五百，不论从被刑者所受的痛苦与实际的后果而言，都是名轻实重，所以当时就有人提出："外有轻刑之名，内实杀人……斩左止者笞五百，当劓者笞三百，率多死。"① 后虽又改为三百、二百；二百、一百，似乎也不过是五十步笑百步而已。

汉文帝废肉刑以后，劓、刖、剕、宫等刑种已难登大雅之堂，但少数朝代仍继续援用。例如，金时，认为重罪听赎，不能区别贵贱，所以对齐民要"劓、刖以为别"；元初刑律规定：凡公事非当言者，用割耳之刑；清军初入关时，对逃亡兵士施以穿耳鼻之刑。至于断足之刑，直到唐初仍在沿袭。唐太宗时，房玄龄建议，将绞刑之属五十，改为断右趾，实行数年后，方始废去。最不可思议的是宫刑，虽然退出了刑法的领域，但却堂而皇之地形成了皇家选配后宫工作人员的制度，而且在这种摧残人性的制度下，培育出了一批又一批的败坏纲纪、左右朝政的宦官，危害大大超过了其作为肉刑的残酷。

（四）死刑残刻

中国古代死刑反映在重刑上主要有三点。

1. 死刑罪名多

唐律以前，完整的刑律已无法见到，但从历代刑法志和有关史料来看，死刑罪名之多，实在惊人。《汉书·刑法志》载："死罪决事比万三千四百七十二事。"《魏书·刑法志》则称："于定国为廷尉，集诸法律凡九百六十卷，大辟四百九十条，千八百八十二事，死罪决事比凡三千四百七十二条。"程树德先生在他的《九朝律考》中说："按汉以死刑为重罪，高帝纪五年诏云：有不如吾诏者，以重罪论……又汉律令死刑凡六百一十，亦见《陈宠传》，此汉死刑总数之尚可考者。"决事比是汉代用以比照断案的判例汇编，与律令具有同等的法律效力。由此可见汉代正式法律、法令

---

① 《汉书·刑法志》。

中的死罪条款即达数百项，判例则成千上万。这些数字对法律条文而言，相当于天文数字。其可考者，除了大逆无道、大不敬、不孝、杀人、强奸、抢劫、盗窃等传统重罪条条都有死刑外，其余可判死刑的罪名尚有"主守而盗直十金弃市"，即所谓"监守自盗"，"禽兽行"，即乱伦行为，"定国与父康王姬奸，生子男一人，夺弟妻为姬，与子女三人奸。事下，公卿皆议曰：定国禽兽行，乱人伦，逆天道，当诛。上许之，定国自杀"。乱伦当属重刑，处死似也不过分，但另一案例则显然太不合理，"隆虑侯陈蟜坐母长公主薨未除服，奸，禽兽行，当死"。

2. 执行方法残酷

死刑是剥夺人的生命的刑罚，本应以尽快致死为满足，但睽诸中国历史，统治者们在设计死刑方法上却煞费心机，有的死刑方法实在不可思议。在这方面，最有"创造力"的首推殷纣王，《史记·殷本纪》称："纣乃重刑辟，有炮烙之法"，而且"醢九侯""脯鄂侯""剖比干，观其心"。"醢"是将人剁成肉酱，"脯"是将人斩切成肉片后再行晒干。剖心，是殷纣的一时之怒，因比干强谏，便说"吾闻圣人心有七窍"，乃对比干施以剖心之刑。最令人惊骇其联想之丰富的是炮烙，"见蚁布铜斗，足废而死，于是为铜格，炊炭其下，使罪人步其上"，[①] 从"热锅上的蚂蚁"，想到一种使人历尽痛苦而死的刑罚，实是匪夷所思。

春秋战国至秦汉，是我国古代死刑执行手段最为残酷而又多样的时期，史料记载，主要的死刑执行方法除上述醢、脯以外，尚有枭首、斩首示众，"枭谓斩其首而悬之也"。[②] 腰斩，拦腰斩断，"胸伏于椹质之上，以斧铖斩其腰"。椹质，是专用于腰斩的砧板。车裂，又称"轘"刑，俗称五马分尸。磔，"谓裂其肢体而杀之"，[③] 也是一种肢解而致死的刑罚方法，但要将其肢体张裂，使其干枯，不得收敛，借以示众。坑，即活埋。最典型的就是秦始皇的焚书坑儒。绞，即以绳勒死。磬，据《礼记》郑注，"悬缢杀之曰磬"，则磬亦绞刑之一种。定杀，将罪人投入水中溺毙。囊扑，将罪人纳入袋中扑杀，"以囊盛其人，扑而杀之"。[④] 凿顶，又称凿颠，

---

① 《史记注》。
② 《汉书·陈汤传》。
③ 《史记索隐》。
④ 《秦会要补订》。

以金器击人头顶而死。抽肋，拔除罪人的肋骨而致死，始于商鞅，秦始皇时仍沿用。镬烹，鼎大而无足曰镬，即大锅。镬烹即将罪人投入锅中烹而杀之。具五刑，这是一种综合性的死刑执行方法，由黥、劓、笞、枭首、醢五种刑罚组合而成。先刺面以辱之，又断足以废之，复笞杀以毙命，再枭首以示众，更醢其骨肉。

具五刑最能反映重刑主义的心理。死刑是最高刑种，对犯罪者来，可谓至矣、极矣，但立法者却要挖空心思，使其于死前遍尝痛苦。具有讽刺意义的是秦宰相李斯就被具五刑。李斯是重刑主义的大师，偶语弃市，焚书坑儒就出自他的主张。最卖力的重刑主义者，受到顶级的重刑的制裁。历史无情，诚可叹也。

与具五刑可以并立于史册的是清嘉庆十六年删定的一条例："凡两犯凌迟重罪者，于处决时加割刀数。"凌迟即剐刑，据说是八刀毙命，不得随意增减，而立法者为了重上加重，竟让应死者在生前多挨几刀，不仅残暴，而且卑劣。薛允升批评此例说："法至凌迟，至矣尽矣，即或案情重大，连坐其妻子，籍没其财产，已足蔽辜，此例于凌迟之外，又行加重，且明纂为例文，似可不必。"①

秦汉以后，死刑的执行方法由多渐少，逐步形成了斩、绞两种形式。宋以后增加了凌迟，但个别朝代死刑方法又有新创。辽代是有名的重刑王朝，据《辽书·刑法志》载，死刑方法有枭磔、生瘗、射鬼箭、铁骨朵、投崖、砲掷、钉割、脔杀等酷刑。枭磔、生瘗（活埋）、钉割、脔杀均系古已有之，其余则为新创。射鬼箭乃乱箭射杀；投崖是将罪人抛至崖下摔死；铁骨朵是一种特制刑具，以八片熟铁打成，适用于盗窃等罪，五至七下即可毕命；砲掷即以石块砸死，当今某些伊斯兰国家还有这种刑罚。明也是以重刑著称的，明太祖朱元璋对贪官污吏实行剥皮揎草之法。有人描述过这种刑罚："剥皮者从头至尻，一缕裂之，张于前，如鸟展翅，率逾日始绝。有即毙者，行刑之人坐死。"② 更有具体写南明王朝永历年间孙可望剥李如月的行刑过程："应科捉令扑地，剖脊，及臀，如月大呼曰：'死得快活，浑身清凉！'又呼可望名，大骂不绝。及断至手足，转前胸，犹

① 《读例存疑》。
② 《蜀龟鉴》。

微声恨骂；至颈绝而死。随以灰渍之，刏以线，后乃入草，移北城门通街阁上，悬之。"永历皇帝已躲到了安隆，自身已岌岌可危，但对胆敢弹劾他的臣子却仍拥有施虐的权力。鲁迅先生曾对此发表感慨说："大明一朝，以剥皮始，以剥皮终，可谓始终不变……有些事情，真也不像人世，要令人毛骨悚然，心里受伤，永不痊愈的。"① 人们常惊心动魄于十殿阎罗的上刀山、下油锅，殊不知阎罗的炼狱正是从人间帝王那里学来的。

3. 族诛广泛

族诛是集体的死刑。株连的主要内容也就是族诛，但株连不仅限于诛杀，还包括籍没、流放、充军、充当官私奴脾等。族诛比单个死刑更不人道，一则，它诛杀的范围广，动辄以百计。单个死刑以消灭犯罪者的生命为目的，族诛则以灭门为目的，所谓斩草除根，不留孑余。二则，它罪及无辜，以血缘关系代替刑事责任。族诛是重刑主义的产物，三代以前，并无族诛之法，典型的是鲧因治水无功而被"殛于羽山"（今山东蓬莱。殛，一说为诛戮；一说为流放），但其子禹却可禅帝位。族诛始于秦"文公二十年，法初有三族之罪"。② 此法一立，身罹此祸者，代有名人，商鞅全家被戮，李斯被夷三族，汉初的一代名将功臣韩信、彭越、晁错、郭解、主父偃均受族诛之刑。汉以后两晋、隋唐直至明清，均保留族诛，而且明载刑典。唐律规定：犯谋反大逆之罪的，皆斩。其父子年十六以上，皆绞。判绞刑的犯罪者的父子，本人并未犯罪。明清则比唐更为严厉：对谋反大逆，但共谋者，不分首从，一律凌迟处死，祖父、父、子、兄、弟及同居之人，不分异姓及伯叔父、兄、弟之子，不限籍之异同，只要年十六以上，也不论有无笃疾、废疾，皆斩。

二　重刑思想评析

重刑思想的祖师是法家。法家是绝对的重刑主义者，凡是法家都无一例外地主张重刑。

纣是有名的重刑主义者，但未见其有言论传世，倒是在他之前的盘庚

---

① 《且介亭杂文·病后杂谈》。
② 《史记·秦本纪》。

讲过："乃有不吉不迪，颠越不恭，暂遇奸宄，我乃劓，殄灭之，无遗育，无俾易种于兹新邑。"① 颠越不恭是"纵横不承命者，盖叛逆之徒"（按杜预解），施以严刑，似也未可厚非，但暂遇奸宄，是"暂时所遇为奸为宄劫掠行道者"（按蔡沉解），不过是偶尔犯法者，至于不吉不迪，只不过是不善、不道之人，属于道德品质问题，也要轻则割鼻，重则诛杀，不得令其迁入新邑，刑罚可谓重矣。所以，王洁卿先生认为殷商的法律"其号令严明如此，显示威吓主义精神也。此皆于后世法家深受其影响也"。② 可以说，三代的法律思想中，重刑并不占主要地位，但法家从实用主义的需要出发，选择了重刑思想，"盖为当时政治所急需，而对现实矫枉之情殷切所致"③，而儒家则因为当时均未掌握实权，多以从事教学、科研活动为主，所以很自然地继承了三代法律思想中的德主刑辅、明德慎罚的主流。

前期法家管仲是中国历史上最早提出重刑主张的政治家，他说："赏必足以使，威必足以胜，"④ 又说："夫民躁而行僻，则赏不可以不厚，禁不可以不重。故圣人设厚赏，非侈也；立重禁，非戾也。赏薄，则民不利；禁轻，则邪人不畏。"⑤ 法家中，把重刑主义讲到极端的是商鞅和韩非。他们有一整套重刑理论。如商鞅说："治国刑多而赏少，乱国赏多而刑少。故王者刑九而赏一，削国赏九而刑一。"⑥ 商鞅的重刑理论最精彩，也是最可怖的，他不但主张重罪重罚，而且主张轻罪也要重罚："故行刑，重其轻者。轻者不生，则重者无从至矣，此谓治之于其治也。行刑，重其重者，轻其轻者，轻者不止，则重者无从止矣，此谓治之于其乱也：故重轻，则刑去事成，国强；重重而轻轻，则刑至而事生，国削。"⑦ 法家之集大成者韩非与商鞅的重刑思想一脉相承，只是更加强词夺理罢了："古之善守者，以其所重禁其所轻，以其所难止其所易，故君子与小人俱正，盗跖与曾、史俱廉。"⑧ 对盗跖和曾、史用同一个道德标准，都给以"廉"的

① 《尚书·盘庚》。
② 王洁卿：《中国法律与法治思想》，三民书局，1982。
③ 王洁卿：《中国法律与法治思想》。
④ 《管子·正世》。
⑤ 《管子·正也》。
⑥ 《商君书·开塞》。
⑦ 《商君书·说民》。
⑧ 《韩非子·守道》。

评价，首先就是不伦不类的。盗跖是春秋战国之际奴隶起义的领袖，"从卒九千人，横行天下，侵暴诸侯"，他恰好正是统治者滥施酷刑的反对者，但韩非并不说明其理由，也不加以证明，就直接作为重刑主义的证据。韩非还对商鞅的轻罪重刑加以具体解释说："公孙鞅之法也重轻罪。重罪者，人之所难犯也；而小过者，人之所易去也。使人去其所易无离其所难，此治之道。夫小过不生，大罪不至：是人无罪而乱不生也。"① 韩非力驳轻刑主张："今不知治者，皆曰重刑伤民，轻刑可以止奸，何必于重哉？此不察于治者也。夫以重止者，未必以轻止也；以轻止者，必以重止矣。是以上设重刑者而奸尽止，奸尽止则此奚伤于民也？"② 除上引三人外，法家者流，如李悝、慎到、申不害，都无一例外地主张重刑。

法家的重刑主义在哲学理论上的支撑是性恶论。春秋战国时期，诸子百家在人性论上主要有性善论与性恶论之争，延及汉代，董仲舒又有性三品之说。儒家是主张"人之初，性本善"的性善论的，以孟子为代表。他认为，"人性之善也，犹水之就下也"，"恻隐之心，人皆有之；羞恶之心，人皆有之；恭敬之心，人皆有之；是非之心，人皆有之……非由外铄我也，我固有之也"。③ 这种向善的理念是天地自然的赋予，是与生俱来的。法家则相反，他们从人的需要本能出发，认为人天生就有趋利避害、喜赏厌罚的本性，厚赏重罚正是适应人的这种本性。管子说，"民予则喜，夺则怒，民情皆然"，④ 而"利之所在，虽千仞之山，无所不上；深渊之下，无所不入焉"。⑤ 这直可与马克思对资本家在百分之三百的利润面前不惜上断头台的论述比美。自管子以后，法家无不承袭这种观点。例如商鞅所说："夫人情好爵禄而恶刑罚，人君设二者以御民之志，而立所欲焉。"⑥ 韩非说，"好利恶害，夫人之所有也"，⑦ "夫安利者就之，危害者去之，此人之情也"。⑧ 按照马克思主义的观点，存在决定意识。人们对是非、善恶

---

① 《韩非子·内储说上》。
② 《韩非子·六反》。
③ 《孟子·告子上》。
④ 《管子·国蓄》。
⑤ 《管子·禁藏》。
⑥ 《商君书·错法》。
⑦ 《韩非子·难二》。
⑧ 《韩非子·奸劫弑臣》。

的判断基于后天的认识，把是非、善恶之心说成人的天性是一种唯心主义，儒、法二家在这一点上，并无不同，但法家认为人具有趋利避害的本能要求的观点更接近现代的需求说，因而是有一定道理的。不过法家把这种人的需求本能无限地夸大，竟导致被作为统治者实行重刑的口实，则是完全错误的。

三 历史上有关刑罚轻重的争论

（一）儒法两家关于刑罚的不同主张

先秦儒家在主张德治仁政的同时，往往也强调刑罚的轻缓，在这一点上与法家颇具异趣。如法家与儒家都主张"以刑去刑"和"刑期无刑"，可以说都追求"无刑"的理想境界。但二者在实现"无刑"的具体手段上却迥然不同。法家主张严刑峻法，轻罪重罚，使臣民人人畏惧，不敢以身试法，无人敢于犯罪，刑罚也就"英雄无用武之地"了；儒家主张德主刑辅，以刑弼教，通过教育使人人向善，无人作奸犯科，刑罚自然就派不上用场了。这是关于刑罚作用和地位的不同认识。儒家并不绝对反对刑罚，一般都主张刑罚适中，即轻重适宜，不偏不倚。

《尚书》是儒家所祖述的经典，其《吕刑》篇即批判苗族"杀戮无辜"的滥刑，认为是亡国绝嗣的根源，力主刑罚应当适中，"士制百姓于刑之中"，"故乃明于刑之中"。此处的"中"，即有平允、公正、适中之意。《吕刑》还提出了"罪疑为赦"的原则，即凡事有疑难，不能确认的案件，一律从宽处理，由五刑改为五罚，即以罚金（罚锾）的办法代替劓、刵、剕、宫、辟五种刑罚。显然，这与法家轻罪重罚的主张是根本不同的。孔子删定六经，也难免将自己的思想注入其中。春秋战国以降，儒家都秉承了慎刑戒杀的思想。例如孔子说的"子为政，焉用杀"[①] "刑罚不中，则民无所措手足"[②] "不杀无辜，无释罪人，则民不惑"[③]。孟子说的

---

① 《论语·颜渊》。
② 《论语·子路》。
③ 《孔子家语·贤君》。

"省刑罚，薄赋敛""杀一无罪，非仁也"① "如有不嗜杀人者，则天下之民皆引领而望之矣"②。另一位儒学大师荀子，思想较孔孟更激进一些，如强调"赏行罚威"，但也继承了儒家前辈的传统，反对滥刑苛罚，他说："赏不欲僭，刑不欲滥，赏僭则利及小人，刑滥则害及君子。若不幸而过，宁僭毋滥。与其害善，不若利淫。"③ 荀子这段话很有见地，特别是提出"与其害善，不若利淫"，宁肯赏赐过头，也不能刑及无辜，这对我们现实生活中曾经流行过的"宁左勿右"是很有针对性的批判。他还对族刑加以批判："故一人有罪，而三族皆夷，德虽如舜，不免刑均，是以族论罪也。先祖当贤，后子孙必显，行虽如桀纣，列从必尊，此以世举贤也。以族论罪，以世举贤，虽欲无乱，得乎哉？"④

但儒家对重刑并非绝对地排斥，"乱世用重典"就是儒家思想的反映，《尚书·洪范》云，"平康正直，强弗友刚克，燮友柔克"。前人多有将此句解释为个人修养，愚意则认为"平康"指世道平和，应以中典治之；"强弗友"指乱世，应行重典；"燮友"指盛世，即以轻典对付。按孔安国解释："燮，和也，世和顺，以柔能治之。"如果说《尚书》的解释尚因歧义而难成定论，那么，《周礼》就讲得再清楚不过了。《周礼·大司寇》称："大司寇之职，掌建邦之三典，以佐王刑邦国，诘四方。一曰，刑新国用轻典；二曰，刑平国用中典；三曰，刑乱国用重典。"《尚书》《周礼》都是儒家祖述的经典，法家是很难引述《尚书》《周礼》的。在理论上是如此，在司法实践中更有例子可做佐证。孔子为鲁司寇，七日而诛少正卯，就是从重从快的典型。据荀子引述，孔子杀了少正卯后，有门人提出质疑："夫少正卯鲁之闻人也，夫子为政而始诛之，得无失乎？"孔子回答道："居，吾语汝其故。人有恶者五，而盗窃不与焉。一曰心达而险；二曰行辟而坚；三曰言伪而辩；四曰记丑而博；五曰顺非而泽。此五者，有一于人，则不得免于君子之诛，而少正卯兼有之。故居处足以聚徒成群；言谈足以饰邪营众；强足以反是独立；此小人之桀雄也，不可不诛也。"由此观之，孔子认为凡是聚徒成群，宣传邪说，蛊惑国人，与现政

① 《孟子·尽心上》。
② 《孟子·梁惠王上》。
③ 《荀子·致士》。
④ 《荀子·君子》。

权对着干的"小人之桀雄"，都是严打的对象。这种人比穿窬之徒的危害大得多，必须坚决打击。不仅如此，他甚至还说："巧言破律，遁名改作，执左道与乱政者，杀；作淫声，造异服，设伎奇器，以荡上心者，杀；行伪而坚，言诈而辩，学非而博，顺非而泽，以惑众者，杀；假于鬼神、时日、卜筮，以疑众者，杀。"① 则一切发表不同意见，改变传统制度，利用鬼神、迷信蛊惑群众的，都在该杀之列。如此杀气腾腾，直比法家有过之而无不及了。

由此，似乎可以得出这样的结论：儒家的主流思想是反对苛刑暴政，主张慎刑、恤刑，于刑罚的适用上，强调适中，无枉无纵，但对重刑并不绝对否定。

（二）关于肉刑存废的争论

肉刑的存废是我国刑罚史上的一次大争论，从汉文帝废肉刑起直至唐代，将近千年。本来，汉文帝废肉刑就是以儒家的德主刑辅思想为依据的，汉文帝十三年（公元前 167 年）下令说："盖闻有虞氏之时，画衣冠异章服以为戮，而民弗犯，何治之至也！今法有肉刑三，而奸不止，其咎安在？非乃朕德之薄而教不明欤？吾甚自愧。故夫训道不纯而愚民陷焉……今人有过，教未施而刑已加焉，或欲改行为善，而道亡繇至，朕甚怜之。夫刑至断支体，刻肌肤，终身不息，何其刑之痛而不德也！岂为民父母之意哉？其除肉刑，有以易之。"② 或许这段话含有作秀的意味，但汉文帝仍不失为中国历史上一位伟大的刑罚改革家。这从肉刑存废之争如此之长就不难看出。不断有人提出恢复肉刑的主张，其主要的理论依据就是法家创设的重刑主义。肉刑恢复论者认为肉刑是死刑与徒、流之间的过渡刑种，一旦取消，刑罚轻重失衡，国家将无以为治。

汉之崔寔、荀悦、仲长统，晋之刘颂都是恢复肉刑的鼓吹者。崔寔认为汉文帝之除肉刑徒有轻刑之名，实乃重刑。这个看法本身有一定的道理，但崔寔并非批判汉文帝废除肉刑的不彻底，而是根本上反对废除肉刑。他假群众之口说，"当此之时，民皆思复肉刑"。他提出，人主应当

---

① 《孔子家语·刑政》。
② 《汉书·刑法志》。

"师五帝而式三王，荡亡秦之俗，遵先圣之风，弃苟全之政，蹈稽古之踪"。① 所谓苟全之政，即讽汉文帝之除肉刑。可以看出，崔寔是反酷刑而不反肉刑，在他看来，酷刑是刑罚的执行问题，所以要"荡亡秦之俗"，而肉刑是刑罚的设置问题，而且肉刑是最完美的刑种，所以要"遵先圣之风"。

仲长统也是主张恢复肉刑的，其言曰："肉刑之废，轻重无品，下死则得髡钳，下髡钳则得鞭笞，死者不可复生，而髡者无伤于人。髡、笞不足以惩中罪，安得不至于死哉？夫鸡狗之攘窃，男女之淫奔，酒醴之赂遗，谬误之伤害，皆非值于死者也。杀之则甚重，髡之则甚轻。不制中刑以称其罪，则法令安得不参差，杀生安得不过谬乎。"② 在他看来，对一般的盗窃、通奸、收受贿赂、过失伤害，死刑太重，髡笞之刑又太轻，而肉刑正是惩罚这种中罪最理想的刑种。他认为只要恢复肉刑，就可以"令五刑有品，轻重有数，科条有序，名实有正"，而且"嗣周氏之秘典，续吕侯之祥刑"，达到周公、文武之治，实现《吕刑》的祥刑了。晋代又出了一位对肉刑高唱赞歌的人，就是刘颂。与前人不同的是，他不从批判汉文帝废肉刑的流弊入手，而是论证肉刑本身的尽善尽美。他说："圣人之制肉刑，远有深理……非徒惩其畏剥割之痛而不为也，乃去其为恶之具，使夫奸人无用复肆其志。止奸绝本，理之尽也。亡者刖足，无所用复亡；盗者截手，无所用复盗；淫者割其势，理亦如之。除恶塞源，莫善于此，非徒然也。"这是绝对化的报复刑理论：逃跑的断足，盗窃的斩手，奸淫的割势。他主张"今宜取死刑之限轻，及三犯逃亡、淫盗，悉以肉刑代之"。不仅如此，刘颂还为受刑者描绘了一幅美妙的"肉刑归来图"："此等已刑之后，便各归家，父母妻子，共相养恤，不流离于涂路。有今之困，创愈可役，上准古制，随宜业作，虽已刑残，不为虚弃，而所患都塞，又生育繁阜之道自若也。"③ 这真是一幅美妙的"肉刑归来图"。把肉刑写得如此有人情味，完全不理会他们身受的痛楚、心灵的创伤，如有冤屈，还有积压的愤懑，而且这竟是出自任过廷尉的刘颂之口，可见这位司法官之不识民情，不谙时世。

有这样多的人主张恢复肉刑，根本原因在于统治者过于迷信刑罚的效

---

① 《政论》。
② 《后汉书·仲长统传》。
③ 《晋书·刑法志》。

能，特别是重刑的理念根深蒂固。从客观上说，则是由于汉文帝废除肉刑之不彻底，授人以柄。但不论肉刑鼓吹者如何连篇累牍地发表高论，却始终没有一个皇帝敢于正式下诏恢复肉刑，这实在是由于文明的进步。每当肉刑恢复论甚嚣尘上的时候，也总有有识之士站出来力排众议。东汉建武十四年，群臣上书，要求恢复肉刑，光禄勋杜林则发表异论："夫人情挫辱，则义节之风损，法防繁多，则敬免之行兴。孔子曰：导之以政，齐之以刑，民免而无耻。导之以德，齐之以礼，有耻且格。古之明王，深识远虑，动居其厚，不务多辟，……臣愚以宜如旧制，不合翻移。"① 汉末，建安七子之一的孔融是反对肉刑的。他说："欲绳之以古刑，投之以残弃，非所谓与时消息者也。纣斫朝涉之胫，天下谓为无道。夫九牧之地，千八百君，若各刖一人，是天下常有千八百纣也，求俗休和，弗可得也。且被刑之人，虑不念生，志在思死，类多趋恶，莫复归正。"② 他认为恢复肉刑违反与时俱进的规律，而且强调受肉刑处罚的人容易产生以滥为滥的反社会心理，不易回归社会，这对刘颂笔下的"肉刑归来图"来说未免大煞风景，但也更符合现实。魏明（文）帝时任过司徒的王朗也是反对恢复肉刑的一位有识之士，他针对当时钟繇鼓吹恢复肉刑是对"斯民永济"的大善事的观点说："前世仁者，不忍肉刑之残酷，是以废而不用。不用以来，历年数百。今复行之，恐所减之文未彰于万民之目，而肉刑之问已宣于寇雠之耳，非所以来远人也。"③ 王朗把恢复肉刑与国家的形象和国际影响联系起来，而且认为恢复肉刑会损害人才的引进，这也是很有新意的。

（三）对重刑和酷刑的批判

在封建专制主义的政治体制控制和以报复刑主义为主的刑法理论的指导下，减轻刑罚被认为是仁君的恩赐，而不是人民的权利，因此重刑主义纵然可以得到某些冲击和遏制，但得不到真正的彻底的清算与批判。对重刑和酷刑提出较为系统的批判，而且，引进西方刑法思想的当推晚清的法学巨匠沈家本。在清末修律的过程中，他专门写过一篇《删除律例内重法折》奏明朝廷。主张废除凌迟、枭首、戮尸三项酷刑，只保留斩、绞两种

---

① 《后汉书·杜林传》。
② 《后汉书·孔融传》。
③ 《魏书·钟繇传》。

死刑，将清律及其例中的凌迟、枭首的条款一律改为斩立决，斩立决一律改为绞立决，绞立决一律改为绞监候。沈家本从刑罚的特殊预防与一般预防出发，认为："第刑至于斩，身首分离，已为至惨。若命在顷忽，菹醢必令备尝，气久消亡，刀锯犹难幸免，揆诸仁人之心，必当惨然不乐。谓将以惩本犯，而被刑者魂魄何知？谓将以警戒众人，而习见习闻，转感召其残忍之性。"这虽然也离不开前人圣君仁政的窠臼，但沈氏将中国的刑律修订与世界潮流结合起来指出，就刑罚而论"中重而西轻者为多，盖西国从前刑法，较中国尤为惨酷，近百数十年来，经律学家几经讨论，逐渐改而从轻，政治日臻美善"。他还举日本为例："近日日本明治维新，亦以改律为基础，新律未颁，即将磔罪、枭首、籍没、墨刑先后废止，卒至民风丕变，国势骎骎日盛，今且为亚东之强国矣。中、日两国，政教同，文字同，风俗习尚同，借鉴而观，正可无庸疑虑也。"有人对此持反对态度，认为一旦取消酷刑，会降低刑罚的威吓作用，无法惩奸治罪。沈家本对此反驳说："或谓此等重法，所以处穷凶极恶之徒，一旦裁除，恐无以昭炯戒。顾有唐三百年不用此法，未闻当日之凶恶者独多。且贞观四年断死罪二十九，开元二十五年才五十八，其刑简如此。乃自用此法以来，凶恶者仍接踵于世，未见其少，则其效可睹矣。化民之道，固在政教，不在刑威也。"

四 重刑主义的现实影响

审视新中国成立以来的刑事立法，重刑思想仍占据主导地位。

1951年2月21日公布的《中华人民共和国惩治反革命条例》即明显地体现了重刑主义的色彩，该条例共21条，其中，规定具体犯罪与刑罚的为3~13条，涉及背叛祖国罪、策动叛变罪、持械叛乱罪、间谍资敌罪、利用封建会门进行反革命活动罪、反革命破坏罪、反革命宣传煽动罪、反革命偷越国境罪、聚众劫狱暴动越狱罪、窝藏包庇反革命罪，条条都挂有死刑，而且规定"本条例施行以前的反革命罪犯，亦适用本条例之规定"，实行的是从新原则，较现行刑法明显偏重。以后随着形势的变化，中央对刑事政策作了相应的调整，不仅规定了死缓制度，先后实行了7次特赦，而且多次强调"可杀可不杀的坚决不杀；可捕可不捕的坚决不捕"的方针。从刑法的执行上对重刑倾向进行了一定的遏制。20世纪60年代后刑事司法引进了毛泽东同志的两类矛盾理论，对具体案件按矛盾性质划分：敌我矛盾的重处；人民内部矛盾的轻罚。虽然这种以主体的阶级身份或政治面貌代替刑事责任的做法，有悖于刑法执行的基本原理，但在实践中，也使一些轻罪得到较为合理的处理。然而由于重刑思想在中国社会根深蒂固，这些举措并没有从根本上改变重刑的主导地位。

1979 年刑法仍然保持了重刑的特色，当时有 28 个死刑罪名，本已不少，而以后陆续公布的单行刑事法规又不断扩大，死刑罪名增加到 70 多个，而且又规定了加重和从新原则。1997 年刑法修改时，许多学者都曾设想对死刑作一次科学的规范，确实也有所改进。例如，取消普通盗窃罪的死刑；将 18 周岁以下不判死刑，明确规定为包括死缓在内；对犯罪后自首又有重大立功表现的，规定为"应当减轻或者免除处罚"；在条文中规定死刑"都应当报请最高人民法院核准"。但或许由于中国重刑的起点较高，"能上不能下"，"重"易"轻"难，以至于费了九牛二虎之力，死刑罪名仍是居高不下——68 个，除第九章渎职罪没有死刑外，其余九章，章章涉及死刑。当然我们也应看到，有些罪名，如危害国家安全罪中的罪名在司法实践中很少适用，死刑适用频率最高的仍然是杀人、抢劫、强奸、爆炸等暴力性犯罪，这一点与世界各国并无不同。但从立法看，经济犯罪、财产性犯罪、性犯罪以及有关风化方面的犯罪有大量死刑，是其他国家较为少有的，所以重刑的特色仍较明显。

这些问题值得我们从理论和实践上给予认真回答。重刑的思想和制度在中国存在了几千年，实有极为深刻的文化背景和社会根源，尤其值得重视的是重刑在传统中国，不仅历代统治者对其情有独钟，而且其在国民心理上也有很大的认同度。

第一，中国传统的刑法理念历来重视镇压和惩罚职能，"刑，从刀，开声，剕也"。[①] 刑的本意就是一把刀，用来割人脖子的，我们长期以来也把审判机关理解为刀把子。新中国成立之后，与历代封建王朝改朝换代之初一样，大赦天下，轻刑减罚。不同的是人民政府对敌对势力进行了坚决的镇压。这是由于新中国成立之初，内有反革命势力疯狂破坏，外有帝国主义虎视眈眈，为了巩固人民政权，保护人民革命的胜利果实，必须大张

———————

① 《韵会》。

旗鼓地镇压反革命活动，这时实行一定的重刑政策是符合社会发展规律的。在大规模的阶级斗争结束之后，这种思想很自然地就运用于对付正常情况下的犯罪分子。同时，现在我国国内形势一派大好，政治稳定，政通人和；经济连年高速增长，稳步发展，处于"盛世"。这与连年严打似乎不太协调，于是有人提出我国目前是政治经济形势大好，治安形势严峻；甚至有人提出了一种新的理论——"盛世用重典"。反正绕来绕去，最后还是重刑解决问题。

第二，中国传统思想中，报应循环的思想有普遍的社会认同。所谓"一报还一报，不是不报，时候未到，时候若到，一切都报""以其人之道，还治其人之身""父母之仇，不共戴天；兄弟之仇，不反兵""杀人者死"，自然会得到国人的赞同，这些思想是刑法报应主义最好的群众基础。而思想的沉淀不因制度的更替而消亡。

第三，中国人的自我保护意识和能力普遍不高，几个犯罪分子就可以把一座城市搅得鸡犬不宁。他们只能把自身安危的保障寄希望于政府，直到现在，一旦受到伤害，遇有冤屈，就盼着人民政府替他们找回公道。他们最怕犯罪分子"还乡团"，有的群众举报犯罪分子，得先打听这个犯罪分子能否受到重刑，最好是能被杀掉。难怪新中国成立初期，群众中就有"天不怕，地不怕，就怕共产党讲宽大"的反映。

五　严打与重刑主义

严打是在一定特殊情况下采取的对某些犯罪集中打击的方式。这种特殊情况，主要是指我国社会治安的状况，根据我国目前所处时代的特征，这种特殊情况有相当长的时间性。因此严打不是临时措施，而是具有相对稳定性的一项刑事政策。1983 年开始严打斗争以来，历经十五个年头，积累了不少成功经验，各方面的制度也更加规范。简单地把严打看成重刑主义，是不客观的，但严打在司法实践中，仍然有重刑主义倾向，尤其是在开始时期。例如，重打轻防，缩短上诉期限，取消辩护；有的地方提出"一律取高限""一律顶格判"，甚至采取所谓"喂肥猪""回马枪"等办法，争取多判、重判；对重罪轻判、打击不力十分重视，纠正力度大；对轻罪重判、伤及无辜则关注不够。经过一段时间的实践，中央强调"依法从重从快"，要求把严打纳入法制轨道。严打十五年来我国法制建设已发生了许多重大变化，出现了许多新情况、新问题，需要在理论和实践上加以研究。

首先，1983 年开始严打时，主要的法律依据是《关于严惩严重破坏经济的罪犯的决定》《关于严惩严重危害社会治安的犯罪分子的决定》等单行刑事法规，这些法规已随 1997 年刑法的颁布而被废止。现在不论是严打或是正常办案，唯一的法律依据只能是刑法，而 1997 年刑法已经将罪刑法定原则明载典章，对从重、从轻、减轻、免除均有严格规定，绝无只讲从重、不讲从轻之理。我们应当全面理解，正确贯彻刑法、刑事诉讼法，坚定不移地执行罪刑法定原则，做到"依法严打"。即在一般情况下，对严打期间的案件，在量刑上采取对刑事责任从严要求的原则，特别是特重大案件，但对有从轻、减轻、免除情节，包括法定情节与酌定情节，仍应坚决贯彻。

其次，严打本是一种集中打击的方式，即在人力和时间上相对集中，对某类或某几类的犯罪集中侦查、起诉、审判。它区别于日常办案的，就在于相对的集中，但不等于对严打的犯罪平时不管、严打时算总账。因此应当选好严打的对象，只有把那些通过日常斗争解决不了的性质严重、多发、易发，对社会治安有严重影响的犯罪案件纳入严打范围，才能最大效能地发挥刑法资源的作用。但现在，严打成了"年打"，年年都打，一年打四回，春天打了秋天打，夏天打了冬天打，几乎代替了日常斗争。凡是严打期间发生的案子，都可能被视为"顶风作案"而有意地提高量刑幅度。我们应当将集中严打和日常斗争有机地结合起来，集中力量打击最严重的、多发的犯罪，保持日常斗争的有效运作，做到有张有弛。

结　语

重刑是一种价值取向，就理论而言，在现实社会并非完全没有存在的价值，文明程度高度发达的新加坡至今保留着鞭刑；美国的有期徒刑可以判到千年以上；在一定时期加重对某些特殊犯罪的处罚，如针对恐怖主义的猖獗，加大打击力度，也并非不可以，关键在于一个合适的度。这个"度"，既要顺应世界轻刑化的潮流，又要立足于本国的具体国情，要符合国民的承受能力。我们不能亦步亦趋地"取消死刑",也不能消极地迁就一律要求重刑的国民心理,而应当致力于树立现代刑法理念,首先是领导层。对群众,要积极地加以引导,提高国民的文明程度和法治精神,从立法和执法上,体现刑法的公平原则、人权精神。首先应当严格控制死刑的适用,贯彻"少杀精神",特别是对于破坏经济秩序方面的犯罪;其次,应严格掌握死刑复核的程序,所有死刑必须经过最高人民法院核准;最后,要有计划、有步骤地减少刑法中的死刑条款。1997 年刑法修订时,这个问题已经提出,全国人大常委会副委员长王汉斌在《关于中华人民共和国刑法(修订草案)的说明》中,就提道:"有些同志认为现行法律规定的死刑多了,主张减少,这是值得重视的。"虽然最后采取的方案是"原则上不减少也不增加",理由是"考虑到目前社会治安的形势严峻,经济犯罪的情况严重,还不具备减少死刑的条件",这说明死刑太多已经引起立法机构的重视,也可以说逐步减少死刑已经有了一定的法律上的支撑,只不过时机和条件尚不成熟而已。但时机是可以创造的,条件是可以改变的,认识是可以提高的,所以减少死刑是我国刑法发展的一个必然趋势,虽然这个趋势可能需要很长时间。

(原文载《现代法学》2003 年第 4 期,收入本书时略有改动)

"坑"考

郭　建　姚少杰*

秦始皇"焚书坑儒"是尽人皆知的历史事件，一般都认为"坑儒"就是活埋儒生。不少当代的学者也认为"坑"是活埋[1]，尤其是很多中国法制史的书籍、教材将"坑"作为秦代的一种刑罚制度，认为是一种将人活埋的酷刑。[2] 但是仔细检视史籍记载，可以发现"坑"并非秦朝所独有，也很难说是一种刑罚，而且并不一定是指活埋杀人。

一　"坑"并非刑罚

从史籍中有关"坑"的记载来看，很难说"坑"是一种刑罚手段。"坑"不见于任何一个朝代的法律条文。绝大多数"坑"的事件都不经过任何的审判程序，所针对的对象也多是战俘或无辜的百姓。作为惩治犯罪的刑罚一般施用的对象是个人，而史籍的这些记载几乎都是针对特定的某些群体，史籍中"坑"某个人的记载非常罕见。

---

* 郭建，复旦大学法学院教授；姚少杰，上海财经大学法学院教师。

[1] 参见范文澜《中国通史》第 2 卷，人民出版社，1964，第 19 页（第 1 卷第 257 页讲述长平之战时仅称"坑死"）；《中国大百科全书·中国历史》，中国大百科全书出版社，1992，第 223 页；林剑鸣《秦汉史》，上海人民出版社，1989，第 137、158 页等；《辞源》，商务印书馆，1988，第 321 页"坑"、1772 页"阬"；《辞海》，上海辞书出版社，1999，第 1524 页"坑"；台湾《中文大辞典》，中国文化研究所，1962，第 7 册第 319 页"坑"，第 35 册第 216 页"阬"。

[2] 参见张晋藩主编《中国法制史》，群众出版社，1982，第 105 页；张晋藩总主编、徐世虹主编《中国法制通史》第二卷《战国秦汉》，法律出版社，1999，第 151 页；郑秦主编《中国法制史》，法律出版社，1999，第 77 页；朱勇主编《中国法制史》，法律出版社，1999，第 84 页；曾宪义主编《中国法制史》，北京大学出版社，2000，第 76 页；等等。

史籍记载中将"坑"称为"刑"的情况也很罕见。《晋书·载记第二十三 慕容垂》言慕容俊攻克幽州，"将坑降卒，（慕容）垂谏曰：'吊伐之义，先代常典。今方平中原，宜绥怀以德，坑戮之刑不可为王师之先声。'俊从之"。此处的"坑戮之刑"，当为泛指，即传统意义上的"大刑用甲兵"的"刑"，是指使用国家武力的意思，并不是特指"坑"为具体的刑罚。《旧唐书·傅奕传》载傅奕所撰《禄命》："长平坑卒，未闻共犯三刑；南阳贵士，何必俱当六合？""三刑"是指罪孽，也不特指"坑"为刑罚。

秦始皇"坑儒"几乎是史籍中仅见的针对被认为是罪犯的处罚事件。秦始皇宣称："吾前收天下书不中用者尽去之，悉召文学方术士甚众，欲以兴太平，方士欲练以求奇药。今闻韩众去不报，徐市等费以巨万计，终不得药，徒奸利相告日闻。卢生等吾尊赐之甚厚，今乃诽谤我，以重吾不德也。诸生在咸阳者，吾使人廉问，或为妖言以乱黔首。"即认为儒生既不能为自己兴太平，又徒费资财而不能练出奇药，而且还诽谤自己，在民间传播妖言。"于是使御史悉案问诸生，诸生传相告引，乃自除。犯禁者四百六十余人，皆坑之咸阳，使天下知之，以惩后。"① "诽谤""妖言"都是秦代法律中的罪名，但处以"坑"杀应该是秦始皇的特别处分，不应当是秦律的规定。在中国古代"法自君出"的环境里，即使是帝王亲自规定的处罚方式往往也只是特例，并不会被当作正式的刑罚。如因秦始皇施用了"坑"即认定"坑"为秦代刑罚的话，那么北魏太武帝下令"坑"沙门、隋文帝下令"坑"与杨玄感造反有关的民众，"坑"也就应该列为北魏和隋朝刑罚种类了。

作为刑罚总应该具有一定的合法性，或具有一定的合乎当时人们的道德伦理观念的正义性，而从史籍的记载来看，"坑"并不具备这些特性。相反，"坑"是古代人们以及史学家所一致斥责的残暴行为。秦始皇"坑儒"一直被后世谴责，而白起"坑"赵俘、项羽"坑"秦俘也饱受谴责。刘邦阵前数项羽十项大罪之六，就是"诈坑秦子弟新安二十万"。② 后世仍然视"坑"为应受讨伐的行为，如南朝刘宋讨伐臧质的檄书也有"坑戮边氓，忽若草芥"之语，③ 北宋田况曾坑降卒，史家认为"（田）况有文武

———————————

① 《史记》卷六《秦始皇本纪》。
② 《史记》卷八《高祖本纪》。
③ 《宋书》卷七十四《臧质传》。

才略，言事精畅，然欲惩兵骄，乃坑降卒，弗忌阴祸，惜哉！"① 北宋时祁国公宗说横行不法，后被下狱，"狱具，英宗以为辱国，不欲暴其恶"。承审官张洞建议："宗说罪在不宥。虽然，陛下将惩恶而难暴之，独以其坑不辜数人，置诸法可矣。"② 金代大将宗翰（即兀术）无后嗣，金世宗认为："朕尝闻宗翰在西京坑杀丐者千人，得非其报耶？"③ 史籍中凡记载为实施"坑"的几乎全为反面人物，而劝阻"坑"的都是正面记载。

从以上所引史籍记载来看，可以说"坑"一般是指针对特定无辜对象的集体屠杀行为。在古代史籍中"屠"是指无差别地屠杀某一地区的全部民众，而"坑"一般是指屠杀战俘，或者是有可能作为士兵的男子。如项羽进攻外黄，数日后外黄守军才投降，"项王怒，悉令男子年十五已上诣城东，欲坑之"，后被十三岁的"外黄令舍人儿"劝解。④ 妇女被"坑"的记载不多，主要集中于十六国战乱时期，例如，石勒"攻陷白马，坑男女三千余口"⑤；石虎"至于降城陷垒，不复断别善恶，坑斩士女，鲜有遗类"⑥；姚苌攻新平，骗新平太守苟辅投降，"辅以为然，率男女万五千口出城，苌围而坑之，男女无遗"⑦。但史籍中记载的绝大多数"坑"的事件是针对特定的无辜成年男子的集体屠杀。如秃发傉檀攻下姑臧，"欲诛其元首，前军伊力延侯曰：'今强敌在外，内有奸竖，兵交势蹴，祸难不轻，宜悉坑之以安内外。'傉檀从之，杀五千余人，以妇女为军赏"。显然伊力延侯所建议的"悉坑之"，就是杀光全部男子的意思。⑧

二 "坑"非指活埋

"坑"确定无疑是屠杀行为。可是究竟是怎样的屠杀方式、究竟是不是活埋，正史史籍上从无具体说明。指斥秦始皇"坑儒"是活埋儒生，也

---

① 《宋史》卷二百九十二《田况传》。
② 《宋史》卷二百九十九《张洞传》。
③ 《金史》卷六《世宗本纪上》。
④ 《史记》卷七《项羽本纪》。
⑤ 《晋书》卷一〇四《后赵·石勒载记上》。
⑥ 《晋书》卷一〇六《后赵·石虎载记上》。
⑦ 《晋书》卷一百一十九《后秦·姚泓载记》。
⑧ 《晋书》卷一百二十六《南凉·秃发傉檀载记》。

出自后代儒者的说法，并无任何直接的史料直接说明"坑儒"是活埋儒生。从技术上考虑，要活埋成千上万的无辜者也是很困难的。[1] 近当代史学家因此对"坑"往往采取谨慎的态度。[2]

古代一般并不以"坑"来表示活埋。根据云梦睡虎地秦墓竹简，秦代活埋一般称"生埋"[3]，历代史籍仍然采用这一词语来表示"活埋"的意思。如南朝刘时"大司马府军人朱兴妻周，生息男道扶，年三岁，先得痫病，周因其病发，掘地生埋之，为道扶姑女所告，正周弃市刑"。[4] 或者称"生瘗"，如清代"孝感被灾，饥民刘金立等掠谷，生员梅调元纠众殴杀金立，并生瘗二十三人"。[5] 陈潜妻子崔秋被仇人虏获，"仇生瘗（崔）秋，以蜜傅其面，引蚁嘬之，（崔）秋至死，骂不绝。二妾亦生瘗死"。[6]

史籍中有一些稍微涉及具体描写"坑"的记载，有的显然并非活埋。如《魏书·岛夷刘裕传》载北魏军进攻寿阳，击败刘宋援军，"尽坑其众，……以所斩首使军士曳之，绕城三匝，积之城西，高与城齐"。这里的"坑"显然是斩首，并将所斩首级拖到寿阳城西，堆积至齐城高，威吓守军。《魏书·释老志》载赫连勃勃攻入长安，"道俗少长咸见坑戮。惠始（僧人）身被白刃，而体不伤。众大怪异，言于屈丐（即赫连勃勃）。屈丐大怒，召惠始于前，以所持宝剑击之，又不能害，乃惧而谢罪"。这里的"坑"显然就是斩杀。《旧唐书·德宗本纪下》载，贞元十七年六月，浙西人崔善真诣阙上书，论浙西观察使李锜罪状。上览奏不悦，令械善真送于李锜，为凿坑待善真，既至，和械推而埋之。此处的"坑"似乎应当

---

① 以活埋 1 人需 1 方土计算，"坑"的工程量极为可观。如令被活埋者自己挖土，在冷兵器时代，挖土工具也是反抗的利器。很难想象在战争中精疲力竭的战胜方会自找这个麻烦。

② 如吕思勉的《秦汉史》（上海古籍出版社，1983，第 18 页），翦伯赞的《中国史纲要》（第 1 册）（人民出版社，1979，第 95 页），田昌五、安作璋主编的《秦汉史》（人民出版社，1993，第 54 页）对于"阬儒"均仅言"坑杀"，而不是具体说明。在崔瑞德、鲁惟一主编的《剑桥中国秦汉史》中，由美国宾夕法尼亚大学荣誉教授卜德撰写的第一章"秦国和秦帝国"，对于"阬"的解释是："尽管意见纷纭，此字的真正意义可能是处死，而不是埋葬（不论是死埋还是活埋）。"他在脚注中进一步说明"'坑'实际上只是'消灭'或'处死'的意义"（中国社会科学出版社，1992，第 87 页）。

③ 秦律规定对于麻风病患者罪犯处以"定杀"，"定杀"是"生定杀水中之谓也。或曰生埋，生埋之异事也"。《睡虎地秦墓竹简》，文物出版社，1978，第 203 页。

④ 《宋书》卷四十三《徐羡之传》。

⑤ 《清史稿》卷三百二十三《李侍尧传》。

⑥ 《清史稿》卷五百一十一《列女传四陈潜聘妻崔》。

是活埋。但是同书《白居易传》载白居易的奏章，"臣伏闻德宗时有崔善贞者，告李锜必反，德宗不信，送与李锜，锜掘坑炽火，烧杀善贞"。可见此处"坑"是火刑的刑具。《旧唐书·昭宗本纪上》记载天祐元年闰四月在谷水行宫，朱温将"小黄门十数，打球代奉内园小儿共二百余人"，"因会设幄，酒食次并坑之"。而另据《旧五代史·梁书·太祖纪二》载其具体的做法是，"选二百余人，形貌大小一如内园人物之状，至是使一人擒二人，缢于坑所，即蒙其衣及戎具自饰。昭宗初不能辨，久而方察"。此处的"坑"又是缢杀，并非活埋。

三 "坑"主要是指针对特定无辜对象进行的、积尸于野或乱葬坑的集体屠杀行为

如果"坑"不是专指一种特别的屠杀方式的话，那么就可考虑"坑"是指一种特别地处置无辜受死者尸体的方式。仔细分析史籍记载，早期的"坑"实际是将无辜者尸体堆积在地面上，而隋唐以后的"坑"有的是堆积尸体，有的是将无辜受死者的尸体扔弃于土坑之内。

古代战争中，战胜的一方习惯将敌方战场遗尸（或首级）堆积后加以土筑成为一个大坟堆，号为"京观"，以夸耀战绩、威吓敌方。《左传·宣公十二年》载，楚军在邲之战中打败晋军，潘党建议说："君盍筑武军，而收晋尸以为京观？臣闻克敌必示子孙，以无忘武功。"被楚庄王拒绝，称："古者明王伐不敬，取其鲸鲵而封之，以为大戮，于是乎有京观，以惩淫慝。今罪无所，而民皆尽忠以死君命，又可以为京观乎？"这一习惯在后世战争中仍然经常使用。

"观"（第四声）据《尔雅·释宫》，"观谓之阙"，注称"宫门双阙，旧章悬焉，使民观之，因谓之观"，指宫门前两侧的高大土台建筑。或者也指台榭建筑，《左传·哀公元年》载"宫室不观，舟车不饰"。而"阬"字据《说文解字》，"阬，阆也"。段注："阆者，门高大之貌也。"《诗》曰："'皋门有伉。'然则门亦得称阬也。""皋门"是王宫外的大门，是独立式的大门楼。"观"为阙，"阬"为门，阙与门亦得称阬也。阙与门字义有相通之处。"坑"字不见于《说文解字》，为后出之字。历来"阬"和"坑"字音同，也可互相借用，因此"坑"不仅表示土坑，在古代这两个

字还可以用于表示突出于地面的物件的意思。

史籍中的"坑"实际就是"京观"的另一称呼。最为明显的如《汉书·翟方进传》中记载王莽族诛翟氏："发父（翟）方进及先祖冢在汝南者，烧其棺椁，夷灭三族，诛及种嗣，至皆同坑，以棘五毒并葬之。"但记载王莽为此特意发布的诏书中称："盖闻古者伐不敬，取其鲸鲵筑武军，封以为大戮，于是乎有京观以惩淫慝。乃者反虏刘信、翟义悖逆作乱于东，而芒竹群盗赵明、霍鸿造逆西土，遣武将征讨，咸伏其辜。惟信、义等始发自濮阳，结奸无盐，殄灭于圉；赵明依阻槐里环堤，霍鸿负倚周至芒竹，咸用破碎，亡有余类。其取反虏逆贼之鲸鲵，聚之通路之旁，濮阳、无盐、圉、槐里、周至，凡五所，各方六丈，高六尺，筑为武军，封以为大戮。荐树之棘，建表木，高丈六尺。书曰'反虏逆贼鲸鲵'。在所长吏常以秋循行，勿令坏败，以惩淫慝焉。"可见王莽是将反对自己篡汉的人作为"不敬""淫慝"的罪犯，下令在通道大路旁将这些人的尸体筑为五座六丈见方、高六尺的"京观"。而《汉书》的作者认为这是屠杀无辜，记载为"坑"。

历来认为尸体筑为"京观"只能是针对"淫慝大恶"之人的，而白起那样的杀降行为、秦始皇那样的处死儒生行为、王莽诛杀反对者之类的屠杀都是不义行为，所以只能称为"坑"，而不能记载为"京观"。

"京观"是较正式的封尸，而"坑"往往是仅仅将无辜受害者的尸体或首级堆积一处而已，以尸堆威吓对方或民众。如前文所引的《魏书·岛夷刘裕传》载北魏军在寿阳"以所斩首使军士曳之，绕城三匝，积之城西，高与城齐"的做法就是"坑"的一种。另外据《晋书·载记第二十二　吕光吕纂吕隆》记载，沮渠蒙逊与吕隆反复争战，造成饥荒，"姑臧谷价踊贵，斗直钱五千文，人相食，饥死者十余万口。城门昼闭，樵采路绝，百姓请出城乞为夷虏奴婢者日有数百。（吕）隆惧沮动人情，尽坑之，于是积尸盈于衢路"。吕隆惧怕百姓逃亡，因此将逃亡者全都处死，将尸体堆积在通道上威吓百姓。

秦汉以来权势者经常将无辜受死者的尸体露天堆放，民间也往往将堆尸处称为"坑"。这一习惯至唐犹存，如《旧唐书·李日高传》载，"太原旧俗，有僧徒以习禅为业，及死不殓，但以尸送近郊，以饲鸟兽。如是积年，土人号其地为黄坑。侧有饿狗千数，食死人肉，因侵害幼弱，远近患之，前后官吏不能禁止。（李）日高到官，申明礼宪，期不再犯，发兵捕杀群狗，其风遂革"。

另外，史籍中也有很多将被屠杀者的尸体扔入坑中的记载，这种往往也称为"坑"。上文所引的朱温"坑"唐昭帝随从，就是缢杀后再埋入坑中。《新五代史·王师范传》载，朱温族诛王师范全族，"先掘坑于第侧，乃告之，其弟师诲、兄师悦及儿侄二百口，咸尽戮焉。时使者宣诏讫，师范盛启宴席，令昆仲子弟列座，谓使者曰：'死者人所不能免，况有罪乎！然予惧坑尸于下，少长失序，有愧于先人。'行酒之次，令少长依次于坑所受戮"。从"受戮"一词的用法来看，此坑就是用来埋葬尸体的。因此史籍记载中的"坑"往往也指屠杀后将尸体埋入大坑。

从以上的分析来看，凡是史籍中记载为在战场上"坑"杀无辜战俘及民众的，由于是出于威吓目的，应该都是将尸体堆积于地面的"坑"；而企图暗中屠杀无辜者，不欲屠杀事件立刻曝光的，应该都是将受死者尸体埋入乱葬坑的"坑"。

中国文化传统重视丧葬，强调入土为安。因此反过来凡是不能安葬入土就成为莫大的悲哀，成为一些残暴的权势者用以威吓民众的终极手段。这种将无辜者屠杀之后还让其不得入土安葬、将其尸骸堆积地面任凭日晒雨淋、鸟兽啄啃，或者乱扔入坑，使其亲属无法辨认尸骸的极端手段，也被历代史家认为是最为凶恶不祥之事。因此按照《春秋》笔法，历代史家对"坑"都不愿详细记述，后代的注家也不愿多加笔墨。"阬"和"坑"字通用于世，一般人望文生义，自然认为是活埋。而后世也可能确实有些人以活埋为"坑"，屠杀无辜。这或许是"坑"长期被误解的主要原因之一。

（原文载《华东政法大学学报》2001年第3期，收入本书时略有改动）

中国古代死刑行刑时间制度研究

胡兴东[*]

死刑是一种特殊的刑罚，它以剥夺人的生命为处罚的方式，所以在死刑的适用上人们找出了许多种理由说明其存在的合理性和正当性。死刑的存在本身就是一个矛盾体，因为它违背了不能杀人的基本禁忌，所以在死刑执行上自然会产生很多仪式性的行为来让决定者和执行者得到内心的平衡，特别是在中国古代文化中，由于存在简单的类比，即自然界运行会影响与人事相关的运作，同样，人事的运作会影响自然界的运作，自然界的现象会受到人的行为的影响，所以在死刑的行刑上自然会出现很多以减少死刑带来不利影响的制度设置。其中最有中国文化传统的是对于行刑月日的详细、完备的制度创制，即在一些特定的月日内禁止执行死刑，在一些月日内可以执行死刑，甚至认为是执行死刑的最好时间，如秋天或者冬天等。如汉哀帝时李寻提出"间者春三月，治大狱，时贼阴立逆，恐岁小收"[①] 的观点。本文将对中国古代死刑行刑中的月日等制度进行分析，以揭示中国古代死刑运作制度中的特殊制度安排。

一 死刑行刑月日制度

中国古代死刑行刑日期可以分为两大类：可以行刑的月日和禁止行刑的月日。同时在可以行刑的月内又分为可以大量行刑的月和可以少量行刑的月，或者称为无限制行刑月与有限制行刑月。为此，中国古代自西周开

---

* 胡兴东，云南大学法学院教授。

① 《汉书·李寻传》。

始就把死刑按照是否需要立即执行还是在秋后执行分为两大类，即决不待时和秋后执行。前者属于性质十分严重的死刑；后者属于秋后处决的死刑，这类死刑属于性质相对轻的。当然，由于死刑的执行在中国古代认为是会导致"上天不乐"的事件，所以不管是决不待时还是秋后执行都不是每个月和每日内都可以执行的，"禁刑月日"是有具体时间的。从记载来看，在"月"上主要是每年的正月、五月和十二月等，其中"正月"是最常见的禁刑月。原因是它为一年中的起始月，其他的月和时期，不同王朝会根据自己的特殊情况略有不同。对于"日"，最常见的是每个月的"十直日"和"二十四节气日"为禁刑日（见表1）。每个月的"十直日"具体是指每个月的初一、初八、十四、十五、十八、二十三、二十四、二十八、二十九、三十日，其他的禁刑日每个朝代在具体规定上会根据需要略有差别。

表 1　中国古代死刑行刑月日制度

月日	决不待时死刑	秋后执行死刑	起始或月份
春夏	可以	不可以	起：冬至或立春；止：立秋或春分
秋冬	可以	可以	起：立秋或秋分；止：冬至或立春
禁刑月日	不可以	不可以	正月、五月、十二月或每月的十直日和二十四节气日

（一）可以行刑的月

中国古代可以行刑的时间由季节和具体月份两部分组成。总体来看，在季节上能行刑的有秋冬两季。对于秋冬两季又有具体的区别，立秋后一般可以审理死刑，但许多朝代禁止执行，要执行一般是在秋分后，甚至有的朝代是在霜降节以后。冬季则有冬至或立春两种区别，有些是冬至以后就不能执行死刑，有些是立春后不能执行死刑。可以行刑的月份，又分为绝对不能行刑的月份和相对不能行刑的月份两类。这是因为中国古代从西周起就把死刑是否可以在春夏行刑分为决不待时和秋后执行两类。对于决不待时的死刑，理论上一年四季都可以行刑，但在一些特定的月份内是不能行刑的，如正月、五月、十二月等；秋后执行的死刑也不是所有秋后的月份内都可以行刑，主要是在立秋至冬至以前，有些是立春以前，立春以后就不能行刑。

下面讨论的禁止行刑月份是指既不能执行决不待时的死刑，也不能执行秋后执行的死刑。

汉朝秋冬行刑的时节应是立秋之后、立春以前，具体是七月、八月、九月、十月、十一月、十二月共六个月。十二月虽然属于冬季，但若立春在十二月也不能行刑。《后汉书·章帝纪》中有"律十二月立春，不以报囚"，即立春在十二月就不能执行死刑。但汉朝具体执行死刑的月份一般不是从立秋开始，而是从九月开始，主要集中在季秋和三冬，即九月、十月、十一月和十二月四个月内。《汉书·食货志》中有"于是选于定国为廷尉，求明察宽恕黄霸等以为廷平，季秋后请谳"；《后汉书·陈宠传》中有"萧何草律，季秋论囚，俱避立春之月"。这里说明立春之月不能行刑在汉朝初期就已经开始。关于汉朝行刑集中在"三冬"的记载同样是在《后汉书·陈宠传》中，"汉旧事断狱报重，常尽三冬之月……自元和以前，皆用三冬"。当然，东汉章帝制定十月以后不再行刑，"其定律，无以十一月、十二月报囚"，① 改变了十二月才停止行刑的制度。南北朝时南陈王朝在天嘉元年（560 年）十二月规定"自今孟春讫于夏首，罪人大辟事已款者，宜且申停"，② 确立了孟春至夏首不执行死罪的制度。孟春是正月，这里的问题是"夏首"指几月？按"夏首"当为四月，但从正常来看四月仅是夏季的开始，中国古代反对春夏行刑，不应是四月，因为最热为六月，这里也许是六月。这样就是禁止正月到六月行刑。北魏时确立了中央复核死刑案件在初秋（七月）至孟冬（十月）。"远稽周典，近采汉制，天下断狱，起自初秋，尽于孟冬，不于三统之春，行斩绞之刑。"③ 从这里来看，北魏时期行刑主要集中在七月至十月。

隋朝在继承秋冬行刑的制度时，主要禁止的月份应是六月，因为《隋书》上记载隋文帝曾因发怒六月棒杀人，受到大理寺少卿赵绰激烈的反对，认为"季夏之月，天地成长庶类，不可以此时诛杀"，但隋文帝却反

① 《后汉书·章帝纪》。
② 《陈书·世祖纪》。
③ 《魏书·李彪传》。

驳道："六月虽曰生长，此时必有雷霆。天道既于炎阳之时震其威怒，我择天而行，有何不可！"① 这里反而说明六月内不能行刑。

唐朝对于各类死刑可以执行的月份是除正月、五月、九月和闰月以外的其他月。《唐律疏议·断狱·立春后秋分前不决死刑》中规定"诸立春以后、秋分以前决死刑者，徒一年。其所犯虽不待时，若于断屠月及禁杀日而决者，各杖六十。待时而违者，加二等"。这里规定可以执行死刑的月份是从每年秋分以后至立春以前，当然这个时间内必须排除属于这个时期内的"断屠月"。"断屠月"具体是几月呢？［疏］中指出"断屠月"是指正月、五月、九月和闰月，此外，正月、五月和九月遇到闰月时也算本月，属于禁止的月份。"其正月、五月、九月，有闰者，令文但云正月、五月、九月断屠，即有闰者各同正月，亦不得奏决死刑"。虽然九月属于秋后，但也不能行刑秋后执行与决不待时的死罪。因为［疏］引《狱官令》中有"虽不待时，于此月日亦不得决死刑"。②

宋朝不仅在春夏季节特定月份内不能执行死刑，而且在秋冬季节内也有特定的月份不能执行死刑，即每年的十二月，虽然这个月属于冬季，但只能执行一些特定罪名下的死刑，并且这个月不能在"天庆节"日内行刑。按天禧四年的敕文，"天下犯十恶、劫杀、谋杀、故杀、斗杀、放火、强劫、正枉法赃、伪造符印、厌魅咒诅、造妖书妖言、传授妖术、合造毒药、禁军诸军逃亡为盗罪至死者，每遇十二月，权住区断，过天庆节即决之。余犯至死者，十二月及春夏未得区遣，禁锢奏裁"。③ 从这里看，这个月可以执行的死刑属于十恶、四杀等真犯死罪，其他杂犯死罪则不能执行。

金朝在月份上具体是立春后、立秋前禁止执行一般死刑，但以强盗罪被判死罪的人则不在这个限制之列。④ 从万历《大明会典》来看，明朝禁止行刑的月份是每年立春以后至秋分以前，当然从相关法律来看，五月、六月是禁止行刑最明确的两个月份。嘉靖元年有"准五、六月暑气正炽，两京内外问刑衙门，见监轻重囚犯……暂免枷号，依拟发落，待七月仍照

① 《隋书·刑法志》。

② 《唐律疏议·断狱·立春后秋分前不决死刑》。

③ 《宋史·刑法志》。

④ 《金史·刑法志》。

旧例行"。①

清朝规定每年正月、六月、十月三个月内不能行刑。此制度开始于顺治十二年，当时规定"每年六月内审定立决重犯，俱俟七月具题正法"；顺治十七年规定"每年正月停刑"。清朝六月、正月所禁止执行的死刑是所有的死刑，包括立决和监候的死刑。这两个月的具体时间是从初一日起至三十日为止。顺治十八年规定若犯禁处决人犯要处以杖刑80下。康熙十九年进一步规定六月内审定应行正法的人应推到立秋以后执行。② 清朝秋审和朝审后的情实死刑犯的执行时间是在霜降后冬至前，即"情实人犯于霜降后冬至前正法"。③ 这样清朝把秋冬行刑的期限限定在霜降以后冬至以前很短的时间内。

随着社会问题的严重，清末在处决人犯上有加快处决的立法趋势。如按法律规定，清朝立决案件经中央批准后，刑部要把批文转给各省，各省再把批文转给府州厅，府州厅再转给所属州县具体执行。但这一程序会出现花时多的问题，所以嘉庆六年和咸丰二年规定，对此，当刑部批文到省后，督抚计算里程，若按正常程序由府州厅转到州县时属于正月、六月停刑期限，但若直接由省转到州县还没有进入以上停刑期限的可以由省直接转到州县执行，不必再转道、府、州、厅等。④ 这一程序的改变主要是为了加快死刑的执行。

（二）可以行刑的日

中国古代在具体的死刑执行之日上是有法律限制的，这就是说，中国古代不仅禁止在某些月内执行死刑，而且在可以执行死刑的月份内也不是每天都可以行刑。如秋冬季节可以行刑，但也不是每天都可以行刑。

中国古代执行死刑必须在特定的日期内进行，这一制度应该很早，至少在西周时就开始执行了。《周礼》中"秋官""乡士"职官下有"协日刑杀"的记载，即在特定的日期内行刑。汉朝时有"利日"行刑之说。因为汉人在注释《周礼·秋官·乡士》时有"若今时望后利日也"的记载，

---

① 《大明会典·刑部十九·热审》（明万历刊本）。
② 《皇朝政典类纂·刑四十四·断狱·死囚覆奏待报·事例》。
③ 《皇朝政典类纂·刑四十三·断狱·有司决囚等每·条例》。
④ 《皇朝政典类纂·刑四十三·断狱·有司决囚等每·条例》。

［疏］中解释，"利日即合刑杀之日是也"。其实"利日"就是"和干支善日"。① 所以说汉朝已经形成了择日行刑的制度。

南北朝时期对于禁止行刑的日期进行了更为详细的规定。南朝陈朝规定在执行死刑时，若遇上下雨、月朔、晦朔、八节、六齐等日子不能执行死刑，即"夜须明，雨须晴。晦朔、八节、六齐、月在张心日，并不得行刑"。②

唐朝在死刑的执行日期上有明文规定。《唐律疏议·断狱·立春后秋分前不决死刑》中规定，"（罪犯）其所犯虽不待时，若于断屠月及禁杀日而决者，各杖六十。待时而违者，加二等"。从这里可以看出唐代禁杀日内执行死刑要受到杖刑 60 下的处罚。这里禁止的日期对一般死刑同样有效，因为它对决不待时这类死刑都有效，而"决不待时"的死罪在唐朝是非常具体的，具体是犯恶逆以上罪及奴婢、部曲杀主罪。那么"禁杀日"在唐代是指哪些日期呢？［疏］中指出"禁杀日"是每个月的初一、初八、十四日、十五日、十八日、二十三日、二十四日、二十八日、二十九日、三十日，这十日称为"十直日"。③ 此外，在大祭祀、致斋、朔望、上下弦、二十四节气、雨未晴、夜未明和节假日等日期内也不能执行死刑。唐朝的"大祭祀"与"致斋"日期在《唐律疏议·职制·大祀不预申期》中引《祠令》中的规定，具体日期是"大祀散斋四日，致斋三日；中祀散斋三日，致斋二日；小祀散斋二日，致斋一日"。④ 以上禁止执行死刑的日期适用于秋后执行死刑与决不待时的死刑。

五代时在法律上继承了唐朝禁止某些特定日期内行刑的制度。后晋天福七年下诏四京诸道州府处决死刑时曰，"今后宜令遇大祭祀、正冬、寒食、立春夏，雨雪未晴，已上并不得行极刑，如有已断案可取次日及雨雪定后施行"。⑤ 这样明确规定了可以行刑的日期。

宋朝死刑执行中禁止的日期从《宋刑统》来看主要是继承了唐朝的日期，因为它的立法主要是《唐律疏议》的承袭，同时也继承了五代时期的

———————————

① 《周礼·秋官·乡士》。

② 《隋书·刑法志》。

③ 《唐律疏议·断狱·立春后秋分前不决死刑》。

④ 《唐律疏议·职制·大祀不预申期》。

⑤ 《册府元龟·刑法部·定律令五》。

相关立法。如五代后晋天福七年敕文中规定以下日期内不能行刑，即"遇大祭祀、正冬、寒食、立春、立夏、雨雪未晴，以上日并不得行极刑。如有已断下文案，可取次日及雨雪定后施行"。① 此规定被纳入了《宋刑统》的相关立法中。宋朝立法中对特定日期不能执行死刑到中后期才有自己的相关立法，最详细、具体的规定是在《庆元条法事类·刑狱门·决遣》中，即"遇圣节及天庆、开基、天隆圣，以上各三日，节后各一日；天贶、天祺节、丁卯戊子日、元正、寒食、冬至、立春、立夏、太岁三元、大祠国忌，以上各一日；及雨雪未晴，皆不行决"。② 这里明确规定不同节日和节气的日数，也就是具体几天内不能执行死刑。以上日期内不能执行死刑，是指不管是秋冬季节还是其他季节内都不能执行，此处的死刑适用于真犯死罪和杂犯死罪。

金朝在死刑执行日期上有相应的禁止，具体是"大祭祀，月朔、望，上、下弦，二十四节气，雨未晴，夜未明，休假并禁屠宰日，皆不听决死刑"。③ 从这里来看，大体与前朝相同。元朝在禁刑日上是每个月的"初一、初八、十四日、十六日、二十三日、二十九日"，这六日属于法定禁刑日。

元朝在这六日内禁止行刑的不仅有死刑，就连一般的杖刑和刑讯也不可以进行。《元典章》中有元贞二年九月"禁刑日问囚罪例"和大德元年十月"禁刑日断人罪例"两条，前一条中仅是因为在八月二十三日对人犯进行刑讯就受到处罚，后一条则是因为五月十四日对人犯处罚了十七下，当事官员就受到二十七下的处罚。④ 所以说这六日应是禁止行刑的。

明朝在可以行刑的月份内，以下日期内不能行刑，具体是"停刑之日，初一、初八、十四、十五、十八、二十三、二十四、二十八、二十九、三十，凡十日"。⑤ 万历《大明会典》中每月禁止行刑的日期则是每个月的初一、初八、十四日、十五日、十八日、二十三日、二十四日和二十八日，与上面的记载略有不同。

---

① 《宋刑统·断狱·决死罪》。
② 《庆元条法事类·刑狱门·决遣》。
③ 《金史·刑法志》。
④ 《大元圣政国朝典章·刑部·杂犯·违例》。
⑤ 《明史·刑法志》。

清朝规定每年的"元旦令节七日，上元令节三日，端午、中秋、重阳各一日，万寿圣节七日，各坛庙祭享、斋戒以及忌辰素服等日，并封印日期，四月初八日，每月初一、初二日，皆不理刑名"。① 其中南郊、北郊大祀时前5日和后5日在京由刑部及顺天府执行的死刑人犯一律停止执行。除了以上日期外，每年的冬至前10日、后7日，夏至前5日、后3日一律不能执行死刑。嘉庆十二年规定"秋、朝审处决重囚及一应立决人犯，如遇冬至以前十日为限，夏至以前五日为限，俱停止行刑；若文到正值冬至、夏至、斋戒日期及已过冬至、夏至者，于冬日七日、夏至三日为限，以后照例处决"。② 这样清朝就建立起了完善的禁止行刑日期制度。

秋审、朝审中属于情实并被勾决的死刑案件只能在每年霜降以后至冬至以前执行，当秋审的核准诏书超过法定的月日才到达相应的地方时，则应转为下年应执行名单内，等到下年法定行刑日期内执行。"秋审应决重犯，冬至以前文到者，照例行刑。已过冬至，或正值冬至斋戒日期文到者，仍牢固监禁，俟次年秋审应决人犯，一并题明处决。"③

当然，清朝对于一些特殊的案件是可以打破以上停刑月日的，乾隆三十八年规定"凡凶盗逆犯干涉军机，应立决……毋庸拘泥停刑旧例，其寻常案件，仍照定例月日停刑"。④ 但这并没有在清朝构成主流。

（三）可以行刑时辰

在可以行刑的日期内也不是什么时辰内都可以进行，国家是有相应的法律限定的，必须是在天亮以后、天黑以前进行。这种制度早在南朝《陈律》中就有规定，即"罪死将决……夜须明"。⑤ 由于一年中不同的季节天亮与天黑的时间不一样，所以很多朝代没有采用具体的时刻来区分，仅是规定天未明、天已经黑不能行刑。

---

① 《清史稿·刑法志》。
② 《皇朝政典类纂·刑四十三·断狱·有司决囚等第》。
③ 《宋史·断狱·有司决囚等第·条例》。
④ 《皇朝政典类纂·刑四十三·断狱·有司决囚等每·条例》。
⑤ 《隋书·刑法志》。

二 秋冬行刑制度

通过前文对中国古代可以行刑的月日制度的分析可以看出，中国古代秋冬行刑实质上仅是指死刑中大部分可以推迟执行的死刑，并不是所有的死刑。所以秋冬行刑仅是一种行刑的主要时限制度，并不是所有死刑的执行时期。这一制度出现比较早，《春秋左传·襄公二十六年》中有"赏以春夏，刑以秋冬"的记载。

（一）秋冬行刑的理论基础

中国古代以"秋冬为刑杀"季节的文化传统形成较早，最迟在西周时已经形成。这从西周对相关司法官的分类上可以看出，它把掌管刑狱的官员归为秋官。为什么要选择秋冬季节作为主要死刑的执行季节呢？从现象上看它是一种简单的类比，即秋冬万物处在休眠期，所以进行刑杀不会影响自然万物的生长，即不逆天象而行。对此，班固在《汉书·刑法志》中表述最为直白，有"刑罚威狱，以类天之震曜杀戮也；温慈惠和，以效天之生殖长育也"。① 关于刑罚与季节的关系，汉人提出"夫春生秋杀，天道之常，春一物枯即为灾，秋一物华即为异"。② 于是得出君王在治理国家时，应当"赏以春夏，刑以秋冬"，③ 为了达到此目的，"故季冬听狱论刑者，所以正法也"。④ 行刑与季节相适应才能获得相应的好处，相反则会产生不利的结果。对此，《管子·四时》提出"刑德者，四时之合也。刑德合于时则生福，诡则生祸"。⑤ 这里把秋冬行刑认为是获得福的制度保障，其成为秋冬行刑制度中最具有功利主义的支持点，也是此制度得以适用的保障。因为人类在所有制度创制中最重要的就是要获得一种功利性的满足，不管这种满足是现世的还是来世的，或者心理上的还是实物上的，它必须存在，才会产生应有的效果。

---

① 《汉书·刑法志》。
② 《后汉书·张敏传》。
③ 《春秋左传·襄公二十六年》。
④ 《大戴礼记·盛德》。
⑤ 《管子·四时》。

（二）秋冬行刑的月日

秋冬行刑具体是在秋季执行还是在冬季执行，或者是在秋天的什么月份，或者是在冬天的什么月份是有争议的，从历朝的实践来看，规定也不一样。汉朝以后行刑按记载来看是在季秋以后、仲冬以前，即九月、十月、十一月。那么在战国以前是什么季节呢？西周时期死刑的执行季节应是在秋天，因为《礼记·月令》中有"孟秋之月，戮有罪，严断刑，天地始肃，不可以赢"。这里指出秋天可以执行死刑。《吕氏春秋》中记载"孟秋戮有罪，仲秋斩杀必当，季秋毋留有罪"，所以沈家本认为古代行刑"实在秋令"，同时得出"凡死罪之应行刑者，皆在三秋，而秋后即无复有斩杀之事"。[1] 沈家本所得出的结论是可信的，且认为古代死刑行刑在孟冬之月应该是汉朝以后，而不是汉朝以前。

对于冬季三个月内具体什么月内可以执行死刑是有不同规定的。因为中国古代认为冬至后天气已经由阴转阳，即阳气已生，万物开始转生。"《月令》冬至之后有顺阳助生之文。"[2] 这时执行死刑是逆天而行。所以有的朝代规定仅在冬至以前可以刑杀。当然有的朝代认为冬季结束应在立春以后，所以死刑的执行应在立春以前。由于冬至或立春两节气发生的时间是在每年的十一月或十二月，所以以月计算时会排除十一月或十二月。当然也有一些时期是采用季节，如以冬至或者立春作为区分，而不是按月计算。

汉朝从立国初就恢复了自西周时期建立的秋冬行刑制度，因为萧何在制定《九章律》时有"季秋论囚，俱避立春之月"。[3] 这说明汉朝刚建立时就有秋冬行刑的制度，并且主要禁止在立春的月内行刑。汉武帝时，在以董仲舒为主的儒家的倡导下，特别是在结合阴阳家的学说后，让秋冬行刑制度更加理论化、体系化。阴阳学说认为春夏是阳，属于万物生长之时，而死刑是阴，是逆天道而行，不利于天地和谐；秋冬属于阴，是万物肃杀之时，执行死刑正好与此相同。为此，董仲舒从理论高度总结出："天者，群物之祖也。故遍履包涵而无所殊……圣人法天而立道，亦博爱

---

① 沈家本：《历代刑法考》，中华书局，2006，第1236页。

② 《后汉书·章帝纪》。

③ 《后汉书·陈宠传》。

而亡私……春者，天之所以生也；仁者，君之所以爱也；夏者，天之所以长也；德者，君之所以养也；霜者，天之所以杀也；刑者，君之所以罚也。"①

汉朝秋冬行刑在汉章帝以前是在立秋以后立春以前；汉章帝以后是在立秋以后孟冬以前。汉章帝以前行刑的时节具体是在立秋之后冬至以前，主要集中在季秋、孟冬、仲冬（九月、十月、十一月三个月）之内，其中季冬是有限制的，那就是若十二月立春，那么这个月就得排除掉。所以有所谓"汉旧事，断狱报重，常尽三冬之月"。② 汉宣帝时立秋后行刑开始制度化。"于是选于定国为廷尉，求明察宽恕黄霸等以为廷平，季秋后请谳。"③ 国家开始把对死刑的复审制度设定在立秋以后。汉章帝建初元年正月规定"罪非殊死，须立秋案验"。④ 但汉章帝把过去季冬为停止时月改为孟冬为停止的时月，即只到每年的十月。北魏时在讨论是否在十月内行刑，而十一月以后为停止时记载有"汉制，旧断狱报重，常尽季冬；至孝章时改尽十月"。⑤ 后来虽然有过争议，但一直执行到东汉末年。此外，西汉时王温舒为河内太守时，自己购买私马传送死刑案件的奏批，十二月以前郡内无可杀之人犯，于是到其他郡抓捕盗贼，但季节已经到了春天，所以他发出"嗟乎，令冬月益展一月，足吾事矣！"的感慨，对此颜师古注中解释道"立春之后，不复行刑，故云然"，⑥ 就是说立春以后不能再执行死刑。从这件事中可以反证汉朝这一制度的完善，因为即使是酷史也得遵守此制度。当然秋冬行刑在汉朝主要适用于非殊死死刑，而殊死死刑是不受此约束的。南北朝时南陈王朝在天嘉元年（560年）十二月规定"自今孟春讫于夏首，罪人大辟事已款者，宜且申停"，⑦ 确立了孟春至夏首不执行死刑的制度，由此可知陈朝可以行刑的季节应是孟春至夏首之间。北魏秋冬行刑的时间应在秋分至孟冬，即初秋（七月）至孟冬（十月）。"远稽周典，近采汉制，天下断狱，起自初秋，尽于孟冬，不于三统之春，行

---

① 《汉书·董仲舒传》。
② 《后汉书·陈宠传》。
③ 《汉书·刑法志》。
④ 《后汉书·章帝纪》。
⑤ 《魏书·李彪传》。
⑥ 《汉书·酷吏传》。
⑦ 《陈书·世祖纪》。

斩绞之刑。"① 北魏行刑开始于秋分可以从《魏书·裴植传》得到证明，因为此传中记载处死裴植时"亦不须待秋分也"。② 隋朝文帝时常在秋分之前复核地方诸州上报的死刑案件。"常以秋分之前，省阅诸州申奏罪状。"③ 这说明以皇帝为中心的死刑复核在立秋后进行，同时说明秋冬行刑的起始时间在立秋以后。

唐朝时规定一般死刑禁止执行的季节是在立春以后秋分以前。《唐律疏议·断狱·立春后秋分前不决死刑》明确规定，"诸立春以后，秋分以前决死刑者，徒一年"。五代时继承了唐朝的季节制度。后唐同光三年六月十一日下诏规定，"轻者即时疏理，重者候过立春，至秋分然后行法"。④ 这里禁止一般死刑行刑的季节也是立春以后秋分以前。

宋元等朝沿袭了此类行刑时间的制度。由于死刑案件要奏请皇帝批准，而一般死刑的执行又在秋冬季节，所以自然形成中央和地方相关机关复审和复核死刑案件也在秋天的司法传统。

元朝在死刑执行上没有严格地执行秋冬行刑制度。至元年间，王恽在《论重刑决不等时事状》中说在中统建元初期，中书省臣上奏提出行刑不必严格遵循秋冬行刑，后被皇帝同意。"以前得刑待报，候秋分后断决，为这般攒下多有，便似淹禁一般。今后省、部问了，监察重审无冤，不待秋分，遂旋施行呵？"⑤ 至元八年再次提出对于重罪中属于决不待时的可以随时行刑，但对于一般的采用秋后执行。"今后有重罪底罪人，省部问当了呵，再教监察重审无冤，不待秋分，遂旋施行呵。"⑥ 这一规定并没有得到严格的执行，因为元朝中期的官员赵天麟提出应该恢复秋冬行刑的制度。"或有及立春之后，所在行刑，此亦似乎失天本意也。"⑦ 这说明当时行刑不是按照秋冬行刑的。

明朝秋冬行刑的具体时间是秋分以后立春以前，当然朝审处决的人犯

① 《魏书·李彪传》。
② 《魏书·裴植传》。
③ 《隋书·刑法志》。
④ 《五代会要·刑法杂录》。
⑤ 王恽：《乌台笔补》，中华书局，2013；赵承禧：《宪台通纪》，浙江古籍出版社，2002，第772页。
⑥ 《大元圣政国朝典章·刑部·刑名·重刑不待秋分》。
⑦ 陈得芝：《元代奏议集录》（上），浙江古籍出版社，1998，第338页。

行刑时间主要是在每年霜降以后，冬至以前。秋分仅是进入秋季的开始，这时可以开审死刑和决不待时的案件，但并不是可以执行的时间。

清朝秋冬行刑的具体时间是指从每年的立秋后至冬至以前的时期。清朝定秋天是以立秋为准，立秋后可以行刑。但若立秋在六月，必须六月结束才能进行，还有若五月有六月的季节，则五月也不能行刑。所以清朝时六月不仅是指这个月内的日期而且还包括这个月所含有的季节。清朝秋审后情实并被勾决的死刑案件执行的时间很短，具体是霜降后至冬至前两个月的时间内，若再除掉各种不能行刑的日期，清朝秋冬可以行刑的日期最多不过40日，超过这个时间判决核准书才到达的，要推至第二年才能执行。

中国古代在死刑的行刑季节上也存在四季行刑的时期，那就是秦朝。由于秦朝在执行死刑时不避春夏，四季都可以进行。这成为后来历朝诟病秦朝的主要原因。如《后汉书·陈宠传》中有"秦为虐政，四时行刑"。

从前文的分析可以看出，中国古代秋冬行刑其实是有很多限制和设置的，同时也并非所有的死刑都得在秋冬执行。

中国古代在死刑的行刑时间上有十分复杂的制度设置。这些制度设置具有重要的文化意义和作用，同时也能让这些文化的意义和作用在这当中得到实现，虽然可能是无法得到实证的。这一制度其实也并不是说中国古代在死刑的执行上就一定要在特定的时间内进行，而是在一种灵活的选择和禁止中进行，以达到统治者的"功利"与"理想"的目标。

[原文载《云南师范大学学报》（哲学社会科学版）2008年第1期，收入本书时略有改动]

古典中国的死刑：
一个文化史与思想史的考察

徐忠明*

2001 年 9 月 17 日，法国哲学家雅克·德里达（J. Derrida）应邀在香港中文大学崇基学院会堂作了题为《全球化与死刑》（*Globalization and Capital Punishment*）的公开讲演，对全球化语境下的死刑问题进行了非常深刻而又独到的阐述。① 撇开德里达讲演的精彩内容不谈，据我观察，全球化事实上也是眼下国内学者思考死刑问题的基本视野。而对那些提倡我国也应该尽快地废除死刑的学者来说，尤其如此；在他们看来，全球化乃是一种可资利用的论证策略。② 这与清末修律运动期间借着收回治外法权的理由提出废除酷刑的论证策略，颇有异曲同工之妙。顺着这一思路，回到清末修律运动现场，结果发现，修律大臣也是律学名家的沈家本认为：凌迟、枭首、戮尸、刺字、缘坐属于酷刑，既遭到洋人的诟病，也有背儒家"仁政"的理想，应该首先予以废除。他说："凡此酷重之刑，固所以惩戒凶恶"，但有"感伤至和，亏损仁政"③ 的弊端；然而，死刑本身仍有保留的必要，只是认为"死刑惟一"比较符合世界潮流，也与唐虞三代死

---

* 徐忠明，中山大学法学院教授、长江学者。

① 根据这次讲演内容整理而成的文本，参见张宁《雅克·德里达的中国之行》，载赵汀阳主编《论证》第 3 卷，广西师范大学出版社，2003，第 46 ~ 52 页。

② 这种全球化（实际上是以西方为中心）视野对我国死刑废除论者的影响主要表现如下：一是把西方国家废除死刑的思想和理论作为论证的学术资源；二是将西方国家废除死刑的法律文本和司法实践视为中国的榜样；三是尤其关注废除死刑的若干国际法律文本的示范意义。

③ 参见（清）沈家本《寄簃文存》卷一"奏议·删除律例内重法折"，载氏著《历代刑法考》（四），中华书局，1985，第 2025 页。

刑唯有大辟的传统相符。① 值得我们注意的是，沈家本诉诸的论证资源既有西方的，也有中国本土的。② 这一论证策略告诉我们：在全球化语境下，我们思考和改革中国的死刑，甚至最终废除中国的死刑，固然需要全球视野和吸取他国（基本上是西方）的思想资源和实践经验，但是，认真清理和阐述古典中国死刑的思想与实践，也是不可忽略的一项基础工作。这是因为，即使我们同意法律具有建构社会秩序和养成民众法律意识的功效，可是在这一过程中如果我们完全无视中国民众的法律感情，恐怕也非法律改革的良策。在我看来，法律固然是国家理性的表达，然而也有回应社会舆论和民众感情的必要。就死刑问题而言，如何平衡法律理性与民众感情之间的微妙关系，乃是我国死刑改革是否能够取得成功的关键所在。这是本文思考古典中国死刑问题的意图所在。

进一步说，如果我们意欲把握中国民众的死刑态度，那不仅要考察近百年来渐次形成的死刑话语与死刑实践的新传统，而且要认真对待数千年来积淀而成的极其深厚的旧传统。就研究方法而言，如果我们意欲理解古典中国民众的死刑态度，也非仅仅考察帝制国家的死刑话语和死刑制度即能奏效，更应深入探讨帝制国家的死刑实践。正是基于这一考虑，本文采用文化史和思想史的视角来梳理古典中国的死刑传统。

当然，本文并不打算也不可能考察上述所有问题，而是集中讨论以下三个问题：一是死刑的起源；二是死刑的演进；三是死刑的思想。这一研究旨在挖掘和解释一些为以往学者所忽略的问题；或许，问题也还是老问题，但研究进路和解释视角却是新的。我希望这一解释将有助于我们把握古典中国死刑的文化与思想的独特韵味。

一　死刑的起源

正式讨论中国死刑起源之前，有必要澄清一个似是而非的观点。曾有

---

① 参见（清）沈家本《寄簃文存》卷三"说·死刑惟一说"，载氏著《历代刑法考》（四），中华书局，1985，第 2099～2101 页。

② 参见（清）沈家本《寄簃文存》卷一"奏议·删除律例内重法折"和卷二"论·论威逼人致死"，载氏著《历代刑法考》（四），中华书局，1985，第 2023～2028、2087～2092 页。关于沈家本死刑思想的讨论，参见李交发《简论沈家本的废除死刑观》，《现代法学》2005 年第 1 期，第 189～192 页。

学者指出，古典中国没有现代意义上的死刑，唯有车裂、斩首、大辟之类相当于死刑的惩罚。① 这种含糊不清的意见，迫使我们要去追问"死刑是什么"这一本质问题。另有学者认为，死刑是以国家的名义实施的杀人行为，也是刑罚当中最为严厉的制裁手段。② 换句话说，在现代法律范畴中，死刑乃是一种由国家所独占的合法暴力或者合法谋杀。准此而论，死刑的本质所要追问的是死刑存在的条件与原则，而非死刑本身。③ 那么，死刑存在的条件又是什么呢？对此，德里达有一精辟阐述。他说，死刑的本质特征是指：其一，死刑与国家主权相连，没有国家主权或者类似国家主权的权力也就没有死刑；其二，死刑是国家形态下的制度安排与合法谋杀，它与一般意义上的杀人不同；其三，死刑具有公开性和可视性，暗杀和秘密处决均非死刑。④ 就此而言，古典中国的车裂、斩首、大辟之类的处决办法，只是死刑执行的技术，它们与死刑的本质并非同一问题。进而，如果我们以德里达的死刑界定来衡量，那么车裂、斩首、大辟赖以存在的条件显然与上述特征吻合，所以，我们不能据此否定古典中国的死刑与现代死刑之间可能存在的共同基础；至少，我们不能由此得出"车裂、斩首、大辟不是现代意义上的死刑"这种奇怪的结论；换句话说，我们绝对不能用枪决、注射、电椅之类的现代死刑的处决技术来谈论死刑的本质问题。事实上，古典中国死刑的车裂、斩首、大辟与现代死刑的枪决、注射、电椅，基本上是同一层面的东西，它们都是死刑执行的技术问题。顺便一提，在古典中国的法律理论中，车裂、斩首与大辟也非可以并列的刑罚概念；一般说来，大辟是种概念，而车裂和斩首则是属概念，因而，它们在逻辑上也是不同的。当然，我绝不是说，古典中国的死刑与现代意义上的死刑完全相同，没有任何区别，而是希望通过这一简短的论证说明：那种没有理论判准，不给具体理由，不作深入分析，仅仅依据印象式的感觉就想得出如

---

① 参见张绍彦、白建军两位教授在"死刑的德性"论坛上的发言，载邱兴隆主编《比较刑法》第一卷《死刑专号》，中国检察出版社，2001，第 23～25 页。

② 参见胡云腾《死刑通论》，中国政法大学出版社，1995，第 1～7 页。

③ 张宁指出："套用海德格尔研究'技术'时的说法，死刑与死刑的本质不是一回事。也就是说决定死刑存在的条件与原则不是死刑本身。研究死刑就是试图重建死刑制度赖以存在的那些可能条件。"张宁：《考论死刑》，载赵汀阳主编《年度学术 2004：社会格式》，中国人民大学出版社，2004，第 119 页。

④ 张宁：《雅克·德里达的中国之行》，载赵汀阳主编《论证》第 3 卷，第 50 页。

此重大的学术判断的研究态度，值得引起我们的警觉。

　　进一步说，如果我们非要在古典中国死刑与现代死刑之间分出"子丑寅卯"的差异，那么，据我看来，首先，它们之间的根本差异并非死刑的执行技术，而是死刑赖以存在的政治语境和思想基础。① 其次，这种死刑执行技术之间的差异，表面看来似乎是野蛮与文明之间的差异，实际上，它们之间的真正不同乃是支撑古典中国死刑技术与现代死刑技术背后的权力技术与科学技术之间的差异。② 最后，古典中国死刑的车裂、斩首、大辟，以及其他死刑的执行技术，它们并非仅仅涉及死刑的处决技术，而且还有死刑的轻重等级。③

　　现在，我们回过头来考察上古中国死刑的起源问题。在我看来，这是一个至今尚未研究清楚的课题；④ 坦率地说，也非本文所能考论清楚的。具体来说，追溯早期中国死刑诞生的困难，不仅在于史料记载本身是否真

---

① 例如，在法国社会学家涂尔干看来，刑罚之强弱（残酷与宽和）与社会进步程度和政治专制与否密切关联；就政治而言，权力越专制，刑罚也就越严酷。参见涂尔干《刑罚演化的两个规律》，汲喆等译，载《乱伦禁忌及其起源》，上海人民出版社，2003，第425～458页。就死刑思想来说，当西方近代刑法学的奠基人物贝卡里亚在《关于死刑》中追问"人们可以凭借怎样的权利来杀死自己的同类呢？"等一系列问题时，已经隐隐约约表达了"生命不可剥夺"的死刑思想。参见〔意〕贝卡里亚《论犯罪与刑罚》，黄风译，中国大百科全书出版社，1993，第45页。根据德里达的分析，与贝卡里亚不同，康德赞同死刑，但是，他在刑罚公正与"绝对命令"的思想之间加入了"人类尊严"这一议题。德里达指出："对康德来说，死刑是人类的标志，只有有理性的人才配得上死刑，动物是没有死刑一说的。"参见张宁《解构死刑与德里达的死刑解构》，载赵汀阳主编《论证》第3卷，广西师范大学出版社，2003，第75页。沿着"生命神圣不可侵犯"和"人类尊严"的思想脉络，如今已经发展成为"基本权利绝对不可剥夺"的人权学说。这一学说实际上动摇了死刑的思想基础，也正是在这一思想基础上，兴起了现代西方的死刑废除运动。关于古典中国生命观念与死刑思想的关系，下文将会进行比较详细的讨论，这里暂时从略。

② 参见〔法〕福柯《规训与惩罚》，刘北城、杨远婴译，三联书店，1999；另参见〔法〕福柯《真理与司法形式》，强世功、孙小佳译，载陈兴良主编《刑事法评论》（第15卷），中国政法大学出版社，2004，第442～504页。当然，福柯在上述文本中着重分析的是权力技术之变迁对刑罚带来的影响。

③ 鉴于这一问题下文将有专门讨论，这里暂不深论。

④ 有关古典中国死刑起源问题的最新成果，参见许发民《论中国死刑制度的历史演变》，载陈兴良、胡云腾主编《中国刑法学年会文集》（2004年度第1卷），中国人民公安大学出版社，2004，第30～43页；黄伟明《中国古代死刑历史中的否定因素》，载陈兴良、胡云腾主编《中国刑法学年会文集》（2004年度第1卷），第231～241页；张宁《考论死刑》，载赵汀阳主编《年度学术2004：社会格式》，第118～169页。

实可靠，而且还涉及它们是如何被记载以及为何被记载的深层原因；另外一个困难就是，目前尚无一个可以用来衡量死刑起源的判准。譬如，学者依据《商君书·画策》所谓"黄帝内行刀锯"的记载，得出黄帝时代已经"有了死刑和肉刑"的结论；① 根据传说资料的描述，也有学者指出炎帝和黄帝联手击杀蚩尤，乃是上古中国死刑诞生的例证；② 还有学者认为"五刑"早在尧舜以前即已存在。③ 此外，由于秉承马克思主义的"国家与法"的学说，通说以为随着夏朝国家的形成，大辟就是早期"五刑"体系中的死刑。④ 总之，关于早期中国死刑起源的时间，迄今尚无统一的看法。⑤ 尽管如此，本文之所以愿意冒险讨论这一棘手问题，是因为希望借此挖掘一下早期中国死刑诞生的独特语境（死刑起源的历史条件）及其对后来死刑演变的影响；但是，我也想郑重指出，在强调中国法律起源的特殊性时，我们千万不要忘记它的普遍性。⑥ 在我看来，就上古中国死刑起源问题而言，它与其他社会实有不少相同或者相似的地方。

值得我们进一步追问的是：上古中国死刑诞生的历史语境和特征。通说认为，早期中国死刑的起源与"刑起于兵"或者"兵刑同制"密切相关；⑦ 也就是说，死刑来自异族战争发动前颁布的誓命，两军鏖战过程中的杀戮，战争结束后的献祭。例如《尚书·甘誓》所谓"用命，赏于祖；

---

① 蔡枢衡：《中国刑法史》，中国法制出版社，2005，第50页。
② 参见蔡枢衡《中国刑法史》，第51页；张中秋《中西法律文化比较研究》，南京大学出版社，1999年修订版，第5页。由于张中秋的看法来自蔡枢衡的研究，因此，他们的观点基本一致。从下文的梳理和解释中，读者可以发现，早期中国死刑的起源，其实并非以往学者想象那样特殊，它有不少东西与其他文化相同或者相似。
③ 参见沈家本《刑制总考一》，载氏著《历代刑法考》（一），中华书局，1985，第7页。
④ 所谓"通说"是指国内流行的《中国法制史》教科书所持的观点，例证甚多，不烦枚举。
⑤ 对早期中国法律起源时间的不同意见的详细概括，参见曾宪义、郑定编著《中国法律制度史研究通览》，天津教育出版社，1989，第91~100页。
⑥ 强调早期中国法律起源之特殊性的研究成果，参见梁治平《寻求自然秩序中的和谐》，中国政法大学出版社，1997，第6~57页；张中秋《中西法律文化比较研究》，第2~18页。
⑦ 对此，不仅古典中国的史料记载如此，而且自从梁启超评断《尚书·吕刑》所记"苗民弗用灵，制以刑，惟作五虐之刑曰法"乃是刑法起源的可信依据以及惩罚异族的工具以来，学者大致接纳此说。梁启超的观点，参见梁启超《论中国成文法编制之沿革得失》，载范忠信选编《梁启超法学文集》，中国政法大学出版社，2000，第109页。其他学者的观点，这里不便枚举，暂且从略。

不用命，戮于社。予则孥戮汝"① 似乎可以说明，在讨伐有扈氏的时候，夏启曾经发布杀戮违反"誓命"的军事法律，这是死刑源于战争和献祭的例证。又如《尚书·舜典》记有"帝曰：皋陶，蛮夷猾夏，寇贼奸宄，汝作士，五刑有服"。据此，吕思勉指出："五刑初施诸异族，后乃移及罪人，亦隐隐可见也。"② 而"五刑施诸异族"，实际上也就是源于异族之间的战争和杀戮的意思。③ 又据《国语·鲁语》记载："刑五而已，无有隐者，隐乃讳也。大刑用甲兵，其次用斧钺；中刑用刀锯，其次用钻凿；薄刑用鞭扑，以威民也。故大者陈之原野，小者致之市朝。五刑三次，是无隐也。"④ 这条史料可以充分说明，战争杀伐与惩罚罪人之间的内在联系，其中"甲兵"和"斧钺"也是死刑来自战争的例证。至于"原野"（战争杀戮）与"市朝"（处决罪人）有彼此对照的意义，套用滋贺秀三的话来说：在原野执行死刑是中国死刑的原始形式；只是，随着时代的推进，也渐渐在市朝执行死刑。⑤

从更为宏观的政治语境来看，战争以及刑罚，尽管与中国早期国家的兴起有着密不可分的关系；然而，需要指出的是，这种状况或许并非为中国所特有。⑥ 不过，就目前所能见到的文献资料而言，早期中国刑罚的起源，确实与战争有着非常密切而且突出的联系，这已被中国法律史学者视为上古中国法律诞生的一个显著特征。⑦

---

① 司马迁《史记·夏本纪》也有同样的记载。与此类似的处死战俘和违反军纪的部族内部成员的记载，后来的文献也真不少。对此，日本学者滋贺秀三《中国上古刑罚考》曾有专门讨论。参见刘俊文主编《日本学者研究中国史论著选译》第 8 卷《法律制度》，中华书局，1992，第 11 ~ 14 页。

② 吕思勉：《吕思勉读史札记》（上），上海古籍出版社，1982，第 337 页。

③ 起初，施诸同族罪人的惩罚唯有笞挞与流放。参见前揭《吕思勉读史札记》（上），第 339 页。

④ 对此，现代学者也有很多讨论。例如，杨鸿烈：《中国法律思想史》，中国政法大学出版社，2004，第 146 ~ 149 页；钱钟书：《管锥编》第一册，中华书局，1986，第 285 页。

⑤ 参见前揭滋贺秀三《中国上古刑罚考》，载刘俊文主编《日本学者研究中国史论著选译》第 8 卷《法律制度》，第 13 页。

⑥ 这是因为，18 世纪英国著名学者弗格森（Ferguson）曾经说过：在社会进化过程中，从野蛮状态到文明社会的转变，乃至政治国家的兴起，是在持续的战争状态中完成的；并且，对付外敌的利剑也可指向臣民的胸膛。参见〔英〕弗格森《市民社会历史论文集》，费城，1819，引自〔美〕乔纳森·哈斯《史前国家的演进》，罗林平等译，求实出版社，1988，第 16 页。值得注意的是，就战争作为推动国家兴起的动力机制而言，它是一个普遍模式；换句话说，中国并非特例。

⑦ 相关讨论，参见梁治平《法辨》，载梁治平编《法律的文化解释》，三联书店，1994，第 280 ~ 309 页；前揭张中秋《中西法律文化比较研究》，第 2 ~ 18 页。

上引《尚书·甘誓》所谓"用命，赏于祖；不用命，戮于社。予则孥戮汝"另有一层法律意义值得阐述。首先，这是一条"誓命"。所谓"誓"，按照《礼记·曲礼》的解释："约信曰誓，莅牲曰盟。"许慎《说文》释作："誓，约束也。"又据《说文》的解释："约，缠束也。"此外，在《说文》中，"信"与"诚"互训，所谓"信，诚也；诚，信也"。而"约信"，具有用"缠束"将"诚实可靠的言语"捆绑起来的意思。① 但是，"誓"尚有仪式或者宗教的意味，用来补强"信"的约束力，且使"信"神圣化。在解释"盟"与"誓"的法源意义时，滋贺秀三指出：其一，"盟"是通过歃血的咒术仪式，用誓言将自己置于一定条件之下保证自己信守诺言，它不仅具有自咒，而且也有神咒的特征；而"誓"则没有歃血的外在仪式，只是用自咒来表示承诺的决心，甚至自咒也非"誓"的本质要素。其二，"盟"是平等两造或者诸造之间的血誓契约，毁盟者将会遭到天罚；而"誓"乃是发布者对服从者颁行的绝对命令，毁誓者也会受到天罚——《甘誓》即有"恭行天罚"的说辞。其三，"盟"和"誓"还有发誓与对方绝交的含义，先秦文献中的"盟某"和"誓某"即为例证。进一步说，这种绝交与放逐有着同样的法律意义，甚至与"五刑"也无本质上的差异；换句话讲，它们都有把违反者从共同体中清除出去的功效——死刑是消灭罪犯，放逐是清除罪犯，肉刑是羞辱（一种"不齿于人"的标识，一种部族内部隔离和排斥的技术）罪犯。② 值得注意的是，在当时的社会条件与生存条件下，放逐可以说是一种"间接"的死刑，因此《尚书·舜典》传释："殛、窜、放、流，皆诛也。异其文，述作之体。"③

其次，我们考释一下"戮于社"的意思。据《左传·昭公二十九年》

---

① 关于"信"观念的详尽研究，参见阎步克《春秋战国时"信"观念的演变及其社会原因》，载氏著《阎步克自选集》，广西师范大学出版社，1997，第1～14页。

② 对此问题的详尽讨论，参见前揭滋贺秀三《中国上古刑罚考》，载刘俊文主编《日本学者研究中国史论著选译》第8卷《法律制度》，第1～30页；对滋贺秀三研究成果的概括，前揭张宁《考论死刑》，载赵汀阳主编《学术年度2004：社会格式》，第120～121页。关于"盟"和"誓"的不同考释，参见李力《出土文物与先秦法制》，大象出版社，1997，第112～144页。

③ 参见前揭沈家本《刑制总考一》，载氏著《历代刑法考》（一），第8页。外国死刑的同类研究，参见〔德〕布鲁诺·赖德尔《死刑的文化史》，郭二民编译，三联书店，1992，第62～63页。

说："社"指"后土"。又据《礼记·郊特牲》记载："社"乃"祭土"的场所。由此可见，"社"是指先民宗教活动的圣地，名目繁多，诸如大社、王社、国社、侯社、置社。[①] 此外，尚有"军社"之类。社神是指地母，阴性，主杀。[②] 所谓"戮于社"，就是在"社"进行审判与举行杀戮的仪典，这是一种"血祭"的宗教仪式。[③] 譬如《左传·昭公十年》所记："平子伐莒，取郠。献俘，始用人于亳社。"对此，《春秋公羊传》有释："恶乎用之？用之社也。其用之社奈何？盖叩其鼻以血社也。"事实上，"祭"原本就有"杀"的意思。[④] 丁山也曾指出："战胜的部族用俘虏祭祀地母，这是原始人类普遍的宗教仪典。"[⑤] 如若这样的话，这种"血祭"的传统可谓久远。[⑥] 通过杀人献祭的仪式，既能涤除罪恶，又可净化社会；而且，惩罚性处死与献祭性处死得以结合起来。[⑦] 就此而言，杀人献祭也是上古中国死刑的来源。当然，随着帝制时代的来临，随着政治权力的世俗化，杀人献祭意义上的死刑渐渐退出了历史舞台；或者说，死刑逐步世俗化了，由此蜕变成为对世俗皇权的祭奠。但是，在古典中国的民间复仇中，这种杀人献祭（血祭）的遗迹仍然存在。复仇者取仇人首级祭奠被害人的习俗，还是比较流行的做法；当然，这与中国古人对"血"的迷信也有关系。只是，作为私力救济的复仇（非法杀人）与国家公力救济的死刑（合法杀人）已经是两种性质根本不同的制度了；然而，它们之间的渊源关系，也是无法否认的历史事实，以致恩格斯认为："我们今日的死刑，

---

① 参见《礼记·祭法》。

② 关于"社"的文化意义的考释，参见何新《诸神的起源》，三联书店，1986，第124~141页；洪德先《俎豆馨香——历代的祭祀》，载蓝吉富、刘增贵主编《中国文化新论·宗教礼俗篇·敬天与亲人》，联经出版事业公司，1983，第379~394页。

③ 从宗教上看，杀人献祭乃是世界上各种文化普遍存在的现象。参见前揭赖德尔《死刑的文化史》，第32~50页；参见吴晓群《古代希腊的献祭仪式研究》，《世界历史》1999年第6期。此外，赖德尔指出：古代的死刑就是"神圣之刑"。关于这类死刑的文化意义的详细讨论，参见《死刑的文化史》第52页以下。关于早期中国杀人献祭的研究，参见赵晔《良渚文化人殉人祭现象试析》，《南方文物》2001年第1期；王磊《试论龙山文化时代的人殉和人祭》，《东南文化》1999年第4期；杜文忠《神判与早期法的历史演进》，《民族研究》2004年第3期；马季凡《商代中期的人祭制度研究》，《中原文物》2004年第3期；王平《殷商人牲人殉性质新探》，《山东电大学报》2002年第4期。

④ 参见《沈兼士学术论文集》，中华书局，1986，第212~225页。

⑤ 丁山：《中国古代宗教与神话考》，上海文艺出版社，1988年影印版，第127页。

⑥ 相关研究，参见叶舒宪《诗经的文化阐释》，湖北人民出版社，1994，第515~530页。

⑦ 参见前揭张宁《考论死刑》，载赵汀阳主编《学术年度2004：社会格式》，第121~122页。

只是这种复仇的文明形式，而带有文明的一切好处与弊害。"① 这一结论很有启发意义。

接着，我们来看复仇与早期中国死刑起源的关系。美国的霍姆斯大法官曾经说过，法律源于复仇。② 据此，我们也可以说，死刑源于复仇。有所不同的是，在原始社会，民众可以自掌生杀予夺的复仇权力，每个家族成员都有复仇的权利和义务；可以说，复仇乃是一种强制性的义务，"复仇实行者不是在服从自己的冲动，而是在服从不执行不行的命令"。③ 值得指出的是，复仇本身也是一种"平衡"机制——要求社会成员不得无辜侵犯别人，否则将会遭到对方的复仇。④ 正是这种约束机制，给社会带来了秩序与和平。就此而言，复仇成了法律发展的一种动力机制。但是，随着国家的出现，复仇渐次受到限制，乃至完全禁止，而由国家独享生杀予夺的死刑权力。事实上，死刑也是一种国家的复仇。这是因为，罪犯不但侵犯了私人利益——财产和生命，而且也侵犯了国家所要维护的公共秩序的安宁。在有关先秦的文献史料中，讨论复仇的内容甚多。例如《礼记·檀弓》转录孔子的话：父母之仇，寝苫，枕干，不仕，弗与共天下也；遇诸市朝，不反兵而斗。兄弟之仇，仕，弗与共国；衔君命而使，虽遇之不斗。从父昆弟之仇，不为魁；主人能，则执兵而陪其后。⑤ 再如《礼记·曲礼》记有："交游之仇，不同国。"复仇必须遵循"伦理"的准则，伦理差序不同，复仇的权利和义务也有差异；在日常复仇过程中，这一原则并非那么教条。就法律而言，处置方法也有不同。为了抑制复仇的泛滥，就出现了"避仇"和"书士"的制度。比如《周礼·地官·调人》记有："父之仇，辟诸海外；兄弟之仇，辟诸千里之外；从父兄弟之仇，不同国；君之仇视父，师长之仇视兄弟，主友之仇视从父兄弟，弗辟，则与之瑞节

① 《马克思恩格斯选集》第 4 卷，人民出版社，1972，第 93 页。

② 参见〔美〕波斯纳《法律与文学》（增订版），李国庆译，中国政法大学出版社，2002，第 63 页。

③ 前揭赖德尔：《死刑的文化史》，第 24 页。

④ 罗素曾经说过："报仇的法律可以预防杀人，它可以使年长者教导人民怎样运用禁约。他们竭力劝诫年青者，'勿说无意义的话，勿要杀死你的邻人，因为这要引起报仇。'"引自〔美〕约翰·列维斯·齐林《犯罪学及刑罚学》，查良鉴译，中国政法大学出版社，2004，第 310 页。

⑤ 为了保持文理通顺，引文稍有调整。

而以执之。"又如《周礼·秋官·朝士》规定："凡报仇雠者，书于士，杀之无罪。"① 乍看起来，我们似乎很难发现复仇与死刑之间究竟有何本质上的联系。但是，如果我们把"杀人者死"② 这一国家的刑罚原则与复仇联系起来，那么，也就可以看出原本属于私人的复仇杀人如今已经演变成为国家的合法杀人——惩罚罪犯；③ 并且，如果我们进而考察一下复仇与死刑之间的消长——复仇在法律上的渐渐消亡，死刑范围的不断扩展，同样可以看出两者之间的内在关联。

经过前文的讨论，我们可以发现，尽管战争、献祭和复仇构成了早期中国死刑的主要渊源，但是，它们并不是中国上古社会所独有。而且，它们也不是各自独立地成为上古中国死刑的来源。也就是说，它们彼此之间的界限并不是一清二楚的，尤其是战争与献祭之间有着纠缠不清的葛藤，这与当时弥漫浓厚的宗教氛围有关；另外，献祭与复仇之间也有"剪不断理还乱"的关系；有时，部族之间的战争本身也是因复仇而引发的。这是因为，复仇不仅是个人之事，而且也是集团之事；再者，愈演愈烈的复仇，有时就会发展成为部落之间的血腥战争。④ 就此而言，我们确实可以这么说，战争过程中的杀戮是推动早期中国死刑诞生的主要动力，也是这一时期中国死刑起源的基本特征。但是，由于史料所囿，献祭作为上古中国死刑来源的具体细节，目前尚未得到很好的考掘和阐释，本文所论仅仅是一个初步尝试而已。复仇与早期中国死刑诞生的关系，同样也没有引起

---

① 有关资料和研究，参见前揭《吕思勉读史札记》（上），第380～386页；〔日〕牧野巽《汉代的复仇》，载《日本学者考证中国法制史重要成果选译·通代先秦秦汉卷》，中国社会科学出版社，2003，第434～501页；霍存福《复仇、报复刑、报应说》，吉林人民出版社，2005，第29～48页。唐代以后的法律规定，参见《唐律疏议·贼盗》"祖父母父母夫为人杀私和"，《宋刑统·贼盗》"亲属被杀私和"，《大明律例·刑律·人命》"尊长为人杀私和"，《大清律例·刑律·人命》"尊长为人杀私和"。

② 需要指出的是，所谓"杀人者死"并非指所有杀人行为都会被处以死刑。在帝制时代（先秦的情况尚不清楚）的法律中，杀人既因主观上的差异（如谋杀、故杀、误杀、斗杀、戏杀等）而有不同的刑罚；也因身份上的差异（如尊卑、良贱等）而有刑罚上的不同；甚至还因情节上的差异（如可矜、从犯等；乃至由于从犯瘐毙，也会导致主犯免死）而有不同的刑罚。据此，"杀人者死"只是一条一般原则而已。

③ 赖德尔指出："国家执行的死刑也是一种以血复仇，是改换形式的对替罪羊的需求。"参见前揭《死刑的文化史》，第32页。这就是说，死刑乃是以国家的名义实施的"以血复仇"的形式。

④ 参见前揭赖德尔《死刑的文化史》，第22～23页。

学者的足够重视，更没有相关的论著问世，本文只能是根据现有史料在逻辑上稍作推论罢了。当然，这一努力的学术意义，并不在于具体结论，而是旨在帮助我们重新思考早期中国死刑起源的语境与特征，尤其是克服以往那种仅仅将战争视为上古中国法律与死刑起源的研究思路。

二 死刑的演进

撇开唐虞（也是传说）时期的刑罚不谈，[①] 夏商周三代的刑罚体系并不复杂，史料上通称"五刑"者是。据沈家本考证，死刑唯有"大辟"一种。他说："唐虞三代，死刑并称大辟。《吕刑》正义曰：'辟，罪也。死是罪之大者，故谓死刑为大辟。'即孔氏之说而寻绎其义，既以此为罪之大者，自不能于其中再分等差。可见死刑止用一项，自古已然，不自近世也。"[②] 而"大辟"也仅仅是斩首而已。据此看来，三代时期的死刑似乎并不特别严厉。但是，《尚书·甘誓》和《汤誓》所记"孥戮"，《盘庚》所谓"劓殄灭之，无遗育"，《周礼·秋官》所载"屋诛"等，都是株连子孙的死刑。而且死刑处决手段，也已非常残酷，譬如商代有炮烙、醢、脯，周代有脯、辜、镮、焚。[③] 值得指出的是，此类名目繁多的死刑技术，它们的文化意义究竟如何？以及，它们究竟是否属于"常规"意义上的死刑？现在尚无令人信服的解释。这里，我想作一个尝试性的阐述。据《史记·殷本纪》说：商朝末期，因为百姓怨望，诸侯反叛，纣王随即创制了炮烙重刑。又据《周本纪》记载：西伯文王曾经用献地的策略来诱请纣王废除炮烙，得到允诺。看来，炮烙的制定可以说是出于偶然，而且实施的时间也不太久。醢、脯之刑，也为纣王所创制；但是，在史料上只有个案的记载，尽管后世也曾沿用。[④] 另外，如果从文化史的角度来看，脯、辜、镮这三种死刑的执行技术的文化意义应该是非常相似的，都是通过肢解罪犯身体的技术来彰显罪恶，进而又用献祭的仪式昭告天下，涤除罪恶；说

① 沈家本《刑制总考一》考论中国上古刑罚，即从唐虞说起。参见氏著《历代刑法考》（一），第5~9页。
② 前揭沈家本《寄簃文存》卷三"说·死刑惟一说"，《历代刑法考》（四），第2100页。
③ 资料来源与相关讨论，参见前揭沈家本《历代刑法考》（一），第9~13页。
④ 《汉书·刑法志》即有"菹其骨肉于市"的记载，唐代颜师古释曰："菹谓醢也。"即为例证。

到底，这就是上文讨论过的杀人献祭。醢、脯、焚这三种刑罚恐怕与杀人而食及杀人灭尸（涤除罪恶和净化社会）的巫术有关。① 根据《吕氏春秋·行论篇》的记载："昔者纣为无道，杀梅伯而醢之，杀鬼侯而脯之，以礼诸侯于庙。"高诱释谓："肉酱为醢，熟肉曰脯。……以其脯燕诸侯于庙中。"郑玄《礼记·檀弓》解作："醢之者，示欲啖食以怖众。"可见，作为死刑的醢、脯，确实与杀人而食的献祭的习俗有关。② 至于焚，即是杀人灭尸，同样也是旨在灭绝罪犯和涤除罪恶，因为"火"有净化的功能；实际上，焚也有巫术与献祭的意味。③ 准此而论，即使《尚书·盘庚》中的"劓殄"之刑，也有"绝恶"的功能，所谓"无俾易种（子孙）于兹新邑"就是这个意思。由于"新邑"是圣洁的地方，因此，为了排除恶人的"遗种"可能带来的污染，对其采用灭绝措施乃是必然之事。从沈家本征引的资料和解释来看，所谓"劓殄灭之，无遗育"似有两种解释。一是《尚书·盘庚》的义疏："谓早杀其人，不使得子孙，有此恶类也。"二是沈家本的按语："劓殄无遗育，则缘坐之法也。"由于前者尚无后代，通过尽早杀死罪犯的措施，不让他们生儿育女，留下恶类；后者是指罪犯已有子孙，那就必须采取"劓殄"的手段予以灭绝。④ 在我看来，它与后来孳乳出来的族刑和缘坐，虽然在形式上并无根本差异，但是，它们在文化意蕴上似乎并不完全相同。要之，如若我们着眼于这类死刑技术的巫术和献祭的根源，那么，也就很难把它们理解成为现代意义上的酷刑，此乃古今死刑观念的差异所致。

春秋战国是中国社会的转型时期——世袭社会解体，帝制中国初露曙光。随着各国变法运动的逐步展开，最为引人瞩目的有，春秋时代郑国

---

① 有关死刑执行技术的史料，参见前揭沈家本《刑法分考二》，《历代刑法考》（一），第 91 ～ 98 页。
② 在世界各地的上古社会里，这种杀人献祭然后分而食之的习俗曾经普遍存在，中国亦然。对此问题的考证，参见裘锡圭《杀首子解》，《中国文化》第 1 期，三联书店，1994，第 47 ～ 51 页。
③ 参见前揭赖德尔《死刑的文化史》，第 97 页以下。此外，焚的献祭意味与《秦简》中的"定杀"颇有类似之处。前者用火，后者用水。关于"定杀"的讨论，参见曹旅宁《秦律新探》，中国社会科学出版社，2002，第 192 ～ 195 页。对"溺死"的一般论述，参见《死刑的文化史》，第 90 ～ 91 页。
④ 参见前揭《刑制总考一》，《历代刑法考》（一），第 10 ～ 11 页。

"铸刑鼎"和晋国"铸刑书"的颁布法律运动，[1] 战国时期魏国的李悝编撰《法经》与秦国的商鞅变法，[2] 由此，法律制度也出现了巨变，并为秦汉帝国的兴起奠定了基础。据我观察，为了实现各国争霸和富国强兵之目的，这一时期法律改革的重要特征有三。其一，推行严刑峻法，以期通过强硬的惩罚措施实现法律的目标。值得指出的是，帝制时代的历史学家往往从商鞅之流的性格上寻找他们（法家）推行严刑峻法的原因，[3] 而事实上，只要我们稍稍措意一下早期儒家孔孟四处碰壁的境遇和法家获得重用的事实即可明白，是世势导致了严刑峻法的出现。或者说，严刑峻法满足了当时各国争霸的需要。其二，建构形式化和合理化的法律体系，旨在实现马克斯·韦伯所谓的法律的可预测性和可计算性。[4] 在我看来，商鞅"悬金移木"和"改法为律"的故事，所要追求的目标就是法律的可预测性与可计算性。前者强调"信"的制度意义，具有可预测性的特点；后者突出"律"的"铨量轻重"的功能，乃是可计算性的意思。[5] 其三，一方面，战争具有很强的组织功能，军队的征集和训练，物资的生产和调集，如果没有合理精密的组织，那就根本无法完成这些工作；另一方面，战争作为一项全国性的动员活动，如果没有权力的集中和有效的政府，同样无法完成这些任务。可以说，正是战争导致了世袭社会

---

[1] 这两次颁布法律的事件，分别参见《左传·昭公六年》和《左传·昭公二十九年》的记载。

[2] 前者参见《晋书·刑法志》的记载，后者参见《史记·商君列传》和《商君书》的记载。

[3] 司马迁《史记·商君列传》就说："商君，其天资刻薄人也。"事实上，商君在初入秦国劝说孝公时遵循的"帝道·王道·霸道"的逻辑，似乎可以说明，如果孝公接受"帝道"或者"王道"的改革路线，商鞅是否一定就会离开秦国另谋出路。换句话说，也许是孝公的意向决定了商鞅的改革策略与治理技术的选择。

[4] 战国时期建构起来的形式主义的法律体系，与韦伯谈论的近代西方的法律体系有着根本性的差异。也就是说，前者的价值基础是集权专制和国家至上；而后者的价值基础却是个人自由和权利本位。又，韦伯曾经指出，帝制中国的法律实践乃是"所罗门式的"卡迪—司法（Kadi - Justiz），就此而言，这一法律体系的形式主义的性格并不突出。参见〔德〕马克斯·韦伯《儒教与道教》，洪天富译，江苏人民出版社，1993，第 172～175、120～121 页。不过，韦伯视野中的帝制中国的法律体系，乃是汉代儒法合流之后的产物，它与战国时代法家倡导和建构起来的法律体系具有不小的差异。

[5] 商鞅是否"改法为律"，学者尚有不同意见。参见江必新《商鞅"改法为律"质疑》，《法学杂志》1985 年第 5 期；祝总斌《关于我国古代的"改法为律"问题》，《北京大学学报》1992 年第 2 期。

的崩溃和礼乐制度的解体，也正是战争促成了战国时代的皇权专制与官僚机器的萌芽。①

一句话，为了组织战争，必然需要集权专制和技术化、官僚化的行政体制，以及具有可预测性和可计算性的法律体系；进而，在战争过程中使用和展现出来的血腥杀戮，以及为了确保这一具有"现代性的"法律体系的有效运作，才是春秋战国时期法律体系尤其是严刑峻法发生变革的最终原因。就此而言，三代时期刑罚性格也得到了相应的沿袭。

至于春秋战国时代的死刑究竟有何变化，在《刑制总考一》里，沈家本没有进行专门的考论；在《刑法分考二》中，我们却能发现不少资料。（1）族，《史记·秦本纪》说：秦文公二十年，初有三族之罪。沈家本认为："大约春秋之时，中国尚未有三族之法，故《史记》于秦文公特著之。"②（2）醢，《左传·庄公十二年》和《左传·襄公十九年》有载。（3）炮烙，见于《左传·昭公二十七年》的记载。（4）焚，《左传·昭公二十二年》有"焚诸王城之市"的记载。（5）烹，《左传·襄公二十六年》和《左传·哀公十六年》有录，沈家本指出："烹人之事春秋时常有之。"③据我猜测，烹与醢、脯的文化意味非常相似。（6）轘，《左传·桓公十八年》记有"轘高渠弥"。据《说文》和《释名》的解释，乃是车裂或者肢解。沈家本认为："是为军中特设徇示于众之刑，非常刑也。"④（7）沈河，据《吕氏春秋·骄恣篇》说：赵简子沈鸾缴于河。沈河与定杀的功能类似，具有涤罪净化的意味。根据《魏书·刑罚志》的记载：北魏即有用这种惩罚来惩治巫蛊行为的法律："为蛊毒者，男女皆斩，而焚其家；巫蛊者，负杀羊抱犬沉诸渊。"（8）磔，晋代杜预将《左传·成公二

---

① 以商鞅变法为例，他的改革涉及经济、社会、军事、政治各个领域。经济方面：废井田、开阡陌，意在开发土地资源，并且进行土地私有化的改革；提倡奖励耕织、重农抑商的经济政策，旨在提高农民的积极性和农业的生产力。社会方面：推行符合小农经济需要的分户制度，深入挖掘劳动潜力。军事方面：提出奖励军功的政策，修订了军功爵的制度。政治方面：实施什伍编制及其连坐，强化基层管理的效力，进而节约行政管理的成本；废除聚落，推行郡县，强化君权；拓宽官僚的晋身阶梯，使行政专业化与合理化，以此提高行政效力。以上要点，是本文对《史记·商君列传》和《商君书》所载内容的简要概括。

② 前揭沈家本：《刑法分考一》，《历代刑法考》（一），第79页。

③ 前揭沈家本：《刑法分考二》，《历代刑法考》（一），第100页。

④ 前揭沈家本：《刑法分考二》，《历代刑法考》（一），第105页。

年》所谓"杀而脯诸城上"之"脯"释作"磔"，与车裂、肢解（裂尸示众）的意思相似。① 但沈家本指出："车裂自有镮名，似不得以磔当之。"②
(9) 腰斩，根据《史记·孔子世家》的叙述，在夹谷之会时，孔子下令有司诛杀"荧惑"诸侯的优倡侏儒，说是"有司加法焉，手足异处"。沈家本认为："手足异处，当是腰斩。"③ 而《春秋穀梁传·定公十年》却有"首足异门而出"的记载。如果这样的话，那么"手足异处"属于肢解之刑，且有"杀人祭鬼"的巫术意味。④ 另据《史记·商君列传》记载：商鞅曾经制定"不告奸者腰斩"的法律。当然，春秋战国时代见于史乘的死刑，尚有其他执行技术，这里不予枚举。⑤ 但是，概括上述死刑，我们可以发现，它们基本上是沿袭夏商周三代的死刑种类，而且与宗教传统仍有密切的联系。

随着秦汉帝国的崛起，特别是汉代"独尊儒术"的政治局面的形成，先秦时代的死刑发生了较大的变化。概括地说：其一，原本宗教色彩浓厚的死刑技术，如今渐渐淡化，蜕变成为维护专制统治的酷刑，诸如"凿颠、抽肋、镬烹"⑥ 之类；其二，以往名目繁多的死刑技术，现在也有相当程度的简化，秦朝尚有夷三族、具五刑、腰斩、戮尸、枭首、弃市、肢解、磔；到了汉朝，夷三族、腰斩、枭首、弃市、磔，已经有所减少。⑦ 值得指出的是，虽说秦汉时期的死刑技术仍然不少，但我认为，磔、腰斩、枭首属于同一系列的死刑技术，都有"支解"的成分与特征；如若从"曝尸示众"的角度来考察，它们与弃市（绞刑）也有相同的意味；⑧ 这种差异的关键在于尸体是否保持完整，它的背后乃是道德伦理上的分野——在强调"身体发肤，受之父母，不敢毁伤，孝之始也"⑨ 的中国人

---

① 参见谭世保《"车裂"考》，《学术论坛》1982 年第 4 期。
② 前揭沈家本：《刑法分考二》，《历代刑法考》（一），第 114 页。
③ 前揭沈家本：《刑法分考三》，《历代刑法考》（一），第 117 页。
④ 参见葛兆光《思想史研究课堂讲录》，三联书店，2005，第 313~316 页。
⑤ 沈家本在《刑法分考三》中有所考证，参见《历代刑法考》（一），第 118 页以下。
⑥ 《汉书·刑法志》。沈家本认为，"凿颠、抽肋，非法之刑"。参见《历代刑法考》（一），第 148 页。
⑦ 参见沈家本《刑制总考二》，《历代刑法考》（一），第 15~18 页。关于汉代死刑变化的考证，参见程树德《汉律考二》，载氏著《九朝律考》，中华书局，2003，第 37~38 页。
⑧ 《礼记·王制》所谓"刑人于市，与众弃之"就是这个意思。
⑨ 《孝经·开宗明义章第一》。

心目中，碎裂尸体乃是不孝的表现。① 此外，"中国人还认为，尸体是否完整，决定了原来附于该身体的灵魂是否继续有居留场所"。② 最后，基于罪犯侵犯对象与罪犯本身的身份等级，死刑的执行技术与尸体的处置方式也有不同。③ 至少，这是西周以来中国死刑执行上的一个基本特色。

魏晋以降，死刑技术又有了进一步的简化。根据《晋书·刑法志》的记载：魏晋死刑有三：枭首，斩刑，弃市。④ 对此，沈家本的考证值得注意。他说："汉之斩，要斩也；弃市，斩首也。惟《史记·索隐》以弃市为绞罪，与郑氏《周礼》不合。据周顗等语，是晋时弃市已为绞罪，其斩曰截头，亦非要斩矣。"⑤ 衡诸秦汉史料，沈家本的考证颇有问题。事实上，秦汉的弃市就是绞刑。⑥ 总体而言，古典中国的死刑技术正在朝着日益简单化和人道化的方向发展——这与儒家思想在汉代的兴起及其取得政

---

① 作为比较，我们可以发现一个有趣的现象。英国学者凯伦·法林顿指出："大多数下层社会民众认为绞刑所受到的痛苦相对少些，而英国和欧洲的上层人物认为处死应当采用斧刑。"又说，对贵族采用斩首，是古代罗马人的创造。参见〔英〕凯伦·法林顿《刑罚的历史》，陈丽红、李臻译，希望出版社，2003，第126页。德国学者赖德尔也说："用剑斩首原是自由民的特殊待遇，非无耻之辈所能享用的。"原因在于"剑是国家最高权力的司法权的象征"。前揭《死刑的文化史》，第80～81页。另外，人们也有从死刑技术的人道形象来解说绞刑与斩刑之间的差异。法林顿写道："在欧洲，剑是用来对上层人士执行死刑的，在一定程度上它相当于斧头。因为剑的刀刃比较薄，用剑施刑干脆利落，所以死亡也是瞬间的。"又说："在1792年，当断头台被引进法国时，它被看作人道主义的里程碑，并受到好评。"也就是说，在欧洲，人们把斩首视为"一种人道的想法"。参见前揭《刑罚的历史》，第136、138页。就中国而言，沈家本在"死刑惟一"的改革建议中主张：其一，将绞作为死刑之正刑，而把斩作为特别之刑；其二，在选择枪决还是斩首时，他说，"然斩首者，首断而气即绝，其痛楚之时必短。枪击者，枪中而气未遽绝，其痛楚之时必长。以此相较，枪击不如斩首也"。参见《历代刑法考》（四），第2101页。这里，沈家本有些自相矛盾。与绞刑相比，斩刑显然痛楚小些，为何不用斩刑反而用绞刑呢？这与冈田博士的批评正好相符。参见《历代刑法考》（四），第2099页。到了现在，如何减轻罪犯的痛楚依然是改革死刑技术的重要议题。
② 参见〔美〕布迪、莫里斯《中华帝国的法律》，朱勇译，江苏人民出版社，1993，第88页。
③ 参见《周礼·秋官·司寇》的记载："掌戮，掌斩杀，贼谍而搏之。凡杀其亲者，焚之；杀王之亲者，辜之。凡杀人者，踣诸市，肆之三日，刑盗于市。凡罪之丽于法者，亦如之。唯王之同族与有爵者，杀之于甸师氏，凡军旅、田役，斩杀刑戮亦如之。"对此问题的具体分析，也参见前揭张宁《考论死刑》，《年度学术2004：社会格式》，第130～134页。
④ 见于《晋书·刑法志》援引张斐《律表》"枭首者恶之长，斩刑者罪之大，弃市者死之下"的记载。
⑤ 参见前揭沈家本《刑制总考二》，《历代刑法考》（一），第27页。
⑥ 对此问题的考证，参见张建国《秦汉弃市非斩刑辨》，《北京大学学报》1996年第5期；曹旅宁《从天水放马滩秦简看秦代的弃市》，《广东社会科学》2000年第5期。

治上的霸权有关，但是，其间也有如若反复。譬如，南梁死刑只有枭首和弃市，然而北魏却有斩、绞、腰斩、轘、沉渊；按照《隋书·刑法志》记载，北周死刑有五——磬、绞、斩、枭、裂，北齐死刑有四——轘、枭、斩、绞。① 就国家律典来看，隋唐宋元明清的死刑已经基本定格，变化很小。例如，隋唐死刑只有绞与斩；宋朝亦然，南宋《庆元条法事类》则有凌迟；事实上，根据《辽史·刑法志》记载，"死刑有绞、斩、凌迟之属"。可见，凌迟早在南宋之前就已成为国家的基本死刑。② 据《元史·刑法志》说，元代死刑唯有斩刑和凌迟。明清律典中的死刑共有绞刑、斩刑、凌迟三种，凌迟没有列入五刑。沈家本认为："凌迟之法，不列五刑，明律中为大逆、恶逆、不道等项，所犯非常，故以非常之法处之。"③ 我觉得，凌迟之所以没有列入五刑体系，是因为，对信奉儒家思想的帝皇将相来说，凌迟有背"仁政"和"德治"的理想。事实上，在《死刑惟一说》中，沈家本也确实是从"仁政"的角度来批评凌迟等酷刑的。④

需要说明的是，上述有关古典中国死刑种类（技术）的简要梳理，仅仅限于国家基本法律中的正式死刑，而基本上没有涉及其他法律文本中的死刑。实际上，秦汉以降的历朝历代都有律典之外的繁多而且怪异的死刑执行技术。对此，沈家本在《刑制总考》与《刑法分考》中已有非常详尽的梳理和考论。⑤ 其中，明太祖朱元璋所编《大诰》中的死刑技术，可以说是一个非常突出的例证。⑥ 就此而言，若我们意欲研究古典中国的死刑技术，那就不仅需要整理律典中的具体规定，而且还要考察律典外的死刑实践。

在我看来，衡量某一国家的死刑制度，除了考察它的死刑种类（执行技术）以外，还应特别考察这一国家的死刑适用的范围。只是，这种考察

① 参见前揭沈家本《刑制总考三》，《历代刑法考》（一），第 31、35、38、40 页；也参见前揭程树德《九朝律考》，第 355～357 页，第 398、416 页。

② 具体考证，参见沈家本《刑制总考四》，《历代刑法考》（一），第 55 页；阎步克《说"凌迟"》，《文史知识》1982 年第 1 期；孔学《论凌迟之刑的起源及在宋代的发展》，《史学月刊》2004 年第 6 期。

③ 沈家本：《刑制总考四》，《历代刑法考》（一），第 63 页。

④ 参见沈家本《寄簃文存》卷三，《历代刑法考》（四），第 2100～2101 页。

⑤ 参见沈家本《历代刑法考》，第 15～66、71～153 页。

⑥ 关于明太祖朱元璋的"重典治国"的法律实践的研究，参见前揭沈家本《明大诰峻令考》，《历代刑法考》（四），第 1899～1930 页；另参见杨一凡《明初重典考》，湖南人民出版社，1984，第 30～81 页；杨一凡《明大诰研究》，江苏人民出版社，1988。

必然涉及一连串的统计数字，罗列起来颇为枯燥乏味，而且也未必准确。为了说明问题，这里姑且援引沈家本的初步统计，聊备佐证。在《死刑之数》中，沈家本指出，夏朝 200；西周初期 500，穆王时期 200；汉朝，武帝 409，成帝 1000，和帝 610；唐律 233，其中，斩刑 89，绞刑 144；宋朝，宋律与唐律相同，233，编敕，60，总计 293；元朝，斩刑 126，凌迟 9，总计 135；明朝，明律 249，杂犯 13，问刑条例 20，总计 282，其中凌迟 13，斩刑 136，绞刑 100。① 另据学者统计，清朝 813，其中，凌迟 30，斩刑 440，绞刑 343。② 必须说明的是，其一，汉代以前的数字资料来源是史籍的记载，而唐代之后的数字乃是根据法律规定所做的统计；其二，由于古典中国的判决文书也有一定的法律效力，其中涉及死刑的判决也会改变或者扩展律例的相关规定。故而，上述统计数字只能勾勒死刑适用范围的基本情况。

我特别想指出的是，现代学者每每热情地颂扬现代西方的法律（包括死刑）如何文明和人道，而却严厉地指责古典中国的死刑又是多么残忍与惨毒。在某种程度上，这种判断无疑有其道理；然而，如果我们把它与近代以前的西方死刑作一比较，也就可以发现，古典中国的死刑，无论执行技术抑或适用范围未必就比西方来得残酷。我们知道，最为学者诟病的酷刑，乃是古典中国死刑残酷之典型的凌迟。这种"慢慢处死"罪犯的死刑技术，不但非常残忍，而且极为"精致"。陆游《渭南文集》所作"肌肉已尽而气息未绝，肝心联络而视听犹存"③ 的描述，已见凌迟的残忍和惨毒；另外，沈家本关于凌迟"相传有八刀之说，先头面，次手足，次胸腹，次枭首，皆刽子手师徒口授，他人不知也"④ 的记载，同样可以看出凌迟的"精致"。⑤

---

① 参见沈家本《死刑之数》，《历代刑法考》（三），第 1247 ~ 1249 页；又参见布迪和莫里斯《中华帝国的法律》，第 96 页。在沈家本看来，如此广泛的死刑适用范围，"不惟为外人所骇闻，即中国数千年来，亦未有若斯之繁且重者也"。前揭沈家本：《寄簃文存》卷一，《历代刑法考》（四），第 2028 页。

② 参见前揭布迪和莫里斯《中华帝国的法律》，第 98 页。

③ 引自（清）钱大昕撰《潜研堂集》，吕友仁校点，上海古籍出版社，1989，第 555 页。

④ 前揭沈家本：《刑法分考二》，《历代刑法考》（一），第 111 页。

⑤ 关于凌迟执行技术的描写，参见前揭布迪和莫里斯《中华帝国的法律》，第 88 ~ 90 页；阎步克《说"凌迟"》，《文史知识》1982 年第 1 期；孔学《论凌迟之刑的起源及在宋代的发展》，《史学月刊》2004 年第 6 期；金良年《酷刑与中国社会》，浙江人民出版社，1991，第 14 ~ 17 页。

但是，在其他国家（包括西方）死刑的历史上，与凌迟类似的酷刑也并非没有，事实刚好相反，它们也有"凌迟"之刑。例如，法国学者马丁·莫内斯蒂埃所著《人类死刑大观》一书，里面即有"凌迟"专条，介绍各国的"凌迟"之刑。[①] 至于古典中国死刑的适用范围，我们必须承认，从盗窃到谋反都有死刑，范围确实非常宽泛；不过，唐宋元明四朝的死刑总数都没有超过三百，唯独清朝属于例外，死刑总数超过了八百。那么，西方死刑的适用范围又如何呢？在18世纪的英国，从谋杀到窃盗，法律规定可以判处死刑的犯罪总数已经超过三百。[②] 有时，即便小孩盗窃价值非常微小的财物，也会被判处死刑。[③] 与古典中国的法律（优待儿童）相比，近代以前的西方法律显然更加残酷。不要忘记，西方刑罚（包括死刑）逐步走向人道化和文明化的途程，乃是19世纪以后的事情。

综上所述，本文的这一说明并不是想为古典中国的死刑辩护，更不是要替古典中国的死刑招魂，而仅仅是希望借此证明对古典中国死刑酷刑的指责，我们不能停留在泛泛的层面上作出，而是应该把这种"指责"置于整个人类死刑历史发展的语境当中进行衡量；进一步说，如若我们意欲进行死刑的比较研究，最好也应该将死刑放在相当的历史发展阶段予以考察。我觉得，只有这样，我们才能得出比较符合历史事实的解释与评论。

三　死刑的思想

通过前面的简要考察，我们已经基本上勾勒了古典中国死刑发展的轮廓与特征，为了进一步深入把握古典中国死刑的独特意味，在本节中，我们继续探讨支撑古典中国的死刑制度和死刑实践的思想基础。可问题是，

① 参见〔法〕马丁·莫内斯蒂埃《人类死刑大观》，袁筱一等译，漓江出版社，1999，第107～111页。从《人类死刑大观》来看，中国历史上有过的死刑技术，其他国家也都曾经有过。关于酷刑的研究，参见〔美〕布瑞安·伊恩斯《人类酷刑史》，李晓东译，时代文艺出版社，2000。

② 参见前揭布迪、莫里斯《中华帝国的法律》，第97页。

③ 英国学者凯伦·法林顿写道："1833年，一位作家说过：'再没有什么比不满14岁的小有过错的男孩判处死刑更荒谬的了。据笔者所知，在某一次庭审时，五个小孩面临这种可怕的情景，其中一个偷了一把几乎一钱不值的梳子，两个偷了别人家孩子的一本价值六便士的书，还有一个偷了一个人的手杖，第五个是把母亲的披肩拿去典当了。'"前揭法林顿：《刑罚的历史》，第92页。

在古典中国的思想传统里，我们几乎检索不到专门论述死刑的文献资料；在现代学术文献中，我们也没有找到法律史学者研究古典中国死刑思想的论著。在这种情况下，本文的讨论只能利用一些涉及死刑问题的零星资料，对古典中国死刑思想作一个初步的考察，希望能够提供若干思考古典中国死刑的进路。

既然死刑是一种剥夺罪犯生命的制度安排，那么，在讨论死刑思想时，我们也就必须追问这样一个基本问题：谁拥有剥夺他人生命的最高权力？在基督教传统中，人们相信，生命之所以是神圣不可侵犯的，是因为"上帝造人，是照他自己的形象"。① 这就是说，人的生命来自上帝。在这种情况下，如果我们爱上帝，那么也必须爱上帝所造的人，因为上帝爱他自己所造的人。② 与此相关，在《摩西十诫》中，上帝要求人们遵守"不可杀人"③ 的戒律。但令人困惑的是，上帝却说："凡流人血的，他的血也必被人所流，……"④ 又说："打人致死的，必要把他治死。"⑤ 换句话说，作为复仇原则的"以血还血"或者"杀人偿命"的诚条，乃是上帝意旨的体现，也是上帝对道德秩序的要求。这里，我们看到了上帝戒律之间的相互矛盾。⑥ 也就是说，为何上帝讲完"不可杀人"之后即刻又说"可以杀人"呢？据我看来，所谓"不可杀人"是指普通情形下的杀人，它被上帝所禁止；然而，如果得到上帝的授权，那么杀人就被准许。这种情况下的杀人，实际上就是合法的杀人，也就是死刑；这种死刑只能用于违反上帝所说的"不可杀人"戒律的罪犯。德里达认为，此乃《摩西十诫》的政治含义。⑦ 也可以说，"不可杀人"是上帝的神圣戒律，而"可以杀人"则

---

① 参见《圣经·旧约·创世纪》第9章，第6节。

② 参见《圣经·新约·约翰福音》第3章，第16节。

③ 参见《圣经·旧约·出埃及记》第20章，第13节。

④ 参见《圣经·旧约·创世纪》第9章，第6节。

⑤ 参见《圣经·旧约·出埃及记》第21章，第12节。在第21章里，上帝讲到几种可以杀人的事例。第15节："打父母的，必要把他治死。"第16节："拐带人口，或是把人卖了，或是留在他手下，必要把他治死。"第17节："咒骂父母的，必要把他治死。"这些，已经不是"以命抵命"原则所能涵盖的了。

⑥ 参见〔美〕约翰·霍华德·约德尔《死刑：一个基督教的视角》，邱兴隆译，载前揭《比较刑法》第一卷《死刑专号》，第604～609页；前揭德里达《全球化与死刑》，载赵汀阳主编《论证》第3卷，第48页；前揭张宁《解构死刑与德里达的死刑解构》，载赵汀阳主编《论证》第3卷，第72～74页。

⑦ 前揭德里达：《全球化与死刑》，载赵汀阳主编《论证》第3卷，第48页。

是通过上帝授权的人间法律，这样一来，上帝戒律也就成为人间法律的神学基础。① 归结起来，我们可以这么讲，这种剥夺他人生命的权力是由上帝自己所操控的，而不是凡人所能掌握的。因为上帝这样说道："流你们血的，害你们命的，无论是兽是人，我必讨他的罪，就是向各人的弟兄也是如此。"② 这个"我"（上帝自称）乃是拥有处置生命权力的至关紧要的前提，在《创世纪》中，前引"凡流人血的，他的血也必被人所流"一言，其中的"人"可以复仇杀人，显然是得到上帝准许的杀人。毫无疑问，从终极意义上说，复仇权力原本是由上帝自己来控制的；在世俗社会中，凡人之间的复仇，乃是出于上帝的恩准。正因为如此，中世纪的神学名家圣·奥古斯丁指出：生命是上帝赋予人的，也唯有上帝才能处置人的生命。③ 事实上，在基督教传统中，即使自杀也是一种对上帝的犯罪，必须受到严厉的惩罚。④

读到这里，读者可能会有疑问：本节的旨趣不是讨论古典中国的死刑思想吗？如果这样的话，为何在此插入这么一段解读西方基督教传统下的死刑思想的论述呢？确实，插入这段文字，阅读起来不免有些突兀，甚至有些离题的感觉。然而，我的原意是希望借此引出一个研究死刑思想的基本命题：人的观念与死刑的关联。⑤ 我觉得，即使到了近代，从人的观念出发来思考死刑问题，仍然是一个非常重要的角度。譬如，德国思想的巨擘康德，就是把人的尊严与死刑关联起来思考的范例。他说：死刑是人的标志。⑥ 我想，这是一个很好的思考死刑问题的视角，也是本文讨论古典中国死刑思想将要采用的视角。

在中国历史上，现代学者普遍认为夏商两朝基本上属于"神本"的时代，就政治与法律而言，几乎完全处于"神意"的笼罩和支配之下。而

① 参见前揭张宁《解构死刑与德里达的死刑解构》，载赵汀阳主编《论证》第 3 卷，第 74 页。
② 参见《圣经·旧约·创世纪》第 9 章，第 5 节。
③ 参见〔法〕米诺瓦《自杀的历史》，李佶、林泉喜译，经济日报出版社，2003，第 28 页。
④ 这是因为，自杀既是对赋予我们生命的上帝的侮辱，也是对供给我们福利的社会的侮辱。据此，自杀行为犯了双重错误，所以宗教负责人与世俗负责人都不能容忍自杀行为。在欧洲中世纪，自杀行为属于谋杀，尸体将会受到制裁，财产将被没收。参见前揭〔法〕米诺瓦《自杀的历史》，引论，第 4 页，第 1~5 页。
⑤ 之所以采取这样的安排，是因为以前讨论古典中国死刑问题的论著，往往缺少这样的关注。
⑥ 转见前揭张宁《解构死刑与德里达的死刑解构》，载赵汀阳主编《论证》第 3 卷，第 75 页。

《礼记·表记》所谓"殷人尊神，率民以事神，先鬼而后礼"的记载，算是"殷人尚鬼"的例证。但是，随着领有"天命"的商朝政权的崩溃，对刚刚取得政权的周初统治者来说，如何建构政治秩序的正当性或者合法性，乃是摆在他们面前的生死攸关的根本问题。在这种背景下，周人产生了《易传》所说的"忧患"意识。① 这是因为，商朝灭亡的事实本身即已表明，仅仅凭借"天命"已经无法维持政治统治。正是对"天命靡常"②的深刻警觉，周初统治者提出了"皇天无亲，惟德是辅"③ 的政治原则。这样一来，他们就把"天"与"德"巧妙联系起来，进而提出了"以德配天"的学说；而"以德配天"的另一种说法，也就是"敬天保民"的思想。在"敬"中，生产出了周人的谨慎和反省的精神状态。通过"敬"的自省机制与"敬"的媒介作用，他们最终将"敬天"落实到"保民"上，从而把"德"与"民"联系起来考虑。所谓"德"，根据《说文解字》的解释，即"悳，外得于人，内得于己也，从直从心"。郭沫若指出，所谓"从直从心"，也就是要"把心思放端正"④ 的意思，属于内省的领域，但是，它的最终落脚点，仍然是"保民"问题——所谓"外得于人"，倒转过来讲，就是采取"保民"的政治举措来"得人"的意思，这是"德治"和"民本"的真谛和精髓，归结起来，都是政治问题。顺便一提，虽然"民本"与民主不同，但是"民本"也有政治"承认"的意味。也就是说，尽管政治权力的来源不是"民"，可是政治秩序的维持却要以"民"为基础。《尚书·泰誓》中所谓"天视自我民视，天听自我民听"以及《尚书·大诰》"天棐忱辞，其考我民"，都说明了"天意"不会自

---

① 在《易传》中，我们可以读道：《系辞上》天地"鼓万物而不与圣人同忧"。《系辞下》"《易》之兴也，其于中古乎？作《易》者其有忧患乎？"以及"其出入以度，外内使知惧，又明于忧患与故"。这种充满"忧患"的意识，徐复观认为"乃人类精神开始直接对事物发生责任感的表现，也即是精神上开始有了人的自觉的表现"。徐复观：《中国人性论史》（先秦篇），上海三联书店，2001，第19页。

② 《诗经·大雅·文王》。

③ 《左传·僖公五年》引自《周书》。

④ 参见郭沫若《先秦天道观之进展》，载《郭沫若全集·历史编·1》，人民出版社，1982，第336页。也有学者认为，"德"原本是人体内的一种存在，并非后世所谓道德意义上的"德"。详尽的论考，参见杜正胜《形体、精气与魂魄：中国传统对"人"的认识的形成》，载黄应贵主编《人观、意义与社会》，台北"中央研究院"民族学研究所，1993，第70~77页。

我呈现，只有透过"民意"才能领悟"天意"，只有获得"民意"的认同，才能获得"天命"的眷顾。对此，徐复观有一概括："当时因为把人民与天命看作处于同等的地位，所以常将天与民并称，'受命'即是'受民'。"① 这种"民本"以及由此引申出来的"爱民"思想，乃是后世中国政治与法律的思想源泉。无疑，这种思想未免有些理想悬得过高的问题，但是，它毕竟体现了古典中国政治与法律精神的崇高境界。也正是在这种"爱民"思想的指导下，古典中国的死刑思想才形成了自己的独特传统。

我觉得，在早期中国社会，法律也是一个政治问题。因此，在"明德"的前提下，周初统治精英（周公）提出了"慎罚"的思想。这里，我们姑且撇开其他法律问题不谈，而仅仅考察死刑。虽然西周仍有许多犯罪可以适用死刑，根据《尚书·吕刑》的记载，至少也有二百种，而且也强调对恶性犯罪，不可不杀，但是，基于"慎罚"的思想，周初统治集团主张慎用死刑。在"若保赤子"② 的思想指引下，提出"罔厉杀人"③ 和"父子兄弟，罪不相及"④ 的原则，意在反对滥杀无辜。又如，所谓"非汝封刑人杀人，无或刑人杀人""用其义刑义杀，勿庸以次汝封"⑤，从而反对司法臆断，强调根据原出道德的"义"的客观准则来裁决死刑。再如，主张"勿庸杀之，姑惟教之"，⑥ 反对简单的杀戮，旨在突出道德教化的意义和作用。如此等等，实际上都是"保民"思想指导下的慎用死刑的体现。

必须指出的是，西周"慎刑"思想的基本原则，体现在"中罚"上。例如，根据《尚书·立政》记载，"周公若曰：'太史，司寇苏公！式敬尔由狱，以长我王国。兹式有慎，以列用中罚'"。在《吕刑》中，也反复提到"士制百姓于刑之中，以教祗德"，又说"故乃明于刑之中，率义于民棐彝"。由此可见，唯有刑罚是否"适中"才是周人特别关心的基本问题。就死刑而言，关键问题也并不是是否适用死刑，而是如何适用死刑。在周人看来，适用死刑必须遵循"中"的标准。此"中"的意思有二：其一，刑罚与社会情势的彼此协调；其二，刑罚与罪名的相互适应。为了达到这

① 参见前揭徐复观《中国人性论史》（先秦篇），第 27 页。

② 《尚书·康诰》。

③ 《尚书·梓材》。

④ 引据《左传·昭公二十二年》所引《尚书·康诰》。

⑤ 《尚书·康诰》。

⑥ 《尚书·酒诰》。

一目标，他们提倡"非佞折狱，惟良折狱，罔非在中"。① 也就是说，在司法审判中，只有具备"良"的道德操守的裁判官员，才能作出符合"中"的原则的死刑判决。事实上，对司法官员来说，仅有"良"的品格依然不够，还要具备"哀矜"的精神境界，才能真正实现"中"的刑罚理想。故而《吕刑》又说："哀矜折狱，明启刑书胥占，咸庶中正。其刑其罚，其审克之。"② 总之，无论"惟良折狱"抑或"哀矜折狱"，对死刑来说，都有慎用的意思，究其原因，乃是"民本"思想的兴起。

既然"保民"已是西周政治的基础，那么对人的思考必然也会受到关注。据此，一方面我们完全可以说，西周是中国历史上"人的觉醒"时代，也就是说，从商朝"鬼神"信仰弥漫的文化脉络中，渐次产生了西周以"礼"为基础的"人本"文化的萌芽。令人遗憾的是，我们对周代有关人的思考与人的观念，依然所知甚少。到了春秋时代，关于人的思考出现了根本性的转机，以致徐复观把它称作"人文的世纪"。③ 其时，人与超越世界（天）的沟通，已经无须凭借"巫"这一外在媒介，而是直接转向人的内在心理，也就是说，通过"心"的道德自省机制，即可与"天"交流。另一方面，礼与"仪"也出现了分野，逐步脱离了礼的形式主义，凸显出礼的精神基础，当然，礼仍然是践履道德的阶梯。在这一历史语境中，礼的精神得到了强调，获得了发展，洎及孔子提出"仁"的思想，可以说，礼的内在精神发生了革命性的变化。④ 对孔子的"仁学"结构，李泽厚作过很好的概括：（1）血缘基础；（2）心理原则；（3）人道主义；

---

① 《尚书·吕刑》。

② 如果司法官员真能本着"哀矜"的心态来听讼折狱，那么他们就会对罪犯充满同情和怜悯。我觉得，这种心境是司法官员得以避免刑讯逼供和草菅人命的重要因素。另外，哀矜折狱与儒家的"恕"也有内在的关联。实际上，按照"恕"的准则来听讼折狱，也是古典中国司法审判的特色。陆贽这样写道："夫听讼辨谗，贵于明恕。明者，在辨之以迹；恕者，在求之以情。迹可责而情可矜，圣王惧疑似之陷非辜，不之责也。情可责而迹可宥，圣王惧逆诈之滥无罪，不之责也。"参见（明）丘浚《大学衍义补·慎刑宪》"详听断之法"，引自鲁嵩岳《慎刑宪点评》，法律出版社，1998，第199页。

③ 参见前揭徐复观《中国人性论史》（先秦篇），第41页。

④ 在我看来，礼的这一革命性变化，恰好与余英时提出的"哲学突破"（philosophic break-through）的宏观背景吻合；或者说，礼的革命性变化乃是"哲学突破"的一个环节或内容。关于"哲学突破"的分析，参见〔美〕余英时《士与中国文化》，上海人民出版社，1987，第26~33页。更为详尽的讨论，参见〔美〕余英时《轴心突破和礼乐传统》，载氏著《现代儒学的回顾与展望》，三联书店，2004，第392~423页。

（4）个体人格。① 虽然这一梳理对我们颇有启发，但是本文不能在此进行详尽的论述，而是试图指出如下一点：在孔子那里，人的本质是"仁"。他说："孝悌也者，其为人之本欤？"② 这就是说，人的本质是孝悌。那么，孝悌与"仁"的关系是什么呢？孔子又说："弟子入则孝，出则悌，谨而信，泛爱众，而亲仁。"③ 概括起来：其一，孝悌来自"生"的血缘伦理；其二，孝悌是"仁"的道德基础；其三，"仁"的本质是爱人。由此，我们也可以说，人的本质就是"仁"。至关重要的是，若欲成为一个仁者，所要依靠的不是外在的礼，也不是他人的约束，而是自己内在的道德省思。孔子说："人而不仁，如礼何？人而不仁，如乐何？"④ 又说："为仁由己，而由人乎哉？"⑤ 以及"仁远乎哉？我欲仁，斯仁至矣"。⑥ 作为一个仁者，应该如何践履"仁"的道德原则呢？根据《论语·里仁》的解释："夫子之道，忠恕而已矣。"抛开"忠恕"的其他意义不谈，我觉得，与死刑思想最有关系的是"恕"。而"恕"的意思有二：一是《论语·颜渊》所谓"己所不欲，勿施于人"；二是《论语·雍也》所讲"己欲立而立人，己欲达而达人"。看起来，这是一种平凡的"将心比心"的日常伦理，强调人们应该如何"相与"的道德准则，然而，唯其平凡，唯其日常，才能显示"恕"的普遍意义和崇高境界，践履起来也就更为艰难。⑦

如果我们把"己所不欲，勿施于人"的道德准则推延到死刑问题上来，那么，在消极层面上，可以避免滥杀无辜现象的出现，由此起到慎用死刑的效果。这是因为，没人愿意承受"无辜受罚"造成的冤抑乃至枉死，既然如此，就不应该将自己不愿意接受的恶果施加到别人身上。在积极层面上，因为"恕"的践履，有赖于主体的"内省"与"自讼"的修身工夫，也有赖于道德境界的不断提升，而"见贤思齐焉，见不贤而内省

---

① 参见李泽厚《中国古代思想史论》，人民出版社，1986，第16~33页。

② 《论语·学而》。

③ 《论语·学而》。

④ 《论语·八佾》。

⑤ 《论语·颜渊》。

⑥ 《论语·述而》。

⑦ 关于孔子"忠恕之道"的详尽研究，参见伍晓明《吾道一以贯之：重读孔子》，北京大学出版社，2003，特别是第一章、第二章、第五章，第30~108、158~182、225~249页。

也"，① 即有此意。在这种情况下，据仁行礼，不犯刑宪，乃是君子必须谨守的道德戒律。孔子有言："君子怀德，小人怀土；君子怀刑，小人怀惠。"② 值得稍事解释的是，第一，君子之所以"怀刑"，是因为他们时时刻刻念及触犯刑宪可能带来的恶果——肉体上的毁伤和精神上的耻辱，从而谨于自守；第二，基于君子与小人之间的差异，在"惠"和"利"③ 的诱导和驱使下，小人难免触犯刑宪。就此而言，刑罚仍是治理国家与维护社会秩序的有效工具。对此，孔子说过："道之以政，齐之以刑，民免而无耻；道之以德，齐之以礼，有耻且格。"④ 由此，我们可以看到，政/德与刑/礼乃是不可偏废的治理国家的两种基本手段。这里，所谓"刑"，也应该包括了死刑在内。事实上，孔子虽然强调"德·礼"的意义和作用，但是，他从来没有否认死刑（包括刑罚）作为实现"德·礼"的辅助价值。在"宽猛相济"的意义上，孔子是非常赞同死刑的。⑤ 实际上，孔子本人在"为政"时，也曾毫不手软地适用过死刑，譬如"杀少正卯"即著名的例证。⑥ 另外，前引夹谷之会诛杀优倡侏儒也是例证。⑦ 据此，孔子并不反对死刑和杀戮，关键是如何适用死刑和杀戮。在《论语·颜渊》中，孔子就说："子为政，焉用杀？子欲善而民善矣。君子之德风，小人之德

---

① 《论语·里仁》。

② 《论语·里仁》。

③ 《论语·里仁》还说："君子喻于义，小人喻于利。"

④ 《论语·为政》。

⑤ 据《左传·昭公二十一年》记载："郑子产有疾，谓子大叔曰：'我死，子必为政，唯有德者能以宽服民，其次莫如猛。夫火烈，民望而畏之，故鲜死焉；水懦弱，民狎而玩之，则多死焉，故宽难。'大叔为政，不忍猛而宽。郑国多盗，取人于萑苻之泽。大叔悔之，曰：'吾早从夫子，不及此。'兴徒兵以攻萑苻之盗，尽杀之，盗乃止。仲尼曰：'善哉！政宽则民慢，慢则纠之以猛；猛则民残，残则施之以宽。宽以济猛，猛以济宽，政是以和。'"可见，孔子并非在一般意义上反对死刑和杀戮。

⑥ 此事《荀子·宥坐》、《史记》、《说苑》、《淮南子》、《汉书》、《论衡》和《孔子家语》诸书均有记载，只是到了南宋朱熹那里，对此事提出了质疑。由此，此事究竟是否存在，就出现了两派不同的意见。在我看来，这种"质疑"基本上可以归结为"为贤者讳"的一类。对此，马作武曾有论考。参见马作武《中国法律思想史纲》，中山大学出版社，1998，第30~32页。

⑦ 对孔子诛杀优倡侏儒，后世儒家同样本着"为圣人讳"的动机，不是在史书上抹杀这一事件，就是认为史书如此记载，乃是诬蔑圣人。参见前揭葛兆光《思想史研究课堂讲录》，第314~315页。据我看来，其理由与孔子"杀少正卯"事件完全相同。由此可见，在理想意义上，儒家似乎是不愿采用死刑的。

草，草上之风必偃。"又讲："其身正，不令而行；其身不正，虽令不从。"① 以及"政者正也，子帅以正，孰敢不正？"② 可见，孔子只是主张，应该用榜样的道德力量来进行统治，而非仅仅依赖刑罚和杀戮。

总而言之，孔圣人并没有简单地反对死刑，他所反对的是"不教而杀"，因此，在《论语·尧曰》中，他说："不教而杀谓之虐。"就惩罚的终极理想来讲，孔夫子追求"善人为邦百年，亦可以胜残去杀矣，诚哉是言也"③ 的理想境界。而"胜残去杀"，所指即是不用刑罚（包括死刑）和争战杀戮。④ 此言与"听讼吾犹人也，必也使无讼乎！"⑤ 的意义完全一致。我觉得，孔子是在现实与理想的不同层面上谈论是否适用死刑的。换句话说，在现实社会，死刑不可避免；在理想层面，必须废除死刑，人们应该回归道德的生活。

据我看来，孔子以后的儒家，虽然在思想上容有某些具体的差异，也正因为如此，才会出现汉儒、宋儒的说法，这是儒家内部发展的表征；但是，儒家思想的基本格局并没有超越孔子的设定框架。就死刑思想而言，大致也是这样。因此，这里没有必要继续罗列后世儒家的死刑话语。也因此，本文仅仅以孔子的死刑思想为代表，稍作剖析。

另外，战国时代兴起的法家，尽管在"德治"抑或"刑治"问题上与儒家发生了激烈的冲突，并且，基于"性恶"⑥ 的思想和各国争霸的时势，提出了"轻罪重罚"的思想。譬如，商鞅强调刑罚必须"重其轻者"，唯有如此，才能取得"以刑去刑，刑去事成"⑦ 的效果。可以说，法家对死

---

① 《论语·子路》。

② 《论语·颜渊》。

③ 《论语·子路》。

④ 参见钱穆《论语新解》，巴蜀书社，1985，第315页。

⑤ 《论语·颜渊》。

⑥ 事实上，法家提出的性恶论，突出的是人类"趋利避害"或者"好利恶害"的本性，换句话说，它所要强调的是人类对利害的计算本能。在我看来，它与现代经济学的理性人的假设并没有本质上的差异。但问题是，在古典中国尤其是儒家的思想脉络中，这种人性计算心理成了一种道德上的"恶"。原因在于，这种计算每每成为谋取"私利"的动力，从"忠恕"的角度来讲，自然没有积极意义。

⑦ 《商君书·勒令》。值得指出的是，尽管商鞅特别强调重刑治国，但是，对他来说，这也只是一种治国的手段而已。他说，如果君王能够着力推行重刑，那么"一国行之，境内独治；二国行之，兵则少寝；天下行之，至德复立。此吾以杀刑之反于德，而义合于暴也"。引据《商君书·开塞》。可见，商鞅提倡"以杀止杀，以刑去刑"（《商君书·画策》）的治国策略，只是把它视作一种构建或者恢复"至德社会"的手段而已。就此而言，商鞅似乎并没有在一般意义上反对"德治"。这一点，特别值得我们措意。

刑不仅深表赞同，而且竭力推行，成为后来帝制中国鼓吹重刑主义的堡垒。随着儒法合流局面的形成，教化与刑杀也就成为治理国家的两柄。故而，通观帝制中国两千余年的法律思想和法律实践，我们也确实没有读到任何反对死刑的文献资料。虽然佛教曾有"不可杀生"的戒律，但是，佛教从来没有成为中国法律的思想基础；至多，也仅仅是在佛教思想影响下，对死刑稍有抑制而已。①

在西方，如果"上帝照着自己的模样造人"而使生命拥有超越的根据，那么在中国思想文化史上，儒家"人的诞生"乃是顺着《易·系辞》所谓"一阴一阳之谓道"的过程自发地生成演化而来的，没有丝毫神圣的地方，尽管也有"天道"② 作为生命的源泉。另外，再就"人的物质构成"来看，与宇宙中的自然万物一样，人也是由"气"所形成的。日本学者指出，"气"作为全体而言，可以视为组成人和自然的生命、物质运动的能量。③ 统合上述两层意思，我们可以说，在古典中国，人的生生死死只是一个自然演化的过程，没有任何神圣的东西。例如，王符《潜夫论·本训篇》就说："翻然自化，清浊分别，变成阴阳；阴阳有体，实生两仪。"又说："道者，气之根也；气者，道之使也。必有其根，其气乃生；必有其使，变化乃成。"在我看来，这一"人的生成"模式，对我们理解古典中国的法律和死刑具有重要意义。也就是说，不仅人与自然万物，包括父子、夫妇、兄弟、君臣、上下，都是"同气分形"的关系，他们都是宇宙万物的组成部分，而且国家法律也是宇宙秩序的一个组成部分。请看《唐律疏议·名例》的解释："夫三才肇位，万象斯分。禀气含灵，人为称首。莫不凭黎元而树司宰，因政教而施刑法。其有情恣庸愚，识沈愆戾，

---

① 邱兴隆指出："中国之所以在唐代产生了大量削减死刑的实践，在很大程度上是因为受了佛教忌杀生的戒律的影响。"前揭《死刑的德性》，载《比较刑法》第一卷《死刑专号》，第 13 页。

② 《易传》记有："有天地然后有万物，有万物然后有男女，有男女然后有夫妇，有夫妇然后有父子，有父子然后有君臣，有君臣然后有上下，有上下然后礼仪有所错。"可见，人类完全是顺着《易·系辞》所谓"一阴一阳之谓道"的过程自发生成演化而来的，其间并无超越的"上帝"的造作。

③ 参见〔日〕小野泽精一等《气的思想——中国自然观和人的观念的发展》，李庆译，上海人民出版社，1990，第 5 页。该书对中国"气"的思想作了非常全面系统的论考，值得参考。此外，也可参考杜正胜《形体、精气与魂魄：中国传统对"人"认识的形成》，载黄应贵主编《人观、意义与社会》，第 27～88 页。

大则乱其区宇，小则睽其品式，不立制度，则未之前闻。"① 既然人与法律都是宇宙秩序中的组成部分，那么对扰乱宇宙秩序的犯罪行为，自然应该按照这一秩序的内在要求予以解决，恢复遭到破坏的宇宙秩序。因而《唐律疏议》接着又说："故曰：'以刑止刑，以杀止杀。'刑罚不可弛于国，笞捶不得废于家。……易曰：'天垂象，圣人则之。'观雷电而制威刑，睹秋霜而有肃杀，惩其未犯而防其未然，平其徽纆而存乎博爱，盖圣王不获已而用之。"② 在这种情况下，死刑（包括刑罚）均非超越宇宙秩序之外的，而是宇宙秩序内在的东西。实际上，在帝制中国，"罪"的概念本身就包含了破坏宇宙秩序的意味。③ 有趣的是，作为"刑之极"的"死"，在《唐律疏议》中，也是按照"气"的宇宙构成来解释的。唐律写道："死者魂气归于天，形魄归于地，与万化冥然，故郑（玄）注《礼》云：'死者，澌也。消尽为澌。'……二者（绞斩）法阴数也，阴主杀罚，因而则之，即古'大辟'之刑是也。"④ 所谓"死者魂气归于天，形魄归于地"的说法，乃是古典中国由"气"所凝聚而成的生命离散的固有观念。⑤ 就此而言，死刑乃是古典中国思想传统中的固有内容，它的正当性与合理性获得了宇宙秩序的确认，可以说适用死刑原本就是恢复宇宙秩序的基本手段。

综上所述，无论从儒家的"道德人"⑥ 抑或"气化人"（属于气化宇宙的组成部分）的角度来考察，都没有排斥适用死刑的可能性；或者说，死刑有其内在的正当性。

四　简短的赘语

无疑，古典中国关于死刑的思想尚有其他丰富的论述。根据我的考

① 引据《唐律疏议》，刘俊文点校，法律出版社，1999，第 1 页。

② 引据《唐律疏议》，刘俊文点校，第 1 页。

③ 类似的讨论，参见甘怀真《皇权、礼仪与经典诠释——中国古代政治史研究》，台湾大学出版中心，2004，第 373～380 页。

④ 引据《唐律疏议》，刘俊文点校，第 6 页。

⑤ 参见〔美〕余英时《中国古代死后世界观的演变》，载氏著《中国思想传统及其现代变迁》，广西师范大学出版社，2004；又参见〔韩〕具圣姬《汉代人的死亡观》，民族出版社，2003。

⑥ 所谓"道德人"的概念，是我的概括。对儒家"人"观念的讨论，参见〔美〕唐纳德·J. 蒙罗《早期中国"人"的观念》，庄国雄、陶黎铭译，上海古籍出版社，1994，第 11～15、49～85 页。

察，至少包括以下几个方面。鉴于本文无法展开详尽的讨论，在此仅能稍作概括。

其一，死刑的报应观念。所谓"杀人者死"或者"以命抵命"，① 即为古典中国死刑报应观念的典型表述。这种报应观念既与原始复仇有关，也与传统中国"报"的思想有关。在我看来，后来著名的商鞅"改法为律"一事，恐怕也是基于"律"具有"铨量轻重"这一特殊内涵而进行的法律概念的调整；与此同时，它与刑罚之"中"也是密切相关的。② 这种报应观念乃是自然正义观念的延伸，也是人类死刑文化史上的普遍现象。

其二，死刑的威慑作用。前引《左传·昭公二十一年》记有子产所说："夫火烈，民望而畏之，故鲜死焉；水懦弱，民狎而玩之，则多死焉，故宽难。"韩非也说："吾以此知威势之可以禁暴，而厚德之不足以止乱也。"③ 就此而言，他们似乎认为，由于人们畏惧受到重刑的制裁，因此不敢犯罪，反而可以避免刑罚的制裁和杀戮；与此相反，如果刑罚轻微，倒是造成民众轻慢玩法而自溺刑罚的陷阱，亦即，好的动机反而带来坏的结果。

其三，基于秩序情结而来的社会防卫的死刑思想。春秋战国是一个"礼崩乐坏"的时代，在这一历史背景下，如何重建社会秩序成为儒法两家共同关心的时代课题。有所不同的是，儒家希望通过教化的手段来重建礼乐秩序，孔子所谓"周监于二代，郁郁乎文哉，吾从周"④ 就是这个意思。恰恰相反，鉴于对各国争霸的严峻局势的清醒认识，法家认为唯有采取严刑峻法的方法，才能迅速建构一个统一有效的政治秩序。

其四，在司法实践中，由于"慎刑"思想与"报应"（阴骘）观念的影响，因而，律条中的死罪规定并没有不折不扣地得到实施。具体说来，受到慎刑思想的影响，帝制中国建构了各种死刑复审和死刑复核的制度，

---

① 简要的讨论，参见梁治平《法意与人情》，海天出版社，1992，第 11 ~ 18 页。

② 因为"中"有"平"和"称"的意思。参见萧兵《中庸的文化省察——一个字的思想史》，湖北人民出版社，1997，第 881 ~ 886 页。但是，它与商鞅主张的"轻罪重罚"思想却有深刻的矛盾。

③ 《韩非子·显学》。丘浚也说："王者之刑，刑一人而千万人惧，刑之可也。"前揭《大学衍义补·慎刑宪》"详听断之法"。引自鲁嵩岳《慎刑宪点评》，第 198 页。

④ 《论语·八佾》。

诸如虑囚、录囚、复奏、会审等，其间，不少死囚获得了宽免。就阴骘观念而言，它对死刑审判制度本身并无直接的影响，但是，却对司法官员的思想观念产生了深刻的影响，从而成为他们放纵死囚的口舌。①

其五，在死刑的执行过程中，国家通过操纵死囚的身体而彰显自身的权力，也是值得我们深入考察的古典中国死刑思想的一个全新的课题。②据我看来，死刑的执行仪式，不仅涉及中国古人有关生命和尸体的观念，而且还涉及这种仪式背后的国家权力的观念与民众对死刑的想象。这时，我们也可以进一步追问：当阿Q在刑场上高呼"二十年以后又是一条好汉"的时候，这种死刑仪式是否真的起到了"杀鸡儆猴"的效果呢？

在我看来，以上这些都非常有趣，尚留有很多空白，所以也是值得我们认真探讨的古典中国死刑的文化史和思想史的课题。有点遗憾的是，囿于文章的篇幅和写作的时间，这里不便展开讨论。或许，这是另外一篇关于古典中国死刑的论文的极佳主题。

最后，我想一问：关于古典中国死刑的文化史与思想史的解释，对于我们深入理解当下中国的死刑废存问题，是否也有某种启发呢？对此，我想聆听方家的指教。

（原文载《中外法学》2006年第3期，收入本书时略有改动）

---

① 根据学者的研究，把"阴骘"与司法联系起来的思想，至少唐代即已出现；到了明清时期，这一思想的影响更加深广。对传统中国"阴骘"问题的法律史研究，参见邱澎生《祥刑与法天：十七世纪中国法学知识的"信念"问题》，http://www.sinica.edu.tw/~pengshan/legalfaith.pdf，2004年12月18日访问。霍存福教授的新著《复仇报复刑说——中国人法律观念的文化解说》（吉林人民出版社，2005）一书，其中第九章"刑官报应说"（第217~249页）专门讨论了这一问题。参见徐忠明《办成"疑案"：对春阿氏杀夫案的分析》，《中外法学》2005年第3期。

② 福柯对此问题已有精彩的分析，参见前揭《规训与惩罚》，第一部分"酷刑"，第3~77页。并参见前揭张宁《考论死刑》，载赵汀阳主编《年度学术2004：社会格式》，第148~161页。

中国古代废除死刑论的得与失

〔法〕 杰罗姆·布尔贡（Jérôme Bourgon） 文 李 滨[*] 译

长久以来，中国的死刑废除论仅仅被一些中国和日本的专家以及极少数的西方学者认为是一个有趣的题目。[①] 但在最近，反对死刑的人士开始注意到，早在 747 年唐玄宗就曾颁发过有关废止死刑的敕令，这可以被视为历史上最早废除死刑的实践，中国的死刑废除主义由此开始获得人们的广泛关注。[②] 帝制中国因为其肉刑的残酷程度远远超过西方而闻名于世，可事实上，帝制中国也曾经历过与肉刑完全不同的另一个"黄金时代"，它在彻底消灭死刑这一梦想形成很早以前就出现了。令人遗憾的是，被美化的废除死刑运动和被丑化的"中国酷刑"一样，都不符合历史的实际情况。由于某些原因，废除死刑运动的历史更加不真实。它本身非常复杂（当然中世纪欧洲和近代欧洲的历史同样复杂），只不过被西方学者的兴趣和研究方式扭曲了。

当我们借助合适的史料将 747 年敕令还原到当时的背景之中来研究时，就会发现它实际上并非如人们想象得那么重要——因为死刑实际上从未被

---

* 杰罗姆·布尔贡（Jérôme Bourgon），中文名巩涛，法国国立科学研究中心研究员，里昂高等师范学院东亚研究所研究员；李滨，北京师范大学法学院教授。

① 参见沈家本《历代刑法考·附寄簃文存（一）》，中华书局，1985，第 19、50~51 页；Hulsewé, *Remnants of Han Law*, p. 309 sq., 334 sq.; Niida Noboru, *Chûgoku Hôseishi Kenkyû*，东京大学出版社，1960，第 73 页及以下；Arnd HelmutHafner, *ShinKan Keibatsu Teikei no Kenkyû*，东京：外语大学出版社，2009，第 213~285 页。

② 例如，《维基百科》就提供了这方面的相关信息，http: //en. wikipedia. org/wiki/Capital_punishment。对此，可参见拙著 Fausse Bonne Nouvelle: "la Chine a Aboli Lapeine de Mort en 747", *L'histoire* n° 357, Octobre 2010, p. 46。

废除！但与此同时，该敕令仍然得到了人们的重视，原因在于它涉及一个范围更为广泛、内涵更为丰富的中国废除死刑的运动。历史上某一种废除论可能掩盖了其他的废除论，以至于研究者只关注死刑，而没有考虑死刑与整个刑罚体系的关系。而这恰恰就是本文所要研究的关键问题，即一种刑罚体系向另一种刑罚体系的转变，具体而言，就是从一个包含不同程度的残害肢体刑罚的体系转变为另一个在原则上禁止破坏身体完整性的刑罚体系。在前一个刑罚体系里，死刑是最严重的残害肢体的刑罚；在后一个刑罚体系里，死刑，特别是枭首，作为一种极刑，是以对历史野蛮性的最后让步这种方式被保留下来。这一变迁经历了大约 700 年才完成（从公元前 2 世纪到公元 6 世纪），在这一过程中，曾出现过各种不同的改革做法，并时而伴随着历史的倒退。尽管如此，上述历史进程在整体上仍旧非常清晰：刑罚体系的转变以欧洲启蒙时期之前从未有过的规模与力度得以实现，其中伴随着各种论争，虽然法典编纂有着刻板的形式，但我们仍旧能够从中感受到它们所闪现的思想火花。显然，在 18 世纪的欧洲之前，中国是最早并且是唯一出于人道主义的动机宣布废除一系列肉体刑罚的国家，将对人身的尊重确立为一项基本原则。

从废除酷刑这一源远流长的历史进程来看，747 年的敕令显得滞后而且作用有限。不过，我们还是要从这一敕令出发，因为它在时间上距离我们最近，在内容上也是我们最熟悉的。由此，我们可以了解中国的死刑观念中所使用的某些提法与概念，并且在更广的范围内认识到由中国的历史资料引出的那些问题，特别是我们主要依赖的"官史"及官方编辑的其他资料所引出的问题。总之，应当将较晚出现的 747 年敕令重新还原到刑法演变的历史中去，进而回溯至最早废除肉刑的立法，即公元前 167 年汉文帝的诏书。最后，我们将从整体上分析评价这种早熟的刑法人道主义的影响与局限性。

一 747 年废除死刑的敕令：谜团与实情

人们近来对 747 年敕令的热衷，最为典型地反映在维基百科关于"死刑"这一词条的解释上，大量的互联网网站都把它当作无可置疑的权威资源提供链接，这里对它的相关内容引述如下。

尽管在当今的中国每年都有很多人被执行死刑，但在唐代死刑曾经被废止。唐玄宗（712～756 年在位）曾于 747 年颁布法令废止死刑。在废除死刑的同时，唐玄宗命令朝臣以类比的方法，对那些犯有应被处死的罪犯适用与死刑最接近的刑罚。由此，根据罪行的严重程度，相对应的刑罚可以是使用重杖击打或是流放至岭南，它们都可用来替代死刑。但是，死刑在被废除十二年以后，由于安禄山叛乱而于 759 年被恢复。在这一历史时期，在中国只有皇帝才掌握着对罪犯的生杀大权。在唐玄宗时代，死刑相对而言并不多见，730 年只有 24 例，736 年仅有 58 例。[①]

上面的维基百科词条还援引了美国历史学家查尔斯·本（Charles Benn）一部关于唐史的著作，与其他一般性作品的通常做法一样，这部著作囊括了来自各种不同渠道和具有不同可信度的大量史实。[②] 该作者分析得出的结论可以概括为：（1）死刑确实曾在唐代被废止；（2）废除死刑的法令只是在法律上大大减少了被判处死刑的犯人数量，从而接近于事实上的废除死刑；（3）这一刑法上的"黄金时代"因安禄山叛乱而终结，中国由此再次进入血与火的混乱时期，进而导致唐朝"前期"的迅速衰落，促使唐朝后半段历史及以后各个朝代的组织框架发生了深刻的改变。人们看到，上述剧烈变动对刑法体系产生了重要影响，当时的历史背景导致人们的道德标准崩溃，法律因此也变得更为严苛。上面的分析其实早在 20 世纪 30 年代就已经由保罗·拉契纳夫斯基（Paul Ratchnevsky）提出，他指出：

> 唐明皇曾经试图废除死刑，天宝六年正月丁亥（747 年 2 月 24 日）颁布的敕令曾废除了绞和枭首两种死刑方式。这一改革遭到了大臣们的反对，并且受到诸如马端临这样的中国历史学家的批评。该敕令实际上并没有存续很长时间，随着安禄山的叛乱，死刑又被

---

① 参见拙著 Fausse bonne nouvelle：la Chine a aboli la peine de mort en 747, *L'histoire* n° 357, Octobre 2010, p. 46。

② Charles Benn, *China's Golden Age：Everyday Life in the Tang Dynasty*, xxiv, 327 NewYork and Oxford：Oxford University Press, 2004. 本文引用了该书的第 209～210 页。维基百科对该书页码的援引是不准确的。

恢复。①

对上面两段文字进行比较，可以得出如下几点结论。首先，关于史料来源，拉契纳夫斯基的分析更为精确、具体，而查尔斯·本则混淆了不同的史料，进而提出过于概括性的观点，后世的很多评论并不完全了解唐玄宗747年废除死刑的敕令。马端临实际上在14世纪初，即在上述敕令颁布700年之后，就对这条敕令进行过描述。其次，是关于上述法令在技术和法律方面的问题。所谓废除死刑实际上是用其他刑罚来代替死刑，即用实施重杖来代替绞刑和枭首。这也反映在判决的法律条文适用时采取类推的做法上，具体而言，法官在做判决时不再援引关于绞刑或枭首的法律条文，而是援引没有规定死刑的"最近似条文"。最后，上面的引文随后还罗列了一些重要史实，这些史实在一定程度上否定了维基百科的编辑们所要强调的，在中国历史上确曾存在过废止死刑的先例这种观点。不过，查尔斯·本却走得更远，他认为"重杖犯人"曾经在唐代被广泛适用，尽管它本身是"非法"的。② 如果用"重杖"打死犯人曾经被"普遍适用"，那么人们就会不明白为何这种替代做法——杖刑，而不是绞刑或枭首——能够被视为是对死刑的废止。

上面引述的文字其实包含了不少含糊和混淆的内容。我们以这些内容为例，尝试从中分离出那些可以被识别的史实资料，并将这些资料与后人的评价与解释区分开来。

重新审视747年的敕令具有重要意义，由此可以尝试去把握敕令的最初意图、其历史背景与意义。下面就是747年敕令的最早文本，摘抄于《旧唐书》（618~907）：

【747年】2月25日③：亲祀圜丘，礼毕，大赦天下，除绞、斩刑，但决重杖。于京城置三皇、五帝庙，以时享祭……④

① Paul Ratchnevsky, *Un code des Yuan*, Paris：1937, Institut des Hautes études chinoises, tome 1, p. 10.

② Charles Benn, *China's Golden Age：Everyday Life in the Tang Dynasty*, xxiv, 327 New York and Oxford：Oxford University Press, 2004, p. 210.

③ 天宝六年正月戊子——并非如拉契纳夫斯基所述的丁亥（2月24日）。

④ 《旧唐书》（本纪卷九），中华书局，1975，第209页。

与其他官史相同，唐史也在后来的宋代——以及同时期的后晋（936～946 年）——被进一步编纂，这些编纂依据的是朝廷史官保留下来的文件档案。① 官史对这些文件的编纂始终考虑到应当压缩史料，以便使它们符合已有的格式。这样一来，有关史料的援引就变得非常简明扼要：在上面引述的文字中，有关史料最后被简化为 30 个左右的汉字，而其中只有 8 个字涉及死刑的废除。此外还应当注意的是，上面那段文字并没有出现在《刑法志》中，而这恰恰是上面那段涉及法律制度的文字最应该出现的地方，事实上，上面援引的文字只是出现在《旧唐书》的编年史部分，即记录皇帝活动与事件的本纪之中。② 这表明，上述文字更具有宗教和仪式的性质，而并非法律的性质。皇帝作为天人之间联系的中介（皇帝本人即为天子），举行仪式庆贺新年，这是他最重要的使命之一。此时，他宣布大赦，即全部赦免各种罪行应当适用的刑罚，其中包括那些常赦"不得饶恕"的罪行。③ 正是在大赦的背景下皇帝才作出了废除绞刑和枭首的命令，取而代之的是"重杖"。需要说明的是，唐代的刑法将刑罚按照严厉程度分为五种，从重到轻依次是：

（1）死刑：分为绞刑和枭首。

（2）流刑：分为三级，依次对应于 500 公里、750 公里和 1500 公里的流放距离，其中第一级的流刑还包括一百杖的附加刑，第二、第三级的流刑则依次再递增三十杖的附加刑。

（3）徒刑：分为五级，刑期依次是一年、一年半、二年、二年半、三年。

（4）杖刑：分为五级，从轻到重依次由 50 杖增加到 100 杖。

---

① 与其他朝代不同，唐朝有两部官史，其中一部是在后金时期编写的，被称为《旧唐书》；另一部则是在更晚的宋代编写的，称为《新唐书》。

② 按照由司马迁（公元前 145～公元前 86 年）在《史记》中确立、由后来史学家不断完善而形成的模式，官史通常包括三个大部分，即记载政治首领（皇帝、君王）事迹与行动的"本纪"；汇集各种不同类别信息的"书"或"志"，如法律、经济、仪式等；以及"列传"，用于记载重要的历史人物，如大臣、文人、反臣、罪犯，以及有历史影响的女性。官史还通常包括编年史图表，即"表"。中国的官史有二十四部，其中有的涵盖几个朝代，它们往往并存于同一时期。

③ 历史学家对于大赦与常赦的区别存在争议，对此可参见 Brian McKnight, *The Quality of Mercy*, *Amnesties and Traditional Chinese Justice*, Honolulu：The University Press of Hawaii, 1981，序言的第 11 页，正文第 47 页。

（5）笞刑：分为五级，从轻到重依次由 10 次增加到 50 次。①

死刑的执行有两种方式，即绞刑和枭首，前者被认为轻于后者，因为刑律规定后者意味着"身首异处"。② 从表面上看，用杖刑来代替绞刑和枭首是用矫正性质的刑罚来取代极刑。换句话说，是利用第四级的刑罚在跨越第二、第三两级刑罚的基础上取代第一级刑罚，这种跨越的幅度是非常大的，它没有依照减刑应依次逐级进行的原则。假如人们只是关注唐代刑律第一条关于死刑分为绞刑与枭首的这项规定，那么就会自然得出上述做法构成废除死刑的结论。

可是，这一结论却有两个值得商榷的地方。

其一，《旧唐书》中记载的文字究竟是赦免还是废除死刑？废除死刑有可能是在赦免的框架下作出的，如果是那样的话，其性质就会变得含糊不清，因为废除从原则上讲应当是永久和单一的行为，而赦免则是暂时并且可以不断重复的。这里有必要指出的是，"大赦"或"常赦"以及其他各种性质的法外施恩，对于皇帝而言都是十分常见的做法，甚至可以说它们是皇帝的某种嗜好。美国汉学家布莱恩·麦克奈特（Brian McKnight）曾在这个问题上写过一本很有名的书，他曾计算过在 8 世纪中期，每平均 18 个月皇帝就会作出赦免。③ 他还曾援引唐玄宗在 729 年作出的赦免，其中使用的说法与 747 年的敕令非常近似，只不过其中没有使用"废止"枭首和绞刑的提法。④ 由此可见，史实已经表明，流刑这类刑罚的严重程度被相对化了，因为赦免的频率几乎使犯人在真正到达流放地点之前就被赦免了。这同样也会让废除死刑的意义相对化，特别是对于"除绞、斩刑"这样的说法，它的意义就显得不那么重要了：因为"除绞、斩刑"

---

① 这里对刑罚由重到轻的划分，与由《唐律疏义》记载的唐律第一个条文的规定相同，参见 Johnson 对唐律的译本（两卷），Niida 前引书第 109 页。

② 身首异处显然与埋葬罪犯尸体有关，被枭首的罪犯在家谱中的记载会被中断。

③ Brian MacKnight, *The Quality of Mercy*, p. 70，该作者还进一步指出在唐初每 55 个月会有一次赦免，到后来 747 年敕令颁布那个时期，赦免的周期缩短到 18 个月，这就表明赦免有不断增加的趋势。

④ 布莱恩·麦克奈特将 729 年的敕令翻译成英文为："Let a great act of grace be proclaimed to all under Heaven. Let all those liable for crimescommitted prior to dawn of the twenty - second day, eleven month, seventeenth year of K'ai - yuan without distinguishing whether their crime has been discovered or not, whether their crime was serious or not, including those who would not be freed by an ordinary amnesty, be completely freed。"

很可能是暂时的，它们只发生在新年或者说 747 年皇帝举行新年礼仪的那个"吉日"。

其二，更值得商榷的是所谓的替代刑罚。"但决重杖"这个说法中有两个字值得注意。一个需要澄清的字是"重"。其实唐律中并没有规定"重杖"，而只是规定了"杖"，不存在所谓重杖或轻杖这类的提法——因为"重"字在这里可以包含两层含义，一是指杖在重量上的"重"，二是指"加重"杖刑的意思。① 敕令并不是要用一般的杖刑替代死刑，而是用加重了的杖刑来替代，在各种刑罚的分类中并没有这种加重的杖刑。

另一个需要澄清的字是"决"。它可以被解释为"使用"，这样的话，"但决重杖"就意味着"仅使用杖刑"；它也可以被解释为"决定"、"判决"或"判处"，那么"但决重杖"的意思就是"仅判决杖刑"；不过，"决"也可以被解释为"实施"或"执行"，这时"但决重杖"就意味着"仅执行重杖"。然而，相关史料表明，我们应当接受的是上面最后一种解释，这种解释意味着在后果上比其他解释都更为严重。

最后还需指出的问题是，实际执行死刑的统计数字，根据查尔斯·本的说法，在 730 年有 20 件左右，736 年有 50 件左右。从当时的 5000 万人口和所处的历史时期来看，死刑案件的数量相比之下还是很少的。但这些数字是否真实可靠呢？各种官史记载在数字上并不一致，包括被认为与死刑案件统计最相关的《食货志》也存在同样的问题，这就会使上述统计的可信性受到质疑。查尔斯·本是从唐史的《刑法志》中援引死刑案件的数字的，他很随意地将这些数字与 747 年废除死刑的敕令联系起来，从而认为该敕令很自然地导致了历史的变迁。然而，这一简单结论显然是错误的！实际上，正如前文所述，《刑法志》并没有提及 747 年的敕令。那么《刑法志》中的那些数字又指的是什么呢？那些数字只是表明唐玄宗比他的先皇武则天更为仁慈。在中国唯一女皇帝武则天统治的 20 年内（684～704 年），她曾扶持和依赖佛教，使之获得重大发展，进而在 690 年试图建

---

① 从唐代开始，"重杖"还被用来表示笞（轻竹片）与更重、更严厉的杖之间的等级关系。上述刑罚的严厉程度还体现在数量上：笞刑在 10 次与 50 次之间，杖刑在 60 次至 100 次之间。根据上述标准，"重杖"通常是 80 次，"满杖"则指达到最高的 100 次。这种并不具法律效力的通常做法，在刑律中并没有规定，上面的引文中并没有给予特别关注，这里只是做简单的补充说明。

立自己的王朝，同时，还毫不留情地惩处了反对自己称帝的那些大臣们。正因为如此，官史记载对武则天的评价并不高，这是很容易理解的。在滥杀无辜的"暴君"武则天之后，其继承者是一位开明的天子，他经过 40 年的努力终于让朝廷恢复了良好运转，让大唐由此进入了"盛世"：所有这些都是《刑法志》的编纂者们希望在历史上留下的记载。① 有关死刑数量的记载恰恰只是上述说法的量化形式。

接下来就应分析曾经代替绞刑和枭首的"重杖"。这里将主要参考著名历史学家马端临编写的、包含 348 卷的《文献通考》这部历史文献大百科全书。这部典籍文献的宏大编著相对于官史而言具有两大优势。一方面，编写者的视野并不局限于某一个朝代，而是放眼于中国历史本身具有的延续性。② 另一方面，虽然马端临也使用官史，但他搜集的官史更为丰富和多样。此外，《文献通考》对各种典章根据其不同主题所作的分类也比官史更为系统，同时，他还解释了其中各种援引的具体含义，对它们的历史意义进行了分析评价。747 年敕令被编入"刑制"这一部分，但在内容上要比唐代官史中的记载相对更为具体，现摘抄如下：③

> 六载，敕自今以后所断绞、斩刑者，宜削除此条，仍令法官约近例详定处分。又诏曰："徒非重刑，而役者寒暑不释械系；杖，古以代肉刑，或犯非巨蠹而捶以至死，其皆免，以配诸军自效……"

上面这段文字记载证实了我们的质疑：唐玄宗只是"削除"了刑律中有关绞刑和枭首的条文，但这并不等于废除死刑，因为死刑仍然可以通过使用竹杖来"捶以至死"。用杖刑打死犯人被认为是"役者"的通常做法，它一直持续到法定死刑被正式废止的 747 年，即早于 755 年发生的、导致国家混乱与刑法加重的安禄山叛乱。这就是说，叛乱在一定程度上巩固了杖刑致死的做法，此前这一并不完全合法的做法在实践中曾被容忍，而安禄山的叛乱则使该做法获得了正式认可。至此，762 年，刑律以"顿"来

---

① 《旧唐书》，第 2150 页。

② 关于马端临在中国历史文献学方面的贡献，参见拙著 Problèmes de Périodisation en Histoire chinoise，*Périodes*，*Laconstruction du Temps Historique*. Actes du 5e Colloque d'Histoire au présent，Paris：Ecole desHautes Etudes en Sciences Sociales，pp. 71 – 80。

③ 马端临：《文献通考》卷一百六十六，本文所援引的该部分，没有对应的页码。

规定竹杖实施的次数，摘抄如下：

> 代宗宝应元年，诏："制敕与一顿杖者，其数止四十；至到与一顿及重杖一顿、痛杖一顿者，皆止六十。并不至死。"[1]

在唐以及其他朝代，对杖刑进行数量限制的目的是制约司法机关，防止杖刑的滥用。但很显然，这种法定限制与"重杖"这一刑罚本身的性质相冲突，因此，它在 20 年后即被废止。782 年，刑部尚书班宏曾奏疏皇帝，其内容如下：

> 其十恶中谋反、大逆、叛、恶逆四等，请准律用刑；[2] 其余犯别罪合处斩者，今后并请重杖一顿处死，以代极法。重杖既是死刑，诸司使不在奏请决重杖限。[3]

皇帝接受了上面的奏疏。由此可见，在所谓废除死刑的 30 年之后，皇帝通过准许刑部这一最高司法机关奏疏，让"重杖"变成了被正式认可的适用于一般犯罪的死刑执行方式。因此，不能像查尔斯·本那样，以为唐律的第一个条文所列举的刑罚中并没有"重杖"，那么就认为它是非法的。[4] 在更为混乱的"五代十国"时期（907~960 年），那些法典没有规定的刑罚方式也曾被普遍和正式地使用过。而其中最有名的就是凌迟或分尸。[5]

在这个问题上，马端临为后世留下了一个重要的按语，而这恰恰是他整部著作的价值所在。为了弄清一种刑罚代替另一种刑罚的做法，马端临对历史进行了追根溯源的研究。他的研究让我们不再局限于死刑及其在 747 年后的十多年里所谓被废除的这个思维框架，而是切中了问题的要害，这就是中国历史上于公元前 2 世纪开启的刑法体系的整体改革。马端临的按语内容如下：

---

① 《文献通考》卷一百六十六；《新唐书》，第 1416 页。
② 唐律对这些重大的罪行，规定适用的刑罚是枭首并加以示众。
③ 《文献通考》卷一百六十六。
④ 查尔斯·本，同前引书，第 210 页。
⑤ 参见 Timothy Brook, Jérôme Bourgon, Gregory Blue, *Death by a Thousand Cuts*, Harvard University Press, 2009，特别参见本书第四章对这种刑罚的历史回顾。

鞭扑在有虞为至轻之刑，在五刑之下，至汉文帝除肉刑，始以笞代斩趾，而笞数既多，反以杀人。其后以为笞者多死，其罪不至死者，遂不复笞，而止于徒、流。魏晋以下，笞数皆多，笞法皆重，至唐而后，复有重杖、痛杖之律，只曰一顿，而不为之数，行罚之人得以轻重其手，欲活则活之，欲毙则毙之。夫生之与死，棰楚之与刀锯，亦大有间矣。今重杖、痛杖之法，乃出入乎生死之间，而使奸吏因缘为市，是何理也？至于当绞、斩者皆先决杖，或百或六十，则与秦之具五刑何异？[①] 建元时（公元前140～公元前135年，汉武帝统治时期——本文作者注）始定重杖为死刑，贞元时（785～804年——本文作者注）始令死刑不先决杖，盖革累朝弊法云。[②]

接下来本文将对上面提到的历史情况进行概括，然后分析其中涉及的那些重要问题。马端临的按语告诉我们，最初笞刑并不是要代替死刑，而是代替那些残害肢体的刑罚，特别是最为人们所知晓的斩足。这是一种残忍的刑罚，属于中国人常说的"生刑"，即接受刑罚的人在受刑后会继续活下来。用笞刑来代替斩足，这是一种仁慈的做法，因为受刑的人在被惩罚与"矫治"之后仍然能保留躯体的基本完整。可是，原本是代替"生刑"的刑罚手段很快则转变为另一种形式的死刑执行方式，其原因有二：一是用来行刑的笞后来变成了"戒尺"或者细竹棍，进而转变成重杖；二是因为担心过分仁慈会惯纵犯人，所以笞刑实施的次数增加了。当朝廷认识到这些问题时，就越来越使用流刑和徒刑来取代足以致犯人死亡的笞刑。为了限制可能导致犯人死亡的笞刑，后来又出现了对笞刑与杖刑的严格区分，前者使用戒尺，后者则用一种新的更重的杖来实施刑罚。7世纪，即唐初，"重杖"的功能最终得以明确，并且用代表实施次数的"顿"来加以限制（例如，前文提到的762年的敕令将一顿杖刑规定为60次）。不过，马端临也指出，在经历了一段时间之后，杖刑的次数不再由立法加以限制，这样一来，行刑者就能随意地实施杖刑，使杖刑转变为一种事实上的死刑。

马端临还对历史上另一种做法进行了批评，这就是在实施法定死刑，

---

① 参见下页（第125页）注②。

② 《文献通考》卷一百六十六。

即绞刑或枭首之前，先对犯人实施"重杖"或"痛杖"。他认为，这种双重刑罚实际上就是由秦始皇发明的、残忍的"具五刑"。我们下面会再次提到"具五刑"，但这里必须强调的是，马端临的这种说法也许有些牵强，因为在死刑之前实施杖刑，其实只是两种刑罚的累加适用，而不是"具五刑"所说的同时实施五种刑罚，但是，他的观点实际上反映了刑法中两个最基本的原则：首先，绝不应当混淆保留犯人生命与剥夺犯人生命这两类不同的刑罚。正如他所指出的，实施死刑的工具"刀锯"与实施生刑的"棰楚"是完全不同的。抹杀这种区别，混淆两类不同的刑罚工具，也就意味着让官吏和刽子手不再受法律的制约，任意实施刑罚或是收受贿赂出卖仁慈。其次，另一个基本原则是，死刑应当作为最严重的刑罚，居于刑罚体系的最高点，即所谓的"极刑"。正因为如此，不应当在死刑之外再增加其他附加刑罚，例如笞刑，否则就超出了极刑的限度，从而转变为一种残酷或暴戾。马端临对 792 年废除死刑前实施笞刑的敕令表示赞同，他明确提到"或至死刑，犹先决杖，处之极法，更此伤残，恻隐之怀，实所不忍"。① 从此，在中国的历史上，实施死刑之前不再附加实施任何形式的刑罚，如杖刑或其他形式的酷刑，这显然区别于基督教统治下的欧洲，在那个历史时期的欧洲，犯人在被执行死刑前还要遭受漫长和无数的折磨。② 不过，死刑之前不再处以杖刑的历史还没有为我们的问题提供答案：这就是用杖刑处死犯人的问题。在这一点上，马端临在其按语中流露出的乐观想法还是有些肤浅，因为官史记载表明，用"一顿重杖"来执行死刑的做法普遍存在于中世纪的各个朝代，③ 并一直持续到清代（1644～1911 年）末年。④

人们不应当完全相信那些废除死刑敕令的文字，当然，如果只看到那

---

① 《文献通考》卷一百六十六。

② 对此可参见 Pascal Bastien 最近完成的著作对上述情形的描述：*Une Histoire de la peine de mort*，*Bourreaux et supplices*：*Paris*，*Londres*，1500 - 1800，*Paris*：*Le Seuil*，2011；另参见 Paul Friedland，*Seeing Justice Done*，*The Age of Spectacular Punishment in France*，Oxford University Press，2013。

③ 参阅《旧唐书》，第 2104 页；《新唐书》，第 1417 页；《南史》，第 1107 页；《旧五代史》，第 454 页。

④ 参见铃木秀光《杖斃考——清代中期死刑案件处理の一考察》，载《中国—社会と文化》第 17 卷，2002 年 6 月。

些敕令所表达的美好意愿，那么人们也同样会被误导。我们很难从现有的皇帝敕令和官史的只言片语中归纳出其内在逻辑，因为其中充斥着不少拖延实施、前后不一致以及相互矛盾的情形。尽管如此，从更长远的时间跨度来看，它们所反映的变革却是不容置疑的，有些变革还非常彻底、毫不妥协。整体上，这些变革一定会让人们感受到历史的"进步"，这不仅是因为刑法制裁手段受到某种克制，而且也因为克制刑法制裁手段所依据的原则，这些原则被明确提了出来，并被加以阐释。改革者的头脑里有着进步的观念。企图恢复历史上曾经有过的刑罚，背叛前朝人道做法的那些皇帝，很可能被人们视为倒行逆施的暴君，如同秦始皇或其他因残暴而被推翻的"昏君"。

在我看来，上述情形与马端临记载的另一段历史相对应。它始于唐初，延续至 640 年，那时唐太宗与他的大臣们正在编纂中国历史上最重要的刑律，后世各个朝代也常以唐代的刑律作为参考。在刑律的编纂过程中，唐太宗与大臣们曾产生过分歧。有一位大臣曾提出实施仁慈的做法，建议将刑律中 50 多个条款中涉及的绞刑用斩足来代替。对此，据《文献通考》记载，太宗皇帝反驳道："古人已经废止残害肢体的刑罚，如今重新实施斩去右足的刑罚，这让人绝难接受。"大臣们还是想说服唐太宗："残害肢体的刑罚在过去是为了惩戒那些较轻的罪行。如今陛下则是用它来宽恕那些本应处死的罪行。刑律规定用斩足代替绞刑，这是保全犯人的性命，犯人们只会因为得到宽恕而高兴，怎么还会怜惜被斩掉的右足？对于那些旁观者，斩足也一定会起到警示和劝导的作用。"唐太宗并未妥协，他说："'死者不可复生'，正因为如此用斩足代替绞刑才显得合理。可是，假如我们去想想那些受斩足之刑犯人的痛苦，那这种刑罚显然是令人难以接受的。"这时，一位大臣则提出刑律编纂者们最为关心的刑法体系的严谨性问题，并以此作为具有决定性的论据来反对斩足，即假如刑律允许斩足，那么就会引起下面这个无法解决的难题：

> 古者五刑，刖居其一。今肉刑既废，以笞、杖、徒、流、死为五刑，而又刖足，是六刑也。于是除之。①

---

① 《文献通考》卷一百六十六。

上述文字表明，将死刑转换为斩足，这可以被看作一种仁慈的做法，但是，增加斩足这一刑罚就会打乱刚刚建立起来的五刑体系的严谨性，正因为如此，斩足应当被彻底废除。该观点是具有权威性的，它表明，自周代（公元前1121～公元256年）以来，五刑已成定制，由古人流传下来的前朝各种制度已成为应当效仿的、不容置疑的范例。正是根据古代形成的定制，刑罚只能划分为五级，既不能增加，也不能减少，尽管各种刑罚的具体性质和它们相互间的顺序关系会发生较大的变动，但五刑的做法在中国一直沿袭到20世纪初。如果用斩足来代替死刑，就会在唐律设定的五刑之外增加第六种刑罚，从而破坏刑律自身的逻辑。该观点的实质是说，斩足这一刑罚完全不适应新的刑法体系，假如不从根本上改变刑法体系，那么就无法将斩足纳入该体系中去。然而，改变刑法体系，重新引入残害肢体的刑罚，即使是以代替死刑为借口，也将成为历史的倒退，这在当时显然是不可能的。

747年敕令对绞刑和枭首的短暂废止绝不是"废除死刑"。由于继续实施重杖的原因，死刑从未被废除过。当然，在历史上也曾出现过其他一些废除做法，如果我们不按照今天狭隘的标准来看待死刑，那么其中有些废除死刑的实践就会显得更为重要。死刑废除是一个显著同时又非常复杂和充满矛盾的过程。历史上曾出现过许多废除死刑的实践，那些先前已经被废止了的死刑又常常在后来的实践中被再次废除，这就使人们不得不怀疑每一次死刑废除实践的实际效果！[1] 历史不断地重演，废除死刑的法令不断被重复，人道的说法也不断被提出。所有这些都转化为某种"信息的传递"，官史记载中的统治者们显然都想为后世留下"好生"的开明君主形象。实际上，正如唐太宗援引古人"死者不可复生"的说法，所有废除死刑的皇帝都在有意识地效仿古制，而这就是汉文帝在公元前167年颁布的诏书。接下来，本文将要分析汉文帝的这一诏书。

二　公元前167年废除残害肢体的刑罚：宽厚的模式

前文已经提到，中国古代实施的五刑被称为"肉刑"，因为这些刑罚

---

[1]　Hulsewé 在其前引书中罗列了若干重复废除死刑的历史，参见第114、272、385页（注185）。

在犯人身上留下永远的伤疤。尽管这些刑罚很残酷，但它们仍然按照严重程度被严格地加以区分，具体而言包括：（1）墨（黥刑，在脸上刺字）；（2）劓；（3）宫；（4）剕；（5）大辟（有腰斩、车裂、斩首弃市等）。

古代文人及历史上最早的那些典籍都曾记载过这些恐怖程度不断增加的刑罚，人们很熟悉那些曾被处以各种死刑的历史人物，还有他们被处死时的情景。比如秦朝的李斯，曾被秦二世在审讯后处以“具五刑”的惩罚。[①] 非常有象征意义的是，历史文献常常强调各种令人恐怖的死刑，而忽略作为血淋淋肉刑的附属品或替代的那些刑罚，如监禁、徒刑、流刑。判断罪行或刑罚严重程度的标准是它们对身体完整性的破坏程度，而那些并非实施于身体的刑罚被各种正式刑罚所掩盖，但事实上这类刑罚却始终被利用得最多。尽管在历史上曾有多次改革，通过将残害肢体的刑罚转化为流刑或罚金从而逐步予以废止，但五刑仍旧是刑法体系的支柱。

公元前 167 年汉文帝统治时期，在经历了早期的由秦灭亡引起的社会动荡之后，汉朝的统治进入了一个比较稳定的阶段。当然，汉朝后来也曾发生过地方势力叛乱，但在整体上汉代的统治仍然比较牢固。正是在这一背景下，发生了人们熟悉的缇萦救父的典故。根据《汉书·刑法志》的记载，当时的齐太仓令淳于意，因得罪他人而受诬告并被判处刑罚。在淳于意被押解到长安受刑的时候，他望着女儿们叹气说道：“唉，可惜我没有男孩，遇到急难，一个有用的也没有。”他最小的女儿缇萦听到父亲的哀叹，又是悲伤，又是气愤，便提出陪着父亲一同到长安。缇萦到了长安，托人给皇帝呈上一封奏章，其中写道：

> 妾父为吏，齐中皆称其廉平，今坐法当刑。妾伤夫死者不可复生，刑者不可复属，虽后欲改过自新，其道亡繇也。妾愿没入为官婢，以赎父刑罪，使得自新。[②]

淳于意之所以后悔没有生儿子，是因为当时的孝道允许儿子在一定条件下代替父亲受刑，而对女儿则没有那样的要求。缇萦上书实际也是在恳

---

① 参见 Chavannes，*Les mémoires historiques de Se – ma Ts'ien*，tome 2，p. 73，李斯可能先后被刺字、劓鼻、斩足、杖击致死，最后还被截成两段，其皮肤和骨架被晾在城墙上。

② 《汉书》卷二十三，中华书局，1962，第 1097 ~ 1098 页；Hulsewé 的英译本，同前引书，第 334 ~ 335 页。

请皇帝准许她替父受刑，以表明女儿能够与儿子一样恪守孝道，缇萦也因此被记载到《烈女传》和《孝女经》之中，成为中国历史上一个有名的人物。值得注意的是，皇帝赦免了淳于意，没有让缇萦替父受刑。按照后人的说法，缇萦的话使汉文帝"怜悲其意"，遂下令曰：

> 制诏御史：盖闻有虞氏之时，画衣冠、异章服以为僇，而民弗犯，何治之至也![1] 今法有肉刑三，而奸不止，其咎安在？非乃朕德之薄而教不明与？吾甚自愧。故夫训道不纯而愚民陷焉，《诗》曰："恺弟君子，民之父母。"今人有过，教未施而刑已加焉，或欲改行为善，而道亡繇至，朕甚怜之。夫刑至断支体，刻肌肤，终身不息，何其刑之痛而不德也！岂为民父母之意哉！其除肉刑，有以易之；及令罪人各以轻重，不亡逃，有年而免。[2]

相比缇萦的典故，汉文帝的诏书显然更为重要。缇萦救父的典故更多地出现在《汉书·刑法志》以外有关汉代历史的故事书中。这使人们产生这样的想法，即当时的朝廷是有意强调缇萦给天子上书的情形，目的在于通过这个感人和充满人道情怀的故事来反映当时进行的刑罚改革，而如果仔细研读《汉书·刑法志》，就会发现这项改革实际上已经进行了很多年。缇萦救父这个非常有代表性的孝道故事，标志着中国历史上最重要的一种政府治理行为。"死者不可复生，刑者不可复属"，这些从少女缇萦嘴里说出的话，很快就被朝廷大臣们援引到改革肉刑的进谏中。[3] 改革肉刑的历史见于汉代法令的早期文献编纂之中，由此成为以后历代参考利用的法律遗产。[4] 改革肉刑的历史在被载于《汉书·刑法志》之前就已经出现了，并对后世产生了深远的影响。此后几个世纪中的刑罚改革均援引汉代的历史作为依据，例如，当唐太宗与大臣们讨论是否应当用斩足来代替绞刑时就曾受汉代刑罚改革历史的影响。由此，尊重人身体的完整性便成了中华

---

[1] 传说中的舜曾经仅使用象征性和不会令人痛苦的刑罚，但这只是传说，后来的儒家重要人物荀子批判了这一说法。尽管如此，关于舜的上述传说还是被视为一种理想模式，并常常被后来的刑法改革者所援引。汉文帝的诏书即是一个典型的例子。

[2] 《汉书》卷二十三，第1098~1099页。

[3] 参见 Balazs，《隋书》，第335页。

[4] "令甲"，是指汉代最早的天子诏书的汇编。公元前167年的诏书在其中位列第二，Hulsewé 的英文翻译参见 Hulsewé，同前引书，第42页。

帝国时期具有宪法意义的法律原则。

可以说，汉文帝的诏书是帝制中国时期刑法哲学思想的代表：天子应当像"父母"那样教育臣民，应当预先明确规定哪些行为是被禁止的，否则，对于那些并不知晓法律规定的臣民而言，刑法就会变成陷阱。孔子也曾讲："不教而杀谓之虐。"① 对于自诩有"好生之德"的天子，如果不教育臣民，不预先清楚地规定那些被禁止的行为，从而给臣民制造陷阱时，那就是非常严重的过错。天子如果不想使自己的正当性遭到破坏，步前朝被推翻暴君的后尘，那么他就应主动地改正过错。废除那些"断支体，刻肌肤"使犯人终身不息的刑罚，代之以那些能够让犯人主动改过并重新回归社会成为庶民的刑罚，实际上也是天子自我悔过的公开表示。

《汉书·刑法志》对于汉文帝的诏书也表达了这样的想法。按照记载，汉文帝用有期限的劳役代替了残害肢体的肉刑，这使得犯人们能够经过若干年后重新回归社会，即通过刑罚使罪行得以清洗。按照《汉书·刑法志》的说法，改革得以持续进行，在汉文帝颁布诏书之时，两位大臣就已经编制出一份刑罚转换的清单。例如，"当黥者，髡钳为城旦舂"，即用繁重的劳役来代替在脸上刺字的肉刑。对于那些被判处真正残害肢体的刑罚的犯人，如劓、斩左趾，则用三百到五百下的笞刑来代替，前文已经提到，这种笞刑实际上是用重竹杖实施的刑罚。

然而，上述改革的结果却出乎人们意料，因为那些本应受益于笞刑代替残害肢体刑罚的犯人们，往往还是被笞刑致死。实际上，从减轻刑罚严厉程度的角度来看，最重的刑罚本来应当由五百笞刑减少为三百笞刑，对次重的刑罚则应由三百笞刑减少为二百笞刑，依此类推，但当时的改革并没有做到这一点。可见，747 年的死刑废止并由"重杖"加以代替的做法，只不过是历史上汉代刑罚改革在六七百年之后的再次反弹而已。这两次改革之间的六七百年的刑罚历史又是什么样的呢？古人们曾以不同的方式将前文马端临记载的三种刑罚加以结合运用，这三种刑罚分别是死刑、杖、流与徒。此外，还包括罚金刑，因为上述三种刑罚均可以同时附加罚金，具体金额根据不同时期和案情而有所不同。在实践中，上述不同刑罚是可以相互转换的：死刑可以转换为徒刑，而徒刑则可以通过支付一定金额的

———————————

① 《论语》第二十章之二。

罚金而被免除；死刑可以全部或部分地用金钱来赎买，也可以用徒刑来代替，而杖刑则似乎是最为适当的替代手段。① 从这一点来说，汉代刑罚体系的严苛程度与战国时期相比较而言很明显地减轻了，而且，与人们对历史的误解不同，这种刑罚减轻的趋势其实在秦始皇时期就出现了。这种刑罚人道化的做法有着特殊的历史背景，在秦朝，司法审判本身成为一种为国家谋利的手段，国家通过允许赎买死刑与其他施加在犯人肢体上的刑罚而收获金钱，同时，也可以通过让犯人服劳役而无偿地获得劳动力供给。② 即使原本用来替代死刑的杖刑仍旧会致使被处以"生刑"的犯人死亡，但这种现象绝没有扭转刑罚变得更加仁慈的发展趋势。相反，那些对致犯人死亡的杖刑提出尖刻批评的意见，却往往主张恢复残害肢体的刑罚，重新实现某种程度的"刑罚严厉性"，反对公元前 167 年提出的宽松刑罚的做法。功利性和刑法人道主义的进步也遭到了某些抵制，后者有时还会占据上风，致使过去的某些肉刑在特定时期被恢复。刑罚的历史在这两种力量相互较量的过程中获得发展，不同朝代的具体情形决定了刑罚的发展方向，乱世导致重刑，这并不是中国所独有的情形。

例如，在 220 年时就曾出现过是否恢复斩足这种刑罚的争论。那时中国历史正处于三国时期，魏国的大臣陈群向曹操进谏，建议恢复斩足之刑。陈群的理由无非是重申古人已经提出的那些观点，显示出对昔日肉刑的某种怀旧。③ 简单地讲，陈群认为，当汉朝的先帝用笞刑代替残害肢体的刑罚时，其人道与仁慈的用意确实值得称赞。④ 可事实上，犯人死亡的数量却增加了：这就是所谓的"名轻而实重者也"。换句话说，法律条文规定本身是减轻了刑罚——这就是所谓的"名"，它的重要性后面还要提

---

① 在刑罚相互转换过程中一个重要的因素是犯罪之人的社会地位：根据犯人是贵族、商人或庶民，其刑罚起点的高低有所不同，赎买刑罚的成本因而也不同。例如，贵族可以用自己的贵族头衔来赎买刑罚，比如贵族通过转变为庶民而不再受刑，除非后来他又犯其他的罪行；而商人则可以花钱买贵族头衔，由此避免受刑；等等。

② 关于这一段历史的情况，参见陶安的前引著作。

③ 接下来的文字是魏史记载陈群事迹部分里关于他恢复肉刑言论的概括（参见《三国志·魏书》卷二十二，第 634 页）。

④ 根据魏史的记载，陈群（? ~236）在 220 年时曾经与太祖，即曹操，有过这段交谈（参见《三国志·魏书》卷二十二，第 634 页）。有意思的是，曹操问陈群的父亲陈纪的意思，陈群转述了其父的意见。但陈群和其父陈纪的建议最终并没有得到支持（参见下文引注）。

到，但是，结果却实际加重了刑罚。陈群对此解释道，刑法体系的功能在于维护国家行为、教育臣民。因此，法律条文本身必须清晰，最简单的就是杀人者应偿命这类的规定。可是，用徒刑来代替死刑，这样就会使法律条文变得模糊不清，无法有效发挥刑罚的劝导功能。"名轻"会让人们变得无所顾忌，从而引起更多的犯罪，而"实重"最伤害的还是老百姓。在陈群的建议下，残害肢体的刑罚被恢复了：宫刑、斩足等这些能够让普通百姓看得见的刑罚，都发挥了劝诫人们不去做违法之事的效果，最终避免了死刑的适用。可见，这时统治者更关心的是让百姓变得正直守法，而不是他们的生命！

我们看到，陈群对百姓的同情促使他主张恢复残害肢体的刑罚，他重申，有"好生之德"的君主不应给自己的臣民设下"刑法陷阱"：不用那些公开的、具有震慑功能的肉刑来教育和劝导百姓，这实际上是在放纵他们，促使百姓们犯罪，最终落入刑法的陷阱。对于陈群提出的建议，朝廷大臣们展开了争论，而曹操的决定则是继续废止残害肢体的刑罚。① 值得注意的是，陈群指责刑罚"名"与"实"之间的差异，这有着充分的根据。三国是一个历史过渡时期，汉代的法律正在经历深刻的改变，它最终被唐律所吸收，而恰恰是陈群将魏国法律的开篇命名为"刑名"，即刑罚的名称。② 在这个与现代刑法总则非常类似的部分中，规定了刑法的第一个条文，它明确了新的"五刑"，而其中并不包括残害肢体的刑罚，另包括一系列定义和根据不同情况与变化来适用刑罚的规则。事实上，由陈群的进谏引起的争论并没有得出明确的结论，它还在不断地重复，现代人只能看到这些争论中那些老生常谈的只言片语，但对这些争论的记载确实表明古人对刑罚进行了长期和持续的深入思考。了解这些争论的细节可能会比较困难，但人们仍可以归纳出这些争论的基本思路，《秦汉刑罚体系研究》一书的作者陶安（Arnd Helmut Hafner）在总结这段长达 700 年的历史时，就曾以绘制坐标图的方式从整体上进

---

① 根据同样的史料记载，钟繇也支持陈群的主张，而王朗和其他一些大臣则反对，认为其"不可行"。最后，尽管曹操非常赞赏陈群和钟繇的观点，但还是以战事未停为借口把这件事搁置起来。

② 晋代官史的刑法志部分提到了陈群在刑法改革上扮演的角色，参见《晋书》卷三十，第923 页。

行了描述。①

在这个坐标图中，横坐标是时间轴，其起点是战国，那时肉刑盛行，终点为5世纪的隋唐，这一时期的特点则是法典编纂。纵坐标的两端分别是"严罚主义"和"功利主义"或者说"实用主义"趋势，前者代表刑罚的严厉化，后者代表实施于身体的刑罚被转换为罚金。人们从这个图中可以看到，刑罚严厉程度的减轻是整体趋势，但这一过程同时也伴随着刑罚体系的衰落和突然转向。在这一段历史的前100年中，废止残害肢体的刑罚伴随着对刑罚的赎买，从而使刑法的发展降到最低点，由此导致了随后死刑的有力反弹以及死刑替代手段——流刑的大量出现。在1世纪末、2世纪初，刑法的发展再次触底，由此引发了恢复残害肢体刑罚的讨论（3世纪初陈群提出的建议也属于该阶段）。刑罚改革运动的结果是刑法编纂，刑法典中"刑名定例"这部分通过对刑罚之间的转换与赎买作出了严格规定，从而使刑罚更加严格化。

有关刑罚的各种讨论加快了刑法编纂的进程，而刑法的法典化则是中华文明的重要成就之一。在6世纪末，帝制中国就已经正式结束了肉刑的武断使用，确立了罪刑法定原则对审判活动的约束。刑法典在第一个条文中规定了五种法定刑罚，刑法典此后各个条文规定的犯罪，只能在五刑的范围内来处罚。②

如果与此前曾经适用的五种残害肢体的刑罚相比，新五刑的进步显然是革命性的。这充分体现在实施新五刑的动机和它们产生的效果上，隋朝在颁布刑法典的诏书中，对此曾经作过非常明确的概括：

> 夫绞以致毙，斩则殊刑，除恶之体，于斯已极。枭首轘身，义无所取，不益惩肃之理，徒表安忍之怀。鞭之为用，残剥肤体，彻骨侵肌，酷均脔切。虽云远古之式，事乖仁者之刑，枭轘及鞭，并令去也。③

---

① 参见 Arnd Helmut Hafner, *ShinKan keibatsu teikei no kenkyû*，东京：外语大学出版社，2009，第381页图。

② 640年颁布的《唐律》成为后代效仿的典范，这种情形一直持续到清末。而《唐律》则效仿了581年颁布的《隋律》，但《隋律》的文本没有流传下来，我们今天所知道的中国最古老的法律是元代（13~14世纪）版本的《唐律》。

③ 参见《隋书》卷二十五，第711页。本文的译本参考了 Balazs，《隋书》，第76~77页，并稍作修改。

法律合乎理性的运用在于预防犯罪、打消人们犯罪的念头，而不是用刑罚去折磨犯罪的人。刑罚在惩罚犯罪的同时，还应当尊重犯人。法国学者白乐日（Etienne Balazs）将儒家倡导的"仁"翻译为"对人的尊重"，"仁"字本身包括两个组成部分，即"人"与数字"二"。因此，"仁"意味着，对待他人应当如同对待自己，将自己置于他人的位置来思考，以及对他人的同情，而隋朝刑法颁布时的天子诏书就是受到上述思想的启发。这实际上是以法律的方式，将现代立法者所说的"人至高无上的尊严"加以神圣化并视为圭臬，尽管那时的法律只是从肉体的意义上来理解人的尊严。国家有意识地不去侵犯人的身体尊严，进而保护人的身体，通过严惩那些亵渎人身的行为，使人身尊严获得尊重。然而，这些措施本身也伴随着新的矛盾，继而产生新的恶性循环，这表现在，对于那些违反国家禁令，残忍、毫无顾忌地迫害人身的行为，如活人祭祀、同类相食的行为，又应当如何惩罚？传统的观念认为，刑罚的严厉程度应当与罪行的严重程度相适应，这就使凌迟在那些极端特殊的情形下成为必要，但这显然会与上面提到的原则背道而驰，而且，五刑之中也并没有凌迟。8世纪时，就曾有一位朝臣以刑法典尊重人的身体为理由建议废除凌迟，但该建议并没有被接受，后人也不断提出废除凌迟的主张，对此，1905年废除凌迟的诏书中都有相关记载。① 从7世纪起，除了凌迟这种适用于最残忍罪行的例外刑罚，中国古代刑法对于一般犯罪不再适用残害肢体的刑罚。

结 论

通过对中国法在六七百年间历史变迁的考察，可以得出一个十分矛盾的结论。废除死刑的历史不断重复，但其结果却往往并不确定甚至最终被否定。历史上确实存在过完整意义上的"废除"刑罚的情形，例如，斩足曾被短暂地恢复，但此后就再也没有出现过，其他一些残害肢体的刑罚尽

---

① 关于凌迟被废止所经历的漫长历史，参见巩涛"Abolishing 'CruelPunishments'：A Reappraisal of the Chinese Roots and long Term Efficiency of the XinzhengLegal Reforms," *Modern Asian Studies* 37. 4（Oct – Dec 2003），pp. 851 – 862。

管存在某些个别例外，但整体上已经消失。① 然而，死刑却从来没有消失过，但它的执行方式却发生了深刻变化，以死刑作为最高刑罚的刑法体系本身也经历了重要变迁。

从 7 世纪开始，确立刑罚尺度基础的原则是对人身完整性的尊重。任何侵犯人身完整的罪行都遭到谴责、不被饶恕。② 凌迟，作为明显违背人身完整性的肉刑，从来没有被包含在法定的五刑之中，它的正当性遭到历代法律人的否定。我认为，这就是中国法的特色：在其他文明里，有些刑罚随着时间推移渐渐消失或被废弃，但从来没有发生过现代语言意义上的、在制度和道德层面上的"废除"某种刑罚的情形。例如，康斯坦丁曾废弃了将犯人钉在十字架上的刑罚，不过，这是为了在惩罚那些最恶劣的犯人时不去亵渎"耶稣受难"的情景：这里的动机具有宗教性，而不是出于人道或法律的考虑。③ 我不认为人们能够在欧洲启蒙时期之前找到与中国废除死刑相当的做法。同样，任何死刑都直接牵涉天子，死刑的大量增加和残酷的肉刑会破坏王朝统治的正当性，这些都是非常有中国特色的观念。

比历史上的废除死刑和支持废除死刑的那些原则更值得人们关注的，是中国历史上的死刑废除主义运动，这是一个持续或至少是不断重复的运动。这个运动的观念基础与边沁的功利主义非常近似：刑法体系的构思和运用应当通过施加最低程度的刑罚痛苦，以最小的人性成本来保护所有人的福祉和安全。当然，除了支持严罚与主张仁慈这两派之间的争论，似乎还应当从中国废除死刑的历史中总结出其他经验。这里提出一些值得思考的问题是，从这种不断反复的、伴随着种种负面效应的死刑废除的悠久历史中，是否可以合理地得出某些启示，用它来预见刑法体系今后的发展趋势？如果只是关注某一种刑罚，即使是最高级别的死刑，难道不会导致整个刑法体系的存在被忽视？在这个体系里，其他每一种刑罚难道不是都有

---

① 其中主要的例外是对因叛乱、犯上而被处以分尸的罪犯的男性后代实施宫刑，以此替代死刑。《大清律》中也有这样的规定，它一直保留到 20 世纪初，但实际上从 17 世纪开始，这样的刑罚就很少适用了。

② 《大清律》第 287 条、第 288 条的规定就体现了这样的宗旨，这两条用凌迟处罚那些分尸、摘取他人部分肢体的罪犯。

③ 参见 Merback，Mitchell B.，*The Thief，the Cross and the Wheel：Pain and the Spectacle of Punishment in Medieval and Renaissance Europe*，Chicago：Chicago University Press，1999。

能力成为死刑的替代品，发挥死刑的功能，给罪犯带来与死刑同等程度的痛苦吗？中国数百年废除死刑的努力已经表明，没有任何一次死刑废除最终取得了成功，真正的死刑废除主义是一种不断重复的尝试。

（原文载《环球法律评论》2014 年第 6 期，收入本书时略有改动）

秦汉弃市非斩刑辨

张建国 *

沈家本在《历代刑法考·刑法分考》中考证"弃市"时，根据《周礼·掌戮》郑注，"杀以刀刃，若今弃市也"，认为汉之弃市乃斩首之刑。又提到《史记·高祖本纪》中"偶语者弃市"一句下的《索隐》："按礼云刑人于市，与众弃之，故今律谓绞刑为弃市是也。"但沈家本没有采用这一解释，而是认为《高祖本纪》中说的是秦法，如以汉法推测秦的弃市，也应当是斩刑。他还认为魏晋以下，弃市为绞刑，并在考证"绞"时指出，晋代"尚书周顗等议肉刑云：'截头绞颈，尚不能禁。'截头者斩，绞颈者弃市。晋之刑法，议自魏代，可以知魏之弃市亦绞刑也。南朝宋齐梁陈，北朝魏并有弃市之名，皆谓绞刑……绞刑之名，始见于周、齐二代"。

程树德在《九朝律考·晋律考》中对此提出了异议，认为按周礼郑注，"是斩为腰斩，弃市为斩首，汉制如此，义极明显。史记索隐以弃市为绞罪，恐不足信。沈氏刑法分考据晋志周顗等议肉刑云，以为晋律议自魏代，断为魏之弃市已为绞刑，晋宋梁陈相沿不改。考左传……杜注，绞所以缢人物。杜预晋人，若晋已用绞，不容仅以缢人物为释，是晋无绞刑明矣。梁陈二代，其刑名有弃市而无斩刑，所谓无斩刑者，无腰斩之刑也。若谓死刑弃斩首专用绞，恐无是理。今考魏志晋书南史，实无处腰斩之刑者，疑魏晋以来，律虽存腰斩之条，而习用止为斩首，至梁始废之耳，不必强释晋之弃市为绞刑也。其以绞为刑名，盖自北魏始"。

程氏之考，认为沈氏关于魏晋时弃市已为绞刑的论断不合情理。不过依笔者愚见，如果绞不仅仅指刑名而且指处刑方式，那么它的使用，不仅

---

* 张建国，北京大学法学院教授。

不是程氏所说的迟至北魏，也不是沈氏所说的始自曹魏，而是更早，至少秦汉时可能已经存在，其刑名就是弃市。

汉代死刑中有殊死与非殊死之别，这一点史籍中常可见到。如果我们再将不同的提法互相比较，更可看出其中的不同。《后汉书·光武帝纪》云建武三十一年"秋九月甲辰，诏令死罪系囚皆一切募下蚕室，其女子宫"。同书《章帝纪》记章帝改元，"其改建初九年为元和元年，郡国中都官系囚减死一等，勿笞，诣边县，妻子自随，占著在所。其犯殊死，一切募下蚕室，其女子宫"。光武帝所赦是不论何种死罪都减刑至下蚕室即腐刑，女子则为宫。而章帝所赦则分两类：

普通死刑犯，可以减死一等。他们显然不是犯殊死之罪犯，减死一等应为髡钳城旦舂并加笞，这里的办法变通为不加笞去边县居住，实为长期戍边。

犯殊死罪的罪犯，对犯殊死大罪的减刑是，男子为腐刑，女子为宫。这与前一类相比，显然减刑后的处理方式重了许多。

由章帝之诏可以看出，死刑分为殊死和非殊死两种情况是毫无疑问的。"殊"字有"断""绝"的含义，在法定死刑只有枭、斩、弃市三种的情况下，汉律中的殊死，只能指枭首和斩刑，就是说受刑者的身体从颈部或腰部被分断。而不属于殊死之列的死刑，肯定是指死刑中最轻的一类，这种"死而不殊"的刑罚如果不是指弃市又会是哪一种刑罚呢？若像沈、程二氏那样将弃市视作斩刑，那么殊死就包括了全部死刑方式，则章帝诏完全可以写成与光武帝诏文一样的词句，而根本没必要将殊死作为一类来讲减为何种刑罚。所以，比较合理的解释，弃市只能是指绞杀。

此外，以下汉代的一条实例也可以证明弃市不是斩刑。

《后汉书·吴祐传》讲到吴祐为胶东侯相，"安丘男子毋丘长与母俱行市，道遇醉客辱其母，长杀之而亡，安丘追踪于胶东得之。祐呼长谓曰：'子母见辱，人情所耻。然孝子忿必虑难，动不累亲。今若背亲逞怒，白日杀人，赦若非义，刑若不忍，将如之何？'长以械自系，曰：'国家制法，囚身犯之。明府虽加哀矜，恩无所施。'祐问长有妻子乎？对曰：'有妻，未有子也。'即移安丘逮长妻，妻到，解其桎梏，使同宿狱中，妻遂怀孕。至冬尽行刑，长泣谓母曰：'负母应死，当何以报吴君乎？'乃啮指而吞之，含血言曰：'妻若生子，名之"吴生"，言我临死吞指为誓，属儿以报吴君。'因投缳而死"。

沈氏在《刑法分考》四"绞"的考证中也注意到这段记载，但他认为："汉律杀人弃市，毋丘长不及行刑而自缢，非当时有此投缳之罪也，然后来称绞为缳者，实本于此。"这种将投缳视为自缢的说法恐怕于理未确。从文中来看，长被关在狱中，作为死罪囚是应加桎梏即械具的，《后汉书·钟离意传》，"意遂于道解徒桎梏"，章怀太子注："在手曰梏，在足曰桎。"吴祐允许长去掉桎梏与妻同宿狱中，目的仅在于让其妻为长生育一个后代，而不是让其夫妻团聚。长妻既然怀孕，恐怕从知道之日开始便是其夫妻分手之时，不可能再滞留狱中。同时，长去除械具之优待也就不复存在。一个手脚皆被束缚之囚犯，居然可以自缢身死，令人难以置信。

《居延新简》有一条珍贵的汉律条文，从内容上看，应当属于汉《九章律》中《囚律》中的规定："以兵刃、索绳它物可以自杀者予囚，囚以自杀、杀人，若自伤、伤人而以辜二旬中死，予者髡为城旦舂……"（《居延新简》E. P. S4·T2：100）

这条法律规定表明，中国的监狱制度至秦汉时已颇为完善，监狱中对囚犯的看管是相当严格的，不大可能令囚犯有随便自缢的机会，如果真的出现自杀，追究起来也将是很严厉的。《汉书·周亚夫传》："初，吏捕亚夫，亚夫欲自杀，其夫人止之，以故不得死。遂入廷尉，因不食五日，呕血而死。"周亚夫为汉时名将，绝非贪生怕死之辈，被捕之前已想自杀，其所以听从夫人意见，是想朝廷会多少照顾些，同时可以靠自己辩护而希冀减免。但廷尉狱吏既不讲理又"侵之益急"，亚夫只能选择绝食以速死。可以想象，如果他有机会自缢的话，恐怕无论如何也不会采用痛苦绝食之下策。根据上述情况，我们可以推断毋丘长也不可能在狱中从容自缢。吴祐抓他入狱是为正之国法，而国法对杀人自有常刑，史书记载也丝毫没有提及吴祐的优待竟默许犯人自裁。

还有，前引《后汉书》明示毋丘长投缳而死的时间是"至冬尽行刑"，所谓的"冬尽"是指冬天的最后一天①，并且他哭对其母并作有关后事的

---

① 本案所处的时期，法律规定当年判决的普通死刑必须在冬季的三个月里执行，但立春在十二月的，必须在立春前执行。本案一直等到最后一天，估计是吴祐希望能遇到皇帝大赦天下，案犯就有了免死的优待，但这个机遇没有等到，因而无法再拖下去，最后一天只有依法行刑。

交代时有"临死吞指为誓"之语，显然，这是执行死刑当天之事，是临刑前的诀别。既然称作"行"，就表示是由官方执行死刑，而不可能是案犯自己上吊自杀。"投缳"只说明他既感恩又不惧死，主动就刑戮，很难看出有别的什么意思。

汉人刘熙所著《释名》云："砍头曰斩，砍腰曰腰斩。"又云："市死曰弃市。市，众所聚，言与众人共弃之也。"如果汉法弃市像沈家本所认定的那样为斩首之刑，则刘熙为什么不予以说明呢？此外，拙见以为，从刘熙的解释还可推测，秦汉的"斩刑"并不像后世学者所说的只能指腰斩，而是包括腰斩和斩首两种方式。一般情况下，法律正式条文规定处以腰斩的，基本都不省略"腰"字，就是最有力的证明，否则，斩刑只代表腰斩，腰字便没有必要再添加进去。因为腰斩给予罪犯的痛苦要大一些，所以处以腰斩的罪行比一般的斩（即斩首）要重。到曹魏时，据《晋书·刑法志》记载，死刑仍为三种，腰斩可能仅为斩刑中的特例，只用于大逆不道罪，适用范围比汉代已大为缩小。该书载张斐《注律表》，"枭首者恶之长，斩刑者罪之大，弃市者死之下"，从刑名上看，与秦汉并无不同，说明无论是从名称或死刑等级皆非魏晋的创制。张斐的解释不过是对这些早已存在的刑名总合在一起加以说明，而这些刑名本身所采用的处刑方式必然在最初已加确定，魏晋之法基本应是沿袭前朝弃市之刑。

依前引沈说，弃市应迟至三国曹魏时期才采用绞杀的方式，我认为这恐怕与史籍记载有诸多矛盾之处。《晋书·刑法志》对魏律和晋律的制定情况记载得已足够详细，其各种改革基本都涉及。不言而喻，倘若弃市之行刑方式由斩杀改为绞杀，这么大的变化不可能不附带说明。

更值得注意的是曹魏时有关肉刑之议的记载。《三国志·陈群传》述及曹操欲复肉刑，陈群依照其父陈纪的主张，认为应恢复肉刑，使一些被处死刑的人可以留下性命，但其范围有限制，"汉律所杀殊死之罪，仁所不及也，其余逮死者，可以刑易杀①。如此，则所刑与所生足以相贸矣"。这段话也是将"殊死"和"其余逮死者"明确划分为两类，复肉刑是为了施仁政，但"殊死之罪"显然罪重，不能施仁，仍维持原刑；后者则可施

---

① 原文为"可以刑杀"，联系上下文，意思不通，所以我怀疑"刑杀"二字中间有文字脱漏。此处似可补"易"字，即变成"可以刑易杀"，意思为：可用肉刑换易死刑。

仁，由死刑改为肉刑。再如沈说汉弃市为斩首，魏晋弃市为绞，则在这一改变中，魏的斩首之刑必须由弃市改称斩，原所继承的汉律条文想适应这一变化肯定是比较困难的。斩与绞虽同为死刑，毕竟是两个不同的等级，明确地加以区分在古代人的观念中是相当重要的一件事，弃市以前用斩，改变以后用绞，将会带来概念上的混乱。如果我们推定秦汉的弃市即为绞，那么问题将会简单得多，因为这就表明弃市从战国到魏晋自始至终并无变化，绞杀是弃市这一刑罚唯一的处刑方式，并非到魏晋时出现既无史料记载又令人困惑不解的改易。

后来的弃市虽更名为绞，但只是名称的变化，处刑方式并没有改变，所以习惯上有时仍用前代旧名称，见诸《隋书·刑法志》。如隋文帝开皇元年定律，死刑共两种，有绞，有斩。但到后来，"京市白日，公行掣盗，人间强盗，亦往往而有"。文帝为能达到禁盗的目的，"乃命盗一钱已上皆弃市"。这里的弃市应当是指正式刑名中的绞刑。由于长期已经形成这样的观念，所以唐代司马贞为《史记》作索隐时，才会说出"故今律谓绞刑为弃市是也"的解释。

沈家本和程树德对汉之弃市为斩首之刑是深信不疑的，根据便是作为东汉大儒的郑玄注释《周礼》之文。按理郑玄所说应为定论，不过细考起来，我觉得郑玄根本没有说汉的弃市乃斩首之刑，这涉及对《周礼》和郑注怎样理解的问题。《周礼》原文为"掌戮，掌斩杀贼谍而搏之"。郑注为："斩以斧钺，若今要斩也。杀以刀刃，若今弃市也。"郑注分周代的斩、杀为二事，即认为这是两个不同的刑名等级。他如果根据汉代法律的刑名去比附，也只能列举腰斩和弃市与之相对应。汉死刑中另一种常用刑为枭首，与周制的斩与杀不便相比。所以我认为，郑注的着眼点很可能是单纯作刑等的对比，而非处刑方式的对比，杀在周制中使用刀刃，其等级与汉的弃市相仿，是死刑中最轻的一种。当然周制死刑是否像郑玄所云分为两等，那是另一个问题，这里暂不加以分析。

[原文载《北京大学学报》（哲学社会科学版）1996 年第 5 期，收入本书时略有改动]

从终极的肉刑到生命刑——汉至唐死刑考

〔日〕冨谷至 著 周东平[*]译

序 言

前近代中国的死刑，也许经常给专业以外的人以残虐、苛酷、猎奇、非人道的印象。像炮烙、剥皮、醢、菹、剐剔、镬烹等刑罚，确有想象的成分。

炮烙之刑究竟是史实吗？剖心而观之的行为果真存在吗？毋宁说，这些是为了特意突出暴君而创作的，今且暂置不论。^①只是，在排除了私刑、皇帝的特别处刑等情形之外，仅以律所规定的刑罚（法定正刑）来看，中国的刑罚自统一国家秦朝之后，直至最后的清朝为止，都是极为单纯且缺乏想象那样的残虐性。

唐律的《名例律》中，明确记载有两种死刑：绞与斩。绞是绞杀（缢杀），斩是斩杀，原本均在市中公开执行。其规定见于《唐令·狱官令》："诸决大辟罪，皆于市，五品以上，犯非恶逆以上，听自尽于家。七品以上及皇族若妇人，犯非斩者，皆绞于隐处。"

绞与斩这两等死刑为后来的宋、明所承袭。尽管宋代的凌迟、明代对官吏的杖杀是众所周知的，但以《名例律》为首的律条所列举的作为法定正刑的死刑，直至清朝为止仍然是绞、斩两等。^②只是，两等的死刑从秦

---

* 冨谷至，日本京都大学人文科学研究所教授，文学博士，专攻中国法制史、简牍学；周东平，厦门大学法学院教授。

① 这里所说的死刑的种类，请参考沈家本《历代刑法考·刑法分考》。另外，此处的醢等刑罚，还列举了近世的宋元时期所执行的事例。

② 《清国行政法》第 3 章"诉讼程序"第 3 节第 1 款"刑罚总类"中的"正刑"规定："正刑乃律所规定的刑罚，有笞、杖、徒、流、死五种。"其中的死刑只列举绞、斩两种。

汉律开始没有变化，但并不一直是绞、斩而已。

这个结论在下文将有详细的考证，此处仅提示秦汉的法定正刑是腰斩和弃市两种。所谓的弃市，就是斩首，即切断首级的刑罚。总之，从秦汉时期直至 20 世纪初期的清朝，中国法定正刑的死刑仅有腰斩、斩（首）、绞（首）三种，从种类来说没有多样性，从执行方法来说较简单，从残酷性来说，比起世界上的其他地区较为淡薄。

只是，如果说古代中国或帝制时期的中国是一个与残酷无缘的社会，中国史从极早的阶段便已脱离了残酷性，我是不能同意的。但作为法定正刑的死刑，为何没有通常所认为的残酷性，其原因何在？对此疑问，本文力图通过对秦汉至唐代死刑历史的考察，给予若干解答。

一 汉代的死刑——死刑执行状况

1. 秦汉时期的刑罚

秦汉时代死刑的法定正刑有枭首、腰斩、弃市。

《九朝律考》《历代刑法考》列举汉代死刑的名称、种类如下：

枭首、腰斩、弃市（《九朝律考》）

腰斩、弃市、枭首、磔（《历代刑法考》）

腰斩和弃市，以及枭首、磔等，是被执行的死刑及其种类。所谓腰斩，从字面上看就是拦腰切断的刑罚；所谓弃市，不外乎公开执行死刑于市之意。《礼记·王制》所谓"刑人于市，与众弃之"，亦有相同的表达。不过，《礼记·王制》完成于汉初，更有人确指为文帝时期①，而"弃市"的刑名在秦律中已有②，因此《礼记·王制》这句话应是依照已经执行的弃市刑来解说的。

弃市刑是在市公开执行，此点当无异议，但其执行方法历来认为是切

---

① 《经典释文》在《礼记·王制》中有"卢云：汉文帝令博士诸生作此篇"的注释。还可参见武内义雄《〈礼记〉研究》，载《武内义雄全集》第三卷，角川书店，1979。

② 睡虎地秦律所见的弃市的条文如下："士五甲毋子，其弟子以为后，与同居，而擅杀之，当弃市。"（《法律答问》71）"同母异父相与奸，可（何）论？弃市。"（《法律答问》172）我以为，从这两条归纳出弃市刑所适用的犯罪是不合适的。因为《法律答问》选取的是定罪量刑时遇到问题的案件，而怎样的犯罪必须适用弃市刑，并不能从一般案例中推导出来。

断首级。如沈家本在《历代刑法考·刑法分考四》"弃市"的按语中指出："汉之弃市乃斩首之刑。"可见汉代弃市的执行方法是砍头即斩首的看法具有普遍性。但最近学界提出异论，认为弃市是绞杀，汉代绞刑已经作为法定正刑存在了。[①] 果若如此，则中国古代至近代的死刑似乎一贯都是绞、斩刑。对此，鄙意无法赞同[②]，以为，包括秦朝在内的中国古代死刑之一的弃市，主要是斩首，弃市刑的执行方法在某个时期才变为绞首。变为绞刑的问题详见后述，此处首先考证汉代的弃市刑。

2. 绞刑与弃市

《史记》《汉书》乃至出土文字资料中，"绞"字是在怎样的意义上使用，此处试作探索。

首先，绞有纠、纠索、纽之意。居延汉简等记载的数目甚多的"绞"，均作为索的意义来使用。[③]

……十二条毋组 ● 十一空毋韦绞 ● 毋纤毋四磔　　　　14·23

今日入绞廿五丈　　　　　　　　　　　　　　　　　146·92

《说文解字》第 10 篇："绞，缢也"，将绞解释为缢死之意。因其用绳索交叉系住头部，故由"糸"与"交"的偏旁构成绞，意为绑住首级。

如果是交叉绳索的话，所谓绞就是绞紧首级至死，是 strangle，而不是悬吊首级的 hang。吊死、吊杀称为"经"，《论语·问宪》所谓"自经于沟渎而莫知之"，《荀子·强国》所谓"救经而引其足"等，其处的"经"明系吊死。在睡虎地秦简《封诊式》中，有题为"经死"的爰书，是关于勘验悬吊首级而自杀的尸体的文书。

由此可见，"缢死""绞杀"是 strangle，"经"则是 hang。但不久，两者的区别逐渐泯灭，趋同于"绞首而死"之意。上引《论语·问宪》条所

---

① 张建国：《秦汉弃市非斩刑辨》，载《帝制时代的中国法》，法律出版社，1999；水间大辅：《从张家山汉简〈二年律令〉看秦汉刑罚研究的动向》，《中国史学》14，2004。

② 与张建国、水间大辅的观点相反，我认为汉的弃市＝绞首不能成立。参见冨谷至《生命的剥夺与尸体的处理》，载冨谷至编《江陵张家山二四七号墓出土汉律令研究》，朋友书店，2006。还有，本文第一节的论述与该文重叠之处甚多。此乃为论述的逻辑性计而不得已的技术性处理，望读者见谅。

③ 绞有靴子的鞋垫的意义。林巳奈夫：《汉代的文物》，京都大学人文科学研究所，1976，第 38 页。居延汉简中的绞也具有这一意义的可能性。只是，无论如何无法确认其为刑罚名。

附南梁·皇侃疏云，"自经，自缢也"的注解，还有《荀子·强国》唐·杨倞注也有"经，缢也"的解释，说明了与其相关的变迁。

经、绞、缢，意义确实接近起来了。但它们在汉代的史料中，尚未有作为刑罚的执行或标记为刑罚名称之例，全部限于他杀或者自杀意义上的杀害。兹以"绞"为例，列举相关记载如下：

> "绞杀侍婢四十余人"（《史记·建元以来侯者年表》）；
> "缢而杀之"（《史记·吴太伯世家·楚世家》）；
> "绞杀从婢三人"（《汉书·景十三王传》）；
> "绞杀胸臑"（《汉书·宣元六王传》）；
> "自绞死"（《汉书·陈万年传·赵广汉传·王莽传》）；
> "以绶自绞死"（《汉书·武五子广川王传·广陵厉王传》）。

关于自杀，尤应重视"以绶自绞死"。绶是官吏随身佩带的近 2 丈长的印绶、佩玉的绶带，汉代形成了佩绶制度。由此，绞与汉代官吏的自杀遂密切相关。

总之，从秦汉时期相关资料中"绞"的意义来看，可知绞杀不是秦汉死刑的执行方法，还有，弃市的内容也没有绞首杀害的方法。律所举的弃市，是以首级为目标的斩首刑。以下是对其证据的检验分析。

（1）史书的注释

首先，试举最早的东汉时期注释家对弃市的说明，其例是郑玄对《周礼·秋官·掌戮》原文"掌戮，掌斩杀贼谍，而搏之"的注释："斩以斧钺，若今腰斩也；杀以刀刃，若今弃市也。"

对此，张建国认为，该注释不过说明《周礼·秋官·掌戮》本文列举了斩、杀两种死刑，汉代也有腰斩、弃市这两种死刑，但其与执行方法没有直接关系。[①] 亦即"杀以刀刃"不过说明了《周礼》"杀"这种死刑的执行方法，刀刃与弃市并没有联系。

然而，这样的解释我以为难免有牵强之嫌。既然说明死刑有两种，自然会言及其执行方法吧。郑玄的注释在某种程度上沿袭了《国语·鲁语》和《汉书·刑法志》序文中的"大刑用甲兵，其次用斧钺，中刑用刀锯，

---

① 前引张建国、水间大辅论文。

其次用钻笮，薄刑用鞭扑"。《国语》的条文实际上在多大程度上反映了现实呢，这是别的问题。但处刑的区别就是执行之际所用刑具的不同，则应无疑义。在这种背景下，考虑到郑玄没有将"刀刃"与"弃市"的关系完全割断的注释方法，以及通常人对"斩以斧钺，若今腰斩也；杀以刀刃，若今弃市也"的理解，应能够得出弃市是使用刀刃的刑罚，即使用刀刃在汉代是与弃市相当的刑罚。

相反地，《周礼》一书如果是后代特别是秦汉时期的编纂物，那么，也许可以说，《周礼·秋官·掌戮》郑注的"斩以斧钺""杀以刀刃"，实际上恰恰反映了秦汉时期执行腰斩、弃市的状况吧。

其次，还可以列举同是东汉的刘熙《释名·释丧制》中记载的："市死曰弃市。市，众所聚，言与众人共弃之也。斫头曰斩，斩腰曰腰斩。斩，暂也，暂加兵即断也。"此处的"斫头曰斩，斩腰曰腰斩"，分别列举了"斩""腰斩"两种死刑，说明斩首刑仍然存在。由此可以断定，对东汉人而言，死刑有两等，即腰斩、弃市，或者腰斩、斩，刑具为斧钺与刀刃，斩的身体部位为腰与首级。那么，为何是两种呢？诚如张建国曾指出的那样，汉代死刑刑罚种类有腰斩、弃市以及枭首三种。对此种观点我亦曾留意，详细的考证留待下文。

（2）欧刀

欧刀，据《后汉书·虞诩传》李贤注，"欧刀，刑人之刀也"，知其为处刑时使用的刀。意即对囚犯宣布犯罪行为，使其确认，当死刑执行之际，欧刀置于身前，棺木置于身后。[①] 还有"伏欧刀"（《后汉书·种暠传·虞诩传·陈蕃传》）、"受欧刀之诛"（《后汉书·陈忠传》）等说法。

这种欧刀是用于腰斩刑吗？答案是否定的。兹试以《陈蕃传》中记载的"伏欧刀"为例，说明如下。

"小黄门赵津、南阳大猾张泛等，奉事中官，乘势犯法，二郡太守刘瓆、成瑨考案其罪，虽经赦令，而并竟考杀之。宦官怨恚，有司承旨，遂奏瓆、瑨罪当弃市。"对此，陈蕃抗议曰："前太原太守刘瓆、南阳太守成

---

① 《后汉书·袁安传》记载："俊假名上书谢曰：'……廷尉鞠遣，欧刀在前，棺絮在后'"。参见鹰取祐司《汉代的死刑奏请制度》，《史林》第 88 卷 5 号，第 116 页，2005。只是，这是《后汉书》描述张俊临刑时的表现，是在死刑即将执行时的修辞，实际上果真置欧刀于眼前否，仍有值得检讨之处。但欧刀为执行时的刑具则无疑义。

瑨，纠而戮之。虽言赦后不当诛杀，原其诚心，在乎去恶……如加刑谪，已为过甚。况乃重罚，令伏欧刀乎！"

此处可以清楚地确认弃市与欧刀的关系。

又如青铜器图像或者汉代画像石等，均有斩首的情形。特别是山东省诸城汉墓出土的画像石尤有价值。在残存的 6 块石头中，有一块刻有鞭、髡钳的刑罚，并且也能看到仿佛是斩首的图像。[①]

该画像石除了有关刑罚执行的图像外，还描绘了舞乐、百戏、饮食等场面。刑罚与娱乐并存的空间，极有可能是市。如果该画像描绘的是东汉时期市的场面的话，也可说明在市中公开处刑的弃市，就是以刀刃为执行方法的斩首。

综上，我认为：从史书的注释、处刑的欧刀，以及画像石描绘的刑罚执行场面，均有力地证明了汉代弃市的执行方法是斩首。同时，在弃市 = 绞刑的观点缺乏论据的条件下，根据汉代的绞、绞杀的实际状况，以及弃市 = 斩首的有关史料的可靠性，我进而认为：作为秦汉正刑的弃市的执行方法，就是切断首级的斩首刑。

3. 斩刑——其在刑罚上的地位

上面颇费周章地考证了汉代称为弃市的一般的死刑就是斩首。也许有人认为，这纯粹是为了考证而考证，因为弃市究竟是绞杀抑或斩首，不过是死刑执行方法的不同，犯不着如此执着地考证。

其实，我之所以如此重视它，是因为把死刑看成斩首还是绞杀，事关中国古代死刑原理的重大问题。假如认为死刑是绞杀的话，那么，为什么要采取绞首处死的方法呢？它与其他的死刑如腰斩、枭首又具有怎样的内在联系呢？这些问题将难以解答。如是斩首，同样需要解答这些疑问。对于中国古代的死刑在其刑罚体系、刑罚原理中占据怎样的位置问题，如果不从其执行状况进行考证是无法明了的。再有，必须看到从斩首变为绞杀的事实正是其刑罚的执行原理发生变化所致，故应该考虑在何时、因何种理由而导致其变化。如果汉代死刑的法定正刑为腰斩、弃市，则这个过程将更加明晰。

磔、枭首、车裂·腰斩、弃市

在秦汉时期的史料所举出的诸种死刑（不限于汉律、秦律所规定的法

---

① 《山东省诸城汉墓出画像石》，《文物》1981 年第 10 期。

定正刑）中，主要有磔、枭首、车裂·腰斩、弃市等。此处先从确认其执行状况展开讨论。

【磔】

《汉书·景帝纪》有"中二年，改磔曰弃市，勿复磔"的记载，《历代刑法考》中也列举到"磔"的处刑，甚至秦律、汉律（张家山汉墓出土《二年律令》，见下文所举，简号列后）也同样规定有磔刑，如：

> 来诱及为间者，磔，亡之。 3
> 钱财，盗杀伤人，盗发冢，略卖人若已略未卖，桥（矫）相以为吏、自以为吏以盗，皆磔。 66

由于《二年律令》的年代当属景帝中二年以前，故此处"磔"这一刑名能够确认，不成问题。

关于磔的解释主要有：

> 磔，辜也。（段玉裁注："凡言磔者，开也，张也，剖其胸腹而张之，令其干枯不收。"） 《说文解字》5 篇下
> 师古曰："磔谓张其尸。" 《汉书·景帝纪》注
> 掌斩杀贼谍而搏之。（郑玄注：搏当为"膊诸城上"之膊，字之误也。膊，谓去衣磔之。） 《周礼·秋官·掌戮》
> 杀王之亲者，辜之。（郑玄注："辜之，言枯也，谓磔之。"）
> 《周礼·秋官·掌戮》

"磔"有"开也，张也"之意，详言之，乃张其尸、遗体而晒之。段玉裁的解释是"剖其胸腹"而曝晒其内脏，但不知所据何。尸体因长时间曝晒而干缩枯死，故与"辜""枯"等词联结。至于"搏""膊"等词，据《说文解字》4 篇下有"薄脯，脯（薄）之屋上"，可知是锤打成薄状的肉干。故或指曝晒干枯的死尸类似于肉干，或指如肉干一样曝晒尸体使其干枯。《春秋左氏传·成公二年》有"杀而膊诸城上"，也就是将杀害的尸体置于城壁上曝晒之意。无论哪一条材料中的磔刑，都不是将人绑在柱子上刺死之刑（crucifixion），而是张开尸体曝晒之刑（exposal）。

只是，景帝中二年诏曰"改磔曰弃市，勿复磔"，现在对其正确的内容有点弄不明白。我考虑或有以下两种可能性：

（1）迄今为止的磔刑全部被弃市所吸收，不再执行磔；

（2）磔在刑名上与弃市的名称相统一。

如是第一种解释的话，弃市刑为公开的死刑，执行后有一定的时间放置遗体而曝晒之，由于磔刑在执行方式上与弃市刑相比基本不变，故将磔刑从法定正刑中废除。如是第二种解释的话，磔在刑名上也称呼为弃市刑。换言之，伴随磔刑废止的是刑的减轻呢，还是因其实际状态相同而整顿法定正刑的名称使其一体化？目前尚未有明确答案，此问题留待将来进一步检讨。

【枭首】

枭，是长大后将母鸟吃掉的不孝之鸟，故夏至前后捕获枭而曝晒之，作枭羹以赐百官，引以为戒。①

> 枭，食母，不孝之鸟，故日至捕枭磔之。　　《说文解字》6 篇上

所谓的枭首，有如曝晒枭这种鸟的头部一样，故谓之"枭首"于"狱门"之刑。②《史记》《汉书》等史料中，此类记载甚多。例如：

> 至栎阳，存问父老，置酒，枭故塞王欣头栎阳市。
> 　　　　　　　　　　　　　　　　　　　《史记·高祖本纪》
> 天子曰："李太后有淫行，而梁王襄无良师傅，故陷不义。"乃削梁八城，枭任王后首于市。　　　　　　《史记·梁孝王世家》
> 汉召彭越，责以谋反，夷三族。已而枭彭越头于洛阳下，诏曰："有敢收视者，辄捕之。"　　　　　　　《史记·栾布列传》
> 乙巳，皇后陈氏废，捕为巫蛊者，皆枭首。　《汉书·武帝本纪》
> 六月，丞相屈氂下狱要斩，妻枭首。　　　　《汉书·武帝本纪》
> 有司奏请案验，罪至大逆不道。有诏载屈氂厨车以徇，要斩东市，妻子枭首华阳街。　　　　　　　　　《汉书·刘屈氂传》

在《二年律令·贼律》中，也确实规定了枭首刑：

---

① 孟康曰："枭，鸟名，食母。破镜，兽名，食父。黄帝欲绝其类，使百吏祠皆用之。破镜如貙而虎眼。"如淳曰："汉使东郡送枭，五月五日作枭羹以赐百官。以其恶鸟，故食之也。"
② 《史记·秦始皇本纪》"集解"曰："县首于木上曰枭。正义枭，古尧反。悬首于木上曰枭。"

子贼杀伤父母，奴婢贼杀伤主、主父母妻子，皆枭其首市。　34

何休认为："无尊上、非圣人、不孝者，斩首枭之。"（《春秋公羊传·文公十六年》何休注）若从贼律的规定来看，相关解释确有可能。但枭首的适用未必仅限于不敬罪、不孝罪。作为不孝的象征，不是设置了枭首，而应从刑罚的特殊性即斩首并加以枭首来考虑较为妥当。还有，关于枭首，必须注意：

《贼律》中有"枭其首市"，《史记》中有"枭任王后首于市""枭彭越头于洛阳下"之类的表述。这里的"枭首"二字是否作为法定正刑的名称固定下来，仍存疑问。例如，比起下引"当某刑"这一表现形式的律文中所见的量刑规定，不得不令人想起其中表现的不同。①

有罪当黥，故黥者劓之，故劓者斩左止，斩左止者斩右止，斩右止者腐之。女子当磔若要斩者，弃市。当斩为城旦者黥为春，当赎斩者赎黥，　88
当耐者赎耐。　89

换言之，也许可以说此处的刑罚名称与准刑名不同。这一问题姑且留待后面再作论述。

【车裂】

所谓的车裂，如字面含义所示，是用车牵引人的身体，致其开裂的刑罚，亦称"辕"。《说文解字》14 篇上："辕，车裂人也。"《释名·释丧制》："车裂曰辕，辕，散也，肢体分散也。"

该刑罚在战国乃至秦时期，曾适用于下引的商鞅、苏秦、嫪毐等案件的关系人。有史料证明此后的北魏、北周亦有适用，但作为汉律的法定正刑不曾存在。

秦发兵攻商君，杀之于郑黾池。秦惠王车裂商君以徇，曰："莫如商鞅反者！"遂灭商君之家。　　　　《史记·商君列传》

---

① "当某刑"这一表现是法定正刑的刑罚用语，磔刑在此也有"当磔"的记载。然其若是法定正刑的名称的话，则不是宣告刑的名称，但是不是"改磔曰弃市，勿复磔"呢？

苏秦且死，乃谓齐王曰："臣即死，车裂臣以徇于市，……"

《史记·苏秦列传》

卫尉竭、内史肆、佐弋竭、中大夫令齐等二十人皆枭首，车裂以徇，灭其宗。及其舍人，轻者为鬼薪。 《史记·秦始皇本纪》

关于车裂，还想解释一下。"车裂人也""肢体分散也"固然是车裂的执行状况，但不是将活着的人用车引裂其身体，而是将其杀害后，用车引裂其尸体，并且是在市场公开执行的。上引商鞅、苏秦的例子均说明其为死后的措施。所谓"车裂以徇"，如"师古曰：'徇，行示'"、《周礼·地官司徒》郑玄注"徇，举以示其地之众也"所说的，有使其在大众面前展示之意。

其实，"磔"亦有"车裂"的解释。如《荀子·正论》"斩断枯磔"杨倞注，"磔，车裂也"，以及《史记·李斯列传》司马贞"索隐"，"磔，谓裂其肢体而杀之"之类，皆作此解。正确地说，用车作刑具的车裂与曝晒遗体的磔并不一样，但两者都是公开行刑的。把被斩首的遗体或开裂或枯死，在对尸体损伤这点上则是共通的，两者之间也存在一定的交叉之处。

枭首是曝晒首级之刑，磔也是在一定时间内展示尸体而曝晒之的刑罚，只不过是在曝晒身体的一部分（首级）还是全身上有所不同。[1] 而车裂本来的目的并不是分解尸体，应该是为了使人见其遗体而加深印象，故利用车为刑具。"车裂以徇""以从"的表现形式，不由得令人联想到在枭首时亦复如此（《史记·秦始皇本纪》所谓的"枭首，车裂以徇"）。那么，这类磔、车裂、枭首的刑罚其目的何在，答案显然是意在"以徇"。详细的此处暂且不表，留待后面再论述。此处先回来论述关于斩首与腰斩刑罚的起源。

【斩首和腰斩】

众所周知，切断首级的斩首行为，不仅是作为法定正刑来执行的一种刑罚，而且在对应外敌的军事行动中，也作为制裁乃至杀戮的手段来执行，在战斗行动中"斩首某级"的记载不胜枚举。

即使是宫刑，同样作为军事行动的一环，把捕获的敌人去势，其目的

---

[1] 《说文解字》6篇上："枭，……故日至捕枭磔之"，使用"磔"字解说枭，本身就意味着枭与磔两个字具有同义性。

之一，或作为防止外敌侵犯行为的手段，或作为使外敌灭族的手段而实施。此外，也有将敌人耳朵割下的"馘"这样的行为。[1] 这些无非与腰斩、斩首一样，都是军事行动中的处置措施。1978 年青海省大通县上孙家寨 115 号汉墓出土的木简中，其内容是与军事有关的规定，其中可以看到有关捕虏、斩首、腰斩的断简。

七十人率斩首捕虏	279
从军斩首捕虏爵禅行至右更	267
斩首捕虏者勿赐爵	269
虏者皆腰斩	271[2]

以死刑为首的肉刑（毁损身体刑），作为在战争中制裁敌人的情形是共同的。这种对外部的刑罚（族外制裁）进而被对内部的刑罚（族内制裁）所援用的观点，也许就导源于此。

另外，如滋贺秀三所指出的那样，"刑"字最初的意思是对肉体刻上特定的"形""型"，它是从共同体中被驱逐出来的烙印。[3] 这一观点亦可成立。

刑罚既具有对外敌制裁的状况，又作为驱逐出共同体成员的象征而予以烙印，其最初形态究竟如何，将来有必要再予检讨，此处从略。但无论如何，斩刑（斩首和腰斩）确实是古代刑罚的根基所在。这正是滋贺秀三所说的刻上"形"，而刻的具体措施不外乎对身体的某部分的切断。从而可以断定，没有刻上"形"的绞杀在古代刑罚中要发现其存在的位置是颇为困难的。

4. 两种死刑的比较

以上论述了腰斩、弃市、枭首、磔以及车裂等刑罚执行状况及若干历

---

[1] 在与馘同义上的聝也有制裁之意。如《诗经·大雅·皇矣》曰："攸馘安安"的毛传曰："馘，获也。不服者，杀而献其左耳曰馘。"《尚书·康诰》孔传曰："聝，截耳，刑之轻者。"但其究竟是杀害捕虏并割下耳朵，还是只实施比斩首更轻的刑罚聝刑，现在仍不太明确。另外，为何割耳，它是作为应得奖赏的证据而代替首级吗，有待检讨。

[2] 因是断简，具体内容已不得其详。那么，腰斩是对捕虏的处置措施吗？在捕虏的处置问题上，对违反了什么样的军律的士兵才处以腰斩的刑罚呢？是否还有其他的情形呢？只是，此类史料体现了无论作为军事上处罚的腰斩，还是作为制裁敌人的斩首，都属于军事行动中的措施而存在。

[3] 滋贺秀三：《刑罚的历史》，载《中国法制史论集》，创文社，2003，第 312 页。

史背景。对此，应注意到在死刑的名称和死刑的执行方式上存在两种不同的方向性，其一是表示杀害方法，其二是表示杀害后尸体的处理方法。具体区别如下。

（1）杀害方法：腰斩、斩首、弃市。

（2）杀害后尸体的处理方法：车裂、磔、枭首。

（1）不用说是表明了如何杀害死刑囚犯的方法的名称，后代增加的绞刑亦属此范畴。本来，对于弃市来说，与纯粹表明杀害方法的"斩"的命名原理不同，也许是将重点置于行刑场所的名称。果真如此，则意味着"在市场弃杀"的死刑执行状况，原本就没有涉及尸体的处理问题。再有，弃市和斩首作为汉代死刑的名称，其意义相同，由于法定正刑的斩首称为弃市，故将其归类于此。

而（2）则不是杀害的方法，而是意味着尸体在众目睽睽之下公开的方法和状况的名称。如果说死刑的第一要义就是剥夺囚犯的生命，以及考虑到现代社会的死刑制度在对致死后的囚犯尸体已经不存在加害措施，那么，（2）的存在可谓极为特殊，它正是中国自古以来持续的死刑原理和性格的固有表现。（1）和（2）是怎样的关系呢，为何附加（2）呢？为了回答这些问题，此处首先考察关于（1）的死刑。

前文已多次指出，斩首（弃市）和腰斩因切断身体的部位是头部或者肢体部分而不同。若根据滋贺秀三的观点，"刑"字最初的意思是对肉体刻上特定的"形""型"，它是从共同体中被驱逐出来的烙印。可见作为"刑"的形态之一的死刑具有的烙印，不单纯是剥夺生命，而是断绝的体现，这就是"斩"的执行状况。

而且，我想强调秦汉的死刑是肉刑的一种。"五刑"一词书经就有，其内容是墨、劓、刖（刖）、宫、大辟（见《尚书·吕刑》和《周礼·秋官·司刑》。《周礼》中"刖"作"刖"，两者均是斩趾刑）。秦汉时期作为法定正刑的肉刑，由轻到重分别是黥、劓、斩趾、宫、死，与所谓的五刑相对应。在所谓的五刑亦称肉刑的这些刑罚中，为何加入死刑这一种类，不外乎它也是毁损身体的一种刑罚罢了。身体的毁损或烙印，是由刺面的黥、割鼻的劓、斩断脚部的斩趾、切断生殖器官的宫、切断头部的斩首、切断肢体的腰斩等逐步加重其毁损程度，最终达到致命的伤害即所谓的"斩"。

在《二年律令》中又有"刑尽"之语：

> 有罪当耐，其法不名耐者，庶人以上耐为司寇，司寇耐为隶臣妾。隶臣妾及收人有耐罪，系城旦春六岁。系日未备而复有耐罪，完
>
> 90
>
> 为城旦春。城旦春有罪耐以上，黥之。其有赎罪以下，及老小不当刑、刑尽者，皆笞百。城旦刑尽而盗臧百一十钱以上，若贼伤人及杀人，而先
>
> 91
>
> 人、奴婢有刑城旦春以下至迁、耐罪，黥颜頯畀主，其有赎罪以下及老小不当刑、刑尽者，皆笞百。刑尽而贼伤人及杀人，先自告也，弃市。有罪
>
> 122

这里所谓的"刑"是肉刑之意，"刑尽"指原来按程度设定的黥、劓、斩趾等肉刑都执行完了之意。

还有，肉刑向重的方向按阶段执行亦可参考下引第 88 简：

> 有罪当黥，故黥者劓之，故劓者斩左止，斩左止者斩右止，斩右止者腐之。女子当磔若要斩者，弃市。当斩为城旦者黥为春，当赎斩者赎黥，
>
> 88

囚犯的处刑，分阶段切除身体的部分而逐渐加重。死刑（斩首、腰斩）说起来其程度是达到极致的状态，汉代法定正刑的死刑说起来是究极的肉刑，也可以说是"刑尽"吧。

但这是对属于（1）的处刑而言。作为死刑的状况，还有以毁损尸体为内容的（2）的执行。（2）是在囚犯被杀害后所附加的，属于尸体的处理问题。它与因杀害的方法而命名的究极的肉刑所具有的性格的（1）相比，其目的不一样。还有，经过（1）之后附加（2）的执行方式，首先执行的是斩首、腰斩，在杀害囚犯后，再附加曝晒尸体、使其枯死、用车毁损等附加性措施。

枭首、磔等刑罚是附加性死刑，或者也可以说应进入追加死刑的范畴。从而，将其置于与（1）的主刑同一水平线上论其轻重的做法，有过于简单化之嫌。本来，对斩首（弃市）附加枭首等，也许有人就以为枭首是比弃市更重的死刑吧。但对这一问题，必须从主刑和附加刑并科的重叠

关系中去思考，而把枭首作为主刑去与弃市相比较的做法，本身就是错误的。

我在先前已指出，"枭首"二字作为法定正刑的名称是否固定了下来，是存在疑问的。若比起"当某刑"这一表现形式的律文所见到的量刑规定，不得不想起其在表现上的有所不同。还有磔刑与弃市刑的关系，如上所述，"磔"被弃市在某种程度上吸收了。再有，在确定汉代死刑的种类上，沈家本、程树德为首的各家的说法未必一致，即使在后来的魏晋以还的时代，同样存在暧昧之处。对此，若站在将死刑分为两个范畴的观点上，可能更容易理解。

二　魏晋的刑罚

如上所述，汉、唐的死刑种类虽都分为二等，其实不同。换言之，汉代的腰斩、弃市（斩首），在唐代变为斩（斩首）和绞。其变化的焦点在于对同样犯罪的量刑上，汉代为腰斩的犯罪，在唐代变成斩首。

（A）以城邑亭障反，降诸侯，及守乘城亭障，诸侯人来攻盗，不坚守而弃去之若降之，及谋反者，皆要斩。其父母、妻子、同产，无少长皆弃市。其坐谋反者，能偏捕，若先告吏，皆除坐者罪。　　1、2

（a）诸主将守城，为贼所攻，不固守而弃去，及守备不设，为贼所掩覆者，斩。　　　　　　　　　　　　　　　《唐律疏议·擅兴律》

（B）伪写皇帝信玺、皇帝行玺，要斩以徇。　　　　　　　9

伪写彻侯印，弃市；小官印，完为城旦春。　　　　　　10

（b）诸伪造皇帝八宝者，斩。太皇太后、皇太后、皇后、皇太子宝者，绞。　　　　　　　　　　　　　　《唐律疏议·诈伪律》

（C）矫制，害者，弃市；不害，罚金四两。　　　　　　11

律，矫诏，大害，腰斩。　　　　《汉书·功臣表》如淳注

（c）诸诈为制书及增减者，绞。　　　《唐律疏议·诈伪律》

如果分别比较（A）和（a）、（B）和（b）、（C）和（c），则一目了然。汉代的腰斩刑在唐代为斩首刑，汉代的斩首刑在唐代为绞刑，总的说起来是减轻了一等。即汉代的腰斩和弃市（斩首）的二等死刑，在唐代被

置换为斩（斩首）和绞的二等，原来量刑为腰斩刑的犯罪变为斩首，而原来应处以斩首刑的犯罪则处以绞刑。

那么，晋律的适用场合又如何呢？在汉律和晋律之间，目前能够确认对类似的犯罪所给予的相关处罚规定，有关放火的条文就是适例：

> 【汉律·贼律】
>
> 贼燔城、官府及县官积聚，弃市。贼燔寺舍、民室屋庐舍、积聚，黥为城旦舂。其失火延燔之，罚金四两，责　　　　4
>
> 【晋律】
>
> 贼燔人庐舍积聚，盗赃五匹以上，弃市；即燔官府积聚盗，亦当与同。　　　　　　　　　　　　　　《晋书·刑法志》

若在官府的积聚处放火（晋律增加窃盗行为），均适用弃市。

"弃市"的刑罚名称在《晋书》等史料中不胜枚举，此处无暇一一确认，但至少从"弃市论""有罪弃市""当弃市"这类的表现形式来看，其无疑为法定正刑。兹试举数例：

> 六月，邺奚官督郭廞上疏陈五事以谏，言甚切直，擢为屯留令，西平人麴路伐登闻鼓，言多妖谤，有司奏弃市。帝曰："朕之过也。"舍而不问。　　　　　　　　　　　　　　　　　　《晋书·世祖武帝纪》
>
> 冬十一月癸丑，雷，梁州刺史杨思平有罪，弃市。
>
> 　　　　　　　　　　　　　　　　　　　　《晋书·安帝德宗本纪》
>
> 帝怒，收付廷尉。廷尉华恒以嵩大不敬弃市论，谳以扇和减罪除名。时颛方贵重，帝隐忍。久之，补庐陵太守，不之职，更拜御史中丞。　　　　　　　　　　　　　　　　　　《晋书·周嵩传》
>
> 于是送付廷尉，并其六子皆害之。玄又奏："道子酗纵不孝，当弃市。"诏徙安成郡，使御史杜竹林防卫，竟承玄旨酖杀之，时年三十九。帝三日哭于西堂。　　　　　《晋书·会稽文孝王道子子元显传》

沈家本在《历代刑法考·刑法分考四》"绞"中，认为曹魏的弃市刑的执行方式是绞杀。其结论当从下列史料的考察中得出。

《晋书·刑法志》记载周顗（东晋：269～328 年）关于恢复肉刑的议论中，有如下意见："肉刑平世所应立，非救弊之宜也。方今圣化草创，人有余奸，习恶之徒，为非未已，截头绞颈，尚不能禁，而乃更断足劓鼻，轻其刑罚，……"

还有同《刑法志》所载晋张斐的奏文，对弃市和斩刑是这样表述的："枭首者恶之长，斩刑者罪之大，弃市者死之下（译者按：中华书局版沈家本《历代刑法考·刑法分考四》作"罪之下"，"罪"字误），髡作者刑之威，赎罚者误之诫。"

所谓"截头绞颈"，就是斩首、绞杀，加诸后引张斐的奏文，可知晋代存在"斩刑""弃市"的二等死刑。如果斩刑是斩首的话，比其更轻的"弃市"当为绞杀。由于晋之刑罚议自魏代，可知其继受了曹魏的刑罚，故曹魏之弃市亦绞刑也，亦即死刑为斩首和绞杀（弃市）的方式可以说是从曹魏开始。"绞"在这个时期开始成为正刑的名称，此前一直使用弃市之名。根据《左传·哀公二年》"若其有罪，绞缢以戮"的杜预注，"绞，所以缢人物"，则"绞"尚未作为杀害的方法，类似于纽的解释也旁证了"绞"作为刑罚名称在晋代尚未固定下来（以上为沈家本之说）。

沈家本力倡弃市刑的执行方式为绞杀始于曹魏时期。但在《晋书》中，其是否作为正刑之名姑置不论，即使以"绞"确为"绞杀"之意来使用的杜预，不过是确认了作为杀害方法意义上的"绞"。据《左传·昭公元年》"十一月己酉，公子围至，入问王疾，缢而弑之"，杜预注"缢，绞也。孙卿曰：以冠缨绞之"[1]，杜预认为，绞就是以绳纽勒紧头部，或者勒紧头部的绳纽，这种理解是正确的。

如此，作为法定正刑之名的绞在晋代不曾出现，而沈家本认为绞杀作为死刑执行的方法已经施行的见解，也许可以说正得其解。但我对此难以认同。至少不限于这里所举的杜预的注解，即使从所有的杜注中，也没有看出当时即晋代的死刑执行方法是绞杀的意思。程树德认为：杜预注中"绞所以缢人物"的解释，恰好反映了绞为弃市的内容、为晋代死刑执行方法之一的情形在杜预的脑海中不曾有印象的旁证。[2]

---

① 此为杜预所引《荀子》，然今本《荀子》无此条。杨伯峻怀疑这是把《韩非子·奸劫弑臣》的"因入问疾，以其冠缨绞王而杀之"混入《荀子》的结果。

② 《九朝律考·晋律考》曰："杜预晋人，若晋已用绞，不容仅以缢人物为释，是晋无绞刑明矣。"

不仅杜预的注释，在《晋书》为首的相关史料中，能够证明绞杀是晋朝法定正刑的，仅有《刑法志》中"截头绞颈"这一孤证。而且，这句话果真是以当时所执行的两种死刑（斩首和绞首）为前提的吗？"习恶之徒，为非未已，截头绞颈，尚不能禁"，只是单纯的修辞，至少存在以没有具体化的修辞来推测严格的法制状况的危险性。再次强调，（不是作为刑罚的）绞首致死的杀害方法并不是特别的、可珍贵的，只是普通的杀害方法而已。

现在必须指出，在考虑这个问题时，不能无视其与腰斩刑的关系。汉代的腰斩刑和弃市刑已被序列等级化了。假设魏晋的弃市刑为绞杀刑的话，其与腰斩刑的关系、死刑的序列等均成问题。魏晋时期存在腰斩刑是没有疑问的。

> 改汉旧律不行于魏者皆除之，更依古义制为五刑。其死刑有三，髡刑有四，完刑、作刑各三，赎刑十一，罚金六，杂抵罪七，凡三十七名，以为律首。又改《贼律》，但以言语及犯宗庙园陵，谓之大逆无道，要斩，家属从坐，不及祖父母、孙。至于谋反大逆，临时捕之，或污潴，或枭菹，夷其三族，不在律令，所以严绝恶迹也。
>
> 《晋书·刑法志》

> 帝召百僚谋其故，仆射陈泰不至。帝遣其舅荀顗舆致之，延于曲室，谓曰："玄伯，天下其如我何？"泰曰："惟腰斩贾充，微以谢天下。"帝曰："卿更思其次。"泰曰："但见其上，不见其次。"于是归罪成济而斩之。 《晋书·文帝本纪》

> 及赵王伦篡位，齐王同谋讨之。前安西参军夏侯奭自称侍御史，在始平合众，得数千人，以应同，遣信要颙。颙遣主簿房阳、河间国人张方讨擒奭，及其党十数人，于长安市腰斩之。
>
> 《晋书 河间王颙传》

上引第一条史料《晋书·刑法志》是关于曹魏时期大逆无道罪的处罚规定，第二条、第三条史料分别是晋文帝时和八王之乱时执行腰斩刑的记载。在此特别引人瞩目的是曹魏时期处罚大逆无道罪的规定与汉代的相关规定并无变化。因为在汉代，若犯大逆无道罪，正犯腰斩，应缘坐的家属弃市（斩首）。而据上引《晋书·刑法志》可知，曹魏时犯该罪的正犯仍然处以腰斩刑。此外，从曹魏末的甘露年间（256～259 年）司马文王的上书言及大逆无道之事，可以确认其存在父母、同产、妻子（所谓的三族）处以斩刑的规定。

> 戊申，大将军文王上言："……科律大逆无道，父母妻子同产皆斩。济凶庆悖逆，干国乱纪，罪不容诛。辄敕侍御史收济家属，付延尉，结正其罪。"　　　　　　　　　　　《三国志·魏志 4·高贵乡公髦传》

此处的"大逆无道，父母妻子同产皆斩"，说明犯该罪的家属应被处以斩即斩首刑。再者，它如实地反映了弃市刑就是斩首。

另外，我还试图从别的方向提示晋代执行斩首的有关史料。如《晋书·刑法志》关于泰始三年（267 年）改定律令的内容中有："减枭斩族诛从坐之条，除谋反适养母出女嫁皆不复还坐父母弃市。"此处的"枭斩"不是"枭首""腰斩"。[1]

《晋书》之外，还能看到几条关于"枭斩"的史料。

> 俄迁征虏将军，监关中军事，领西戎校尉，赐爵通吉亭侯。为政暴酷，至于治中别驾及州之豪右，言语忤意，即于坐枭斩之，或引弓自射。西土患其凶虐。
>
> 桓温遣朱序讨勋，勋兵溃，为序所获，及息陇子、长史梁悍、司马金壹等送于温，并斩之，传首京师。
>
> 　　　　　　　　　　　《晋书·济南惠王遂/曾孙勋传》
>
> 时怀帝恶越专权，乃诏晞曰："朕以不德，戎车屡兴，上惧宗庙之累，下愍兆庶之困，当赖方岳，为国藩翰。公威震赫然，枭斩藩、桑，走降乔、朗，魏植之徒复以诛除，岂非高识明断，朕用委成。"
>
> 　　　　　　　　　　　　　　　　　《晋书·苟晞传》

上引"言语忤意，即于坐枭斩之""枭斩藩、桑"的"枭斩"，并不是指枭首、斩首等独立的个别的行为，而是斩其首而曝晒之，甚至就是斩

---

[1] 内田智雄的《译注中国历代刑法志》（创文社，2005）将其译为："减枭首、腰斩、族诛、从坐的条项。"我对同书所作的"解说·补"中，因在此处是否展开自说的问题上颇为踌躇，故终未展开论述。

首之意而已。如对"于坐枭斩之"，就难以解释为在座位上枭首和斩首。事实上，济南王勋最后的结局是"并斩之，传首京师"，亦可作为"斩"不是腰斩而是斩首的一个旁证。

总之，魏晋的死刑与汉代相同，依然以腰斩和弃市（斩首）为法定正刑，在这个阶段，尚未将绞杀刑作为死刑之一。

三 北朝的死刑——绞刑的出现

1. 北魏的刑罚

作为法定正刑的绞刑，目前能够在史料上得到明确确认的是从北魏时开始的。北魏太武帝神䴥四年（431 年）命令崔浩制定律令，作为法定正刑的绞杀刑才正式出现。

> 世祖即位，以刑禁重，神䴥中①，诏司徒浩定律令。除五岁、四岁刑，增一年刑。分大辟为二科，死斩，死入绞。大逆不道腰斩，诛其同籍，年十四已下腐刑，女子没县官。害其亲者辕之。为蛊毒者，男女皆斩，而焚其家。巫蛊者，负羖羊抱犬沉诸渊。
>
> 《魏书·刑罚志》

死刑（大辟）分为"死"和"斩"，此"斩"乃"斩首"之谓，对于大逆不道罪则另设特别重刑腰斩。此外，"腐刑""辕刑""焚其家""负羖羊抱犬沉诸渊"等刑罚，在该《刑罚志》所举神䴥四年律令中均得以确认。

至于绞首刑，果然在其后的高祖孝文帝太和元年（477 年）七月庚子，制定了三等的死刑。《魏书·高祖本纪》、《北史》卷 3 记载："七月庚子，定三等死刑。"

三等的死刑显然包含了太武帝时已是正刑的绞杀（死）。同《刑罚志》记载了太和元年的如下情况：

---

① 据《魏书·世祖本纪》、《北史·魏本纪》，神䴥四年，"冬十月戊寅，诏司徒崔浩改定律令"，可知其确切年代为神䴥四年。

　　高祖驭宇，留心刑法。故事，斩者皆裸形伏质，入死者绞，虽有
律，未之行也。太和元年，诏曰："刑法所以禁暴息奸，绝其命不在
裸形。其参详旧典，务从宽仁。"司徒元丕等奏言："圣心垂仁恕之
惠，使受戮者免裸骸之耻。普天感德，莫不幸甚。臣等谨议，大逆及
贼各弃市袒斩，盗及吏受赇各绞刑，踣诸甸师。"又诏曰："民由化
穆，非严刑所制。防之虽峻，陷者弥甚。今犯法至死，同入斩刑，去
衣裸体，男女亵见。岂齐之以法，示之以礼者也。今具为之制。"

　　据此可知，"故事，斩者皆裸形伏质，入死者绞，虽有律，未之行
也"。因此，根据太和元年之诏，对裸形的执行改为袒斩，同时，基于臣
下的建议，制定了对大逆及贼适用袒斩的弃市刑，对窃盗及贿赂适用绞刑
的规定。《魏书·高祖本纪》、《北史》卷3所载"七月庚子，定三等死
刑"，即指此时的确定死刑之事。

　　令人感兴趣的是太武帝神䴥四年制定的绞刑，在太和元年的时点，既
没有规定为正刑，亦未施行。为何没有执行呢？原因在于太武帝制定的新
律不是少数民族的刑罚，而是中国刑罚史上绞刑作为法定正刑的最初出
现。所以，绞刑即使制定了，但50年间未曾实施，死刑全部以斩刑的方法
执行，所谓"今犯法至死，同入斩刑，去衣裸体，男女亵见。岂齐之以
法，示之以礼者也"。对至此为止虽包含腰斩、斩首却均处以斩刑的死刑
制度而言，要蜕变为新的死刑制度，仍需假以时日。

　　由于绞刑作为正刑在晋律中无法确定，目前最早的史料反映的是在太
武帝神䴥四年制定的新律中才出现，且其后经过相当长的时间才固定下来。
所以，我认为绞杀刑是北魏初期才成为正刑的刑罚。那么，下面接着探讨
包含绞刑的北魏三等死刑的内容及其确定于哪个阶段。

2. 北魏律令的整理与正刑

　　北魏道武帝以降，共进行了七次法典编纂。根据《魏书·刑罚志》的
记载，其编纂梗概如次：[①]

　　①太祖（道武帝）天兴元年（398年）

　　命三公郎王德除其法之酷切于民者，约定科令，大崇简易。

---

①　参见滋贺秀三《中国法制史论集》第1章"法典编纂的历史"，创文社，2003，第65～
　　66页。

②世祖（太武帝）神䴥四年（431 年）

诏司徒浩定律令。

③世祖（太武帝）正平元年（451 年）

命游雅、胡方回等改定律制。凡三百九十一条。门诛四，大辟一百四十五，刑二百二十一条。

④高宗太安年间（455～459 年）

增律七十九章，门房之诛十有三，大辟三十五，（徒）刑六十二。

⑤高祖（孝文帝）太和五年（481 年）

诏中书令高闾集中秘官等修改（律令）旧文，凡八百三十二章，门房之诛十有六，大辟之罪二百三十五，（徒）刑三百七十七。

⑥高祖（孝文帝）太和十一年（492 年）

根据十一年春之诏，改革量刑（如"不逊父母"的量刑、"门房之诛"的删除等）。

⑦世宗（宣武帝）正始元年（504 年）

议定律令；《隋书·经籍志》有"后魏律二十卷"。

此外，律令的部分具体改订也应该有过，但主要的就是这先后七次的立法。对此不再梳理，还是回到探讨北魏的刑罚问题上。

在多达七次的法律改革中，有关绞杀刑的是前文已经论述到的其作为正刑出现的②的阶段，而三等死刑的确立，在⑤之前，即从②～④的阶段，绞刑虽是正刑，但处于有名无实的状态。

只不过在此有必要略作补充说明。

法律中绞、斩二等死刑为正刑的明文化是太武帝神䴥四年，也可以说是绞杀刑成为法定正刑的最初期。如果上述说法正确的话，拓跋鲜卑统一华北，由部落国家向中原王朝式的国家转化，改国号为魏［太祖天兴元年（398 年）］以后的活动，就法制史而言，就意味着北魏的法制融入中国法制史传统的阶段的到来。换言之，"中国法制史上最早作为法定正刑的绞杀刑的出现"，对鲜卑拓跋部而言，恐怕原来它曾作为部落内部的刑罚、处罚而存在着。也可以说，绞杀刑正因为是拓跋部落的传统刑罚，所以北魏太武帝在制定刑律时遂将其引入。

稍有遗憾的是，绞杀刑作为拓跋部落的刑罚而存在的明确证据，由于道武帝之前的史料贫乏而尚未发现。不过，也可以列举若干事例为旁证。

首先是《魏书·刑罚志》中有关昭成帝［什翼犍，在位时间338～376年，建国二年（339年）］的记载：

> 昭成建国二年：当死者，听其家献金马以赎；犯大逆者，亲族男女无少长皆斩；男女不以礼交皆死；民相杀者，听与死家马牛四十九头，及送葬器物以平之；无系讯连逮之坐；盗官物，一备五，私则备十。法令明白，百姓晏然。

这是道武帝以前拓跋部落建国时期的法令。对于大逆处以斩刑，对于较其稍轻的"男女不以礼交"处以"死"。此处的"斩"和"死"，相当于神䴥四年制定的"斩"和"死"。[①] 亦即在制定神䴥四年律之前，拓跋部落的死刑执行方法已有绞杀刑了。

其次，神䴥四年制定的律令，具有鲜卑族的法制与汉民族的法制结合的特性，即具有胡汉法制结合的特点。当时负责立法的是崔浩，他的目标也许就是具有汉化倾向的胡汉结合的实现。于是，新的法律在刑罚的混合上如实表现了这一目标。前文已经指出：要注意"腐刑""镮刑""焚其家""负羖羊抱犬沉诸渊"等刑罚，它们是与绞杀刑同时制定的刑罚，但在晋代之前显然并未见到绞杀刑。其中"负羖羊抱犬沉诸渊"这样的刑罚，在汉、晋诸律中全然不见，这种处刑给人以残存着少数民族的巫术性、宗教性仪式的性格的强烈印象。[②]《魏书·高车传》记述了匈奴系的北方少数民族高车族的风俗习惯，兹引如下：

> 喜致震霆，每震则叫呼射天而弃之移去。至来岁秋，马肥，复相率候于震所，埋羖羊，燃火，拔刀，女巫祝说，似如中国被除。

《魏书·高车传》、《北史》卷98

---

① 在神䴥四年新律中，本文列举了"腰斩""斩""死"等三种死刑，其中对大逆不道罪适用腰斩刑。建国二年的法令中，"大逆"和"大逆不道"是否同罪，不得其详，但至少建国二年的条文中的"斩"不应是"腰斩"。《魏书》所记的"斩"一般说来是"斩首"。假若其为"腰斩"，则"死"为斩首，那么与《魏书·刑罚志》在此事之后的神䴥四年的"死"（＝绞首）在用语上将难以整合。

② 沈家本在《历代刑法考》中认为"负羖羊抱犬沉诸渊"似是厌胜之事，即具有被禳的性格，但其从哪个角度作如此认定尚需斟酌。我认为作为牺牲的性格比作为被除的性格更强，其理由详见下述。

还有，同为北方少数民族的宕昌羌的风俗中，也见到有关羧羊、羊的
记载：

> 居有屋宇。其屋，织牦牛尾及羧羊毛覆之。
>
> 三年一聚，杀羊，羊以祭天。《魏书·宕昌羌传》、《北史》卷96

牛、羊与生活关系密切，因此也作为祭天的供物。还有，羧羊特别适
合于被除的作用吗？

即使对于犬，据《魏书·礼志》"祭牲用羊、豕、犬各一"，是给神的
供物、牺牲。神麚四年的新律若把"负羧羊抱犬沉诸渊"的刑罚作为对应
邪术妖法性质的巫蛊罪而规定下来，则该刑罚具有被除，或者对天供奉以
达到净化罪恶目的的功能。问题是所谓净化罪恶这一刑罚目的，在截至那
时为止的汉民族刑罚中并不存在。

我想进一步作如下推测。作为少数民族的习性，不仅是动物，人也是
给神的供物、牺牲。汉代的匈奴曾屠杀贰师将军李广利以祠，就是著名的
例子。北魏依然维持着把人作为给神的供物的风习。[1] 鲜卑族刑罚的目的
之一是向神供牺牲、被除，在这种场合下，杀害牺牲的方法就是绞杀。[2]

关于神麚四年制定的刑罚中所见的少数民族的要素，还可以"腐刑"
为例加以说明。腐刑亦即宫刑，不用说是中国自古以来的刑罚。可是，该
刑罚在东汉中期开始就不再执行，在东汉、三国、晋各朝中，宫刑变得几
乎无影无踪而无法确认其存在。[3] 汉代以来，自宫宦官之所以增加，其原

---

[1] 如《魏书·韦阆传族弟珍附传》："高祖初，蛮首桓诞归款，……淮源旧有祠堂，蛮俗恒
用人祭之。珍乃晓告曰：'天地明灵，即是民之父母，岂有父母甘子肉味！自今已后，悉
宜以酒脯代用。'"《北史》卷958："淮源旧有祠堂，蛮俗恒用人祭之。珍乃晓告曰：'天
地明灵，即人之父母，岂有父母，甘子肉味？自今宜悉以酒脯代用。'"又如《宋史·高
宗本纪》："二月丁丑，禁湖北溪洞用人祭鬼及造蛊毒，犯者保甲同坐。"

[2] 遗憾的是因为找不到在东北亚的北方少数民族杀害动物的资料，无法对其进行实证。但
《新约全书·使徒行传》第21章第25节："至于信主的外邦人，我们已经写信拟定，叫
他们谨忌那祭偶像之物，和血，并勒死的牲畜，与奸淫。"有这样的绞杀动物的记载可供
参证。此外，1967年的《大不列颠百科全书》记载：绞杀是古代的屠杀法。古代的家畜
被绞杀或用炽热的矛刺穿其眼窝和脑部，其肉和着血被腌制。犹太基督教徒不喜欢血，
由此引出新的措施：打击动物头部或迅速割断动物喉部血管，致其于死地，并倒悬其尸
体来放血。

[3] 沈家本：《历代刑罚考·刑罚分考九》"宫"；拙文《性的刑罚》，载《性的复调音乐
（polyphony）》，世界思想社，1990。

因在于对宫刑的刑罚效果已无法期待。到了隋《开皇律》，宫刑消除而不复存在。但其间唯一复活的就是在北魏，神䴥四年的新律明载的宫刑即其显例。即在北魏，把对动物的去势作为适用于人的腐刑，是鲜卑族历来执行的行刑方法，故于神䴥四年亦作为正刑予以立法化。换言之，神䴥律中的腐刑与绞杀一样，可以说是胡族的刑罚，是胡汉融合的一个环节。

虽然如此，必须指出，就胡族刑罚被汉族接受的背景而言，汉族一方也有适合继受的土壤。腐刑早在中国古代就已经得到实施，故汉族对"新的胡族刑罚"没有抵抗。绞杀的情况也是如此。它虽不是刑罚，但作为杀害的方法早已通行于汉族社会。并且其作为官吏名誉刑的自裁方法，通常是以绶绞首。在这样的社会土壤中，胡族独自的绞杀刑也就在崔浩的汉化政策下被采纳而固定化。

以上论述了对神䴥四年制定的新律中的正刑，应从胡族与汉族两种刑罚制度合流的背景来考察，具有少数民族特点的绞杀刑，在这一阶段成为中国刑罚的正刑。

太武帝时期胡族的死刑还残留着，但不久就成为中原王朝的刑罚，如胡族刑罚绞杀的巩固就需要一定的时间。这在前文已有论述。北魏死刑制度的最终完成，是孝文帝太和元年七月所制定的三等死刑制度。三等死刑中的两种是斩（斩首）和死（绞首），这在前引《魏书·刑罚志》高祖太和元年条的记载中已经明确。那么，余下来的一等是什么呢？我的结论就是枭首，其证据在同《刑罚志》的下一条：

> 先是以律令不具，奸吏用法，致有轻重。诏中书令高闾集中秘官等修改旧文，随例增减。又敕群官，参议厥衷，经御刊定。五年冬讫，凡八百三十二章，门房之诛十有六，大辟之罪二百三十五，刑三百七十七；除群行剽劫首谋门诛律，重者止枭首。 《魏书·刑罚志》

这是前述北魏制定律令过程之⑤的太和五年（481年）立法的原始材料，它清楚地说明死刑中最重的就是枭首。

而此前的太和四年，当沙门法秀图谋反逆时，时任吏部尚书的王叡上奏："与其杀不辜，宁赦有罪。宜枭斩首恶，余从疑赦，不亦善乎？"高祖从之，得免者千余人（《魏书·王叡传》、《北史》卷93）。

可见早在太和五年之前，枭首刑已经被采用。也可以认为，太和元年制定的三等死刑（枭首、斩首、绞首），在太和五年的律文中已编入法定正刑。

枭首在此后的北魏一朝始终存在，这已经得到史料的证实。① 北魏的死刑经过胡汉融合的过渡期，至孝文帝太和初年确立起枭首、斩首、绞首三等死刑的法定正刑，并且一直保留到王朝末年。

四 从北齐、北周至隋朝

北魏分裂为北齐、北周，两个王朝的法律、刑罚均沿袭北魏，差别不大。《隋书·刑法志》记载北齐武成帝河清三年（564 年）制定齐律 12 篇、新令 40 卷。② 这是沿袭魏晋以来的旧制，由律和令构成，且其罪名及内容亦在汉律、晋律的延长线上。但刑罚的种类及内容则与晋律有异，毋宁说承袭了北魏以来新刑罚之余绪。

北齐的刑罚有死刑、流刑、耐刑（劳役刑）、鞭刑和杖刑五种，北周略同于此。北周大律制定于武帝保定三年（563 年），共 25 篇，1537 条，其正刑是死刑、流刑、徒刑、鞭刑和杖刑五种，这在《隋书·刑法志》和《通典·刑法典》中均有明记。

唐律的五刑（笞、杖、徒、流、死）显然源自北齐、北周的刑制。但是，我认为此前的北魏刑制是唐代刑罚体系的萌芽，此论限于篇幅，不再逐一展开，兹仅就死刑问题，考察一下北魏到北周、北齐的继承概况。

关于北周、北齐的死刑内容，在《隋书·刑法志》、《通典·刑法典》和《唐六典》卷 6 "刑部郎中"条的记载上，三者没有差别。

---

① 例如《魏书·酷吏·羊祉传》："正始二年，王师伐蜀，以祉假节、龙骧将军、益州刺史，出剑阁而还。又以本将军为秦梁二州刺史，加征房将军。天性酷忍，又不清洁。坐掠人为奴婢，为御史中尉王显所弹免。高肇南征，祉复被起为光禄大夫、假平南将军，持节领步骑三万先驱趣涪。未至，世宗崩，班师。夜中引军，山有二径，军人迷而失路。祉便斩队副杨明达，枭首路侧。为中尉元昭所劾，会赦免。后加平北将军，未拜而卒。赠安东将军、兖州刺史。"又如《魏书·辛雄传从父兄纂附传》："永安二年，元颢乘胜，卒至城下，尔朱世隆狼狈退还，城内空虚，遂为颢擒。及庄帝还宫，纂谢不守之罪。帝曰：'于时朕亦北巡。东军不守，岂卿之过。'还镇虎牢，俄转中军将军、荥阳太守。民有姜洛生、康乞得者，旧是太守郑仲明左右，豪猾偷窃，境内为患。纂伺捕擒获，枭于郡市，百姓忻然。加镇东将军。"前者为宣武帝正始二年（505 年）之事，后者为北魏末孝庄帝永安二年（529 年）之事。

② 《通典》卷 164 作"新令 30 卷"，《册府元龟》卷 611 作"40 卷"，《唐六典》卷 6 作"赵郡王叡等撰令五十卷"。参见前引滋贺秀三《中国法制史论集》，创文社，2003，第 67 页。

北齐：轘、枭首、斩、绞①

北周：裂、枭、斩、绞、磬

其中所谓的"轘""裂"，即车裂。此刑在北魏太武帝神䴥四年律令中早已有之（见前引"害其亲者轘之"）。东魏天平年间（534～537年），也曾执行过车裂刑：

> 天平中，凯遂遣奴害公主。乃轘凯于东市，妻枭首。家遂殄灭。
>
> 《魏书·萧宝夤传》

该犯罪的主犯被处以轘刑，家族（妻）减轻一等，被处以枭首刑。可见，早在北魏末到东魏时期，北齐死刑的序列、体系已经形成了。

但是，在此对车裂还必须作些说明。在先前"秦汉时期的刑罚"中，我对车裂刑是这样解释的：

"车裂人也""肢体分散也"固然是车裂的执行状况，但不是将活着的人用车引裂其身体，而是将其杀害后，用车引裂其尸体，并且是在市场公开执行的。

汉代的车裂刑在我所主张的两种死刑［（1）杀害方法；（2）杀害后尸体的处理］分类法中，显然属于后者（2）。那么，北魏也是这样的吗？斩断首级之后曝晒之的枭首，在历代均属于（2）是理所当然的。但对车裂来说，在具有异质文化的少数民族国家中，也许存在将人的身体活生生地牵引撕裂，致其死亡，当属于（1）的情形。可是，北魏以降的轘刑或者裂刑，也就是车裂刑，似乎仍属于（2）的情形。

其理由，可以从枭首与车裂截至隋代为止所处的对置关系中得以确认。也就是说，枭首处于比车裂低一等的刑罚的位置。这在前引东魏时期的史料《魏书·萧宝夤传》中，主犯处轘刑、妻子处枭首刑的关系中可以看出。再有，从《隋书·刑法志》等史料所记载的"枭首"与"轘"、"裂"并置的关系中，亦能证明。

> 一曰死，重者轘之。其次枭首，并陈尸三日。　《隋书·刑法志》

---

① 《隋书·刑法志》对此四等死刑作如下解释："其制，刑名五：一曰死，重者轘之。其次枭首，并陈尸三日；无市者，列于乡亭显处。其次斩刑，殊身首。其次绞刑，死而不殊。凡四等。"

（开皇律）蠲除前代鞭刑及枭首轘裂之法。　　　《隋书·刑法志》

（开皇元年诏）夫绞以致毙，斩则殊刑，除恶之体，于斯已极。
枭首轘身，义无所取，不益惩肃之理，徒表安忍之怀。

《隋书·刑法志》

朕今复仇雪耻，枭轘者一人，拯溺救焚，所哀者士庶。

《隋书·炀三子传》、《北史》卷71

轘刑与枭首如此并列记载的事实，说明两种刑罚具有同样的性质，即处刑后损伤尸体的刑罚。这从战国秦汉以迄隋朝，仍其旧惯而不曾变化。

以上，追溯了北魏至隋朝刑罚的变迁见表1。

表1　北魏至隋朝刑罚的变迁

北魏： 枭首、斩、绞	北齐： 轘、枭首、斩、绞	隋唐： 斩、绞
	北周： 裂、枭、斩、绞、磬	

如此，在不断变迁的北魏至隋朝的死刑潮流中，与时而存在、时而难以确认其刑名的枭首、车裂不同，斩、绞一贯存在于北魏至隋朝，并为唐朝所继承。乍一看，它是富于变化的死刑潮流，但是，从中难道一点儿也不能窥伺其背后所隐藏的原理吗？

至此为止，已经到了总括汉至唐的死刑制度流变的时刻。只是，在此还想补充概观此前的南朝死刑制度。

五　宋、齐、梁、陈的死刑

《唐六典》卷6"刑部郎中"条有"宋及南齐，律之篇目及刑名之制略同于晋氏"。就其刑罚体系而言，死刑、耐刑（髡钳刑5岁刑～2岁刑）、赎刑、罚金刑的序列化，是全盘承袭汉晋的刑罚体系，而存在于北朝刑罚中的隋唐五刑的萌芽状况，在南朝完全看不到。

就死刑来看，宋在律中规定了枭首和弃市：

渊之，大明中为尚书比部郎。时安陆应城县民张江陵与妻吴共骂

母黄令死，黄忿恨自经死，值赦。律文，子贼杀伤殴父母，枭首；骂
詈，弃市；谋杀夫之父母，亦弃市。值赦，免刑补冶。江陵骂母，母
以之自裁，重于伤殴。若同杀科，则疑重；用殴伤及骂科，则疑轻。
制唯有打母，遇赦犹枭首，无骂母致死值赦之科。

《宋书·孔渊之传》、《南史》卷 27

从上引"子贼杀伤殴父母，枭首；骂詈，弃市"这一宋律条文的规定
来看，宋的死刑与晋的死刑一样设定了枭首、弃市。不仅如此，同样的条
文在汉律（张家山汉墓出土汉律）中也能见到：

> 子贼杀伤父母，奴婢贼杀伤主、主父母妻子，皆枭其首市。　　34
> 子牧杀父母、殴詈泰父母、父母、段大母、主母、后母，及父母
> 告子不孝，皆弃市。其子有罪当城旦春、鬼薪白粲以上。　　35
> 妇贼伤、殴詈夫之泰父母、父母、主母、后母，皆弃市。　　40

以上史料，如实地反映了宋的法制、刑罚是从汉朝继承下来的。即使
此后的齐、梁、陈诸朝，如梁天监二年（503 年）公布的梁律，也规定了
弃市和枭首这两种死刑为正刑：[1]

> 弃市已上为死罪，大罪枭其首，其次弃市。　　　《隋书·刑法志》

只是，这里稍需注意的是"弃市"的执行方法，它究竟是斩首还是绞
杀。对此，我先引《隋书·刑法志》所述梁律的规定："其谋反、降、叛、
大逆已上皆斩，父子同产，男无少长，皆弃市。"这显然沿袭汉律中大逆
无道罪的规定。汉律的相关规定见诸《汉书·景帝本纪》如淳注："律，
大逆不道，父母妻子同产皆弃市。"

可见，汉代对大逆不道（无道）的主犯处以腰斩，缘坐的家族处以弃
市。[2] 我在此前的相关著作中指出，这种场合下的弃市，是指斩首。果真
如此，梁律所谓"大逆已上皆斩"的主犯适用的"斩"又该作何解呢？截

---

① 死刑以下的刑罚，梁亦同于宋，耐刑（髡钳刑 5 岁刑 ~2 岁刑）、赎刑、罚金刑的序列化，
　仍是承袭汉晋而来。
② 拙著：《秦汉刑罚制度的研究》，京都大学学术出版会，1998（译者按：该书已由柴生芳、
　朱恒晔译，广西师范大学出版社，2006），第 261 页。

至目前所考证的南北朝死刑中的"斩"，均作斩首解释。如此，梁律大逆罪中的"斩"亦当为斩首，对于应比其减轻一等的家族所适用的"弃市"，则不是斩首，是"绞"的盖然性非常高。在梁的死刑中，绞杀果真是其中之一的话，则总体应是枭首和绞首（弃市）吧。

此外，我对以下诸说不敢苟同。

①有关南朝刑罚的资料中，找不到能够证明绞杀作为刑罚得到施行的记载。

②假设绞杀刑为梁朝的正刑的话，因其是沿袭晋朝的制度加以变更的，则应该有反映其改定的史料及其理由。可是，即使说南朝的刑制是沿袭魏晋的制度，但关于其改变方面则完全没有触及。

③作为处刑的方法，执行斩首的史料甚多。① 也就是说，斩首是作为正刑来执行的。同时，绞杀也是正刑，假设弃市＝绞杀，则枭首＝斩首。可是，在汉朝至晋朝为止的刑罚中，枭首和斩首是不同的刑罚名称，仅限于南朝的梁，才记载了枭首和斩在刑名上是相同的资料，或者可以作如此认识。

---

① 如《南齐书·豫章文献王嶷传》："义阳劫帅张群亡命积年，鼓行为贼，义阳、武陵、天门、南平四郡界，被其残破。沈攸之连讨不能禽，乃首用之。攸之起事，群从下邳，于路先叛，结寨于三溪，依据深险。嶷遣中兵参军虞欣祖为义阳太守，使降意诱纳之，厚为礼遗，于坐斩首，其党数百人皆散，四郡获安。"《梁书·武帝本纪》："三月戊辰，大破之，擒敬躬送京师，斩于建康市。是月，于江州新蔡、高塘立颂平屯，垦作蛮田。遣越州刺史陈侯、罗州刺史宁巨、安州刺史李智、爱州刺史阮汉，同征李贲于交州。"《南史·梁本纪下》："丙申，征广州刺史王琳入援。丁酉，大风，城内火烧居人数千家。以为失在妇人，斩首尸之。是日，帝犹赋诗无废。以胡僧佑为开府仪同三司。"《南史·梁武帝诸子传》："元帝又遣领军王僧辩代鲍泉攻誉。誉将溃围而出，会其麾下将慕容华引僧辩入城，遂被执。谓守者曰：'勿杀我，得一见七官，申此逸贼，死无恨。'主者曰：'奉令不许。'遂斩首，送荆镇。元帝返其首以葬焉。"《梁书·张嵊传》："太清二年，侯景围京城，嵊遣弟伊率郡兵数千人赴援。三年，宫城陷，御史中丞沈浚违难东归。嵊往见而谓曰：'贼臣凭陵，社稷危耻，正是人臣效命之秋。今欲收集兵力，保据贵乡。若天道无灵，忠节不展，虽复及死，诚亦无恨。'浚曰：'鄱郡虽小，仗义拒逆，谁敢不从！'固劝嵊举义。于是收集士卒，缮筑城垒。时邵陵王东奔至钱唐，闻之，遣板授嵊征东将军，加秩中二千石。嵊曰：'朝廷危迫，天子蒙尘，今日何情，复受荣号。'留板而已。贼行台刘神茂攻破义兴，遣使说嵊曰：'若早降附，当还以郡相处，复加爵赏。'嵊命斩其使，仍遣军主王雄等帅兵于鱣浦逆击之，破神茂，神茂退走。侯景闻神茂败，乃遣其中军侯子鉴帅精兵二万人，助神茂以击嵊。嵊遣军主范智朗出郡西拒战，为神茂所败，退归。贼骑乘胜焚栅，栅内众军皆土崩。嵊乃释戎服，坐于听事，贼临之以刃，终不为屈。乃执嵊以送景，景刑之于都市，子弟同遇害者十余人，时年六十二。"

④假设是枭首和绞的话，则我认为的以致死为目的的死刑只是绞勒首级的绞杀而已。不能看到枭首前阶段的切断首级的刑罚是不自然的。

总之，如果考虑到①～④的情形，我无法认同包括梁朝在内的南朝的死刑是枭首和绞这两种，仍以为弃市的执行方式是斩首的见解比较妥当。

那么，回到先前梁律所谓的对大逆不道罪处以斩和弃市应如何解释呢？一种解释是这个斩不是斩首，而应理解为腰斩。以单字的"斩"表示"腰斩"，在汉代的史料中能够获得验证。[①] 而南朝的史料中未见此类用例，但这里却理解为沿袭汉律而有腰斩之意，是否合适呢？

另外，当时的腰斩刑几乎不再执行，当梁律立法之际，死刑的种类有枭首和弃市（斩首）两种，但律文依然沿袭汉晋律大逆无道罪的条文，却未能调整、改造斩与弃市的关系，故造成半途而废的局面。[②]

总之，南朝的死刑依旧沿袭汉晋死刑，没有产生如北朝那样的新的死刑，即迥异于截至那时的代表死刑的原理、性质的绞杀刑尚未出现。所以，南朝的死刑没有被隋唐所继承。

结语：从秦汉到隋唐——从终极的肉刑到生命刑

以下将秦汉至隋唐约 1000 年间的中国古代、中世的死刑变迁，各朝代所执行的法定正刑给予简单的整理，如表 2 所示。

表 2　各朝代所执行的法定正刑

秦汉		枭首	磔	腰斩	弃市（斩首）	
魏晋		枭首		腰斩	弃市（斩首）	
北魏		枭首			斩（斩首）	死（绞首）
北齐	辒	枭首			斩	绞

---

① 前引拙著：《秦汉刑罚制度的研究》，第 241 页。

② 参见《九朝律考·梁律考》。还有，腰斩确实为梁、齐所执行。例如《南齐书·文学传》："且迈远置辞，无乃侵慢，民作符檄，肆言詈辱，放笔出手，即就膏粉。若使桂阳得志，民若不輦裂军门，则应腰斩都市。婴孩脯脍，伊可熟念。其五可论也。"又如《南史·周石珍传》："亘学北人著靴上殿，无肃恭之礼。有怪之者，亘曰：'吾岂畏刘禅乎？'从景围巴陵郡，叫曰：'荆州那不送降！'及至江陵，将刑于市，泣谓石珍曰：'吾等死亦是罪盈。'石珍与其子升相抱哭。亘谓监刑人曰：'倩语湘东王，不有废也，君何以兴？'俱腰斩。"

续表

秦汉		枭首	磔	腰斩	弃市（斩首）	
北周	裂	枭	磬		斩	绞
隋					斩	绞
唐~清					斩	绞

从表 2 乍一看，大约以为有多种死刑在各个王朝兴废，但实际上并不是如此。本文力倡中国的死刑——从古代到近世——据此区分为直接剥夺生命的刑罚与对致死后的尸体加以伤害（毁损）的刑罚，即"身体的处刑"与"尸体的处刑"。从汉代开始的法定正刑通常具有这二重构造。说到死刑，在今日只限于"身体的处刑"。在此需要注意的是，包括中国在内的现代世界的死刑，与前近代中国的死刑之间存在极大的不同。

那么，若追踪上述秦汉至隋唐为止"身体的处刑"的变迁，主要表现为腰斩、斩首（弃市）的二等死刑，迨及北魏，遂变化为斩首、绞首（弃市），并持续到清末。对此，若从"身体的处刑"的观点来看，它不太有变化，只不过有一次变化而已。关于"身体的处刑"在中国刑罚史上仅有的一次改变，是不能忽视的重大变化，这在后面还会论及，此处仅论列秦汉至隋唐刑罚变迁的事实。

秦汉时期开始持续的法定正刑，除了"身体的处刑"这一轴心外，另一轴心是"尸体的处刑"，枭首（将头颅示众）、磔（将尸体示众）、车裂（用车将尸体拉裂）等当属此类。它们是在"身体的处刑"之后执行的，或者说是附加于"身体的处刑"的死刑，亦可称之为二次性死刑。其实，这种"尸体的处刑"正表现了前近代中国死刑特征的要素，而先前"身体的处刑"的变迁通常表现平淡，也与这种二次性死刑的存在具有联系。

那么，为什么会存在这样的附加刑呢？这与众所周知的中国古代或者通过帝制中国而认识到的中国特有的刑罚目的及其存在意义是有关联的。换言之，刑罚的目的不在于报应，而在于一般预防。属于"身体的处刑"的斩、绞等死刑，是以杀害囚犯为目的的处刑，往往在市场公开执行。而"尸体的处刑"，已经不是以死刑犯自身为对象，而只是以死刑犯的遗体为对象，作为威吓一般民众，使其不至于实施犯罪的手段。总之，它通过某种形式，让人们看到处刑后的罪犯的尸体的惨状，以达到抑止犯罪和维持秩序的目的。所谓"枭首以徇""车裂以徇"的"以徇",据师古注,"徇,行示",又据《周礼·地官司徒》郑玄注,"徇,举以示其地之众也",所谓的"示"就是威吓。在前面论证车裂是死后的处刑时,列举了《史记·商君列传》所记,秦惠王车裂商君以徇,曰:"莫如商鞅反者!"就是显例。再有,《韩非子》在下引主张中,更深刻地揭示了死刑执行的意义:

> 且夫重刑者,非为罪人也。明主之法,揆也。治贼,非治所揆也。治所揆也者,是治死人也。刑盗,非治所刑也。治所刑也者,是治胥靡也。故曰重一奸之罪而止境内之邪。此所以为治也。

所谓的"所揆""所刑",是指被法规适用、制裁的人,成为处罚对象的人,亦即犯罪人。韩非子认为,对犯罪人的处置并不是重要的,重要的是通过"重一奸之罪而止境内之邪",使一般民众不敢犯罪。

考察汉代以降的历代死刑状况,可知其是由"身体的处刑"与"尸体的处刑"两个轴心构成。亦即在死刑的处罚上具有这两个要素,但其比重越来越倾向于"尸体的处刑"上。前者即"身体的处刑",原本是为了抹杀、驱逐给社会造成恶害的人,但抹杀的措施仅在于断绝其性命,其执行方法通常表现得较为平淡、单调、短暂,故为静态的。当其演变为斩与绞两种死刑之后,直至清律为止,斩、绞这两种律所规定的法定正刑一直持续着,再没有大的变化,故仍然可以视其为静态的吧。

与此相对的"尸体的处刑",则表现为可变的、动态的,并且处刑时间甚长。汉代乃至中国的刑罚,都将尸体的处刑置于重点。"身体的处刑"采取公开处刑的形式,固然含有威吓之意,而"尸体的处刑"的要素,亦可解释为在执行剥夺生命之际早已包含其中。只是,以枭首、磔为首的这些儆戒性刑罚,有时规定于律中,但其规定的方法也没有一定的形式,在种类或内容上也不一定。这是因为这类刑罚实际上是将重心置于其中,但从形式上看,不表现为主刑,而表现为附加刑。由于它们相对于主而处于从的立场,故具有可变性;它们又能根据时代和具体状况而灵活运用,故又具有现实性。它们有时作为正刑为律所规定,有时被"身体的处刑"所吸收,有时作为皇帝专擅的处刑形式而存续。如若变换视角,也许可以说在中国的死刑中,"身体的处刑"从某种意义上说残虐性较为淡薄,而处于其外侧的"尸体的处刑"这种准刑罚，则具有补充前者的意义。①

前文已指出，"身体的处刑"在中国刑罚史上仅有一次变化。但我们必须注意到这次变化的意义极其重大。

秦汉时期的刑罚原理，以"斩"身体的肉刑为其基础。《尚书》中的五刑包括墨、劓、刖、宫、死（大辟），秦律中则有黥、劓、斩趾、宫刑、死刑，汉律有"刑尽"一词，是指逐步加重肉刑的等级，随着严重程度的增加，设定了究极的肉刑——死刑。

随着肉刑被汉文帝废止，墨、劓、刖等肉刑中的一部分为死刑（斩右趾升为弃市）所吸收，大部分转变为髡钳城旦舂等强制劳动刑，但死刑作为究极的肉刑的原理并没有变化，或者说，致其变化的根本原因还没出现。从而，在汉、魏、晋等朝，属于"身体的处刑"的法定正刑皆为腰斩、斩首。由于以绞首的方式执行的绞刑，不入"究极的肉刑"的范畴，故在古代汉晋这一时期的死刑中，不存在绞杀之刑。

绞刑被采用为死刑，始于北魏。对此种变化的意义的理解，不应当停留在死刑执行方法由切断首级变为绞首这一简单表象上，而应深究其内在的死刑性质、死刑法理的变化，认识到它是中国刑罚制度史上的新里程碑。换言之，至此为止一直处于究极的肉刑位置的死刑，随着绞刑的出现，在执行理念上遂转变为以剥夺生命为目的。并且，这一变化给予此后的中国法制史以有形无形的诸多影响。在此虽无暇详论其影响的诸多方面，但仅从此后屡被论及的肉刑复活问题中，又如何思考死刑呢？已经不再被认为是究极的肉刑的斩首刑与被倡议复活的肉刑之间有何不同呢？更为本质的问题则是"刑"的语意也在发生变化。本来，以肉刑为中心而体系化的刑罚制度，即使在汉文帝以后建立起以死刑、劳役刑、赎刑、罚金

---

① 我想指出，在这方面西洋与东洋刑罚上的差别。众所周知，西洋有过的十字架刑、磔刑等刑罚，它们或将罪犯悬挂于木桩下，或者绑在树上来执行死刑。《旧约全书》等文献中，多次记载了关于十字架刑的执行，如《旧约全书·申命记》第21章第22节至第23节就有如下的记载："人若犯该死的罪，被治死了，你将他挂在木头上，他的尸首不可留在木头上过夜，必要当日将他葬埋，免得玷污了耶和华你神所赐你为业之地。因为被挂的人是在神面前受咒诅的。"这里的十字架刑恐怕就是绞首刑（hanging）吧。从中可知，首先，在古代的美索不达米亚、希伯来的法中，其刑罚有绞首刑，处刑后的尸体不再存放而是迅速掩埋。其次，存在尸体"是在神面前受咒诅的""污秽"的意识。而恰恰这种有关尸体污秽的意识，在中国古代极为淡薄。最后，在希伯来刑罚中存在神的地位。而在中国刑罚中，神即使最初以人格神"天"的形式存在于上古时期，到秦汉时期的刑罚中也不再出现了。

刑相互配合的刑罚体系，其基础也没有变化。"刑"的本质仍以毁损身体，或在某种意义的驱逐、隔绝为基本理念。毁损身体就是驱逐、隔绝的象征之形（刑）。并且，在肉刑废除后，唯一遗留下来且可称为究极的肉刑的就是斩首、腰斩。

可是，现在绞刑作为死刑的一种出现，已经不再是究极的毁损身体的死刑，也不是作为从生物界驱逐、隔绝的死刑，而是仅仅作为具有剥夺生命意义上的死刑。从唐律规定的独立的笞、杖、徒、流、死等五刑所构成的刑罚中，无法看出身体毁损刑、驱逐刑等古代刑罚的基本理念。作为分水岭，究极的刑罚的死刑随着绞刑的登场，开启了中国刑罚制度史上的第二阶段。

那么，是谁带来了绞刑呢？这是少数民族统治中国所致，即5世纪北魏的建立及胡汉融合所致。如前所述，"绞杀"这一死刑，源于北方少数民族的刑罚。北魏世祖太武帝定律时，最早将绞刑纳入中国的刑制之中，同时还采纳了若干胡族传统的死刑。此乃少数民族推进汉化政策，使胡族刑制与汉族刑制融合，最终演变为死、流、徒、杖、笞的唐代五刑体系。流刑以下诸刑中所见的胡族要素，在以死刑为焦点的本文中暂且不表，留待他文。至于死刑方面，在北魏孝文帝时逐渐规范为斩、绞二等。死刑的胡汉融合由此产生。再有，胡族原本拥有众多的独自的处刑方法，但最终舍弃了诸多死刑，仅留下绞刑。当然，绞这一杀害手段，在中国自古就作为自杀和他杀的手段而存在。因此，即使作为胡族的死刑，也有接受土壤的协调性背景的存在。

总之，5世纪时北魏统治华北地区，是中国刑罚史上划时代的界标，它带来了与至此为止迥异的刑罚理念。秦汉以来存续的刑罚理念被南朝继承而归于终焉。此后的隋唐直至清末的死刑乃至中国的刑制，应是胡汉融合的刑罚。陋见如此，是否妥当？

最后再略缀数言，作为本文的结束语。死刑制度经历了从汉族的古代刑制演变为胡汉融合的刑制（刑罚），但也有不曾变化的。与其说这种状况有一时为胡族的习惯、刑罚思想所撼动的，毋宁说它最终仍有顽固地维持着的，其典型即"身体的处刑"与"尸体的处刑"这种死刑的二重构造。而支持它的原理的则是中国刑罚中一贯表现出来的刑罚目的，即刑罚存在的理念不在于报应，而在于以威吓和预防为目的。这在死刑理念从

"究极的肉刑"转向"生命的剥夺"的同时，历经两千余年依旧维持着，即使少数民族的征服王朝亦莫能例外。它作为帝制中国秩序和安定的稳固器，迄今仍能发挥此种作用。

【引用简牍】

拙文所引简牍及其顺序号，其依据如下：

张家山 247 号墓出土汉律，依据《张家山汉墓竹简（247 号墓）》，文物出版社，2001。

睡虎地秦律，依据《睡虎地秦墓竹简》，文物出版社，1990。

居延汉简，依据《居延汉简释文合校》，文物出版社，1987；《居延新简》，文物出版社，1990。

上孙家寨 115 号墓木简，依据《散见简牍合辑》，文物出版社，1990。

[本文译自〔日〕冨谷至主编《东亚的死刑》"第一章　从终极的肉刑到生命刑——汉至唐死刑考"，日本京都大学学术出版会，2008。译文原载《中西法律传统》（第 7 卷），北京大学出版社，2009，收入本书时略有改动]

唐代死刑发展的几个转折

陈俊强 [*]

一 前言

据统计目前全球已有超过一百四十个国家废除或不执行死刑，而仍维持死刑之国家，则尚有五十多国。[①] 近年来，关于死刑的判决、执行与存废等议题，不时在台湾社会引发激烈争论。其实不仅是当代社会，在中国历史上死刑一直都是重大议题。自古以来，没有王朝不标榜矜恤人命，没有帝王不自诩仁民爱物，时刻强调"大德曰生，至重曰命，缅观前典，惟刑是恤"。[②] 对于死刑之判决与执行向来慎重。唐太宗贞观四年（630 年），史称"是岁，天下大稔，流散者咸归乡里，米斗不过三、四钱，终岁断死刑才二十九人"。[③] 一年仅二十九人判处死刑，竟是史册颂赞"贞观之治"的具体治绩。同样的例子也见于唐玄宗的"开元之治"，史称开元"二十年间，号称治平，衣食富足，人罕犯法。是岁刑部所断天下死罪五十八人"。[④] 可见古代王朝之慎杀。进而言之，唐代在死刑发展史上其实颇堪瞩

* 陈俊强，台北大学历史学系教授。

① 根据国际特赦组织（Amnesty International）2017 年全球死刑报告（https://www.amnesty.org/en/latest/news/2018/04/death‐penalty‐facts‐and‐figures‐2017/，读取 2018.07.29）。

② （宋）王钦若等编纂，周勋初等校订《册府元龟》（校订本），卷六一二《刑法部·定律令四》，唐玄宗开元十二年（724 年）四月《定犯罪人刑法诏》，凤凰出版社，2006，第 7069 页。

③ （宋）司马光撰，（元）胡三省注《资治通鉴》（点校本），卷一九三《唐纪九》，"唐太宗贞观四年（630 年）"条，中华书局，1981，第 6085 页。

④ （宋）欧阳修、宋祁：《新唐书》（点校本），卷五六《刑法志》，中华书局，1981，第 1415 页。

目。唐玄宗天宝六载（747 年）曾下诏"除绞斩刑"，① 明令不再执行死刑，此可视为中国史上最早废除死刑的记载。玄宗"除绞斩刑"一事虽仅维持十四年，历时不长，但在距今一千二百多年前的第八世纪，中国即已尝试废除剥夺生命的极刑，在世界历史上仍属罕见。

拙稿旨在勾勒有唐一代二百九十年间死刑发展的几个重要阶段，为方便讨论，拟聚焦于唐初的太宗朝，中期的玄宗朝，后期的德宗、宪宗朝。唐朝死刑的存废与发展，基本反映中国刑罚转变的模式，或可作为今日中国社会思考死刑或其他重大刑罚存废的参考。本文撰写仓促，疏漏之处难免，敬希方家不吝赐正。

二 唐初死刑的革新

隋朝富盛一时，但二世而亡，其刑法颇被诟病，或指文帝晚年"用法益峻……不复依准科律"。② 或责炀帝"法令尤峻，人不堪命，遂至于亡"。③ 唐初"以隋为鉴"，为免重蹈隋末任刑用法以致速亡的覆辙，太宗即标榜"以宽仁治天下，而于刑法尤慎"。④ 贞观年间针对死刑的改革措施，最堪注意，举凡对于死刑的适用、死刑的宽宥、死刑的执行等，皆有重大兴革，影响后世颇巨。

（一） 法定的死刑——绞斩

关于唐朝法定的死刑，见《唐律疏议·名例律》"死刑二"条（总 5 条），云：

　　死刑二：绞、斩。⑤

唐朝死刑分绞斩二等是承袭自隋朝而来，据《新唐书·刑法志》云：

---

① （后晋）刘昫：《旧唐书》（点校本），卷九《玄宗本纪下》，中华书局，1975，第 221 页。
② （唐）魏征：《隋书》（点校本），卷二五《刑法志》，中华书局，1973，第 715 页。
③ 《旧唐书》卷五〇《刑法志》，第 2133 页。
④ 《新唐书》卷五六《刑法志》，第 1412 页。
⑤ （唐）长孙无忌等撰《唐律疏议》，卷一《名例律》，"死刑二"条（总 5 条），刘俊文点校，中华书局，1983，第 5 页。

> 自隋以前，死刑有五，曰：磬、绞、斩、枭、裂。……至隋始定
> 为……死刑二，绞、斩。①

《新唐书》所指的隋以前死刑有五，其实是北周的制度。据《隋书·刑法志》，北周死刑分为"裂""枭""斩""绞""磬"五等，与北周对峙的北齐则分为"辕""枭首""斩""绞"四等死刑。②"磬"（或作罄）刑疑为将犯人悬而缢杀的刑罚，即将人吊死。③北周的"裂"与北齐"辕"名异而实同，即车裂之刑；北周的"枭"亦同于北齐的"枭首"，可见北周、北齐之死刑大同小异。及至隋文帝开皇元年（581年）制律，将死刑简省为：

> 死刑二，有绞，有斩。④

文帝在颁定新律的诏书中更具体说明死刑的革新，云：

> 夫绞以致毙，斩则殊刑，除恶之体，于斯已极。枭首辕身，义无
> 所取，不益惩肃之理，徒表安忍之怀。虽云远古之式，事乖仁者
> 之刑。⑤

若从除恶务尽的角度而言，绞杀与斩首已是极致。至于枭首与车裂虽是远古已有之法式，但因为过于残忍，并非仁者之刑，而且对于惩处整肃犯罪毫无裨益，故"并令去也"。⑥文帝于是将北朝繁多的死刑名目，简省为绞和斩二项。北朝晚期刑罚的发展趋势，包括死刑在内都有自繁入简的情况。唐代绞斩二等死刑乃直接继承隋代而来。

据前引《唐律疏议·名例律》"死刑二"条：

---

① 《新唐书》卷五六《刑法志》，第1408页。
② 《隋书》卷二五《刑法志》，第705、708页。
③ （汉）郑玄注，孔颖达疏《礼记正义（十三经注疏本）》（台北：艺文印书馆，1979），卷二〇，《文王世子》云"公族其有死罪，则磬于甸人"。郑注云："甸人，掌郊野之官。县缢杀之曰磬。"另参见（清）沈家本撰，邓经元、骈宇骞点校，《刑法分考》，载氏著《历代刑法考》，中华书局，1985，第138页。
④ 《隋书》卷二五《刑法志》，第710页。
⑤ 《隋书》卷二五《刑法志》，第711页。
⑥ 《隋书》卷二五《刑法志》，第711页。

《疏》议曰：……二者法阴数也，阴主杀罚，因而则之，即古"大辟"之刑是也。[①]

可知死刑之分为二等，乃附会阴阳学说。奇数为阳数，偶数为阴数，阴数主杀戮、刑罚，故死刑为二等，有别于笞五等、杖五等、徒五等、流三等之为生刑，配合阳数。

死刑分为斩、绞，其分别固然是执行死刑手段的差异，前者是刽子手持兵刃斫断颈项，后者是两名刽子手左右分持绳圈套在受刑人颈项，再以棍子不断绞紧绳圈，直至犯人气绝。然而，死刑的名目不管是二项、三项抑或四项，最值得注意的地方恐怕是死刑等级的高低。隋唐死刑分为斩和绞二等，斩首为何重于绞杀？究其原因，斩首是身首异处，绞刑则是全尸而亡。在儒家"身体发肤，受之父母，不敢毁伤，孝之始也"的观念影响，"父母全而生之，已当全而归之"。[②] 身首异处、死无全尸是有违孝道的。职是之故，斩首之刑重于绞杀之刑，其理在此。于此看来，判处斩首之刑的犯人除了生命遭到剥夺以外，还要背负不孝的罪名，则中国的死刑除了结束罪犯生命以外，还牵涉名誉的伤害。当然这份伤害除了对犯人外，对其家族何尝不是？此外，尸体是否完好，还决定了人的灵魂是否仍有居留场所。古代中国人与古埃及人一样，同样相信除非身体保存完好，否则灵魂是不能存活长久的。是故，我们看到古人都尽其所能保存尸体的完好。倘若遭到判处身首异处之刑，则直接影响到死后的去处。[③] 可知，隋唐乃至中国传统的死刑，除了剥夺犯人当前的生命以外，也剥夺其死后的生命。

（二）简死罪与免死刑

唐太宗对死刑的革新始自登基之初，据《册府元龟》卷六一二《刑法部·定律令四》：

---

① 《唐律疏议》卷一《名例律》，"死刑二"条（总5条），第5页。

② （唐）唐玄宗注，（宋）邢昺疏《孝经注疏（十三经注疏本）》，卷一《开宗明义章》，艺文印书馆，1979。

③ Ying - shih Yu（余英时），"'O Soul, Come Back!' A study in the Changing Conceptions of the Soul and Afterlife in Pre - Buddhist China," *Harvard Journal of Asiatic Studies* 47. 2（Dec., 1987）：380.

太宗贞观十一年正月颁新律令于天下。初，帝自即位，命长孙无忌、房玄龄与学士法官更加厘改。（A）戴胄、魏征言旧律令太重，于是议绞刑之属五十条，免死罪断其右趾，应死者多蒙全活。（B）太宗寻又愍其受刑之苦，谓侍臣曰："前代不行肉刑久矣。今忽断人右趾，意甚不忍。"谏议大夫王珪对曰："古行肉刑以为轻罪，今陛下矜死刑之多，设断趾之法，格本合死，今而获生。刑者幸得全命，岂惮去其一趾，且人之见者甚足惩戒。"帝曰："本以为宽故行之，然每闻恻怆，不能忘怀。"又谓萧瑀、陈叔达等曰："朕以死者不可再生，思有矜愍，故简死罪五十条，从断右趾。朕复念其受痛，极所不忍。"叔达等咸曰："古之肉刑乃在死刑之外，陛下于死刑之内改从断趾，便是以生易死，足为宽法。"帝曰："朕意以为如此，故欲行之。又有上书言此非便，公可更思之。"（C）其后蜀王法曹参军裴弘献又驳律令不便于时者四十余事，太宗令参掌删改之事。弘献于是与房玄龄等建议，以为古者五刑，刖居其一。及肉刑废，制为死、流、徒、杖、笞，凡五等以备五刑。今复设刖足，是为六刑，减罪在于宽弘，加刑又如繁峻。乃与八座定议奏闻。于是除断趾法，改为加役流三千里，居作二年。①

此为贞观初年的大事，同时亦见于两《唐书·刑法志》、《通典》、《唐会要》等史籍，唯以《册府元龟》的记载最为详尽。这次刑罚的修订大致可分为三个阶段：（A）太宗即位之初修订律令，戴胄、魏征等大臣鉴于法律太过苛重，将五十多条判处绞刑的犯罪改科断右趾之刑；（B）改革后虽是全活了许多人，但太宗对于新制仍有不满，指示臣下更思改善；（C）裴弘献与房玄龄最后制定新的刑罚——加役流，以取代断足之刑。

关于（A）的部分，太宗初年修订律令的时间，各书多笼统记作自太宗即位，《通鉴》则将其事明确系于贞观元年。②唯《唐律疏议·名例律》"应议请减赎章"条（总11条）《疏》文解释"加役流"时，云：

① 《册府元龟》卷六一二《刑法部·定律令四》，第7066页。
② 《资治通鉴》卷一九二《唐纪八》，"唐太宗贞观元年（627年）"条，第6031页。

加役流者，旧是死刑，武德年中改为断趾。国家惟刑是恤，恩弘博爱，以刑者不可复属，死者务欲生之，情轸向隅，恩覃祝网，以贞观六年奉制改为加役流。①

《唐六典》亦云，"加役流者，本死刑，武德中改为断趾，贞观六年改为加役流"，② 所述同于《唐律疏议》。《唐律疏议》与《唐六典》等法典政书，在记载刑罚的变革当有所本，二书皆将此事系于武德年中，似乎是发生在唐高祖时期。但综观各书，参与此次刑罚改革者都是贞观朝臣，此事明显是发生在太宗朝。诸书的记载也许并不扞挌，盖唐太宗在武德九年（626 年）八月即位，次年改元贞观，此事应是发生在武德九年八月太宗登基之后。③《唐六典》等书的武德年中或武德中，并非武德中期之意，当作武德年间解。至于修订律令的大臣，除了长孙无忌、房玄龄等以外，其他没有留下具体名字，《册府元龟》、《旧唐书·刑法志》与《通鉴》都作"学士法官"，④《太平御览》作"当朝通议之士"。⑤

关于（B）的部分，太宗对断右趾之刑认为不妥之处有二，一是刖足这样的肉刑废除已久，二是体恤犯人受断足刑后的痛楚。大臣中王珪、萧瑀、陈叔达都不主张改变刚建立的新做法，其中王珪以为刖足之刑取代绞刑，是以生代死，对死罪犯人而言，不会惧怕以一足换一命，而且受刑后的惨状适足以警惕一般群众，可以达到预防并吓阻人们犯罪的效果。王珪

---

① 《唐律疏议》卷一《名例律》，"应议请减赎章"条（总 11 条），第 35 页。
② （唐）李林甫等撰，陈仲夫点校《唐六典》，卷六《尚书刑部》"刑部郎中员外郎"条，中华书局，1992，第 186 页。
③ 清人钱大昕即指出"是则改绞刑为断趾，即在太宗即位之岁，故犹称武德也"。参见氏著《十驾斋养新录》卷一三"唐律疏义"，上海书店，1983，第 302 页。另参见仁井田陞《唐初の肉刑と日唐律の加役流刑》，《歷史学研究》8～5（东京：1938），第 14 页；杨志玖《"加役流"解》，载氏著《陋室文存》，中华书局，2002，第 129～133 页；钱大群《"断趾"废改及反逆兄弟"配没"时间考》，载氏著《唐律与唐代法制考辨》，社会科学文献出版社，2013，第 121～129 页；陈玺《唐代刑事诉讼惯例研究》，第十六章"加役流"，科学出版社，2017，第 398～402 页。
④ 《资治通鉴》卷一九二《唐纪八》，"唐太宗贞观元年（627 年）"条，第 6031 页。
⑤ （宋）李昉等撰《太平御览》，卷六三八《刑法部四·律令下》，中华书局，1960，第 2986 页。

的观点使人想起魏晋以来倡议恢复肉刑者的主张。① 至于"古之肉刑乃在死刑之外，陛下于死刑之内改从断趾，便是以生易死，足为宽法"之议论，《旧志》与《册府元龟》都作"叔达等"，似乎是陈叔达的意见，但《通典》则明白指出是出自萧瑀。考两《唐书·陈叔达传》，陈叔达并不善于刑律，而《萧瑀传》都记载高祖朝"国朝典仪，亦责成于（萧）瑀"，又云"瑀见事有时偏驳，而持法稍深"。② 萧瑀较为娴熟典章法度，所以这番议论应是出自萧瑀。

关于（C）的部分，其后蜀王府法曹参军裴弘献驳律令不便者四十余事，太宗因而命其与房玄龄参与律令删削的工作。"蜀王"应是太宗第三子李恪，③ 而裴弘献驳律令的时间，《唐会要》作"贞观元年三月"。④ 整个律令删削过程颇为漫长，最终弘献等议除断趾法，改为流三千里、役三年的"加役流"，⑤ 此为"加役流"的创制。"加役流"制定的时间，应如

① 《三国志·魏书·钟繇传》记载曹魏明帝时，太傅钟繇建议以斩右趾刑代死罪，云："其当弃市，欲斩右趾者许之。……虽斩其足，犹任生育。今天下人少于孝文之世，下计所全，岁三千人。"（晋）陈寿撰《三国志》（点校本），卷一三，中华书局，1959，第397页。及至齐王芳时，河南尹李胜以为肉刑是"刑一人而戒千万人，何取一人之能改哉！盗断其足，淫而宫之，虽欲不改，复安所施。而全其命，惩其心，何伤于大德？今有弱子，罪当大辟，问其慈父，必请其肉刑代之矣。慈父犹施之于弱子，况君加之百姓哉！"亦是认为肉刑是以生易死，并具有警诫众人之效。参见（唐）杜佑撰《通典》，卷一六八《刑法典·刑法六》，王文锦等点校，中华书局，1989，第4336页。另参见陈俊强《汉末魏晋肉刑争议析论》，《中国史学》14（2004.09），第71～85页。

② 《旧唐书》卷六三《萧瑀传》，第2400、2401页。

③ 参见杨志玖《"加役流"解》，第130～131页；钱大群《"断趾"废改及反逆兄弟"配没"时间考》，第125～126页。

④ （宋）王溥撰《唐会要》卷三九《议刑轻重》，上海社科院历史所古代史研究室点校，上海古籍出版社，1991，第826页。

⑤ 据《唐律疏议·名例律》"犯流应配"条（总24条）云："诸犯流应配者，三流俱役一年（注云：本条称加役流者，流三千里，役三年）。"相对于三流服役年限为一年，加役流则为三年。但前引《册府元龟》云"于是除断趾法，改为加役流三千里，居作二年"。役期似为二年。其他如《通典》卷一六五《刑法三》、两《唐书·刑法志》、《唐会要》卷三九《议刑轻重》记载与《册府元龟》相同，皆作"居作二年"。仁井田陞以为"居作二年"是贞观六年加役流制定之初的规定，《唐律疏议》之"居作三年"是后来的开元制度。参见氏著《唐初の肉刑と日唐律の加役流刑》，第14页。但杨志玖以为二者未必矛盾，只是提法角度不同。《唐律疏议》是直接说出服役年限，故云"役三年"，而《册府元龟》等的提法改为"加役……居作二年"，是要说明在常流居作一年之外，再加役二年，也就是居作三年之意。参见氏著《"加役流"解》，第131～133页。

前引《唐律疏议》和《唐六典》的记载，是在贞观六年。①

综合而言，太宗初年免死罪为断右趾，断趾之刑是在死刑之内，作为死刑之代刑而存在，但加役流非是。相对而言，断趾之刑接近皇帝的恩典，但加役流算是流刑之加重，属于正刑之一。其差别在于前者是某些犯罪判处死刑后代以刖刑，后者是某些犯罪直接改科以加役流，皇恩性格的处罚改造成法定的正刑，而原来要判绞刑的五十条犯罪也不再是死罪了。此外，房玄龄与裴弘献等建议改刖为流，其实都不否定"旧律令太重"而削除"绞刑之属五十条"此一前提，只是对替代的手段有不同意见。刖足以代死刑被否定的原因，是"及肉刑废，制为死、流、徒、杖、笞，凡五等以备五刑。今复设刖足，是为六刑"。"五""刑"已然固定，即刑之数为五，刑之名为死、流、徒、杖、笞。肉刑废后，墨、劓、宫、刖等已不在五刑之列，是故刑中有刖，不符五刑之数。既是如此，贷死之刑不可外求，只能于笞杖徒流之中寻找。原来流刑分为流二千里、二千五百里、三千里，称为三流，都需苦役一年。"加役流"是加役之流，其意是在原有流三千里、苦役一年以外加役二年，即苦役三年。因此若论加役流之性格，无疑就是流刑之极和徒刑之极的综合刑，可谓落实减死之刑不假外求的原旨。

国家首先是减少死刑的适用，万不得已判决了死刑，皇帝思考的就是如何将死刑换成其他生刑。死刑的替代刑只能以五刑之内寻求，最先被选取作为死刑的替代，自然是次一等的刑罚——流放。因此自太宗朝开始，经常看到皇帝颁降恩诏，将死罪减死流放。贞观十四年（640 年），唐朝平定高昌后设置西州，十六年（642 年）正月太宗下诏云："在京及诸州死罪囚徒，配西州为户；流人未达前所者，徙防西州。"② 太宗将死罪囚徒免死配送西州，就是以远逐遐方作为减死一等之刑，尔后成为唐朝贷死的最常见手段。

贞观六年制定加役流后，太宗又命长孙无忌、房玄龄等制定新律。新律于十一年（637 年）正月庚子（十四日）颁行，③ 即《贞观律》，共五百

---

① 参见杨志玖《"加役流"解》，第 131 页；钱大群《"断趾"废改及反逆兄弟"配没"时间考》，第 124～125 页。

② 《旧唐书》卷三《太宗本纪下》，第 54 页。

③ 《旧唐书》卷三《太宗本纪下》，第 46 页。

条。考唐高祖武德七年（625年）颁行《武德律》，① 基本上是依准《开皇律》而制定，史称"大略以开皇为准"，② 不脱隋律的规模。及至太宗命房玄龄等编撰新律，对隋律作了较大的修正，改变了武德法制"一准开皇之旧"的面貌，基本确立继承隋制而又有别隋制的唐代法制。③ 此次修律的具体成果之一，是"减大辟入流者九十二条，减流入徒者七十一条"。④ 若将此次减大辟入流的九十二条，加上太宗即位初年修改的绞刑五十条，则太宗朝将死刑适用的条文大幅减少了一百四十二条，难怪《旧唐书·刑法志》云："凡削烦去蠹，变重为轻者，不可胜纪。"⑤ 《唐六典》亦形容《贞观律》"比古死刑，殆除其半"。⑥ 应是具体陈述实况，不尽是溢美之词。

（三）死刑的覆奏

贞观五年（631年）八月，当裴弘献与房玄龄仍在研议加役流之时，以"张蕴古案"为契机，太宗又开启死刑覆奏制度的改革。关于唐代前期覆奏制度，笔者曾专文讨论，⑦ 故此处只作简单概述。

贞观五年，太宗因为后悔错杀了大理丞张蕴古，于是在八月至十二月间针对死刑覆奏陆续推出不同的改革方案。在八月二十一日，太宗申明决死必须要"三覆奏"；不久，又先后针对在京和在外覆奏程序完成的案件，指示有司减损膳食；十二月二日，则是颁布"五覆奏"新制：

---

① 两《唐书·高祖本纪》与《资治通鉴》卷一九〇皆作武德七年四月庚子（初一），但《旧唐书·刑法志》与《册府元龟》卷六一二《刑法部·定律令》则作五月，恐误。

② 《旧唐书》卷五〇《刑法志》，第2134页。高明士以为"其大略云者，指律令方面差异不大，但格与式差异较大"，参见氏著《律令法与天下法》第二章"唐代武德到贞观律令的制度"，五南图书出版有限公司，2012，第129页。

③ 关于武德朝与贞观朝的律令制定，参见高明士《律令法与天下法》第二章"唐代武德到贞观律令的制度"，第109~158页。另可参见刘俊文《唐代法制研究》第一章"唐代立法研究"，文津出版社，1999，第23~27页。

④ 《通典》卷一七〇《刑法八·宽恕》，第4412页。"减大辟入流者九十二条"，《唐六典》卷六作"九十三条"。

⑤ 《旧唐书》卷五〇《刑法志》，第2138页。

⑥ 《唐六典》卷六《尚书刑部》"刑部郎中员外郎"条，第183页。

⑦ 参见陈俊强《唐代前期死刑覆奏制度——兼论其与儒家思想的关系》，载高明士编《中华法系与儒家思想》，台湾大学出版中心，2014，第321~359页。

决死囚者，二日中五覆奏，（天）下诸州者三覆奏；行刑之日，尚食勿进酒肉，内教坊及太常不举乐。皆令门下覆视，有据法当死而情可矜者，录状以闻。[1]

新制内容包含三部分。其一，增加了覆奏的次数，太宗将原来京师死罪三覆奏、诸州一覆奏之制，变革为京师死罪二日五覆奏、诸州三覆奏。其二，行刑当日撤酒肉、不举乐，提醒君王有死囚伏法。其三，覆奏之工作交由门下省负责，并且申明犯人情有可矜者，录状奏闻。太宗对覆奏制度的改革重点，在于强调覆奏是必须要依法执行的程序，务使臣下恪尽提醒君上的责任，同时增加覆奏次数和拉长覆奏时间，让皇帝有更充裕的时间深思熟虑，二者都旨在落实儒家慎刑、恤刑的精神。覆奏制度毋宁说具有防止帝王专杀的作用，但毕竟帝王任意杀戮并非常态，此套机制要针对的不如说是全国的死刑案件。官司覆奏时，主要着眼于犯人是否情在可矜，而不是案情的虚实或者律条的轻重。

综上所述，太宗鉴于"死者不可再生，思有愍矜"，[2] 自即位以来，非常关注死刑问题，致力减少死刑的适用与执行。首先，贞观年间前后删削死罪条文一百四十二条，减少死刑的适用，从而降低死刑的人数。其次，对于部分死刑犯，改以其他刑罚替代，减少死刑的执行。贞观六年以前是以断趾之刑作为死刑的代刑，后来在群臣的建议下制定了加役流。不过，值得注意的是，刖足代死改为加役流，反映的是替代死刑的手段，只能在五刑之内寻找，而新制定的加役流无疑就是五刑中的流刑与徒刑的综合刑。最后，对于真正要执行死刑者，制定在京五覆奏、诸州三覆奏之制，务使臣下提醒君上，让皇帝有更充裕的时间考虑是否仍有可矜可恕的地方，可见死刑执行的慎重。

三　玄宗朝死刑"废除"的尝试

玄宗朝是唐代死刑发展史上最值得注意的阶段。史称明皇自登基以

---

[1] 《资治通鉴》卷一九三"唐太宗贞观五年（631年）十二月"条。《通鉴》、两《唐书·刑法志》、《册府元龟》等皆作"下诸州三覆奏"，但据（唐）吴兢撰《贞观政要》（上海师范大学古籍整理组点校，上海古籍出版社，1978）卷八《论刑法三十一》可知应作"天下诸州三覆奏"。

[2] 《册府元龟》卷六一二《刑法部·定律令四》，第7066页。

来，死刑长期只存其文，备而不用。天宝年间，更进一步明文废除绞斩死刑，堪称中国刑罚发展史上继汉文帝废除肉刑之后的另一重大事件。以下将分别从死刑废除的背景、过程以及失败的因素，略作分梳。

（一）贷死之刑

自古帝王皆恶闻刑杀，向慕成康之世，刑罚措而不用。① 玄宗自即位之初，对死刑似乎就特别在意。据《唐六典》卷六《尚书刑部》"刑部郎中员外郎"条"凡决大辟罪皆于市"句注云：

> 古者，决大辟罪皆于市。自今上临御以来无其刑，但存其文耳。②

《唐六典》在开元二十六年（738 年）撰成并注释，次年由宰相李林甫奏呈皇帝。可知玄宗自登基以来，一直到开元晚期，死刑但存其文，并没有真正执行。类似的记述尚见于其他地方，如《旧唐书·玄宗纪》载开元二十五年（737 年）正月壬午（八日）《恤刑诏》，曰：

> 自临寰宇，子育黎烝，未尝行极刑，起大狱。上玄降鉴，应以祥和，思协平邦之典，致之仁寿之域。自今有犯死刑，除十恶罪，宜令中书门下与法官详所犯轻重，具状奏闻。③

《唐六典》所记略异，云：

> 开元二十五年敕：以为庶狱既简，且无死刑，自今已后，有犯死刑，除十恶死罪、造伪头首、劫杀、故杀、谋杀外，宜令中书门下与法官等详所犯轻重，具状闻奏。④

《唐六典》记载不必送中书门下详覆的死罪部分，可补《旧唐书·玄

---

① 据（西汉）司马迁《史记》（点校本，中华书局，1972）卷四《周本纪》云："成康之际，天下安宁，刑错四十余年不用。"第 134 页。

② 《唐六典》卷六《尚书刑部》"刑部郎中员外郎"条，第 189 页。

③ 《旧唐书》卷九《玄宗本纪下》，第 207 页。

④ 《唐六典》卷六《尚书刑部》"刑部郎中员外郎"条，第 188 页。又见《册府元龟》卷一五一《帝王部·慎罚》、（宋）李昉等奉敕编《文苑英华》（中华书局，1966）卷四四〇《翰林制诏·德音七·优恤德音》。

宗纪》之不足。但在描述玄宗登基以来不管是"未尝行极刑"抑或"庶狱既简，且无死刑"，其义皆同。

然而，纵是治平之世，仍难免有死罪之人，史称开元二十五年"刑部断狱，天下死罪惟有五十八人。大理少卿徐峤上言：大理狱院，由来相传杀气太盛，鸟雀不栖，至是有鹊巢其树。于是百僚以几至刑措，上表陈贺"。① 判处死刑人数纵然很少，但仍有五十八人，为何又说"未尝行极刑""且无死刑"？玄宗如何达到如此伟大理想呢？试看天宝四载（745年）八月十二日《宽徒刑配诸军效力敕》：

> 刑之所设，将以闲邪，法不在严，贵于知禁。朕自临万国，向踰三纪，思弘至道之化，实务好生之德，比者应犯极法，皆令免死配流，所以市无刑人，狱无冤系。②

玄宗强调即位三十多年来，并非没有人干犯死罪，也不是没有判处死刑，而是将应处死刑的罪因都"免死配流"。如此做法能否"狱无冤系"容或可议，但经常性的"免死配流"，确是会达到"市无刑人"的理想境界。

诚如前述，唐代以流贷死的做法始于太宗朝，加役流以及将死罪配送西州为户，都具有这样的性质。至于玄宗"免死配流"的例子，更是俯拾皆是。如开元十三年（725年）正月下诏："降死罪从流，流已下罪悉原之。"③ 又开元十九年（731年）八月辛巳（五日），因寿诞颁布恩诏："天下死罪配流，（流）已下罪原免之。"④ 贷死之法，除了死刑降为流刑以外，亦有决杖配流。譬如开元三年（715年）十二月乙丑（十七日）的恩降，云：

> 罪至死刑，宽其大戮……其犯斯刑者，宜决一百，配流远恶处。⑤

又开元八年（720年）九月丙寅（十七日）的恩降，云：

> 其京城内犯罪人等，时令按覆，其中造伪头首及谋杀人断死者，

---

① 《旧唐书》卷五〇《刑法志》，第 2150~2151 页。
② 《册府元龟》卷六一二"刑法部·定律令"，第 7070 页。
③ 《旧唐书》卷九《玄宗本纪下》，第 187 页。
④ 《册府元龟》卷八五"帝王部·赦宥四"，第 941 页。
⑤ 《册府元龟》卷八五"帝王部·赦宥四"，第 935 页。

决一百，配流岭南恶处；杂断罪死者，决一顿，免死配流远处；杂犯
流移者，各减一等。杖罪已下并免。①

又开元二十四年（736年）四月丁丑（二十八日）的降罪，云：

> 天下见禁囚，犯十恶死罪及造伪头首劫杀人，先决六十，长流岭
> 南远恶处。自外死罪，先决一顿，并流岭南。流罪情状重者决六十，
> 轻者决一顿，决讫并放。②

从以上诸次恩降，可知贷死之刑包括流和杖。流刑部分，可再分为
"流远恶处"以及"长流"，前者牵涉到流放地，后者关系到流放的时间。
决杖的部分，分为一般的杖以及"重杖"。以下将对这些贷死之刑简单
梳理。

（1）流远恶之处

唐代流刑配流边远之处，始自太宗朝。据《册府元龟》卷六一二《刑
法部四·定律令四》：

> （贞观）十四年正月制：流罪三等，不限以里数，量配边要之州。③

《唐会要》将此诏系于贞观十四年（640年）正月二十三日。④"边要"
一词亦见唐律，据《唐律疏议·职制律》《疏》文解释"边要之官"为
"谓在缘边要重之所"。⑤可知"边要"当解为缘边要重之意。"边要之州"
具体包含哪些地方呢？据《唐会要》卷二四《诸侯入朝》，云：

> （开元）十八年十一月敕："灵、胜、凉、相、代、黔、巂、丰、

---

① 《册府元龟》卷八五"帝王部·赦宥四"，第936页。
② 《册府元龟》卷八五"帝王部·赦宥四"，第943页。
③ 《册府元龟》卷六一二《刑法部四·定律令四》，第7067页。
④ 《唐会要》卷四一《左降官及流人》，第859页。《旧唐书》卷五〇《刑法志》之文字同
　于《册府元龟》《唐会要》，但"边要之州"写作"边恶之州"（第2140页）。至于《新
　唐书》卷五六《刑法志》则云"（贞观）十四年，诏流罪无远近皆徙边要州"（第1412
　页）。文字虽异，但其意同于《册府元龟》《唐会要》。"边恶"一词并不常见，而用以形
　容州郡更是稀罕，相对而言"边要"一词则屡见不鲜，散见于前述《册府元龟》《唐会
　要》等史籍，疑《旧唐书》之"边恶"乃"边要"之笔误。
⑤ 《唐律疏议》卷九《职制律》，"官人无故不上"条（总95条），第186页。

洮、朔、蔚、妫、檀、安东、迭、廓、兰、鄯、甘、肃、瓜、沙、岚、盐、翼、戎、慎、威、西、牢、当、郎、茂、巂、安北、北庭、单于、会、河、岷、扶、拓（当作柘）、安西、静、悉、姚、雅、播、容、燕、顺、忻、平、灵（当作云）、临、蓟等五十九州岛，为边州。扬、益、幽、潞、荆、秦、夏、汴、澧、广、桂、安十二州，为要州。"①

此为开元之制，或可作为贞观边要之州的参考。而诚如前述，贞观十六年（642 年）正月太宗下诏将死罪囚徒免死配送西州，就是以配边要之州作为减死一等之刑。

太宗朝虽有将犯人量配"边要"之州的记载，但唐代文献更为常见的是帝王将犯人流放至"远恶"之处。"远恶"含有边远险恶的意思，"远恶"较"边要"更能彰显此种将人驱逐遐方的刑罚。流放远恶之处的例子颇多，除了前述开元八年"配流岭南恶处"和二十四年"长流岭南远恶处"以外，天宝三载（744 年）三月壬申（八日）和十四载（755 年）八月辛戌（四日）恩诏，都先后将死罪囚徒免死配流岭南远恶处。② 岭南应是唐人心中的远恶之处，就史料所见，唐代流放案例有超过七成都是远配至岭南道。③ 流所高度集中岭南道的现象，自唐初迄唐亡而未变。而唐代将死罪免死配流，亦以配送岭南最称常见。免死配流岭南之事始于睿宗朝，按景云二年（711 年）八月乙卯（十三日），睿宗大赦，将谋杀人、造伪头首者"免死配流岭南"。④ 及至玄宗朝，更是经常性地免死罪配流岭南。

---

① 《唐会要》卷二四《诸侯入朝》，第 536 ~ 537 页。又据《唐六典》卷三《尚书户部》，"户部郎中员外郎"条对"边州"的界定是指："安东、平、营、檀、妫、蔚、朔、忻、安北、单于、代、岚、云、胜、丰、盐、灵、会、凉、肃、甘、瓜、沙、伊、西、北庭、安西、河、兰、鄯、廓、迭、洮、岷、扶、柘、维、静、悉、翼、松、当、戎、茂、巂、姚、播、黔、巂、容。"辻正博氏据《唐六典》订正了《唐会要》的几个错误，见氏著《唐宋時代刑罰制度の研究》（京都大學學術出版會，2010），第 101 页。但《唐会要》所记州名只有五十六个，不足五十九之数。而且，河北道的相州距长安只一千二百多里，为何竟是边州？若与《唐六典》对勘，《唐六典》有而《唐会要》没有的是营、伊、维、松等四州，个人怀疑相州是松州之误，再加上营、伊、维等三州，刚好是五十九之数。

② 《册府元龟》卷八六《帝王部·赦宥五》，第 948、956 页。

③ 关于唐代流放案例的分析，可参见陈俊强《唐代前期流放官人的研究》，载《中国古代法律文献研究》第 8 辑，社会科学文献出版社，2014，第 178 ~ 215 页；《唐代后期流放官人的研究》，载吕绍理、周惠民编《中原与域外：庆祝张广达教授八十嵩寿研讨会论文集》，台北政治大学历史学系，2011，第 209 ~ 238 页。

④ 《册府元龟》卷八四《帝王部·赦宥三》，第 932 页。

（2）长流

据前引开元二十四年四月丁丑（二十八日）恩诏：

> 天下见禁囚，犯十恶死罪及造伪头首、劫杀人，先决六十，长流
> 岭南远恶处。自外死罪，先决一顿，并流岭南。①

犯下严重恶行者，如十恶、造伪头首、劫杀人等，一律决杖六十，
"长流"岭南远恶处。其他犯死罪者，先决杖一顿，并"流"岭南。"长
流"和"流"明显是不一样的刑罚，长流是重于法定三流的。

"长流"之刑不见于唐律，其事最早始于唐高宗朝，据说是长孙无忌
所倡议的。② 张鷟的《朝野佥载》云：

> 唐赵公长孙无忌奏别敕长流，以为永例。后赵公犯事，敕长流岭
> 南，至死不复回。此亦为法之弊。③

长孙无忌倡议别敕长流之事，不见两《唐书》本传。至于长流的个案，
目前找到最早的都是发生在高宗朝。长流既非律令刑罚，故此，都是以皇帝
"别敕"的方式来处置。④ 关于长流的具体内容，可以高宗朝李义府的遭遇为
例说明。高宗龙朔三年（663 年）四月李义府遭长流巂州，长子津长流振州，
次子洽、洋和婿柳元贞等长流庭州。据《旧唐书·李义府传》云：

> 乾封元年，大赦，长流人不许还，义府忧愤发疾卒，年五十余。
> ……上元元年，大赦，义府妻子得还洛阳。⑤

又《册府元龟》卷八四《帝王部·赦宥三》云：

① 《册府元龟》卷八五《帝王部·赦宥四》，第 943 页。
② 关于"长流"的讨论可参见陈俊强《从唐代法律的角度看李白长流夜郎》，《台湾师大历
　史学报》42（2009.12），第 38～41 页。
③ （唐）张鷟撰《朝野佥载》补辑，赵守俨点校，中华书局，1979，第 155 页。
④ 别敕与正敕相对，是专指来自非正规程序的敕。一般来说，这类别敕在传达皇帝的旨意
　时或通过宦官及翰林学士代笔，以减少中间环节、迅速下达为目的的非常规化处理，其
　关键在于不经中书门下，直接来自禁中。参见牛来颖《〈天圣令〉中的"别敕"》，载
　《中国古代法律文献研究》第 4 辑，法律出版社，2010，第 177 页。
⑤ 《旧唐书》卷八二《李义府传》，第 2770 页。

上元元年八月壬辰（十五日），（高宗）追尊祖宗谥号，改咸亨五年为上元元年，大赦天下，长流人并放还。①

麟德三年（666 年）正月，高宗封禅泰山后，改元乾封，大赦天下，②因为没有宣布长流人可以还乡，时遭长流的李义府因而忧愤病死。至上元元年（674 年）八月大赦，高宗明令长流人并放还，李义府的家人遂得还洛阳。代宗朝宦官程元振遭"长流"溱州为百姓，皇帝并特旨声明"纵有非常之赦，不在会恩之限"。③ 皇帝恩赦经常放还流人，不过一旦遭到"长流"，则纵逢恩赦亦不在宽免之列，除非该次大赦包含了长流人。长流人一般不容易赦免返乡，这对官人而言，无疑永别政治中枢；对于经济文化仍居领先地位的中原人士而言，不啻永远沉沦于瘴疠蛮荒的绝域。

长流既比一般的三流来得严厉，自然是惩处极为严重的恶行。就上引玄宗两篇恩诏所见，减死改处长流，都是犯下十恶死罪者。若以两《唐书》所见的长流案例而言，大多是谋反、附逆、谋叛、贪渎之类的严重恶行。④ 譬如，高宗朝李义府主要是漏泄禁中语和交占候之人。⑤ 玄宗朝的韦坚是被控与节将狎昵，构谋规立太子，遭到长流岭南临封郡。⑥ 大诗人李白也是受永王璘谋反一事牵连，论罪"当诛"，幸蒙名将郭子仪解官以赎，李白才得以免死长流夜郎。⑦

长流者都是所犯严重，理应大辟，皇帝或是顾念旧恩，或是矜恤勋劳，遂格外开恩，免死长流。因此，长流可视为死刑的一种代刑。除非皇帝特旨放免长流人，否则长流人不因一般的大赦而得到宽恕。

（3）决杖与决重杖

从开元八年和二十四年的恩诏，看到犯了十恶死罪或造伪头首等严重罪行者，在决杖一百或六十以后，得以减死长流岭南；至于一般死罪，则先"决一顿"，配流岭南。在常法以外对犯人先行决杖的做法，唐高宗时

① 《册府元龟》卷八四《帝王部·赦宥三》，第 929 页。
② 《旧唐书》卷五《高宗本纪》，第 89 页。
③ 《旧唐书》卷一八四《宦官·程元振传》，第 4763 页。
④ 关于唐代流人罪名之分析，可参见陈俊强《唐代前期流放官人的研究》《唐代后期流放官人的研究》。
⑤ 《旧唐书》卷八二《李义府传》，第 2770 页。
⑥ 《旧唐书》卷一〇五《韦坚传》，第 3224 页。
⑦ 《新唐书》卷二〇二《文艺中·李白传》，第 5763 页。关于李白的罪、刑以及放免时间，可参见陈俊强《从唐代法律的角度看李白长流夜郎》，第 27～47 页。

期已有不少条文，史称：

> 总章二年（669 年）五月十一日，上以常法外，先决杖一百，各
> 致殒毙。乃下诏曰："别令于律外决杖一百者，前后总五十九条。决
> 杖既多，或至于死。其五十九条内，有盗窃及蠹害尤甚者，今后量留
> 一十二条，自余四十七条，并宜停。"①

律外决杖一百的条文竟有五十九条之多，高宗下诏只保留盗窃和为害较
严重的条文十二条，其他都予以删除。高宗朝这些法外条文具体内容不得而
知，但其后中宗朝的《神龙散颁刑部格》仍见常刑以外先决杖的规定：

> 一盗计赃满一匹以上，及诖诱官私奴婢，并恐喝取财，勘当知
> 实，先决杖一百，仍依法与罪。②

又玄宗先天二年（713 年）六月，已经退居太上皇帝的睿宗下诏：

> 禁杀牛马驴等，犯者科违诏罪，不得以官当荫赎，公私贱隶犯
> 者，决六十，然后科罪。③

原来杀官私牛马者，科处徒一年至一年半之刑，不算重罚。④ 如今，
犯者以违诏罪论处，并不得官当收赎，意即官人亦要锒铛入狱。违犯的若
是官私贱口，更要先决杖六十，再科处徒一年半或一年之刑。

至于前述免死配流，流放之前决杖一顿的处罚，在玄宗朝相当普遍。开元
四年（716 年），中书主书赵诲因受蕃人珍遗，论罪当诛，但得玄宗免死，赵诲
最后决杖一百，流配岭南。⑤ 开元十年（722 年），蒋宠以"言事涉邪……
法所宜诛"，⑥ 遭决杖四十配流岭南的滕州。开元十年的姜皎⑦、裴景仙⑧，

① 《唐会要》卷四〇《君上慎恤》，第 841 页。
② 刘俊文：《敦煌吐鲁番出土法制文书考释》，中华书局，1989，第 249 页。
③ 《册府元龟》卷四二《帝王部·仁慈》，第 455 页。
④ 《唐律疏议·厩库律》"故杀官私马牛"条（总 203 条）云："诸故杀官私马牛者，徒一
年半……其误杀伤者，不坐，但偿其减价。主自杀马牛者，徒一年。"
⑤ 《旧唐书》卷九六《姚崇传》，第 3025 页。
⑥ 《册府元龟》卷一五二《帝王部·明罚》，第 1701 页。
⑦ 《旧唐书》卷五九《姜皎传》，第 2336 页。
⑧ 《旧唐书》卷一〇〇《李朝隐传》，第 3126 页。

开元二十四年（736 年）的杨浚,[①] 开元二十五年的宋廷晖、周仁公、裴裔等三人,[②] 原先都是罪犯极刑，最后，免死决杖流配遐方。决杖的数目有时候是杖四十；有时加重到决杖六十，如姜皎；甚至决杖一百，如裴景仙。因此，玄宗朝杂犯死罪者，往往决杖四十，然后配流岭南，杖刑和流刑成了死刑的替代刑。关于决重杖部分，将于下一节进一步讨论。玄宗以不同方式取代绞斩的执行，从而制造"市无刑人"的治平气象，正是登基以来的一贯政策。

综上所述，流远恶之地、长流、决杖等贷死之刑，或是单独使用，或是两项、三项复合使用。流远恶之地始于太宗朝，免死长流之事始于高宗朝，免死配流岭南远恶处始于睿宗朝，玄宗朝又增加了决杖以配合流刑的应用。诸般贷死之刑陆续创制，混合实施，甚至频繁颁行，加上不时地大赦天下,[③] 那么玄宗一再强调"未尝行极刑""无死刑""市无刑人"，当非虚假之事。

（二）死刑的"废除"与复活

当死刑长期不执行时，皇帝最终想废除死刑，可谓顺理成章了。天宝六载（747 年）正月戊子（十二日），玄宗在南郊大赦中宣布：

> 朕承大道之训，务好生之德，于今约法，已去极刑。议罪执文，犹存旧目。既措而不用，亦恶闻其名。自今已后，断绞斩刑者，宜除削此条，仍令法官约近例，详定处分。（注云：今断极刑，云决重杖以代极刑法，始于此也。）[④]

玄宗即位以来因好生之德，已经不执行绞斩等刑。然而在议罪时，仍然存在绞斩等名目。死刑虽已措而不用，皇帝仍是厌恶听到这些刑名，因

---

① 《旧唐书》卷九八《裴耀卿传》，第 3082 页。
② 《册府元龟》卷一五〇《帝王部·宽刑》，第 1674 页。
③ 玄宗统治 45 年间，共大赦了 26 次，曲赦 7 次，降罪 24 次。参见陈俊强《皇恩浩荡——皇帝统治的另一面》，五南图书有限公司，2005，第 52 页。
④ 唐玄宗天宝六载正月戊子《南郊推恩制》，参见《册府元龟》卷六一二《刑法部·定律令四》，第 7070 页。另参见卷八六《帝王部·赦宥五》，第 949 页；《通典》卷一七〇《刑法八·宽恕·大唐》，第 4414 页；《唐会要》卷三九《议刑轻重》，第 830 页。"于今约法"一句，宋本《册府元龟》（中华书局，1989）作"于令约法"，而卷八六《帝王部·赦宥五》则作"施令约法"。又注中"以代极刑法"一句，宋本《册府元龟》作"以代极法死"。

此下令从今以后，除削绞斩等条。

赦诏只是指示"法官约近例，详定处分"，即司法人员整理近来成例以审察订定相关处置办法，并没有提到具体取代死刑的手段。但据《旧唐书·玄宗本纪下》"天宝六载正月戊子"条，云：

> 亲祀圜丘，礼毕，大赦天下，除绞、斩刑，但决重杖。①

又据《资治通鉴》云：

> 又令削绞、斩条。上慕好生之名，故令应绞斩者皆重杖流岭南，其实有司率杖杀之。②

从《旧唐书·玄宗本纪》《资治通鉴》的记载，可知玄宗削除绞斩之刑后，凡应绞斩者，皆重杖配流岭南。"决重杖"和"配流"基本上是玄宗开元以来恩降免死的替代刑，也就是所谓的"近例"，如今只是正式以其取代死刑而已。

有关"重杖"最早的记载，当见于开元十九年（731 年）四月的恩诏，云：

> 其妖讹、盗贼、造伪头首，既深蠹时政，须量加惩罚，刑名致死者，各量决重杖一百，长流岭南。③

决重杖通常是配合长流岭南一起使用，但有时则单独实施。开元二十四年（736 年）惩处武温眘党的诏书云：

> 武温眘聚合奸党，托附权要，妄构异端，为其魁杰，兼有私秽，合当极法，宜重杖决一百。河南府福昌县主簿魏萱、前睦州桐庐县尉王延佑，相为党与，朝夕谈议，既涉非违，宜各决一顿，长流窦州。④

可见重杖可单独实施，亦可复合使用。武温眘党人魏萱、王延佑决杖

---

① 《旧唐书》卷九《玄宗本纪下》，第 221 页。
② 《资治通鉴》卷二一五《唐纪三十一》，"唐玄宗天宝六载正月戊子"条，第 6876 页。
③ 《册府元龟》卷八五《帝王部·赦宥四》，第 940 ~ 941 页。
④ 《册府元龟》卷一五二《帝王部·明罚一》，第 1702 页。

一顿后长流窦州，但武温眘本人在决重杖一顿后没有提到流放之类后续的惩处，而诏书亦痛斥"合当极法"，可见应是杖毙，只是不施以绞斩之刑而已。学者以为重杖应是皇帝特敕判决，地方官无权判决。重杖与一般常行杖、笞杖有别，可能用质地较坚硬的木料制成，分量较重，而且是伏地而杖，击打脊背，更为残酷。①

玄宗天宝六载正式宣告以重杖代替极刑，乃延续一贯好生之德的精神。因此，重杖之实施非如武温眘般直接杖杀，而是一种生刑。既是生刑，天宝六载新制的重杖杖数是多少？不管之前是决杖或配流，或是决杖加上配流，都是皇帝赦降恩典，其杖数与配流地都由诏敕临时订定。但如今将绞斩之刑一律改科重杖配流，就必须明订杖数。惜乎玄宗朝似无相关资料，难以详明。然而，代宗朝刑部侍郎卢元裕针对各种制敕杖数的奏议或可解答。代宗宝应元年（762 年）九月，刑部侍郎卢元裕奏：

> "准式：制敕与一顿杖者，决四十；重杖一顿者，决六十，无文至死。式内自有杀却处尽等文，即明重杖只合加数。京城先因处分，决杀者多。一死不可复生，望准式文处分。或决痛杖一顿者，式文既不载，亦请准重杖六十，例不至死。"许之。②

卢元裕的奏议透露出在法定五刑的杖刑以外另有几种特殊的杖刑，而提到的"式"应是开元《刑部式》。③ 按照《刑部式》，制敕"与一顿杖"是决四十，"重杖一顿"是决六十，"痛杖一顿"在《刑部式》中没有规定，建议比照重杖，也是杖六十。而从"例不至死"一语，可知重杖并非将人杖毙。④ 卢元裕奏议中的"式"若为开元《刑部式》，其奏议时间又

---

① 戴建国：《唐宋变革时期的法律与社会》，上海古籍出版社，2010，第 238～240 页。
② 《册府元龟》卷六一二《刑法部·定律令四》，第 7070 页。
③ 霍存福：《唐式辑佚》，社会科学文献出版社，2009，第 459 页。
④ 奏议中"加数"一词原指增加之意，但"即明重杖只合加数"句仍是费解。个人推想"加数"或与唐律"加杖"相关。唐律有"加杖"的规定，乃针对犯徒、流罪的特殊主体，以杖打替代徒役及远配的特殊行刑方式。如犯徒刑而家无兼丁者，徒一年，加杖一百二十，不居作，一等加二十。又工、乐、杂户犯流二千里加杖一百，一等加三十，不需配流，但仍需居作三年。重杖与唐律"加杖"的精神一致，乃借由杖打替易原来刑罚，所以重杖只可以是加杖之数。关于"加杖"可参见钱大群《唐律疏义新注》，南京师范大学出版社，2007，第 118 页；《唐律疏议·名例律》"犯徒应役家无兼丁"条（总 27 条）、《唐律疏议·名例律》"工乐杂户及妇人犯流决杖"条（总 28 条）。

上距天宝六载废死仅十五年，当中提到重杖的杖数与"例不至死"等性质当为玄宗朝的制度。①

综上所述，玄宗即位以来因务好生之德，长期没有执行绞斩等刑。然而在议罪时，仍然存在绞斩等名目。死刑虽已措而不用，皇帝仍是厌恶听到这些刑名，于是在天宝六载下诏除削绞斩等条，亦即科处死刑者直接代之以决重杖六十，配流岭南。天宝六载以前，玄宗透过颁布恩诏方式以决杖或流放等生刑替代绞斩极刑，属于帝王一时之恩典。天宝六载新制是规定日后犯死罪者，不再处以绞斩极刑而直接以其他刑罚替代。死刑被束诸高阁，名存实废，可谓正式被"虚刑化"了。温公以为玄宗"慕好生之名"，"其实有司率杖杀之"。名虽废死，实则犯人都被杖杀，颇有揶揄玄宗纯粹是为了贪图虚名。然而，相关司法部门率意杖杀人犯，未必是玄宗本意。以今视之，在一千多年前的唐代已尝试将死刑虚刑化，律典中虽仍存绞斩之目，但与完全废除亦仅剩一步之遥而已，还是值得赞赏与重视的。

天宝六载（747 年）十月，户部侍郎杨慎矜因左道事发，玄宗痛斥慎矜"枭首夷宗，未云塞责，但以务弘大体，志在宽刑，尚免严诛，容其自毙"。对杨慎矜及其党人之处置如下：

> 杨慎矜宜赐自尽。其兄少府少监慎余、弟洛阳令慎名等，不合相从，并为同恶，亦宜令自尽。其史敬忠……宜决重杖一百。鲜于贲……宜决重杖六十长流。其范滔……宜决六十，长流岭南临江郡。其王庭耀……宜决四十，配隶黔中郡。杨慎矜外甥、前通事舍人辛景凑，……宜决四十，配流岭南晋康郡。其义阳郡司马嗣虢王臣，……宜解却官于南宾郡安置。其太府少卿张瑄……宜决六十，长流岭南临封郡。其右威卫执戟摄天马监万俟承晖，……宜决重杖六十。其闲厩

---

① 马端临云"至唐而后复有重杖、痛杖之律，只曰一顿而不为之数，行罚之人得以轻重其手，欲活则活之，欲毙则毙之。夫生之与死，棰楚之与刀锯，亦大有间矣。今重杖、痛杖之法，乃出入乎生死之间，而使奸吏因缘为市，是何理也？"参见（元）马端临《文献通考》卷一六六《刑考五·刑制五》，台湾商务印书馆，1987，第 1441~1442 页。马端临指责重杖、痛杖"只曰一顿而不为之数"应是早期的状况，而据卢元裕奏议可知在开元至宝应年间已陆续制定明确杖数。

使殿中监韦衢……宜贬与远官。①

对于如此大案，株连虽广，但主犯杨慎矜仅赐自尽，其他或决重杖，或配流，或长流，或配隶，或安置，或贬官，竟无一人施以斩绞极刑，确是落实年初以来"志在宽刑"，废削斩绞的美意。天宝十一载（752年），御史大夫兼京兆尹王鉷，坐弟户部郎中王焊和邢縡谋逆，王鉷被赐死。至于王焊，玄宗以"犹宽殊死之典，俾从杖刑之责。宜于朝堂，集众杖杀"，②显见仍在执行废除绞斩死刑的政策。

玄宗废除死刑的创举让人想起西汉文帝的废除肉刑。在玄宗900多年前的西汉文帝十三年（公元前167年），文帝以"缇萦救父"一事为契机，断然废止了上古以来的肉刑。文帝的改革方案是"当黥者，髡钳为城旦舂；当劓者，笞三百；当斩左止者，笞五百；当斩右止……弃市"。③其原意当然是鉴于肉刑"断支体，刻肌肤，终身不息，何其楚痛而不德也"。④故此改劓为笞三百，斩左趾为笞五百，无疑是以生易死的德政。然而，文帝却被班固诟病：

> 外有轻刑之名，内实杀人。斩右止者又当死。斩左止者笞五百，当劓者笞三百，率多死。⑤

实际上，原来斩左趾和劓刑的犯人却多被笞杀，失去文帝废肉刑的良法美意。嗣后，迭经景帝一再将笞数减至二百、一百，史称"自是笞者得全"，⑥文帝废肉刑之美意方始落实。若与汉文帝的改革比较，唐玄宗废削死刑，改科以重杖流岭南，结果是"其实有司率杖杀之"的状况，与文帝废肉刑后的"内实杀人"颇为类似。

天宝六载的废死改革失败的原因是不是八年之后爆发的"安史之乱"？或谓当国家陷入长期战争纷乱状态，刑法发展遂转趋严厉苛暴，唐朝又重

---

① （宋）宋敏求编《唐大诏令集》卷一二六《政事·诛戮上》，中华书局，2008，第678页。
② 《唐大诏令集》卷一二六《政事·诛戮上》，第679页。
③ （东汉）班固：《汉书》（点校本）卷二三《刑法志》，中华书局，1964，第1099页。
④ 《史记》卷二〇《孝文本纪》，第428页。
⑤ 《汉书》卷二三《刑法志》，1099页。
⑥ 《汉书》卷二三《刑法志》，1100页。

回将死刑这种极刑视为必要的时代。① 史称唐肃宗登基之初 "方喜刑名",② 当至德二载（757 年），安史之乱进入第三个年头，唐军顺利收复长安。对于数以百计在安禄山叛军占领长安期间任职伪朝的官员，肃宗任命李岘、崔器等为三司使，重惩达奚珣、韦恒为首的三十九人：处斩的十一人（其中达奚珣和韦恒腰斩）、被赐自尽的七人、决重杖死者二十一人。③ 从极刑的刑名而言，有 "腰斩" "斩" "赐自尽" "决重杖" 等，不一而足。这是否意味朝廷已然恢复法律上的死刑？笔者以为此次对任职伪朝官员的处罚，纯属政治考虑，乃一时之举，不代表在法律上恢复了执行死刑。

肃宗朝刑法的发展都全面性转向严酷苛暴吗？似乎不尽如此。乾元二年（759 年）三月肃宗下诏曰：

> 刑狱之典，以理人命，死无再生之路，法有哀矜之门。是以讼必有孚，刑期不用。周穷五听，天下所以无冤；汉约三章，万人以之胥悦。言念钦恤，用谐丕变。自今以后，诸色律令，杀人、反逆、奸、盗及造伪、十恶外，自余烦冗，一切删除。仍委中书门下与刑部、大理法官共详定，具件奏闻。④

诏书内容是鉴于刑法太严，拟将法律中杀人、反逆、奸、盗、造伪、十恶等以外的犯罪一律删除，可见此次改革的力度不可谓不大。从 "汉约三章，万人以之胥悦" 云云，乃是仿效刘邦入关与秦民约法三章之故智，鉴于乱世法令不宜太严，遂大幅删削重罪以取悦百姓。因此，安史之乱到底会导致刑罚转趋严苛以端正纲纪，抑或人君反而需要施恩布德以收揽人心，似不能一概而论。肃宗的改革如果得到落实，除了若干严重犯罪之外，其他大部分的犯罪都予删除，亦会造成死刑的适用范围随之缩小。

玄宗废除死刑的尝试正式结束是在肃宗上元二年（761 年）。据《通典》卷一六五《刑法三·刑制下》：

---

① 参见曾我部静雄《唐の玄宗の死刑廢止について》，载氏著《中國律令史の研究》，吉川弘文馆，1971，第 92 页。
② 《新唐书》卷五六《刑法志》，第 1416 页。
③ 《新唐书》卷五六《刑法志》，第 1416 页。
④ 《册府元龟》卷六一二《刑法部·定律令四》，第 7070 页。

（上元）二年六月，刑部奏："（A）谨按五刑，笞、杖、徒、流、死是也。今准敕除削绞死罪，唯有四刑。（B）每有思（恩）虑，须降死刑，不免还许（计）斩绞。敕律互用，法理难明。（C）又应决重杖之人，令式先无分析，京城知是蠹害，决杀者多死；外州见流岭南，决不至死。决有两种，法开二门。"敕旨："斩、绞刑宜依格律处分。"①

刑部对于天宝废死的诟病并没有提到"治乱世，用重典"之类的话，完全是就法而论法。上引《通典》的（A）部分，刑部指出玄宗除削绞斩死刑，将死刑"虚刑化"后，笞、杖、徒、流、死的"五"刑唯剩"四"刑。关于（B）的部分，"每有思虑"一句甚不可解，笔者以为"思虑"应是"恩虑"之误，恩指恩赦，虑指虑囚。唐代大赦频繁，290 年间共大赦 188 次，曲赦 74 次。② 虑囚或作录囚，是皇帝（有时候委由臣下代理）不定期的检录囚徒。虑囚之后，通常会给予不同程度的宽宥，或赦免，或降罪，是唐代皇帝经常施行的恩德，前后超过百次。③ 玄宗以诏敕的形式宣布废削绞斩，而非全面修订唐律，所以唐律的正刑仍是笞、杖、徒、流、死。刑部指出官员论罪科刑时，对于死罪囚徒先是依据唐律判处绞或斩，然后再根据天宝六载的规定，代之以决重杖流放岭南之刑。及至帝王恩赦或虑囚时，往往会将死刑恩免或降等，那么还是得回头检视罪囚原来刑罚与犯罪才能判定其适用状况，确会造成困扰不便。至于（C）的部分，决重杖的罪因在《令》《式》之中并无京师或外州的分别，京师可能因为幅员不大，这些罪囚的恶行劣迹，远近皆知，因此官员在重杖时刻意将这

---

① 《通典》卷一六五《刑法三·刑制下》，第 4261～4262 页。《唐会要》卷三九《议刑轻重》本事系于乾元二年（759 年）六月。其中"除削绞死"后没有"罪"字，"每有思虑"写作"每定罪"，"还许斩绞"作"还计斩绞"，"决杀者多死"写作"决者多死"。（第 830 页）

② 参见陈俊强《皇恩浩荡——皇帝统治的另一面》，第 76 页。

③ 虑囚之事，《旧唐书》一律写作"录囚"，而《新唐书》《本纪》则全部写作"虑囚"，《刑法志》却又作"录囚"。其他唐人典志，多有作"虑囚"的。如《唐律·名例律》"除名"条（总 18 条）有"会虑减罪"之句；《贼盗律》"盗经断后三犯"条（总 299 条）亦有"其未断经降虑者，不入三犯之限"，律文中的"虑"，即虑囚之意。参见陈俊强《唐代录囚制试释》，载高明士主编《东亚传统教育与法制研究（一）——教育与政治社会》，台湾大学出版中心，2005，第 265～295 页。

些恶徒杖毙。相对于此，外州则鉴于犯人将远流岭南，决杖时不会致人于死。同样是决重杖，显然中外有别，同刑异罚，有失公允。从前引卢元裕奏议所云"京城先因处分，决杀者多"，① 可知京城以重杖决杀囚徒之情况是一直持续到代宗朝的。

综合而言，刑部的意见是认为死刑"虚刑化"后，五刑唯存其四，不符五刑之数。其次是"敕律互用"，司法部门于论罪、科刑、代易、恩降时，在敕律之间针对法定刑、宣告刑、执行刑等不断转换，徒生困扰，造成法理难明。最后，天宝六载新制的目的无疑是以重杖流放之生刑永远取代绞斩之极刑，但重杖即便有定数，但诚如马端临所云"行罚之人得以轻重其手，欲活则活之，欲毙则毙之"，② 显然同刑异罚，无法真正落实废削极刑之初衷。既不符五刑之数，复徒增司法困扰，又无法达到以生易死的美意。最后，肃宗下旨"斩、绞刑宜依格律处分"，③ 宣布正式恢复死刑。

四 唐代后期死刑的发展

玄宗天宝年间"除绞斩刑"之尝试以失败告终，嗣后再也没有类似的废除死刑改革了。然而，唐朝后期死刑并非没有重大变革措施，其中德宗朝的决重杖处死以及宪宗朝的免死配流天德军，都非常值得注意。

（一） 德宗朝的决重杖刑

诚如前述，对犯人依常律惩处之前先行决杖，其事见于高宗朝，至玄宗开元年间，杖刑的使用更是频繁浮滥，形式不一，或是单独杖责大臣，如开元"监察御史蒋挺以监决杖刑稍轻，敕朝堂杖之"，④ 或是"比来犯盗，先决一百"，⑤ 或是流放远逐前，先行决杖，形形色色，不一而足。前引《册府元龟》所录卢元裕奏议提到"与一顿杖""重杖""痛杖"等杖数，并希望依准《刑部式》的规定，一律决不至死。卢的奏议在《唐会

---

① 《册府元龟》卷六一二《刑法部·定律令四》，第 7070 页。
② 《文献通考》卷一六六《刑考五·刑制五》，第 1441～1442 页。
③ 《通典》卷一六五《刑法三·刑制下》，第 4262 页。
④ 《旧唐书》卷一○一《张廷珪传》，第 3153 页。
⑤ 《册府元龟》卷六一二《刑法部·定律令四》，第 7069 页。

要》有相关记载但略有歧异，云：

> 宝应元年（762 年）九月八日，刑部、大理奏："准式：制敕处分与一顿杖者，决四十；至到与一顿及重杖一顿，并决六十。无文至死者，为准式处分。又制敕或有令决痛杖一顿者，式文既不载杖数，请准至到与一顿，决六十，并不至死。"敕旨，依。①

《册府元龟》所录卢元裕的奏议应是提案，《唐会要》所载则是最终实行的版本。倘若制敕明令杖杀处尽，则是杖杀至死。但若没有明文杖毙者，则依式处分。司法部门特别制定数种特旨决杖的杖数："与一顿杖"，决四十；"至到与一顿杖"，决六十；"重杖一顿"，决六十；"痛杖一顿"，决六十。②

唐代死刑发展的另一个重要时期是德宗朝。德宗建中三年（782 年），朝廷正式制定了重杖决死之制，死刑的执行手段发生了很大的变革。据《唐会要》：

> 至建中三年八月二十七日，刑部侍郎班宏奏："其十恶中，恶逆已上四等罪，请准律用刑。其余犯别罪应合处斩刑，自今已后并请决重杖一顿处死，以代极法。重杖既是死刑，诸司便不在奏请决重杖限。"敕旨依。③

班宏的奏议不见于两《唐书》本传。此次奏议是十恶中前四恶——谋反、谋大逆、谋叛、恶逆，仍是依律用刑。恶逆以上皆是重罪，犯者非绞即斩。其他死罪合该判处斩刑者，决重杖一顿处死，以代极刑。班宏的奏议中只提到"合处斩刑"，疑脱漏"绞"字，应是"合处绞斩刑"。《唐会要》只云德宗"敕旨依"，未载详细内容。德宗敕旨的文字见于《宋刑统》，云：

> 唐德宗建中三年八月贰十柒日敕节文：其拾恶中，恶逆以上四等

---

① 《唐会要》卷三九《议刑轻重》，第 830 页。
② 德宗以降又见重杖四十、二十的记载，据《唐大诏令集》卷四二《公主·谴黜》"郜国大长公主别馆安置敕"云"萧位等宜令京兆府决重杖四十，配流贺州"。（第 207 页）又《册府元龟》卷六八九《牧守部·革弊》载宪宗年间京兆尹王播奏曰："今日已后，牧放之徒不得躬带刀剑器仗等放牧。仍请诏下后十日外有犯者，百姓所在，集众决重杖二十。"（第 7939 页）
③ 《唐会要》卷三九《议刑轻重》，第 830 页。

罪，请准律用刑。其余应合处绞、斩刑，自今以后，并决重杖一顿处死，以代极法。①

敕文作"应合处绞、斩刑"，可知前述班宏的奏议中当缺"绞"字。新的规定就是以重杖击打犯人，直至犯人毙命。班宏所谓"诸司便不在奏请决重杖限"，其意应是重杖既是死刑，即杖打至死，那么官员便不必再奏请决重杖之数了。玄宗是以重杖配流代替绞斩，以生贷死，是一种代刑；德宗是以重杖决死取代大部分绞斩之刑，只是替换了行刑的手段，并无改变处死的目的，是一种易刑。如果玄宗是将死刑"虚刑化"，那么德宗仅是将死刑"虚名化"而已。

建中三年的新制，重杖决死明显轻于绞斩之刑，但同样是处死犯人，为何重杖决死会比较轻？

绞斩属于律典的"极刑"，杖刑却不是。前引《册府元龟》所载玄宗天宝六载正月戊子南郊大赦诏，宋臣自注云"今断极刑，云决重杖以代极刑法，始于此也"。② 可知重杖不被视作极刑。当恶逆以上才会处以绞斩，其他死罪都以重杖执行，则每年处之极法者，应是寥寥数人。皇帝御宇多年，竟是罕用极刑，虽然不免被讥掩耳盗铃，总能博得一点好生恶死的名声吧。对于犯人而言，虽然不论绞斩抑或决杖，结局都是毙命，但按法而言犯人并没有被处以"极刑"，可谓"尚免严诛""宽殊死之典"，犯人及家族总算保留一定体面。此外，犯人或免身首异处，至少不必蒙上不孝之污名，亦不致影响死后的生命。

清代沈家本以为相较于绞斩等常刑，杖杀过程较长，犯人所受痛苦甚于绞斩，而且死状亦惨，实际上决杖名轻实重。③ 然而，实际状况未必如此。诚如前述，唐代一直存在执行常刑以前先行决杖的做法，如流放远逐之前可以先行决杖，甚至执行死刑之前也会先行决杖。高宗永淳元年

---

① （宋）窦仪等撰，岳纯之校证《宋刑统校证》卷一《名例律》"五刑"条，北京大学出版社，2015，第5~6页。

② 《册府元龟》卷六一二《刑法部·定律令四》，第7070页。

③ 沈家本指出："以法制言，杖轻于斩、绞，以人身之痛苦言，杖不能速死，反不如斩、绞之痛苦为时较暂。且杖则血肉淋漓，其形状亦甚惨。"参见氏著《历代刑法考·刑制总考》，第53页。另外，沈氏在《刑法分考》中再论此事，云："斩、绞而死与重杖而死，均死也，不足以言仁。且斩、绞而死，其死也速，重杖而死，其死也迟，其所受之苦楚，转有甚于斩、绞者，未足为良法也。"参见《历代刑法考·刑法分考》，第140页。

（682）五月敕：

> 私铸钱造意人及句合头首者，并处绞，仍先决杖一百。①

决杖一百并非人人皆可承受，犯人随时会毙于杖下，前引《唐会要·君上慎恤》就提及高宗鉴于"常法外，先决杖一百，各致殒毙"的状况。②类似状况亦见于玄宗开元十二年四月敕，云："比来犯盗，先决一百，虽非死刑，大半殒毙。"③死刑执行前是否都会附带先行决杖一顿呢？答案应是肯定的。试看德宗贞元八年（792 年）十一月敕：

> 比来所司断罪，拘守科条，或至死刑，犹先决杖。处之极法，更此伤残，恻隐之怀，实所不忍。自今已后，罪之死者先决杖宜停。④

"或至死刑，犹先决杖"，可见其时死刑也有先决杖一顿的规定，而且"所司断罪，拘守科条"，显然这种做法是于法有据的。倘若死刑都有附带先行决杖一顿的话，那么德宗建中三年以重杖决死取代大部分的死刑，就难说比较残暴了。⑤贞元八年，建中三年新制之后的十年，德宗也正式将死刑犯伏法以前先决杖的恶法废除，马端临赞誉为"革累朝弊法"。⑥若是原来绞斩都要先行决杖一顿的话，那么，德宗建中三年的新制并非名轻实重，而是实质上重杖决死确是比绞斩之刑为轻。

德宗朝以降屡见决重杖处死之例，如贞元四年（788 年）九月，度支山南东道巡院郑浪坐干没财物、征扰平人，德宗降敕云"枉法殊死，宜令所在决重杖一顿处死"。⑦宪宗元和六年（811 年）六月，前行营粮料使判官元儵及典吏等计赃一千万，各决重杖一顿处死。⑧同年八月，贺州知场官李榆

---

① 《通典》卷九《食货九·钱币下》，第 200 页。
② 《唐会要》卷四〇《君上慎恤》，第 841 页。
③ 《册府元龟》卷六一二《刑法部·定律令四》，第 7069 页。
④ 《唐会要》卷四〇《君上慎恤》，第 841 页。
⑤ 川村康：《建中三年重杖处死法考》，载池田温编《中國禮法と日本律令制》，东方书店，1994，第 446 页。
⑥ 马端临以为"至于当绞斩者，皆先决杖或百或六十，则与秦之具五刑何异？建元（当作建中）时始定重杖为死刑，贞元时始命令死刑不先决杖，盖革累朝弊法云"。参见《文献通考》卷一六六《刑考五·刑制五》，第 1441～1442 页。
⑦ 《册府元龟》卷五一一"邦计部·贪污"，第 5811 页。
⑧ 《册府元龟》卷五一一"邦计部·贪污"，第 5811 页。

持剑杀妻，宪宗降敕委观察使决重杖一顿处死。穆宗长庆二年（822
年），百姓姚文秀与妻感情不睦，怀恨甚久，竟殴妻致死。本案在大理寺
复核时颇有争议，最后穆宗降敕："姚文秀杀妻，罪在十恶，若从宥免，
是长凶愚。……委所在重杖一顿处死。"① 敬宗宝历元年（825 年）九月，
前袁王府长史武昭谋害右仆射平章事李逢吉，三司鞫狱得实，武昭及弟
汇、役人张少腾宜付京兆府，各决痛杖一顿处死。② 以决重杖或痛杖方式
取代部分绞斩之刑，在中晚唐确实一直都存在。

（二） 宪宗朝的免死配流天德军

唐朝后期死刑的另一重大变革是在宪宗朝，根据《新唐书·刑法志》
所载元和八年（813 年）宪宗下诏：

> 两京、关内、河东、河北、淮南、山南东西道死罪十恶、杀人、
> 铸钱、造印，若强盗持仗劫京兆界中及它盗赃踰三匹者，论如故。其
> 余死罪皆流天德五城，父祖子孙欲随者，勿禁。③

据以下《册府元龟》卷六一六《刑法部·议谳三》刑部侍郎王播的上
奏，可知此诏应是十一月或十二月颁布的。宪宗是将两京、关内等特定地
区的死罪，除十恶、杀人、铸钱、强盗等严重犯罪之外，一律免死配流天
德五城。天德军即太宗朝的燕然都护府，高宗朝更名瀚海都护府、安北都
护府，玄宗天宝末年再更名天德军。德宗年间置天德军都防御使，辖区大
致包括丰州和西、中受降城，有时亦包括会州、东受降城等，即所谓河套
地带，属关内道。④ 天德军是中晚唐另一个重要的配所。据史籍记载，曾

---

① （唐）白居易撰，朱金城笺校《白居易集笺校》，上海古籍出版社，1988，第 3409 ~ 3411
   页。《文献通考》卷一七〇《刑考九·详谳二》，第 1473 – 1、1473 – 2 页。
② 《册府元龟》卷九三四"总录部·告讦"，第 10825 页。
③ 《新唐书》卷五六《刑法志》，第 1417 页。
④ 关于天德军的沿革与辖区，参见（唐）李吉甫撰《元和郡县图志》卷四《关内道四·天
   德军》，贺次君点校，中华书局，1983；《新唐书》卷七《地理志》"关内道·关内采访
   使·安北大都护府"。另参见谭其骧《唐北陲二都护府建置沿革与治所迁移》，载氏著
   《长水集》下，人民出版社，1987，第 263 ~ 276 页；李大龙《都护制度研究》，黑龙江教
   育出版社，2003，第 202 ~ 248 页；张虎《唐代西受降城、天德军的置废和建制沿革考
   述》，《阴山学刊》2011 年第 3 期，第 83 ~ 86 页。

遭流放天德军的有宪宗朝的僧文溆，① 文宗朝的王士迁、李忠亮、张士岌，② 宣宗朝的李恪③、祝汉贞④等。

前述元和八年年底免死罪流天德五城的新制，与该年正月以来针对流刑的改革密切相关。当年正月，刑部侍郎王播奏曰：

> "天德军五城及诸边城配流人，臣等窃见诸处配流人，每逢恩赦，悉得放还，唯前件流人，皆被本道重奏，称要防边，遂令没身，终无归日。臣又见比年边城犯流者，多是胥徒小吏，或是斗打轻刑，据罪可原，在边无益。伏请自今以后，流人及先流人等，准格例，满六年后，并许放还。冀抵法者足以惩惩，满岁者绝其愁怨。"从之。⑤

王播鉴于天德军等边城配流人，由于防边需要，纵逢恩赦，往往不得放免。因此，主张明订流人到配所满六年后，准予放还。宪宗听从王播的建议，自此唐代流刑有六年放还的明确期限。⑥

同年的九月十七日，宪宗颁布《定戍边远近诏》，这是一个与之后十一月免死配流天德军新制类似的方案：

> 减死戍边，前代美政，量其远迩，亦有便宜。自今已后，两京及关内、河南、河东、河北、淮南、山东西道州府，有犯罪系囚，除大逆及杀人外，其余应入死罪，并免死配流天德五城诸镇。有妻儿者，亦任自随。又缘顷年以来，所有配隶，或非重辟，便至远迁。有司上陈，又烦年限。向后如有轻犯，更不得配流五城。⑦

---

① 《册府元龟》卷一五三"帝王部·明罚二"，第 1710 页。

② 《册府元龟》卷一五三"帝王部·明罚二"，第 1714 页。

③ 《旧唐书》卷一八《宣宗本纪》，第 620 页。

④ 《资治通鉴》卷二四九《唐纪六十五》，"唐宣宗大中十一年（857 年）七月"条，第 8063 页。

⑤ 《唐会要》卷四一"左降官及流人"，第 861 页。

⑥ 参见陈俊强《唐代的流刑——法律虚与实的一个考察》，《兴大历史学报》2007 年第 18 期，第 79～80 页。另参见辻正博《唐宋时代刑罚制度の研究》，京都大学学术出版会，2010，第 128～135 页。

⑦ 《册府元龟》卷六一二《刑法部·定律令四》，第 7072 页。据以下《册府元龟》卷六一六《刑法部·议谳三》所录王播奏议以及《旧唐书·宪宗本纪》，可知诏书是在元和八年九月丙寅（十七日）颁布。诏书中的"山东西道"，《册府元龟》卷六一六《刑法部·议谳三》作"河东西道"，但据《旧唐书·宪宗本纪》可知当作"山南东西道"。

这个方案只有大逆和杀人仍维持绞斩，其他死刑一律免死配流天德军。若与前述王播奏议对照，可知原先流配天德五城者，或是"斗打轻刑"。如今天德五城既是特定减死配流之场所，于是宪宗申令"向后如有轻犯，更不得配流五城"，或许都是减死一等之类的重犯了。

元和八年九月的新制适用的死罪可能太多，造成刑法过度宽松，史称"自九月减死配流之令，而京师多盗，府县不能督捕"。[①] 因此，十一月王播针对九月的改革提出修正意见：

> 臣谨言，敕文除大逆下手杀人外，余入死罪，科目至多，若不举其条流，或虑中外处断不一。今请犯十恶及故杀斗、谋劫、私铸钱、造伪，并京兆界持杖强盗不论，并依律文及前后格敕处分。自余死刑，即请准今敕减死配隶天德伍城。有妻者，仍准式勒随流人。其父祖子孙欲随去者，任去从之。[②]

前引《新唐书·刑法志》宪宗元和八年十一月（或十二月）的诏书，应是根据王播的意见修订而来的，只是增加了"它盗赃踰三匹者"。[③]

综上所述，元和八年正月订定流天德五城六年放归的新规定，而同年九月宪宗将大部分的死刑犯改流天德军，这些罪犯也是六年以后得以放归？那么，终结生命的死刑将为六年有期流刑所取代？难怪九月新制颁下后会造成"京师多盗"。因此，十一月才需要作出修正，收紧免死配流天德军的范围。不管如何，元和八年十一月（或十二月）的做法应是定制，而非一时恩典。宪宗虽然没有如玄宗般全面废削绞斩，但将一般死罪免处极刑，改科流放天德军，死刑局部的"虚刑化"，仍可视为某种意义的"废死刑"。[④]

穆宗长庆元年（821 年）正月大赦，云："其天德军流人，满十年即放回。"[⑤] 天德军的放还期限延长为十年。及至宣宗大中四年（850 年），因追尊顺宗、宪宗谥号，大赦天下，诏云：

① 《册府元龟》卷六一六《刑法部·议谳三》，第 7124 页。
② 《册府元龟》卷六一六《刑法部·议谳三》，第 7124 页。
③ 《新唐书》卷五六《刑法志》，第 1417 页。
④ 《新唐书》卷五六《刑法志》，第 1417 页。
⑤ 《文苑英华》卷四二六《翰林制诏·赦书七》，第 2159 页。

徒流人比在天德者，以十年为限，既遇明恩，例减三载。（但）使循环添换，边不阙人，次第放归，人无怨苦。其秦州、源（旧《纪》作"原"）州、咸州、武州诸关等，先准与立年限（旧《纪》作"先准格徒流人，亦量与立限"），宜令止于七年放还，如有住者，亦听。所配流人须量轻重，中有犯死罪及逆人贱隶，不在此限。①

流放至天德军者，原以十年为限，其后将归期缩短为七年。但诏书既云"所配流人须量轻重，中有犯死罪及逆人贱隶，不在此限"，则宪宗元和八年以来减死流配天德军者应不在此限，即不适用七年归还之恩德，仍需十年方得放回。

五　结论

本文以唐初的太宗朝、中期的玄宗朝、后期的德宗宪宗朝为中心，勾勒有唐一代二百九十年间死刑发展的几个重要阶段。

唐太宗登基之初，即标榜宽仁以治天下，锐意改革死刑。一方面删削死罪百多条，缩小死刑的适用范围；另一方面，对于宣判死刑者，亦以刖足或加役流等生刑替代，以减少死刑的执行。对于最终仍需科处绞斩死刑的罪因，则以加强覆奏的措施，使人君再三思考是否仍有可矜可悯之处。贞观朝死刑的革新措施影响后世颇巨。玄宗自登基以来即恶闻刑杀，数十年间不断以流刑与决杖宽贷死刑，达到"市无刑人""未尝行极刑"之理想。最终于天宝六载除削绞斩之条，正式将死刑"虚刑化"，死刑名存实废。废死之创举仅维持十四年，失败的原因或许并非"安史之乱"，而是司法实务上窒碍难行以及无法达到矜恤人命的初衷。回顾唐朝废除死刑的工程，其实并非一蹴而就。唐朝自建立之初就已经朝废死方向迈进：先是修法减少死刑的适用，继而以频繁的大赦降低死刑因徒，进而再以决杖与流放等生刑代替死刑。在长期没有执行死刑之条件下，才能迈出最后一步。自太宗朝初步启动直至玄宗朝正式废止，历时一百多年。

德宗继承玄宗朝蓬勃发展的决杖刑，建中三年以重杖决死取代绞斩之

---

① 《册府元龟》卷九一《帝王部·赦宥十》，第1007页。另据《旧唐书》卷十八下《宣宗纪》补订。

刑。有别于玄宗朝的"决重杖"是生刑（至少表面如此），德宗朝的"决重杖"却是死刑。处罚手段是由绞斩改易为重杖，但剥夺生命的目的二者并无不同。玄宗晚年死刑是有名无实，相对而言，德宗朝的死刑却是有实无名。如果唐玄宗是将死刑"虚刑化"，那么德宗仅是将死刑"虚名化"而已。宪宗朝以流放远恶之地作为减死一等之刑，只是地点自岭南转移到北方的天德军，而原来不定期刑的流放变成有期流刑。宪宗虽然没有如玄宗般全面废削绞斩，但将一般死罪免处极刑，死刑局部的"虚刑化"，仍可视为某种意义的"废死刑"。

从刑罚发展的宏观角度而言，汉唐之间刑罚变迁的主调是从肉刑到流刑，唐代以降的主调无疑是围绕废死而展开。

肉刑可废，其前提是战国晚期徒刑之兴起，渐渐构成刑罚体系中的重要部分。文帝废肉刑之原因，固然是受缇萦救父的孝心所感动，但若没有徒刑之发达，提供国家惩治罪犯的主要手段，文帝纵然有心，亦缺乏客观条件，不可能贸然废止肉刑。但肉刑被废除后，汉晋数百年间却不断有人高声疾呼死刑太重，生刑太轻，要求恢复肉刑以拯救刑罚之失衡。[①] 直至流刑在北朝晚期创制成立，在隋唐时期成熟，填补了肉刑废除后的刑罚漏洞，汉唐刑罚转型之工程方始成功。[②] 太宗初年尝试以刖足之刑贷死，但最终改为制定加役流，正是反映肉刑不合时宜，其地位完全被流刑所取代。

新五刑成立后，刑罚轻重相当，新时代面临的课题，就是如何废除残害生命的死刑。唐朝自建立以来，即在进行废止死刑的工程，但死刑之能废，其前提则是流刑的成立与成熟，提供了废除死刑的客观条件。唐朝自太宗以来的贷死手段，一直是围绕流刑而发展，举凡加役流、流放岭南或天德军等远恶之地、长流、决杖配流等，不一而足。此外，太宗朝刖足之刑改为加役流，标志贷死之法必须自笞、杖、徒、流中选择：加役流是流刑与徒刑的综合刑，而决杖配流则是流刑与杖刑的综合刑。

玄宗全面废削绞斩极刑的尝试以失败告终，为何自此以后的一百五十年间再也没有帝王重新启动此一工程呢？个人以为是没有这个必要。正如

---

① 参见陈俊强《汉末魏晋肉刑争议析论》，第71~85页。

② 关于流刑在北朝的创制，可参见陈俊强《北朝流刑的研究》，《法制史研究》2006年第10期，第33~83页。

前述，帝王透过修法可以减少死刑的适用，透过大赦以及贷死之刑，实际上就可以落实帝王好生之德、哀矜人命的精神，达到狱无罪囚、市无刑人的理想。最后，尚有覆奏制度让君王慎重思考死囚是否仍有可矜可悯之余地。于是，死刑的存在与君王念兹在兹的人命至重的关怀根本上并不冲突。反而刑罚中保留死刑对于防治犯罪有其必要性，试以欧阳修在《新唐书·刑法志》中对宪宗元和八年新制的议论作为代表的观点：

> 礼让成俗，然犹不敢废刑，所以为民防也，宽之而已。今不隆其本、顾风俗谓何而废常刑，是弛民之禁，启其奸，由积水而决其防。①

职是之故，倘若只是因为君王鉴于死刑犹存其目，恶闻其名，而不是思索国家是否有权剥夺人民生命之类更深层的问题，那么，废除死刑的创举也只能因人而始，及身而终了。

（原文载《中华法理的产生、应用与转变》，2019 年 12 月出版，收入本书时略有改动）

---

① 《新唐书》卷五六《刑法志》，第 1417 页。

唐律中的"杀"与"死"

刘晓林[*]

一 问题的提出

"杀"与"死"是常见词语,基于日常含义与用法,两者之间的关系被习以为常地表达为某些语境下的规范、原理甚至观念。但相关结论多基于常识或经验,若将其置于具体法律规范当中,则会发现其针对性并不明显。如我们常说的"杀人者死",其中的"杀"包含哪些具体行为、"死"又指涉哪些具体刑罚?立足于法律规范的具体表述,我们会发现大量杀人行为并不处以死刑,甚至会发现不处以死刑的情况更加常见;而法律规范中针对具体杀人行为的量刑也不表述为"死",而是直接表述为"绞""斩"等具体刑等。现有成果对传统刑律中的"杀人罪"、"死刑"及相关内容进行了充分探讨,但未见针对刑律中"杀"与"死"的含义、用法及相互关系的深入辨析。基于此,笔者拟以《唐律疏议》为中心,从"杀"与"死"在法典中的分布切入,并将形式方面呈现的特征结合其作为立法语言的含义与用法,对两者之间的关系作深入探讨,最终对唐律中"杀"与"死"所表现的罪刑关系及其基本逻辑与渊源试作梳理与总结。

---

[*] 刘晓林,吉林大学法学院教授。

二　法典中的分布及其特征

《唐律疏议》中"杀"与"死"为广泛出现的高频词语，① 与律内其他典型术语相比，其出现的频次之高、分布之广非常明显。② 相关数据见表 1。

表 1　《唐律疏议》中的"杀"与"死"分布

分类与出现频次 篇目 （条文数）	出现的频次（律、注、疏）		涉及条文数 （在本篇的比例）	
	杀	死	杀	死
《名例》（凡 57 条）	141（5、10、126）	160（20、6、134）	22（39%）	34（60%）
《卫禁》（凡 33 条）	10（4、0、6）	9（2、0、7）	2（6%）	5（15%）
《职制》（凡 59 条）	6（1、0、5）	12（3、0、9）	3（5%）	5（8%）
《户婚》（凡 46 条）	5（0、0、5）	15（4、1、10）	2（4%）	8（17%）
《厩库》（凡 28 条）	76（19、3、54）	27（5、1、21）	5（18%）	8（29%）

① 本文统计词语、引用唐律条文皆依据（唐）长孙无忌等《唐律疏议》，刘俊文点校，中华书局，1983。文中仅标明篇目、条标与总条文数，不再一一注明出处。另外，笔者针对《唐律疏议》中"杀"与"死"的相关统计数据有两点需要说明。第一，《名例》"序"《疏》中出现了"杀"3 次、"死"1 次，具体表述形式计入总数，但未计入涉及的条文数，即《唐律疏议》中出现"杀"的条文 129 条、出现"死"的条文 172 条，此处条文数并不包括《名例》"序"《疏》。原因在于：唐律各篇"序"《疏》的内容乃是对该篇宗旨、特征与渊源的说明，各篇"序"《疏》乃是"各篇"之有机组成，但不属于律条，亦不在所谓唐律 502 条之内。关于各篇"序"《疏》与唐律具体条文的差异，可参见钱大群《唐律疏义新注》，南京师范大学出版社，2007，第 4 页注释③。第二，条标中出现的"杀"与"死"未计入总数，如《断狱》"死罪囚辞穷竟雇请人杀"条（471）、《厩库》"故杀官私马牛"条（203）等。原因在于：条标并非唐律原本所有；现代学者的不同注释版本在条标的表述方面虽有所区别，但主要以各条律文首句词组或短句作为条标，其内容已包含于律文中。

② "杀"与"死"和"情"与"理"等词语非常相似，既为日常用语，又为古代刑律中的常见术语。《唐律疏议》中"情"与"理"出现频次与涉及的条文数分别为：282 次、102 条，192 次、96 条。与律内纯粹的技术性词语相比，"杀"与"死"出现的频次与涉及的条文数对比更加明显。如"不用此律""余条准此"等，其在律内出现的频次与涉及的条文数分别为：39 次、17 条，7 次、5 条。

分类与出现频次 篇目（条文数）	出现的频次（律、注、疏）		涉及条文数（在本篇的比例）	
	杀	死	杀	死
《擅兴》（凡24条）	5（2、0、3）	6（1、0、5）	2（8%）	3（13%）
《贼盗》（凡54条）	303（50、15、238）	83（14、1、68）	29（54%）	21（39%）
《斗讼》（凡60条）	259（61、6、192）	158（31、10、117）	31（52%）	38（63%）
《诈伪》（凡27条）	14（2、0、12）	38（11、0、27）	3（11%）	10（37%）
《杂律》（凡62条）	119（35、3、81）	29（5、1、23）	12（19%）	9（15%）
《捕亡》（凡18条）	43（14、0、29）	37（8、2、27）	7（39%）	7（39%）
《断狱》（凡34条）	75（18、0、57）	100（23、1、76）	11（32%）	24（71%）
总计（凡502条）	1056（211、37、808）	674（127、23、524）	129（26%）	172（34%）

（一）基于篇章结构的分布及其特征

由表1所知，律内"杀"出现1056次，涉及129条律文，即唐律中26%的律文都出现了相关表述；"死"出现674次，涉及172条律文，即唐律中34%的律文都出现了相关表述。各篇皆出现了"杀"与"死"，但频次有所不同。关于"杀"的各种表述，出现频次较高的篇目包括《名例》《贼盗》《斗讼》《杂律》，这4篇中出现的比例占总数的78%，且各篇出现频次都超过100；出现频次较低的篇目包括《卫禁》《职制》《户婚》《擅兴》，这4篇中出现的比例仅占总数的2.5%，且各篇出现频次都不大于10。关于"死"的各种表述出现频次较高的篇目包括《名例》《贼盗》《斗讼》《断狱》，这4篇中出现的比例占律内出现总数的74%，除《贼盗》之外，其他3篇出现频次都大于等于100，《贼盗》出现频次也达到83；出现频次较低的篇目包括《卫禁》《职制》《户婚》《擅兴》，这4篇中出现的比例仅占总数的6%，且各篇出现频次都小于等于15。

由此可见，"杀"与"死"在律内各篇的分布高度重合，各自出现频次最高的4篇中有3篇重合，出现频次最低的4篇完全重合。结合具体的频次与比例，也可以看出其分布的重合度非常高。另外，

"杀"与"死"的表述较为集中的篇目也与相关篇章设立之宗旨相契合。结合"杀"与"死"在律条中的具体含义，这一点会表现得更加清晰。

（二）基于律条结构的分布及其特征

《唐律疏议》的条文由"律""注""疏"三部分共同构成，某些条文中根据法律适用的需要又在"疏"中设"问答"，予以有针对性地进一步解释。律文的内容受前代影响极大；注文，是结合实际需要对律文含义的说明；疏文，又是对律与注的进一步阐释。"律令制下的中国古代法典体系一个重要特征是律文的内容变动不大"，① 历次大规模修律的成果主要表现在注、疏当中。如表 1 所示，"杀"在律文中出现 211 次，占总数的 20%；在注文中出现 37 次，占总数的 3.5%；在疏文中出现 808 次，占总数的 76.5%；"死"在律文中出现 127 次，占总数的 19%；在注文中出现 23 次，占总数的 3%；在疏文中出现 524 次，占总数的 78%。

由此可见，"杀"与"死"在律条内的分布亦高度重合，即在"律""注""疏"各部分出现的比例基本一致。值得注意的是：《唐律疏议》中"杀"与"死"出现在律文部分的比例分别达到 20% 与 19%，这个比例不仅高于平均值，② 也远远高于律内绝大多数具有典型性的专门术语。③ 两者在律文中的分布皆达到了较高的比例，可见其在法典中的分布所呈现的重合并非偶然。

《唐律疏议》中"杀"与"死"的分布呈现明显重合，其中蕴含的是法律规范中两个独立术语之间的内在关系。这种关系并非虚构或偶然的原因在于：我们在《唐律疏议》中并未见到"杀死"、"死杀"或其他两者

---

① 郑显文：《〈唐律疏议〉的律注研究》，载《出土文献与法律史研究》（第 4 辑），上海人民出版社，2015，第 196 页。

② 《唐律疏议》凡 12 篇、30 卷、502 条，据笔者统计，总计约 22.76 万字，其中律文部分约 3.38 万字、注文部分约 0.78 万字、疏文部分约 18.60 万字（精确到百位）。若依字数与篇幅、体量来计算，律、注、疏在法典内的比例分别为：15%、3%、82%。这个比例大致也是其中典型术语分布的平均值，而"杀"与"死"出现在"律"中的比例明显高于平均值、出现在"疏"中的比例明显低于平均值。

③ 如唐律中关于"准此"的表述，绝大多数出现在注、疏中，仅出现在律文中的比例不足总数的 4%。

连用的固定表述。若律内大量存在这种固定的表述形式，则"杀"与"死"之间的高度重合可能不具有明显的探讨价值；或者说，即使具有一定的探讨价值，也应当在统计其分布数据时剔除连用的固定表述形式。因此，我们明确了唐律中"杀"与"死"存在密切的关系。至于存在何种关系及其渊源与表现，则需要结合各自具体的表述形式，以及典型的含义与用法作进一步探讨。

三 作为立法语言的含义与用法

"杀"与"死"作为立法语言，在法典中具有专门含义，且其用法中多包含着明显的技术因素。立法语言根据其来源大致分为两类：一类是法律规范中的专门术语，其在日常生活中较少出现，如"余条准此""不用此律"等；另一类来源于日常生活，但其出现于法律规范中，随着立法语言、立法技术及法典体例的发展，具有了越来越专门的含义，并与日常含义的界限越来越清晰，如"情""理"等。"杀"与"死"显然为后者，古文"杀"与"戮"互训，[1] 主要含义是杀戮行为，"死"即"尽"，是"形体与魂魄相离"的状态。[2] 现代汉语中的主要含义与之相同，"杀"即"使人或动物丧失生命"，"死"为"（生物）失去生命"。[3]"杀"与"死"的通常含义将其关系表达得非常清晰："杀"是行为、"死"是行为结果，"杀死"的通俗、固定表述即此种关系的直接表达。但这并不足以解释《唐律疏议》中"杀"与"死"在篇目、律条中分布呈现高度重合的原因。必须将律内"杀"与"死"的含义、用法作系统分析，以之作为探讨两者关系的基础（见表2）。

---

① "杀，戮也。戈部曰：戮，杀也。从殳杀声。铉等曰：《说文》无杀字，相传音察。按张参曰：杀，古杀字。张说似近是。"（汉）许慎撰、（清）段玉裁注《说文解字注》，三篇下"杀部"，上海古籍出版社，1981年影印版，第120页下。

② "死，澌也。水部曰：澌，水索也。《方言》：澌，索也，尽也。是澌为凡尽之称，人尽曰死。死、澌异部叠韵。人所离也。形体与魂魄相离，故其字从歹人。"（汉）许慎撰、（清）段玉裁注《说文解字注》，四篇下"死部"，上海古籍出版社，1981年影印版，第164页上。

③ 中国社会科学院语言研究所词典编辑室编《现代汉语词典》（第7版），商务印书馆，2018，第1130、1238页。

表 2　《唐律疏议》中"杀"与"死"的含义及其分布

表述及含义\出现篇目	杀			死		
	使人（牲畜）丧失生命	剥夺生命的刑罚	消减	剥夺生命的刑罚	人（牲畜）失去生命	人（牲畜）的死亡状态
《名例》	132（1）	7	1	127	2	31
《卫禁》	10	0	0	9	0	0
《职制》	0（1）	4	1	8	0（3）	1
《户婚》	5	0	0	14	0	1
《厩库》	14（62）	0	0	0	2（12）	（13）
《擅兴》	5	0	0	6	0	0
《贼盗》	298（5）	0	0	46	25	12
《斗讼》	254（4）	0	1	56	101	1
《诈伪》	13（1）	0	0	6	10	22
《杂律》	103（16）	0	0	5	9	15
《捕亡》	43	0	0	15	0	22
《断狱》	73	2	0	62	28	10
总计/比例	950（90）/90%（8.5%）	13/1%	3/0.3%	354/53%	177（15）/26%（2%）	115（13）/17%（2%）

（一）"杀"的含义与用法

"杀"表达"使人或动物丧失生命"是其作为日常用语的主要含义，唐律中亦见此含义，但专门用作描述具体犯罪行为。各种描述是为了有针对性地量刑，即将之与具体刑种、刑等一一对应。由表 2 可知，律内此种用法绝大多数特指"杀人"，出现 950 次，占总数的 90%。唐律中"杀人"犯罪行为的类型化程度非常高，针对具体犯罪行为的固定表述亦为律内大量相似行为定罪量刑的"比附"对象。因此，律内特指"杀人"之"杀"表述形式极为固定，即宋元之后大量律学著作中概括的"六杀"或"七杀"之具体类型。① 如律内出现"谋杀"80 次、"故杀"128 次、"斗

───────────────

① 关于"六杀"与"七杀"的性质、具体类型及关系，可参见刘晓林《立法语言抑或学理解释？——注释律学中的"六杀"与"七杀"》，《清华法学》2018 年第 6 期。

杀"103 次、"戏杀"11 次、"误杀"33 次、"过失杀"55 次，另有"斗殴杀""殴杀伤"等固定表述多次出现。亦有部分"杀"指"杀牲畜"，具体表述出现 90 次，仅占总数的 8.5%。相关表述集中于《厩库》，就表述形式来看，有些表意非常明确，如"杀马牛""杀畜产"等，有些则需结合律文与注、疏的解释作进一步判断。如《厩库》"故杀官私马牛"条（203）："其误杀伤者，不坐，但偿其减价。"其中"误杀伤"并未指明行为对象，需结合律《疏》的解释："非系放畜产之所而误伤杀，或欲杀猛兽而杀伤畜产者，不坐，但偿其减价。"

"杀"作"死刑"亦见于唐律，此种用法于传世文献中非常普遍。例如，《左传·昭公十四年》引逸书《夏书》："昏、墨、贼，杀。"① 又《周礼·秋官·司寇》："杀罪五百。"② 唐律中"杀"作"死刑"出现 13 次，仅占总数的 1%，相关内容涉及 5 条律文。具体表述形式如"刑杀""杀罚""禁杀"等，其含义虽指刑罚，但多为一般意义上的描述，且与针对具体犯罪行为的死刑适用无直接关系。③

"杀"作"消减"在唐律中特指服制与亲缘关系的消减，其用法显然源自经典文献。④ 律内此种用法出现 3 次，仅占总数的 0.3%，相关内容涉及 3 条律文。表述形式包括"尊卑降杀""情有降杀""恩情转杀"。这些表述出现于律内并非针对具体行为的描述，如《职制》"匿父母及夫等丧"条（120）"问答"："准斯礼制，轻重有殊，闻丧虽同，情有降杀。"其中"准斯礼制"指的是前文所引《礼记·间传》："斩衰之哭，往而不返。齐衰之哭，若往而返……"而之后的内容包括"情有降杀"，显然是对其进一步的解释与说明。

---

① （周）左丘明传、（晋）杜预注、（唐）孔颖达正义《春秋左传正义》卷第四十七，北京大学出版社，1999，第 1338 页。

② （汉）郑玄注、（唐）贾公彦疏《周礼注疏》卷第三十六，北京大学出版社，1999，第 944 页。

③ 虽然"死刑"本身的法律属性非常明显，但唐律中所见"刑杀""杀罚"等表述形式显然更加侧重于通常语境下的表意，或可将其理解为"作为'法律概念'的刑罚与作为'普通概念'的刑罚"。参见王牧《论刑罚概念：从"本质"到"意义"》，《当代法学》2018 年第 2 期。

④ 如《礼记·丧服》："亲亲以三为五，以五为九。上杀，下杀，旁杀，而亲毕矣。"郑玄注曰："杀，谓亲益疏者，服之则轻。"（汉）郑玄注、（唐）孔颖达疏《礼记正义》卷三十二《丧服小记》，北京大学出版社，1999，第 960 页。

（二）"死"的含义与用法

由表 2 可知，"死"作"剥夺生命的刑罚"是其在唐律中的主要用法，出现 354 次，占总数的 53%。"死罪"是此用法最主要的表述形式，出现 110 次。另有"死刑"及相关表述形式出现 19 次。就出现频次来看，"死罪"较之"死刑"适用更加广泛，但律内仍有两者不加辨别的表述。如《名例》"称日年及众谋"条（55）"问答"："或有状貌成人而作死罪，籍年七岁，不得即科；或籍年十六以上而犯死刑，验其形貌，不过七岁。""作死罪"与"犯死刑"显然表达了相同的含义。立法者在具体表述形式上的区别使用，可能是为了追求对仗工整，未必具有表意方面的实质区别。

"死"特指犯罪结果，尤其是殴打、杀伤等行为所导致的行为对象死亡之结果。由表 2 可知，此种用法出现 192 次，占总数的 28%。"致死"是此种用法最典型的表述形式，出现 92 次。也就是说，唐律中"死"在表达行为结果时，近一半都表述为"致死"及相关形式。另外，律内常见"至死"与之共同使用，① 如《斗讼》"同谋不同谋殴伤人"条（308）："诸同谋共殴伤人……至死者，随所因为重罪。"《疏》议曰："'至死'，谓被殴人致死。"律内也有少数"死"指官私畜产死亡，其表述形式与致人死亡完全一致，如《厩库》"故杀官私马牛"条（203）："诸故杀官私马牛……（见血跛跌即为伤。若伤重，五日内致死者，从杀罪。）"但此种用法不多，仅出现 15 次，相关内容涉及 6 条律文。

"死"作通常的"死亡状态"，表达的是"生老病死"等一般意义上的"自死""身死"等，此种"死亡状态"的表意与定罪量刑无直接关系。② 如

---

① 唐律中"至死"表达"致人死亡"出现 29 次，但需要注意的是，唐律中另有 69 次"至死"表达的含义是死刑适用，律内两类"至死"除了表述形式一致，作为立法语言所包含的功能与技术性因素完全不同。唐律中作为死刑适用的"至死"之含义、用法及立法旨趣可参见刘晓林《传统刑律中的死刑限制及其技术策略——以〈唐律疏议〉中的"至死"为中心的考察》，《四川大学学报》（哲学社会科学版）2019 年第 6 期。

② 当然，特定主体"死亡状态"的出现也会引起相应罪刑关系的变化，如尊长死亡对卑幼服制的影响、逃犯死亡对于抓捕人员及监临官具体处罚的影响等。如《捕亡》"将吏捕罪人逗留不行"条（451）："若罪人已死及自首各尽者，亦从免法。"《疏》议曰："'若罪人已死'，谓自死及被他人杀，若能归首，十人俱尽者，亦从免法。""诈死"，即伪装"死亡状态"亦会产生特定处罚，如《名例》"略和诱人等赦后故藏匿"条（35）："若诈死，私有禁物。"《疏》议曰："诈死者，或本心避罪，或规免赋役，或因犯逃亡而遂诈死之类。"

《名例》"犯罪共亡捕首"条（38）律《疏》将"罪人自死"解释为："罪人非被刑戮而自死者。"又《断狱》"官司出入人罪"条（487）律《疏》将"囚自死"解释为："但使囚死，不问死由。"由表2可知，律内此种用法出现 128 次，占总数的 19%。其中多见对于《礼记》、《仪礼》以及唐令、唐式条文的直接引述，如《职制》"匿父母及夫等丧"条（120）"问答"引《仪礼·丧服》："古者有死于宫中者，即三月为之不举乐。"又《杂律》"从征从行身死不送还乡"条（407）律《疏》引《军防令》与《兵部式》中"身死行军""从行身死"相关内容。①

四　"杀"与"死"重合表现的罪刑关系

《唐律疏议》中作为立法语言的"杀"与"死"在篇目与律条的分布上呈现重合，进一步要探讨的问题是：将其分布特征结合专门的含义与用法，表现出两者之间的何种关系？"中国古代刑律的核心问题是罪刑关系问题，即对不同的行为给予相应的刑罚。"② 我们对于唐律中"杀"与"死"的探讨，尤其是对两者之间关系的探讨，只有置于此基础之上才有意义。"杀"与"死"的含义与用法前文已作梳理，在此基础之上，对我们探讨两者关系具有直接意义的内容是"杀"作为犯罪行为尤其是作为杀人行为的用法，以及"死"作为刑罚和作为行为结果的用法。③

（一）作为犯罪行为的"杀"与作为刑罚的"死"之间的关系

犯罪行为与刑罚之间的关系，在定罪量刑的过程中，表现为单向性。"杀"与"死"之间的关系表现为"杀人→死刑"，④ 或称之为"杀人者死"。此种关系在唐律中确实有所表现，如《名例》"笞刑五"条（1）

---

① 另有《名例》"死刑二"条（5）、《名例》"妇人有官品邑号"条（12）、《斗讼》"戏杀伤人"条（338）律《疏》引述了《礼记·檀弓上》《礼记·杂记》的相关表述。

② 刘晓林：《唐律误杀考》，《法学研究》2012 年第 5 期，第 208 页。

③ 至于"杀"与"死"其他的含义与用法，如"杀"作"消减"和"死刑"，以及"死"作一般意义"死亡状态"的描述，一方面是因为不具备直接的定罪量刑意义，另一方面则是其出现较少。故此处不再进一步探讨。

④ 其顺序不能改变，即不可能出现"刑罚→犯罪行为"的关系，因为在针对具体犯罪行为定罪量刑的过程中，犯罪行为与相应刑罚之间的逻辑顺序是显而易见的。

《疏》议曰："然杀人者死，伤人者刑，百王之所同，其所由来尚矣。"但其内容显然是对经典文献的引述，而非针对具体犯罪行为的量刑。① "杀人→死刑"的具体关系也并非唐律条文中针对杀人行为定罪量刑的主要表现。原因包括两个方面。

首先，唐律中针对具体犯罪行为的死刑适用，皆需指向具体刑等，针对杀人行为的量刑亦如之。即条文中所出现的死刑适用皆会表述为"绞"或"斩"，不会表述为"死"。如《斗讼》"斗殴杀人"条（306）："诸斗殴杀人者，绞。以刃及故杀人者，斩。"若概括地称"死刑"或"死罪"而未指明具体刑等，则其直接的定罪量刑意义只能表现于死刑减等。②

其次，并非所有的杀人行为都处以死刑，以常人之间杀伤行为的量刑为例，"戏杀"法定最高刑为徒三年，"过失杀"在量刑方面"以铜赎死"而不科"真刑"。③ 若将亲属之间的杀伤亦算在内，则尊长杀伤卑幼大多不处死刑，如故杀子孙之妇流二千里、过失杀子孙之妇勿论等。④

因此，唐律中的"杀人者死"并非针对具体杀人行为定罪量刑的直接表现，而"杀"与"死"的重合亦未在具体条文中表现为"杀人→死刑"。

（二）作为犯罪行为的"杀"与作为行为结果的"死"之间的关系

犯罪行为与结果之间的关系，在针对"杀人"定罪量刑的过程中可能有两种具体表现，"杀人→行为对象死亡"与"行为对象死亡→杀人"。但结合唐律中"杀"与"死"的相关表述及其含义，我们看到前者极少出现。原因在于：行为对象死亡是作为犯罪行为的"杀"表意本身所包含的当然含义，即"杀人行为＝行为对象死亡"，且只有行为对象"死亡"的结果出现才是"杀人"。如《斗讼》"斗殴杀人"条（306）："诸斗殴杀人者，绞。以刃及故杀人者，斩。"表达的含义是：斗殴过程中杀死斗殴对

① 此句语出《荀子·正论》，参见（清）王先谦《荀子集解》卷第十二，沈啸寰、王星贤点校，中华书局，1988，第328页。另外，墨、道、杂家对于"杀人者死，伤人者刑"皆有述及，"杀人者死"更是汉高祖"约法三章"的主要内容。
② 按《名例》"称加减"条（56）："惟二死、三流，各同为一减。""死刑"减等时并不区分绞与斩。
③ 戴炎辉：《唐律通论》，戴东雄、黄源盛校订，元照出版公司，2010，第183页。
④ 参见《斗讼》"妻妾殴詈夫父母"条（330）、"戏杀伤人"条（338）、"过失杀伤人"条（339）中的相关内容。

象的处以绞刑，以兵刃与他人斗殴导致对方死亡或者故意杀死他人的处以斩刑。若行为对象未"死"，则不属于"杀"，亦不适用此条。而是根据行为对象的伤害程度，分别处罚或不予处罚。又《擅兴》"功力采取不任用"条（244）："若有所造作及有所毁坏，备虑不谨，而误杀人者，徒一年半。"《疏》议曰："律既但称'杀人'，即明伤者无罪。"唐律关于"杀人罪"具体类型的表述中唯一例外的是"谋杀"，《贼盗》"谋杀人"条（256）："诸谋杀人者，徒三年；已伤者，绞；已杀者，斩。""谋杀"的含义是谋划杀人，或通俗地称为"想杀人"，至于行为是否实施、目的是否实现，并不影响定罪，仅是量刑的区分因素。因此，"谋杀"单独强调了行为对象的"死亡"，这是特殊情况。① 尤其值得注意的是，律文中对"谋杀"行为对象"死亡"的表述形式："谋而已杀"，并非"已死"或"死"。这与唐律中作为犯罪行为的"杀"所表达的含义其实是一致的。

唐律中"杀"与"死"的重合主要表现为"行为对象死亡→杀人犯罪"，即律内大量存在的行为对象"死亡"比附"杀人"定罪量刑的内容。如《贼盗》"以毒药药人"条（263）："脯肉有毒……即人自食致死者，从过失杀人法。"又《诈伪》"诈陷人至死伤"条（385）："诸诈陷人至死及伤者，以斗杀伤论。""自食致死"自然不是杀人，"诈陷人"亦非"杀人"，最显著的差异在于行为人的主观心态。但"从过失杀人法""以斗杀伤论"等比附方式显然是将行为对象的"死亡"指向了"杀人"，而比附的前提或基础是比附者与比附对象之间的相似性。以下将典型内容稍作梳理，如表 3 所示。

表3 行为对象"死亡"比附"杀人"定罪量刑分析

行　　为	比附方式	本　　条
畜产杀伤人，辜内死者	减斗杀一等	《厩库》"畜产抵踢啮人"条（207）
故相恐迫，使人坠陷而致死伤者	依故杀伤法	《贼盗》"以物置人耳鼻孔窍中"条（261）
因斗，恐迫而致死伤者	依斗杀伤法	
因戏恐迫，使人畏惧致死伤者	以戏杀伤论	

---

① 典型的"谋杀"与"谋反"、"谋大逆"、"谋叛"一致，并不要求实施具体的犯罪行为，定罪量刑的决定性因素仅是"谋计"，即"想法"，与其说是"谋杀"特殊，不如说是"谋"特殊。

续表

行　　为	比附方式	本　　条
人自食致死者	从过失杀人法	《贼盗》"以毒药药人"条（263）
有害心故与尊长食，欲令死者	准谋杀条论	
有害心故与卑贱致死	依故杀法	
有所憎恶而造厌魅及咒诅，以故致死者	各依本杀法	《贼盗》"憎恶造厌魅"条（264）
人以兵刃逼己，因用兵刃拒而致死	依斗法	《斗讼》"斗殴杀人"条（306）
殴人头伤，风从头疮而入，因风致死	依杀人论	《斗讼》"保辜"条（307）
监临官唤无罪百姓，以杖依法决罚致死	得杀人法	《斗讼》"威力制缚人"条（309）
斗殴僵仆而致死伤旁人者	以戏杀伤论	《斗讼》"斗殴误杀伤旁人"条（336）
甲共子乙同谋殴丙，乙误中甲父而致死	合从过失	
受雇请为人伤残，以故致死者	减斗杀罪一等	《诈伪》"诈疾病及故伤残"条（381）
为祖父母、父母遣之伤残，因致死	同过失之法	
诈、诳人而致死伤者	以斗杀伤论	《诈伪》"诈陷人至死伤"条（385）
机枪、坑阱之处立标识，而人误犯致死伤	减斗杀伤罪二等	《杂律》"施机枪作坑阱"条（394）
在市及人众中故相惊动，惊人致死	减故杀伤一等	《杂律》"在市人众中惊动扰乱"条（423）
不修堤防及修而失时，而致死伤	减斗杀伤罪三等	《杂律》"失时不修堤防"条（424）
监临官因公自以杖捶人致死及恐迫人致死	各从过失杀人法	《断狱》"监临自以杖捶人"条（483）

　　表3中所列举的内容是唐律中"杀"与"死"重合所表现的罪刑关系中的主要内容。需要说明的是：表3汇总的标准是条文中出现"以戏杀伤论"、"依斗法"或"减故杀伤一等"之类的表述。律内仍有大量针对行为对象"死亡"的直接量刑，但其中表现出的罪刑关系与比附"杀人"一致，即"无比附之名而有比附之实"。如《斗讼》"妻殴詈夫"条（326）《疏》议曰："'死者，各斩'，谓媵及妾犯夫及妻，若妾犯媵，殴杀者，

各斩。"其中并未出现"以……论""准……论"等比附形式，但律《疏》中将"死者"直接解释为"殴杀"，即媵、妾殴夫或妻致其"死亡"就是"殴杀"。甚至还有未出现"杀人"的表述，但内容仍是比照杀人定罪量刑。如《斗讼》"同谋不同谋殴伤人"条（308）："诸同谋共殴伤人……至死者，随所因为重罪。"《疏》议曰："'至死'，谓被殴人致死。'随所因为重罪'……重罪者偿死。"共殴人导致行为对象死亡，以直接导致死亡结果出现之人为"重罪"；若无法辨别数个行为人中直接致命之人，则以最后下手之人为"重罪"；若"乱殴"即无法分辨直接致命之人与下手先后，则以首先提出犯罪意图之人与先下手之人为"重罪"。"重罪者偿死"即按照"斗殴杀人"处以死刑。① 但仅从表述形式上，我们并未看出"致死"按照"杀人"定罪量刑的直接关系。类似内容尚有很多，由于其表述形式上很难统一标准，故未将其进一步统计与汇总。若将其纳入统计，数量极大，从中可以清晰地看出"死"与"杀"的重合。

五 "死"比附"杀"定罪量刑的逻辑及其渊源

唐律中行为对象"死亡"比附"杀人"定罪量刑的内容在律内各篇分布较广，这些内容是"杀"与"死"重合在罪刑关系视野下的主要表现。既然我们探讨的中心是"罪刑关系"，最为核心的问题就是行为对象"死亡"比附"杀人"定罪量刑的基本逻辑，以及这种逻辑所表现的"杀"与"死"相互关系的渊源。

（一）定罪量刑的逻辑

唐律中"杀"与"死"重合表现的罪刑关系，尤其是行为对象"死亡"比附"杀人"定罪量刑的内容蕴含着这样的逻辑："杀就是死，死并非杀"。就前者来说，唐律中作为犯罪行为的"杀"包含着行为对象"死"，若行为对象没有"死亡"，则不以"杀人"定罪量刑。就后者来说，行为对象"死亡"的结果并不意味着犯罪行为一定按照"杀人罪"

---

① 关于"重罪者偿死"的解释亦可参见刘俊文《唐律疏议笺解》（下），中华书局，1996，第1488页注释〔四〕；钱大群《唐律疏义新注》，南京师范大学出版社，2007，第673页注释⑤。

定罪量刑，尤其是立法明确表述为"死"的时候，必然不是"杀人"。这说明致人"死亡"的行为逐渐具有了独立的定罪量刑意义，律内出现的大量关于致人"死亡"的表述即其独立性的直接表现。虽然唐律中"死并非杀"，但"死"仍与"杀"存在着密切的联系，即律内列举的大量斗殴、伤害或其他危险行为致人"死亡"比附相应的"杀人"类型定罪量刑。

（二）相互关系的渊源

"杀"与"死"在律文中的分布明显高于平均值，结合"律""注""疏"各自内容与特质可以推测：唐律中的"杀"与"死"及其关系，包括相关技术性因素，应当在很大程度上沿袭了前代刑律的内容。因此，对唐代之前刑律中的"杀"与"死"稍作梳理，就会比较清晰地看出其渊源与发展方向。唐代之前刑律全本不存，较为直接的素材是简牍文献中所见大量秦汉律令。以睡虎地秦简《法律答问》与张家山汉简《二年律令》为中心，通过对其中出现的"杀"与"死"作简要梳理，① 我们看到了两者之间关系及其发展、演变的大致脉络。

表达行为结果是唐律中"死"的主要含义与用法，"因而致死""至死""殴……死"等是常见表述形式。但竹简秦汉律中"死"未有此种用法，更未见相关表述形式。作为"杀人"行为的结果，行为对象"死亡"的含义由表达犯罪行为的"杀"所包含；作为斗殴、伤害或其他危险行为

───────────────

① 秦汉简牍分布、涉及内容都非常广泛，近些年陆续整理、出版的内容非常多，但其中涉及秦汉律令的内容较为集中。由于本文旨在探讨唐律中的"杀"与"死"及其渊源，故此处仅以秦简《法律答问》与汉简《二年律令》为中心稍作梳理。所引简文出自睡虎地秦墓竹简整理小组《睡虎地秦墓竹简》，文物出版社，1990；张家山二四七号汉墓竹简整理小组《张家山汉墓竹简〔二四七号墓〕（释文修订本）》，文物出版社，2006。文中仅标明所引简文的篇目与竹简序号，不再一一注明出处。另外，笔者参照了《岳麓秦简》《龙岗秦简》《肩水金关汉简》的相关内容，其中"杀"与"死"的含义、用法与前述内容一致。根据笔者梳理，《法律答问》中"杀"出现 37 次、"死"出现 9 次；《二年律令》中"杀"出现 47 次、"死"出现 52 次。"杀"绝大多数表达"使人（牲畜）丧失生命"，典型表述形式皆为针对具体"杀人"行为类型的描述，如"谋杀""贼杀""擅杀"等，亦有"杀马牛""杀伤畜产"等内容。仅有极个别表达"处杀"的含义，如《法律答问》中的"定杀"表达了传染病人犯罪或犯罪后患传染病的处罚方式。"死"表达一般意义上的"死亡状态"或"刑罚"，典型表述形式如"身死"、"病死"以及"赎死"、"死罪"等。

导致行为对象"死亡"的结果，秦汉律中未有表述。

前者比较容易理解，因为"杀人"行为包含行为对象"死亡"的表意方式于唐律中常见，而唐律中"杀"的此种含义与用法显然是沿袭秦汉律而来。如睡虎地秦简《法律答问》："……欲贼杀主，未杀而得，为牧（谋）（七五）。"张家山汉简《二年律令·贼律》："贼杀人，及与谋者，皆弃市。未杀，黥为城旦舂。（二三）""贼杀"的含义是犯罪既遂即行为对象死亡，"未杀"作为行为对象未死亡的表述形式也与唐律中"谋而已杀"的表述契合。

后者是我们探讨的关键。秦汉律中关于造成行为对象各种"伤害"结果的定罪量刑内容比较常见，[①] 但未有造成行为对象"死亡"的表述。因为一旦导致行为对象"死亡"即属于"杀人"，按照"杀人"定罪量刑即可，立法不必有所表述。作为行为结果的"死"逐渐具有独立的定罪量刑地位，是刑事立法与刑法理论发展到一定阶段的产物。汉律中的"脯肉毒杀"演变为唐律中的"自食致死"，是其发展过程的直接表现。张家山汉简《二年律令·贼律》："诸食脯肉，脯肉毒杀、伤、病人者，亟尽孰（熟）燔其余。其县官脯肉也，亦燔之。当燔弗燔，及吏主者，皆坐脯肉臧（赃），与盗同法。（二〇）""脯肉毒杀、伤、病人"表达的应该是程度由重至轻的三种危害结果，结合整支简的内容，若脯肉造成食用者死亡、重伤或者轻伤，应当马上将剩余脯肉销毁，官私皆不准再出售；不立即销毁者，将根据脯肉的价值予以处罚。其中"脯肉毒杀"表达的含义是"食用有毒脯肉导致死亡"的结果。《唐律疏议·贼盗》"以毒药药人"条（263）："脯肉有毒，曾经病人，有余者速焚之，……即人自食致死者，从过失杀人法。"《疏》议曰："'即人自食致死者'，谓有余，不速焚之，虽不与人，其人自食，因即致死者，从过失杀人法，征铜入死家。"可见，在基本含义未变的基础上，汉律中的"毒杀"演变为唐律中的"致死"，其所表达的含义显然更多地考虑到"不速焚之人"对于他人"死亡"之结

---

① 如睡虎地秦简《法律答问》："斗以箴（针）、鈈、锥，若箴（针）、鈈、锥伤人，各可（何）论？斗，当赀二甲；贼，当黥为城旦。（八六）"张家山汉简《二年律令·贼律》："斗以刃及金铁锐、锤、椎伤人，皆完为城旦舂。其非用此物而眇人，折枳、齿、指，胅体，断肤（决）鼻、耳者，（二七）耐。……（二八）"

果的主观心态，即"不意误犯"或"耳目所不及，思虑所不到"。① "因即致死……从过失杀人法"是作为行为结果的"死"逐渐具有独立的定罪量刑地位的直接表现，其中蕴含的也是行为人的主观心态对于定罪量刑的影响逐渐强化的过程。

将唐律中行为对象"死亡"比附"杀人"定罪量刑的渊源与发展演变方向稍作总结：秦汉律中，"杀就是死，死就是杀"，唐律中，"杀就是死，死并非杀"，当然，两者之间仍存在密切关系，但这种关系主要表现为"死"比附"杀"定罪量刑。这种发展与演变的趋势直接表现为：律内大量致人"死亡"的行为逐渐具有了独立的定罪量刑地位。② 其背后蕴含的是行为人的主观心态对于定罪量刑的影响逐渐强化，行为对象"死亡"的结果与行为人的主观心态相结合，共同表现出其不同于"杀人"的独立定罪量刑意义。

（原文载《政法论坛》2020 年第 3 期，收入本书时略有改动）

---

① 张斐注《晋律》谓："不意误犯谓之过失。"（唐）房玄龄等：《晋书》卷三十《刑法志》，中华书局，1974，第 928 页。《名例》"应议请减（赎章）"条（11）律《疏》与《斗讼》"过失杀伤人"条（339）律注皆谓"过失"为："耳目所不及，思虑所不到。"

② 律内还存在未比附"杀人"定罪量刑的致人"死亡"行为，如《斗讼》"殴制使府主刺史县令"条（312）："殴六品以下官长……死者，斩。"《疏》议曰："因殴致死者，斩。"又《断狱》"决罚不如法"条（482）："诸决罚不如法……以故致死者，徒一年。"这些内容表现着"死"与"杀"的进一步分化，但其与作为犯罪行为的"杀"关系不明显，故未作进一步探讨。

唐代死刑复核制度探究

王宏治[*]

　　死刑是指国家依照法律通过司法程序合法地剥夺犯罪人生命的刑罚，即生命刑，因其已是最严厉的刑罚，故也称为"极刑"。若某一个人，或某一国家机关不依法律，不经合法程序就剥夺他人生命，当属"非法剥夺"或"任意剥夺"，不属于死刑范畴。自人类社会产生法律以来，死刑就始终存在着。夏、商、周时，死刑已正式列入五刑体系，称为大辟。据《周礼·秋官·大司寇》记载，周初有"杀罪五百"，而《尚书·吕刑》记载，周穆王时，"大辟之罚，其罪二百"。秦汉已降，死刑一直都是刑罚体系中最主要的，也是最重的刑罚。如汉武帝时，"大辟四百九条，千八百八十二事，死罪决事比万三千四百七十二事"。[①]魏晋制律，在立法技术上有很大提高，死刑分为三等：枭首、腰斩、弃市。南朝则仅有枭首和弃市二种，在死刑的执行方式上是历史的一大进步。而北朝则相对落后一些，死刑有轘、腰斩、殊死、弃市四等；北齐则定为轘、枭首、斩、绞四等。隋初修订《开皇律》时，文帝认为："夫绞以致毙，斩则殊刑，除恶之体，于斯已极。枭首、轘身，义无所取，不益惩肃之理，徒表安忍之怀。"遂下令取消了较残忍的枭首、轘身之刑，将死刑的执行方式仅限于绞、斩二种，并"除孥戮相坐之法，又命诸州囚有处死，不得驰驿行决"。对已经审结的死罪案件，按管辖权的规定，再次进行审理，是为死刑的复核。

　　死刑复核程序是指国家相关部门对判处死刑的案件，依照事先制定的

---

　　*　王宏治，中国政法大学法律史学研究院教授。
　　①　《汉书》卷二三《刑法志》。

法律，进行审查核准的特殊的诉讼程序。其基本特征是：一是只针对死刑案件；二是其程序的法定化，即无论当事人是否上诉、申诉，都是必经的程序；三是死刑的复核由国家最高权力部门来履行。开皇十二年（592年），"诏诸州死罪不得便决，悉移大理案覆，事尽然后上省奏裁"。即诸州判决的死刑案件，不能立即执行，须由大理寺复审；大理寺审结的死罪案件，还须经尚书省复核。开皇十五年制，"死罪者三奏而后决"，① 正式将死刑的复核纳入法制轨道，为死刑的文明化奠定了基础。

隋末法制败坏，炀帝"乃更立严刑，敕天下窃盗已上，罪无轻重，不待闻奏，皆斩"，这就等于否定了死刑的复核程序，破坏了既定的死刑制度；"又诏为盗者籍没其家"，将盗罪的惩治范围扩大到犯罪人的家属，造成"百姓怨嗟，天下大溃"② 的局面，最终导致隋王朝的覆灭。隋朝的灭亡与其滥用死刑有着极大的关系，唐初君臣在总结隋亡的教训时屡屡提到这一点。如《贞观政要》卷三《君臣鉴戒第六》：

> 贞观四年，上论隋日。魏征对曰："臣往在隋朝，曾闻有盗发，炀帝令於士澄捕逐。但有疑似，苦加拷掠，枉承贼者二千余人，并令同日斩决。大理丞张元济怪之，试寻其状。乃有六七人，盗发之日，先禁他所，被放才出，亦遭推勘，不胜苦痛，自诬行盗。元济因此更事究寻，二千人内惟九人逗留不明。官人有谙识者，就九人内四人非贼。有司以炀帝已令斩决，遂不执奏，并杀之。"太宗曰："非是炀帝无道，臣下亦不尽心，须相匡谏，不避诛戮，岂得惟行谄佞，苟求悦誉。君臣如此，何能不败？朕赖公等共相辅佐，遂令圄圈空虚，愿公等善始克终，恒如今日。"

魏征所说之事，骇人听闻，数人为盗，竟枉杀二千余人，而且都没有经过法定的复核程序。隋炀帝在处理统治阶级内部的斗争中，常以极其残酷的手段，如杨玄感起兵时在洛阳曾开仓赈济百姓，失败后，炀帝下令将"凡受米者，皆坑之于都城之南"；将参与起事的首领，"就野外，缚诸应刑者于格上，以车轮括其颈，使文武九品以上皆持兵矟射，乱发矢如猬

---

① 《隋书》卷二五《刑法志》。
② 《隋书》卷二五《刑法志》。

毛，肢体靡碎，犹在车轮中。积善、福嗣仍加车裂，皆焚而扬之"。此案"所杀三万余人，皆籍没其家，枉死者大半，流徙者六千余人"。① 其后，又"杀斛斯政于金光门外，如杨积善之法，仍烹其肉，使百官啖之，佞者或啖之至饱，收其余骨，焚而扬之"。② 炀帝所为，实际上已超出正常的死刑范围，是暴君所行之暴政。

唐高祖李渊起兵之初，"即布宽大之令"，"约法为十二条，惟制杀人、劫盗、背军、叛逆者死，余并蠲除之"。③ 这是唐代的第一项刑事立法，适用死刑的罪名仅四项。第二年，即武德元年（618年）五月，李渊受隋禅，即皇帝位，登基后的第九天，就命令裴寂、刘文静等，"与当朝通识之士，因开皇律而损益之，尽削大业所用之烦峻之法，又制五十三条格，务在宽简，取便于时"。④ "五十三条格"是武德初的临时刑法典，据《新唐书·刑法志》载："唯吏受赇，犯盗、诈冒府库物，赦不原。"可推断"新格"扩大了"约法十二条"的范围，是以刑事惩罚为主的法规。李渊此时也能广开言路，慎重执法，"时有犯法不至死者，高祖特命杀之，（李）素立谏曰：'三尺之法，与天下共之，法一动摇，即人无措手足。陛下甫创鸿业，遐荒尚阻，奈何辇毂之下，便弃刑书？臣忝法司，不敢奉旨。'高祖从之。自是屡承恩顾。"⑤ 这样高祖在唐建立之初，即在对待死刑的问题上，从立法和司法方面为后来的统治者树立了榜样。这一榜样也就成为唐代统治者对死刑的指导思想。

太宗即位初，曾谓侍臣曰："死者不可再生，用法务在宽简。古人云：'鬻棺者欲岁之疫，非疾于人，利于棺售故耳。'今法司核理一狱，必求深劾，欲成其考课。今作何法，得使平允？"⑥ 表明自己对死刑的重视。但于贞观五年（631年），太宗因一时盛怒，杀大理丞张蕴古，既而后悔，因此下诏曰："凡有死刑，虽令即决，皆须五覆奏。"⑦ 对死刑即便是立即执行

---

① 《资治通鉴》卷一八二《隋炀帝大业九年》。
② 《资治通鉴》卷一八二《隋炀帝大业十年》。
③ 《旧唐书》卷五〇《刑法志》。
④ 《旧唐书》卷五〇《刑法志》。
⑤ 《旧唐书》卷一八五上《良吏上·李素立传》；又见《资治通鉴》卷一八六《唐高祖武德元年》。
⑥ （唐）吴兢：《贞观政要》卷八《论刑法第三十一》。
⑦ （唐）吴兢：《贞观政要》卷八《论刑法第三十一》。

者，亦要求复核五次，以后又将此诏令编入了《唐令》，规定："凡决大辟罪，在京者行决之司五覆奏；在外者刑部三覆奏。"具体为："在京者，决前一日二覆奏，决日三覆奏。在外者，初日一覆奏，后日再覆奏。纵临时有敕，不许覆奏，亦准此覆奏。"① 可见，唐代对死刑的复核是非常慎重的，太宗贞观四年（630 年），天下断死刑二十九人。贞观定律，"比隋代旧律，减大辟者九十二条"。② 据沈家本先生考证，《唐律》所法定的死刑条目之数为：

唐：斩罪八十九事，绞罪一百四十四事。

按：《唐律》每条中每该数事，死罪凡二百三十三事。内有斩、绞同条者，若以条计，无此数也。《唐律》本于隋，《隋律》原于元魏。元魏《太和律》大辟二百三十五条，隋开皇除死罪八十一，唐贞观降大辟为流九十二，合之为一百七十三条，两相比较，已少四分之三，则所存当不及六十条，与《唐律》见存之数不合。疑《太和律》之二百三十五条，条具数事，开皇、贞观所删降之条，条止一事，约略计之，尚得太和之半。故《唐六典》谓《贞观律》比古死刑，殆除其半也。③

一方面是《唐律》所规定的死刑条款是历代最少的，另一方面，唐代在司法中采取慎刑慎杀政策，使在司法实践中真正被执行死刑的人数也比前代大为减少。高宗即位时（650 年），曾问大理卿唐临在狱系囚之数，唐临回答说："见囚五十余人，惟二人合死。"玄宗开元二十五年（737 年），"其年刑部断狱，天下死罪惟有五十八人"。④ 唐前期每年死刑的执行人数可以说达到历史的最低点，这与唐初所制定的死刑复核制度是分不开的。

唐代十分重视对死刑的复核，除皇帝本人拥有最高的死刑复核权外，中央多个机构还拥有对死刑的复核权，其中刑部、门下省、中书省、尚书都省及御史台从不同角度对死刑进行复核，在死刑的法定复核程序中分别

---

① 《唐六典》卷六《刑部郎中员外郎》；又参见《通典》卷一六八《刑六·考讯附》。
② 《旧唐书》卷五〇《刑法志》。
③ 沈家本：《历代刑法考》之《死刑之数》，中华书局，1985，第 1248 页；《历代刑法考》（上册），商务印书馆，2011，第 567 页。
④ 《旧唐书》卷五〇《刑法志》。

起着很重要的作用，充分体现出唐代统治者关于"慎用死刑"的立法指导思想，现分述如下。

一 刑部对死刑的复核——司法复核

刑部为尚书省六部之一，是中央司法行政机关，除掌管司法政令外，并复核大理寺流刑、死刑以上及州、县徒刑以上的犯罪案件。大理寺是中央最高审判机关，只负责审理中央百官犯罪及京师徒刑以上的案件。"凡诸司百官所犯徒刑已上，九品已上犯除、免、官当，庶人犯流、死已上者，详而质之，以上刑部，仍于中书门下详覆。"① 大理寺仅仅是最高审判机关，不行使死刑的复核。

刑部设尚书一人（正三品），为长官；侍郎一人（正四品下）为副贰。"刑部尚书、侍郎之职，掌天下刑法及徒隶、勾覆、关禁之政令。"② 刑部尚书与侍郎是总领本部职务的长官，一般不直接审理狱案，非有重大诏狱，奉旨而行。高宗显庆四年（659年），刘祥道"迁刑部尚书，每覆大狱，必歔欷累叹，奏决之日，为之再不食"。③

刑部下分四司，刑部司为头司，都官、比部、司门三司为子司。各司皆以郎中（从五品上）为其长官，员外郎（从六品上）为次长，刑部司"郎中、员外郎掌贰尚书、侍郎，举其典宪而辨其轻重"④；"按覆大理及天下奏谳"⑤。这是刑部最重要的直接掌管司法的部门，其掌律令格式，定罪量刑；按覆大理寺流刑以下及诸州、县徒刑以上的犯罪案件及其应奏之事；若狱囚中有属应议、请者，皆申报刑部，由刑部召集诸司七品以上官员于尚书都省集议；死刑的复决权也由刑部行使，特别是在外诸州死刑的执行，必须报刑部，经三覆奏后，方可执行；在狱囚徒的录囚、申复也由刑部负责。在复审中，如发现疑案、错案，凡徒刑、流刑以下的案件，驳回原审州、县重审或复审；死刑则转送大理寺重审，有时也可亲自审理。

---

① 《唐六典》卷一八《大理寺卿》。
② 《唐六典》卷六《刑部尚书侍郎》。
③ 《旧唐书》卷八一《刘祥道传》。
④ 《唐六典》卷六《刑部郎中员外郎条》。
⑤ 《新唐书》卷四六《刑部郎中员外郎条》。

如在《大唐新语·持法第七》中载：

> 明崇俨为正谏大夫，以奇术承恩。夜遇刺客，敕三司推鞫，其妄承引连坐者众。高宗怒，促法司行刑。刑部郎中赵仁恭奏曰："此辈必死之囚，愿假数日之命。"高宗曰："卿以为枉也？"仁恭曰："臣识虑浅短，非的以为枉，恐万一非实，则怨气生焉。"缓之旬月，果获贼。高宗善之，迁刑部侍郎。

赵仁恭以刑部郎中复核死刑，认为有疑，向高宗申请重审，果获真凶。可见刑部的复核不是虚设。史称："故事，有司断狱，必刑部审覆。"① 刑部是常设的死刑复核机构，是从司法机关内部对判处死刑的罪犯进行复核。唐代对死刑的复核，是法定程序，即使当事人不上诉，也要经过刑部复核后，才能执行。贞观以后，虽说改由中书、门下复核死刑，但并没有完全剥夺刑部对死刑的复核权，司法复核仍有效地进行。大理寺所审"庶人犯流、死以上者，详而质之，以上刑部，仍于中书、门下详覆。"② 可知并没有剥夺刑部的复核权，只是又增加了中书、门下的复核程序。刑部作为"三法司"之一，是按照管辖权属从司法系统内部，对死刑案件进行复核，以保证司法审判的公允和刑罚适用的公正。如宪宗元和四年（809年），颁敕：

> 刑部、大理，覆断系囚，过为淹滞，是长奸幸。自今以后，大理寺检断，不得过二十日；刑部覆下，不得过十日。如刑部覆有异同，寺司重断，不得过十五日；省司重覆，不得过七日。③

这里所说的"刑部覆下"，不仅限于死刑案件，还应包括死刑的复核。如裴潾，穆宗时为刑部郎中：

> 有前率府仓曹曲元衡者，杖杀百姓柏公成母。法官以公成母死在辜外，元衡父任军使，使以父荫征铜。柏公成私受元衡资货，母死不闻公府，法寺以经恩免罪。潾议曰："典刑者，公柄也。在官者得施

---

① 《新唐书》卷一六〇《徐浩传》。
② 《唐六典》卷一八《大理寺》。
③ 《唐会要》卷六六《大理寺》。

于部属之内；若非在官，又非部属，虽有私罪，必告于官。官为之理，以明不得擅行鞭捶于齐人也。且元衡身非在官，公成母非部属，而擅凭威力，横此残虐，岂合拘于常典？柏公成取货于仇，利母之死，悖逆天性，犯则必诛。"奏下，元衡杖六十配流，公成以法论至死，公议称之。①

这是一件典型的"私和人命"案。依《唐律》"诸祖父母、父母及夫为人所杀，私和者，流二千里"②的规定，柏公成"取货于仇"，依律当判流刑，此又非不赦之罪，法司以"经恩免罪"，并无不妥。而刑部复核时，裴潾却以"悖逆天性，犯则必诛"为由，加论至死。这有可能是中唐以后，经制敕改律，刑罚加重的结果。此案得到"公议称之"，说明并没有违反当时法律的规定。复核的结果并不是只有减刑，也存在加重刑罚的可能性。武宗会昌五年（841年）仍颁敕强调"如是刑狱，亦先令法官详议，然后申刑部参覆"。③ 看来刑部始终拥有对死刑的复核权。《文苑英华》中载有一刑部复核的判词：

> 甲为市贾，为胡货物有犯禁者。大理以阑出边关论罪至死。刑部覆云：贾人不知法，以误论罪，免死从赎。
>
> 对：货以贸迁，日中为市；化能柔远，天下通商。爰诘犯禁之人，以明有截之制。矧惟市贾，实主贩夫。竞彼锥刀，当展诚而平肆；取诸噬嗑，方易有而均无。既泉布之攸归，何器用之或异。梯山款塞，胡虏初喜其来王；怀宝越乡，周官方验其不物。事既告于边吏，罪方书于贾人。且观尔实来，则银钱是入；既按其阑出，何玺节无凭？举货既丽于司关，附刑当置于圜土。一成定法，理官可贷其全生；三宥是思，宪部宜允于从赎。④

这是对一涉外商人犯"阑出边关并与胡人私相交易违禁物罪"的判决，大理寺判死刑，根据《唐律》：

① 《旧唐书》卷一七一《裴潾传》。
② 《唐律疏议》卷一七《贼盗律》"私和人命条"，中华书局，1983，第333页。
③ 《唐会要》卷五七《尚书省》。
④ 《文苑英华》卷五三〇《判·商贾门》。

> 诸越度缘边关塞者，徒二年。共化外人私相交易，若取与者，一尺徒二年半，三匹加一等，十五匹加役流；私与禁兵器者，绞；共为婚姻者，流二千里。未入、未成者，各减三等。即因使私有交易者，准盗论。①

大理寺的判决是有法律依据的，但刑部的复核，出于对发展边贸的考虑，并对所判"阑出"的证据的怀疑，建议"从赎"。

文宗太和九年（835 年）：

> 其年，濮州录事参军崔元武，于五县人吏率敛，及县官料钱，以私马抬估纳官，计绢一百二十匹。大理寺断三犯俱发，以重者论，只以中私马为重，止令削三任官。而刑部覆奏，令决杖配流。狱未决。（殷）侑奏曰："法官不习法律，三犯不同，即坐其所重。元武所犯，皆枉法取受，准律，枉法十五匹已上绞。《律疏》云：即以赃致罪，频犯者并累科。据元武所犯，令当入处绞刑。"疏奏，元武依刑部奏，决六十，流贺州。乃授侑刑部尚书。②

崔元武"三犯俱发"，大理寺仅以一重罪判"削三任官"，刑部复核加重为"决杖配流"，殷侑时为检校右仆射，是闲官，认为当处绞刑，但皇帝还是采用了刑部的意见。

唐代确立的刑部死刑复核制度对后世影响很大，如宋初，仍以刑部覆大辟案，淳化二年（991 年）"又惧刑部、大理寺用法之失，别置审刑院"，③ 对大理寺审结的案件，先由刑部进行复核，再报审刑院复查，使复核程序更加复杂化。元丰三年（1080 年），将审刑院撤并入刑部，复核权仍由刑部行使。元、明、清三代，死刑的复核都是由刑部主持。

二 门下省对死刑的复核——立法复核之一

门下省是立法机关，门下"侍中之职，掌出纳帝命，缉熙皇极，总典

---

① 《唐律疏议》卷八《卫禁律》。
② 《旧唐书》卷一六五《殷侑传》。
③ 《宋史》卷一九九《刑法志一》。

吏职，赞相礼仪，以和万邦，以弼庶务，所谓佐天子而统大政者也"①，在死刑的复核程序中，也起着重要的作用。唐代统治者非常强调慎用刑罚，尤其是对死刑的执行，必须经过多道复核程序，其中门下省的复核也是最重要的程序之一。贞观元年（627年），太宗说：

> 古者断狱，必讯于三槐、九棘之官，今三公、九卿，即其职也。自今以后，大辟罪皆令中书、门下四品以上及尚书九卿议之。如此，庶免冤滥。由是至四年，断死刑，天下二十九人，几致刑措。②

《旧唐书·刑法志》记载此事：

> 初，太宗以古者断狱，必讯于三槐、九棘之官，乃诏大辟罪，中书、门下五品以上及尚书等议之。其后河内人李好德，风疾瞀乱，有妖妄之言，诏按其事。大理丞张蕴古奏，好德癫病有征，法不当坐。治书侍御史权万纪，劾蕴古贯相州，好德之兄厚德，为其刺史，情在阿纵，奏事不实。太宗曰："吾常禁囚于狱内，蕴古与之弈棋，今复阿纵好德，是乱吾法也。"遂斩于东市。既而悔之。又交州都督卢祖尚，以忤旨斩于朝堂，帝亦追悔。下制，凡决死刑，虽令即杀，仍三覆奏。寻谓侍臣曰："人命至重，一死不可再生。昔世充杀郑颋而悔之，追止不及。今春府史取财不多，朕怒杀之，后亦寻悔，皆由思不审也。比来决囚，虽三覆奏，须臾之间，三奏便讫，都未得思，三奏何益？自今已后，宜二日中五覆奏，下诸州三覆奏。……且曹司断狱，多据律文，虽情在可矜，而不敢违法，守文定罪，或恐有冤。自今门下覆理，有据法合死而情可宥者，宜录状奏。"自是全活者甚众。其五覆奏，以决前一日、二日覆奏，决日又三覆奏。惟犯恶逆者，一覆奏而已，著之于令。

《贞观政要》说参与死刑复核的是"中书、门下四品以上及尚书九卿"，而旧刑志却说是"中书、门下五品以上等"。按贞观之政，门下省长官侍中2人、正三品，黄门侍郎2人、正四品上，另有散骑常侍2人、从

---

① 《唐六典》卷八《门下省·门下侍中条》。
② （唐）吴兢：《贞观政要》卷八《论刑法第三十一》。

三品，共6人；中书省中书令2人、正三品，中书侍郎2人、正四品上，贞观年间中书省尚未设右散骑常侍，故仅有4人在四品以上，二省不过10人，加上六部尚书，才16人，此即所谓"九卿议刑"。但这16人，都是宰相级重臣，不可能全力从事死刑的复核工作。若加上五品官员，门下省有给事中4人、正五品上，谏议大夫4人，也是正五品上；再中书省中书舍人6人、正五品上，则多出14人。尤其是给事中和中书舍人，其专职之一就是从事死刑的复核。可以说太宗原定由中书、门下四品以上复核死刑，但最后实际上是由五品以上官员复核。而《新唐书·太宗纪》记载此事说："命中书、门下五品以上及尚书议决死罪。"其后将此命编入《狱官令》时正式规定："凡决死刑，皆于中书、门下详覆。"其注曰："旧制皆于刑部详覆，然后奏决。"① 从而确定中书、门下是死刑的复核机构。在此之前，死刑的复核权归刑部，而由此开始，又增加了中书、门下的复核程序。

门下省长官为侍中，侍郎为其佐贰。贞观五年（631年），太宗又手诏敕曰："比来有司断狱，多据律文，虽情在可矜而不敢违法，守文定罪，或恐有冤。自今门下省复有据法合死，而情在可矜者，宜录状奏闻。"② 更加明确了门下省的死刑复核地位。由此可见，门下省是从"出帝命"的角度，对死刑进行复核。实际上，门下省复核的范围不仅限于死刑，而且包括徒、流罪以上的罪刑。

> 贞观十年，侍中魏征屡以目疾求为散官，上不得已，以征为特进，仍知门下事，朝章国典，参议得失，徒、流以上罪，详事闻奏；其禄赐、吏卒并同职事。③

魏征身为门下侍中，即使因病"求为散官"，也要对"徒、流以上罪详事闻奏"，说明这是门下省日常最重要的业务之一。

玄宗时巂州都督张审素，清廉正直，被人诬以贪赃之罪，朝廷派监察御史杨汪去查办，杨汪深按其罪，以谋反斩之。几年后，到开元二十三年

① （唐）李林甫等撰《唐六典》卷六《刑部郎中员外郎条》。
② 《贞观政要》卷八《论刑法第三十一》；参见《通典》卷一七〇《刑八·宽恕》。
③ 《资治通鉴》卷一九四《唐太宗贞观十年》。

（735 年），张审素的两个儿子，年仅 13 岁的张瑝和 11 岁的张琇杀杨汪以报父仇。复核时中书令张九龄称其"孝烈"，应宽恕。而门下侍中裴耀卿与李林甫坚持认为"国法不可纵报仇"，玄宗支持这一意见，对张九龄说："复仇虽礼法所许，杀人亦格律具存。孝子之情，义不顾命，国家设法，焉得容此。杀之成复仇之志，赦之亏律格之条。"为平息舆论的喧哗，特为此下敕：

> 张瑝等兄弟同杀，推问款承。律有正条，俱各至死。近闻士庶，颇有喧词，矜其为父复仇，或言本罪冤滥。但国家设法，事在经久，盖以济人，期于止杀。各申为子之志，谁非徇孝之夫，辗转相继，相杀何限。咎繇作士，法在必行；曾参杀人，亦不可恕。不能加以刑戮，肆诸市朝，宜付河南府告示决杀。①

从此敕可以看出，玄宗反对以任何理由私自复仇。此案的复核既有中书令张九龄参与，又有门下侍中裴耀卿、李林甫，级别相当高，双方意见不一致，最终由皇帝本人亲自裁决。可见，在死刑的复核方面，皇帝始终拥有最高裁判权。

门下省具体执行职务的是给事中，其为门下省最重要的职官之一，品秩虽为正五品上，但权任极重。给事中对于刑部、大理寺及御史台经办的重大案狱，有进行法律审核的权力，认为定罪不准（刑名不当），量刑不确（轻重或失），则有权援引适当的法律条文或案例，驳回重审。这就是《唐六典》所说的："凡国之大狱，三司详决，若刑名不当，轻重或失，则援法例退而裁之。""凡天下冤滞未申及官吏刻害者，必听其讼，与御史及中书舍人同计其事宜而申理之。"贞观十六年（642 年），刑部曾奏请修改《唐律》之《盗贼律》，对反逆者的兄弟缘坐，并处死刑，请"八座详议"。当时右仆射高士廉、吏部尚书侯君集、兵部尚书李勣等都赞同此奏，"议请从重"。而给事中崔仁师认为，古者"父子兄弟，罪不相及"，驳之曰："诛其父子，足累其心，此而不顾，何爱兄弟？"唐太宗"竟从仁师驳议"。② 这是门下省从立法角度参与对刑法的修改。韩思复中宗时为给事

---

① 《旧唐书》卷一八八《孝友·张琇传》。
② 《旧唐书》卷七四《崔仁师传》。

中，当时法司以散骑常侍严善思与谯王李重福谋反案有牵连，判处绞刑。韩思复驳回，"请付刑部集群官议定奏裁"。大部分议者认为当宽宥，但法司坚持处死，韩思复再次驳回，提出"今措词多出，法令从轻"的意见，即复核时若意见不统一，应采取从轻的原则。"上纳其奏，竟免善思死，配流静州。"① 可见给事中对死刑复核权的作用。

谏议大夫只隶于门下省，永徽二年（651 年），萧钧为谏议大夫。

> 永徽二年，历迁谏议大夫，兼弘文馆学士。时有左武候别驾卢文操，逾垣盗左藏库物，高宗以别驾职在纠绳，身行盗窃，命有司杀之。钧进谏曰："文操所犯，情实难原。然恐天下闻之，必谓陛下轻法律，贱人命，任喜怒，贵财物。臣之所职，以谏为名，愚衷所怀，不敢不奏。"帝谓曰："卿职在司谏，能尽忠规。"遂特免其死罪，顾谓侍臣曰："此乃真谏议也。"寻而太常乐工宋四通等，为宫人通传信物，高宗特令处死，乃遣附律，钧上疏言："四通等犯在未附律前，不合至死。"手诏曰："朕闻防祸未萌，先贤所重，宫阙之禁，其可渐欤？昔如姬窃符，朕用为永鉴，不欲今兹自彰其过，所搦宪章，想非滥也。但朕翘心紫禁，思规引裾，侧席硃楹，冀旌折槛。今乃喜得其言，特免四通等死，远处配流。"②

这里记述了萧钧当谏议大夫时的两件事，一是卢文操盗左藏库物案，高宗认为当处死刑，萧钧以"陛下轻法律，贱人命"谏，说明高宗的决定是不合法律的，结果案犯免死，可见谏议大夫参与复核，是起作用的。二是宋四通为宫人传信物案，高宗命处死，并要求将此案例编入刑律。萧钧认为宋四通所犯"在未附律前，不合至死"，即法不应当追溯既往。高宗虽听从意见，免四通等死，但此事被吸收入唐律中。据《唐会要》载此事发生于永徽五年③，即在《永徽律》包括《唐律疏议》颁布后，现传世本《唐律疏议·卫禁律》"阑入非御在所"条有"即虽非阑入，辄私共宫人言语，若亲为通传书信及衣物者，绞"的规定。说明永徽二年后，唐律仍

① 《旧唐书》卷一〇一《韩思复传》。
② 《旧唐书》卷六三《萧钧传》。
③ 参见《唐会要》卷五五《谏议大夫》。

有所修改。门下省在复核死刑的同时，还有对现行法律进行修改的职责。这可能是立法部门复核死刑的特殊任务。

开元二十五年（737 年）进一步规定："自今以后，有犯死刑，除十恶死罪，造伪头首，劫杀、故杀、谋杀外，宜令中书、门下与法官等详所犯轻重，具状闻奏。"① 更加强调了门下省与中书省对死刑的复核权，可以说是由立法机关对司法机关实行监督的手段和制度保证。

文宗大和六年（832 年），王彦威任谏议大夫。

> 兴平县人上官兴，因醉杀人亡窜，吏执其父下狱，兴自首请罪，以出其父。京兆尹杜悰、御史中丞宇文鼎，以其首罪免其父，有光孝义，请减死配流。彦威与谏官上言曰："杀人者死，百王共守。若许杀人不死，是教杀人。兴虽免父，不合减死。"诏竟许决流。彦威诣中书投宰相面论，语讦气盛。执政怒，左授河南少尹。②

王彦威不同意对"杀人自首者"免死，虽然他的意见没有被采纳，但他据法力争，仍得到史家的肯定，载入青史。

三　中书省对死刑的复核——立法复核之二

中书省在唐代既是立法机关，也是死刑复核的重要机关之一，其本是执掌帝命的机构，长官为中书令，与门下侍中皆为"真宰相"。"中书令之职，掌军国之政令，缉熙帝载，统和天人。入则告之，出则奉之，以厘万邦，以度百揆，盖以佐天子而执大政者也。"③ 中书侍郎为其副贰，"通判省事"。贞观二年（628 年）五月二日，太宗颁敕："中书令、侍中于朝堂受词讼，众庶已上有陈事者，悉令封上，朕亲览焉。"④ 中书令与门下侍中本身就拥有审理案件的职责。如太宗时，杨纂为长安县令，"有妇人袁氏妖逆，为人所告，纂究问之，不得其状。袁氏后又事发，伏诛，太宗以纂

---

① 《唐六典》卷六《刑部郎中员外郎条》。
② 《旧唐书》卷一五七《王彦威传》；又参见《旧唐书》卷一七下《文宗纪下》。
③ 《唐六典》卷九《中书省·中书令条》。
④ 《唐会要》卷五三《杂录》。宏按：《新唐书》卷二《太宗纪》载此事系于贞观元年五月癸巳。

为不忠，将杀之。中书令温彦博以纂过误，罪不至死，固谏，乃赦之"。①
中书令复核此案，认为杨纂是因"过误"获罪，不该处死，有效地履行了
复核的职责。武则天长安四年（704 年），宠臣"张宗昌坐遣术人李弘泰
占己有天分，御史中丞宋璟请收付制狱，穷理其罪"，司刑少卿桓彦范上
疏"伏请付鸾台凤阁三司考竟其罪"。②鸾台、凤阁即武则天时中书省和门
下省的改称。又玄宗开元二年（714 年），宗室"薛王业之舅王仙童，侵
暴百姓，御史弹劾，（李）业为之请，敕紫微、黄门覆按"。紫微、黄门即
开元初中书省和门下省之名，当时的紫微令姚崇、黄门监卢怀慎奏曰：
"仙童罪状明白，御史所言无所枉，不可纵舍。"③可见当时中书、门下通
过复核，起到对司法实行有效监督的作用。

唐代中书侍郎多带"同平章事"之衔，履行宰相职责，这样，中书省
的具体工作则多由中书舍人担任。中书舍人的职权为"专掌诏诰，侍从署
敕，宣旨劳问，授纳诉讼，敷奏文表，分判省事"。④其在司法方面的作用
主要仍是与给事中、御史组成"三司"，复核天下冤滞案件。"凡察天下冤
滞，与给事中及御史三司鞫其事。"⑤贞观十七年（643 年），因审理太子
李承乾谋反案，"敕长孙无忌、房玄龄、萧瑀、李世勣与大理、中书、门
下参鞫之"。胡三省注曰："唐制：凡国之大狱，三司详决。三司，谓给事
中、中书舍人与御史参鞫也。今令三省与大理参鞫，重其事。"⑥可见，中
书省与门下省常参与重大案件的审理。开元二十五年（737 年）又规定：
"凡决死刑，皆于中书门下详覆。"⑦将死刑的复决权由刑部归于中书门下。

宪宗元和十三年（818 年），曾下敕重申大理寺、刑部详断过的狱案须
报中书省裁量，其敕曰："旧制：刑宪皆大理寺、刑部详断闻奏，然后至
中书裁量。近多不至两司、中书，使自处置。今后先付法司，具轻重闻
奏，下中书令、舍人等参酌，然后据事例裁断。"⑧穆宗"长庆初，上以刑

---

① 《旧唐书》卷七七《杨纂传》。
② 《旧唐书》卷九一《桓彦范传》；又参见《资治通鉴》卷二〇七《唐则天后长安四年》。
③ 《资治通鉴》卷二一一《唐玄宗开元二年》。
④ 《通典》卷二一《职官三·中书省》。
⑤ 《唐六典》卷九《中书省·中书舍人》。
⑥ 《资治通鉴》卷一九七《唐太宗贞观十七年》。
⑦ 《唐六典》卷六《刑部郎中员外郎条》。
⑧ 《唐会要》卷五五《中书舍人》。

法为重，每有司断大狱，又令中书舍人一员，参酌而出之。百司呼为参酌院"。① 杨嗣复穆宗长庆中（821～824 年）任中书舍人，当时东川观察使奏遂宁县令庞骥犯赃，大理寺判处极刑。杨嗣复参酌曰：

> 庞骥赃货之数为钱肆百余千，其间大半是枉法。据赃定罪，合处极刑。虽经赦恩，不在原免。伏以近日，赃吏皆蒙，小有矜宽。类例之间，虑须贷死。敕长吏犯赃，其数不少，纵宽刑典，难免鞭笞。但以近逢鸿恩，人思减等，虽节文不在免，于情理亦要哀矜。庞骥量除名，流溪州。其赃付所司准法。②

这是参酌院的参酌状，从此状中可以看出，中唐以后，吏治腐败，官吏贪赃枉法成风。朝廷姑息成例。按唐律枉法赃"十五匹绞"，现因犯赃者众，皆减等处治。参酌院成为官吏的减刑院了。而对杀人的刑事案件，中书舍人的"参酌文"则并不那么客气了，白居易为中书舍人时，有姚文秀打杀妻案，白居易留下了一段较长的"参酌状"。为说明问题，全文引用：

> 据刑部及大理寺所断，"准律：非因斗争，无事而杀者，名为故杀。今姚文秀有事而杀者，则非故杀。"据大理司直崔元式所执，"准律：相争为斗，相击为殴，交斗致死，始名斗杀。今阿王被打狼籍，以致于死。姚文秀检验身上，一无损伤。则不得名为相击。阿王当夜已死，又何以名为相争？既非斗争，又蓄怨怒，即是故杀者。"右按《律疏》云："不因斗争，无事而杀，名为故杀。"此言"事"者，谓争斗之事，非该他事。今大理、刑部所执，以姚文秀怒妻有过，即不是无事，既是有事，因而殴死，则非故杀者。此则唯用"无事"两字，不引争斗上文。如此，是使天下之人，皆得因事杀人。杀人了，即曰：我有事而杀，非故杀也。如此可乎？且天下之人，岂有无事而杀人者，足明"事"，谓争斗之事，非他事也。又凡言斗殴死者，谓事素非憎嫌，偶相争斗，一殴一击，不意而死：如此，则非故杀，以其本原无杀心。今姚文秀怒妻颇深，挟恨既久，殴打狼籍，当夜便

---

① 《唐国史补》卷下。
② 《册府元龟》卷六一六《刑法部·议谳三》。

死；察其情状，不是偶然。此非故杀，孰为故杀？若以先因争骂，不是故杀。即如有谋杀人者，先引相骂，便是交争；一争之后，以物殴杀了，即曰：我因事而杀，非故杀也。又如此可乎？设使因争，理犹不可；况阿王已死，无以辨明。姚文秀自云相争，有何凭据？又大理寺所引刘士信及骆全儒等殴杀人事，承前寺断，不为故杀。恐与姚文秀事，其间情状不同。假如略同，何妨误断？便将作例，未足为凭。伏以狱贵察情，法须可久。若崔元式所议不用，大理寺所执得行，实恐被殴死者，自此长冤；故杀人者，从今得计。谨同参酌，件录如前。奉敕："姚文秀杀妻，罪在十恶；若从宥免，是长凶愚。其律纵有互文，在理终须果断。宜依白居易状，委所在决重杖一顿处死。"①

白居易的参酌状否定了刑部、大理寺所定的罪名"斗杀"，从法理和情理的角度肯定了大理司直崔元式"故杀"的意见。其所论述，俨然一篇法学论文，很值得我们今天的法官阅读学习。

文宗太和四年（830 年），再次颁敕曰："今后大理寺结断，行文不当，刑部详复。于事不精，即委中书舍人，举书其轻重出入所失之事，然后出。"② 可见，皇帝重视中书省在司法复核中的作用，这是皇帝控制司法的重要手段之一，故反复强调中书省及中书舍人在复核案件中的作用是不容忽视的，这也是皇帝通过立法机关对死刑进行复核及对司法审判进行监督的途径。

四 尚书都省对死刑的复核——行政复核

据《唐六典》"刑部郎中员外郎"条："若大理寺及诸州断流以上若除、免、官当者，皆连写案状申省案覆，理尽申奏。"即言流罪以上，显然包括死罪，也就是说，流罪和死罪都要经过尚书省复核。

尚书省的省直机关、总办公厅称为尚书都省，又称都司、都台、都堂，统辖尚书省六部，既为宰相所在的办事机构，又是行政首脑机关。尚

---

① 《白居易集》（第四册）卷六〇《奏状三·论姚文秀打杀妻状》，长庆二年，五月十一日奏。中华书局，1979，第 1273～1274 页。
② 《唐会要》卷五五《中书舍人》。

书省长官本为尚书令，因李世民为秦王时曾居此职，后按常例不以此官授人。这样，原为次官的左、右仆射自然成为实际上的长官。唐初"尚书左、右仆射自武德至长安四年以前，并是正宰相"，①中宗后，左、右仆射非带"同中书门下平章事"者，不兼相职。左、右仆射在尚书省"总领六官，纪纲百揆"②；"师长百僚，虽在别司，皆为统属"③。从唐初看，尚书省的工作相当大的部分是关于狱讼方面的事务。贞观三年（629 年），杜如晦为右仆射，房玄龄为左仆射，唐太宗对他们说："公为仆射，当助朕忧劳，广开耳目，求访贤哲。比闻公等听受词讼，日有数百。此则读符牒不暇，安能为朕求贤哉！"④ 为此，太宗专门颁敕："尚书省细碎务，皆付左右丞，惟冤滞大事合闻奏者，关于仆射。"⑤ 贞观四年，为锻炼太子的执政能力，又颁诏："自今讼者，有经尚书省判不服，听于东宫上启，委太子裁决。若仍不服，然后闻奏。"⑥ 看来这是为仆射减负的具体措施，但也仅是临时措施。到高宗上元二年（675 年），仆射们仍在忙于词讼。据《唐会要·左右仆射》：

> 上元二年，刘仁轨为左仆射，戴至德为右仆射，每遇伸诉冤滞者，仁轨辄美言许之；至德即先据理难诘，若有理者，密为奏之，终不露己之断决。由是时誉归于仁轨，常于仁轨更日受词讼。有老妪陈词，至德已收牒省视，老妪前曰："本谓是解事仆射，所以来诉；公乃是不解事仆射，却付牒来。"至德笑而还之，议者尤称长者。或有问至德不露己断决之事者，至德曰："夫庆赏刑罚，人主之柄，凡为人臣，岂得与人主争柄哉！"

中唐以后，尚书仆射的地位日低，"不言同中书门下三品，不敢参议政事"⑦，其在司法中的作用自然也就小了。

具体负责尚书都省的官员是尚书左丞（正四品上）和尚书右丞（正四

---

① 《唐会要》卷五七《左右仆射》。
② 《唐六典》卷一《尚书都省》。
③ 《唐会要》卷五七《左右仆射》。
④ 《贞观政要》卷三《论择官第七》；又参见《大唐新语》卷一《匡赞第一》。
⑤ 《贞观政要》卷三《论择官第七》；又参见《唐会要》卷五七《左右仆射》。
⑥ 《资治通鉴》卷一九三《唐太宗贞观四年》。
⑦ 《唐会要》卷五七《左右仆射》。

品下），他们是具体管辖尚书都省日常事务的负责人，其权任甚重。贞观十年（636 年）治书侍御史刘洎上书曰："臣闻尚书万机，实为政本，伏寻此选，授受诚难，是以八座比于文昌，二丞方于管辖……且宜精简尚书左、右丞及左、右郎中，如并得人，自然纲维克举。"① 尚书左、右丞是"纲纪之官"，省内诸司及御史纠举不当者，左、右丞得弹奏之。尚书都省分为左、右两司，左丞辖左司，掌吏、户、礼三司；右丞辖右司，掌兵、刑、工三司。都省左、右司不直接干预各部、曹的具体业务，主要职责是对六部诸司的公文案卷进行审覆、勾检，实际上是六部的行政监督机构，时称"元阁内府，区揆实繁；都省勾曹，管辖綦重"。② 六部及九寺的文案皆须经左、右司勾检后，方能下达有关部门施行，可见其地位之重要。因此，尚书都省从事司法监督的官员也正是左、右丞。对地方州、县审判不服者，可上诉至尚书都省由左、右丞为申详之。仍不服者，可上诉至中央三司，"如未经尚书省，不得辄入于三司越诉"。③ 尚书省左、右仆射与左、右丞都拥有一定的司法权及司法监督权。一般事务由左、右丞处置，"细碎务皆付左、右丞，惟冤滞大事合闻奏者，关于仆射"。④ 按《唐律疏议》引《狱官令》：

> 其大理寺及京兆、河南府断徒及官人罪，并后有雪减，并申省，省司覆审无失，速即下知；如有不当者，随事驳正。若大理寺及诸州断流以上，若除、免、官当者，皆连写案状申省，大理寺及京兆、河南府即封案送。若驾行幸，即准诸州例，案覆理申奏。⑤

这里提到的"省司"，就是指尚书都省。大理寺及京师地区所判徒罪及官员犯罪都要经省司复核，大理寺及天下诸州断流以上，包括死刑案件也要经省司复核。据狄仁杰奏称："故左、右丞，徒以下不勾；左、右相，流以上乃判。"⑥ 由此可见，尚书都省主要管辖徒刑以上的案件，左、右丞

---

① 《唐会要》卷五八《左右丞》。
② 《唐会要》卷五八《左右丞》。
③ 《唐会要》卷五七《尚书省》。
④ 《贞观政要》卷三《论择官第七》。
⑤ 《唐律疏议》卷三〇《狱官律·应言上待报而辄自决断条》。
⑥ 《资治通鉴》卷二〇四《唐则天后天授二年》。

勾徒刑，左、右相判流刑和死刑。也就是以勾、判的方式对死刑进行复核。如孔戣在宪宗时为尚书左丞：

> （元和）九年，信州刺史李位为州将韦岳谮谮于本使监军高重谦，言位结聚术士，以图不轨。追位至京师，鞫于禁中。（孔）戣奏曰："刺史得罪，合归法司按问，不合劾于内仗。"乃出付御史台，戣与三司讯鞫得其状。位好黄老道，时修斋箓。与山人王恭合炼药物，别无逆状。以岳诬告，决杀。贬位建州司马。时非戣论谏，罪在不测。①

孔戣可谓名副其实地行使尚书左丞的司法监督权，从程序上否定了将刺史"劾于内仗"，并与三司共同对此案进行复核，不仅没有将受到"不轨"起诉的李位处死，反将诬告者韦岳"决杀"。可见，尚书都省所行使的复核权是行政复核，在唐代也是重要的法定程序。

五 御史台对死刑的复核——监察复核

御史台既是中央监察机关，掌管纠察、弹劾百官违法之事，同时又负责监督大理寺和刑部的司法审判活动，遇有重大疑难案件，也参与审判或直接受理有关刑事及行政诉讼的案件，此外也参与对死刑的复核。"大唐自贞观初，以法理天下，尤重宪官，故御史复为雄要。"② 贞观元年（627年），"青州有谋反者，州县逮捕支党，收系满狱，诏殿中侍御史安喜崔仁师覆按之。仁师至，悉脱去杻械，与饮食汤沐，宽慰之，止坐其魁首十余人，余皆释之"。③ 崔仁师以殿中侍御史奉君命到外州县复核重大案件。贞观二年，鄠县令裴仁轨因"私役门夫"，太宗大怒，欲斩之。殿中侍御史长安李乾祐谏曰："法者，陛下所与天下共也，非陛下所独有也。今仁轨坐轻罪而抵极刑，臣恐人无所措手足。"太宗听后很高兴，"免仁轨死，以乾祐为侍御史"。④ 高宗时曾一度将御史台更名为宪台，武则天时又曾改称肃政台，并分设左右，以"左肃政台专知在京百司，更置右肃政台，专知

---

① 《旧唐书》卷一五四《孔戣传》。
② 《通典》卷二四《职官六·御史台》。
③ 《资治通鉴》卷一九二《唐太宗贞观元年》。
④ 《资治通鉴》卷一九二《唐太宗贞观二年》。

按察诸州"。① 玄宗即位后，彻底废除右台，恢复旧制。

御史台在日常司法活动中，主要是以"三司受事"的方式参与司法活动及复核死刑。这里所说的"三司"是指由御史台、中书省、门下省所组成的三司，其中门下省和中书省分别由给事中、中书舍人承担，御史台则由侍御史参加，"凡三司理事，则与给事中、中书舍人更直于朝堂受表"。② 由侍御史、给事中、中书舍人组成的三司是一个常设机构，从法律上讲，自武德、贞观时就已有律、令、格、式，确定了它在司法制度中的固定位置。该"三司"既是尚书省与皇帝之间的一个司法审判层次，又是法律监督程序中极其重要的一个环节。"凡天下之人，有称冤而无告者，与三司诘之。"③ 三司每日轮流在朝堂值班受表，一司正受，二司副押。大历、建中时还曾一度有过专门的"使院""幕屋"。三司平日仅受理上诉表状，故称"三司受事"。这里的"三司"实际上成为大理寺之上的又一级上诉机关，须当事人上诉方才受理，因此不是必经的死刑复核机关。其审核刑部、大理寺及地方州府办理的狱讼，监督其判决，以保证司法审判合乎法定的程序和制度，其不合制度者则驳回原审单位重新审理，一般不直接审讯人犯，处断狱案。若逢特殊大案、要案，因涉及官员的品秩、职位极高，且要由宰相或其他官员提议，皇帝亲自下特诏，方可参与审理。如贞观十七年（643 年），有人告太子李承乾谋反，太宗"敕长孙无忌、房玄龄、萧瑀、李勣与大理、中书、门下参鞫之"。④ 又如高宗调露二年（680年）发生的章怀太子案：

> 时正议大夫明崇俨以符劾之术为则天所任使，密称"英王状类太宗"。又宫人潜议云"贤是后姊韩国夫人所生"，贤亦自疑惧。则天又尝为贤撰《少阳政范》及《孝子传》以赐之，仍数作书以责让贤，贤逾不自安。调露二年，崇俨为盗所杀，则天疑贤所为。俄使人发其阴谋事，诏令中书侍郎薛元超、黄门侍郎裴炎、御史大夫高智周与法官

---

① 《唐六典》卷一三《御史台》。
② 《唐六典》卷一三《御史台·侍御史》。
③ 《唐六典》卷一三《御史台·御史大夫》。
④ 《资治通鉴》卷一九七《唐太宗贞观十七年》。胡三省注曰："唐制：凡国之大狱，三司详决。三司，谓给事中、中书舍人与御史参鞫也。今令三省与大理参鞫，重其事。"

推鞫之，于东宫马坊搜得皂甲数百领，乃废贤为庶人，幽于别所。①

此案是由中书、门下与御史台、法官共同推鞫。又德宗建中三年（782 年），有涉及御史大夫严郢与殿中侍御史郑詹的要案，"请遣三司使按"。胡三省说："此谓遣两省官及御史台官为三司使，使案（郑）詹等狱。"②

唐高宗时，武则天逐渐掌握朝廷大权，史称："自永徽以后，武氏已得志，而刑滥矣。当时大狱，以尚书刑部、御史台、大理寺杂按，谓之'三司'，而法吏以惨酷为能，至不释枷而笞棰以死者，皆不禁。"③ 从目前看到的、最早的以"三司推案"的案例是高宗龙朔三年（663 年），推右相李义府案，"下义府狱，遣司刑太常伯刘祥道与御史、详刑共鞫之，仍命司空李勣监焉"。④ 对涉及宰相的大案，以刑部、大理寺与御史台三法司共同审理，以示其重要性。值得注意的是此时并未用"三司"字样。⑤ 此后，以三法司组成三司，专推制狱，渐成制度，玄宗时还将其编入《唐六典》："若三司所按而非其长官，则与刑部郎中、员外郎，大理司直、评事往讯之。"⑥ 人称这种由三法司组成的三司同按制狱为"三司推事"。据《通典》记载："其事有大者，则诏下尚书刑部、御史台、大理寺同案之，亦谓此为三司推事。" 根据案情所涉及的官员品秩及案件的重要性，将三司推事分为三个级别：由刑部尚书或侍郎、大理卿或少卿、御史大夫或中丞组成的三司是最高级别，故又称为"大三司使"；由刑部郎中、大理司直、侍御史组成的三司则次一级；最低为刑部员外郎、大理评事与监察御史组成的三司，后二者皆只称为"三司使"。由三法司组成的三司使是临时性的差遣，史称："有大狱，即命中丞、刑部侍郎、大理卿鞫之，谓之'大三司使'；又以刑部员外郎、御史、大理寺官为之，以决疑狱，谓之

---

① 《旧唐书》卷八六《高宗中宗诸子·章怀太子贤传》。
② 《资治通鉴》卷二二七《唐德宗建中三年》。
③ 《新唐书》卷五六《刑法志》。
④ 《资治通鉴》卷二〇一《唐高宗龙朔三年》。胡三省注曰："司刑太常伯，即刑部尚书；详刑，大理也。唐自永徽以后，大狱以尚书刑部、御史台、大理寺杂按，谓之'三司'。"
⑤ 据《新唐书》卷二二三上，《奸臣上·李义府传》记载此事用"三司杂讯"，是为宋人之追记。
⑥ 《唐六典》卷一三《御史台·侍御史》。

'三司使'，皆事毕日罢。"① 平日并无由刑部、大理寺、御史台组成的"三司使"这一机构，而"三司"的出使也是比较慎重的。如德宗时的卢南史案：

> 先是，侍御史卢南史坐事贬信州员外司马，至郡，准例得厅吏一人，每月请纸笔钱，前后五年，计钱一千贯。南史以官闲冗，放吏归，纳其纸笔钱六十余千。刺史姚骥劾奏南史，以为赃，又劾南史买铅烧黄丹。德宗遣监察御史郑楚相、刑部员外郎裴澥、大理评事陈正仪充三司使，同往按鞫。将行，并召于延英，谓之曰："卿等必须详审，无令漏罪衔冤。"三人将退，裴澥独留，奏曰："臣按姚骥奏状，称南史取厅吏纸笔钱计赃六十余贯，虽于公法有违，量事且非巨蠹。"上曰："此事亦未为甚，未知烧铅何如？"澥曰："烧铅为丹，格令不禁。准天宝十三载敕，铅、铜、锡不许私家买卖货易，盖防私铸钱，本亦不言烧铅为丹。南史违敕买铅，不得无罪。伏以陛下自登宝位，及天宝、大历以来，未曾降三司使至江南；今忽录此小事，令三司使往，非唯损耗州县，亦恐远近处闻之，各怀忧惧。臣闻开元中张九龄为五岭按察使，有录事参军告龄非法，朝廷止令大理评事往按。大历中，鄂岳观察使吴仲孺与转运使判官刘长卿纷竞，仲孺奏长卿犯赃二十万贯，时止差监察御史苗伾就推。今姚骥所奏事状无多，臣堪任此行，即请独往，恐不须三司并行为使。"德宗忻然曰："卿言是矣。"乃复召楚相、正仪与澥俱坐，谓之曰："朕懵于理道，处事未精，适见裴澥所奏，深协事宜，亦不用三人总去，但行首一人行可也，卿等使宣付宰臣改敕。"②

说明派三司使外出鞫案是远近轰动的大事，因而并不轻易遣派。故此三司是非常设的复核机构，其直接体现的是君主意志。

御史台在唐代司法中的作用是逐渐强化的，以司法监察的形式参与案件的审理及复核死刑，最后成为三大司法机关之一。这对后来中国司法制

---

① 《唐会要》卷七八《诸使杂录上》。
② 《旧唐书》卷一三七《赵涓传》；又《唐会要》卷五九《尚书省诸司下·刑部员外郎条》略同。

度的发展影响深远，至明、清都察院成为法定的复核机关。

六 皇帝对死刑的复核——君主复核

唐代皇帝拥有最高的司法审判权，同时也就拥有最终的死刑复核权。首先，皇帝以"录囚"的方式，直接行使司法审判的终审权。如高祖武德元年（618 年），李渊于五月登基并"大赦天下"，九月便"亲录囚徒"[①]；二年二月，"虑囚"[②]；三年六月又"亲录囚徒"，[③] 八月再次"虑囚"；四年二月、三月又连续两次"虑囚"[④]；八年二月，"亲录囚徒，多所原宥"[⑤]。唐太宗更是重视法制建设，武德九年登基后，十二月就"亲录囚徒"。[⑥] 贞观二年（628 年），曾亲自"审冤狱于朝堂"；三年三月"虑囚"；六月又"以旱虑囚"。[⑦] 四年，"是岁，断死刑二十九人，几致刑措。"六年，太宗"亲录囚徒，归死罪者二百九十人于家，令明年秋末就刑。其后应期毕至，诏悉原之"。[⑧] 对此事的看法，后人见仁见智，各有不同，多有认为是"作秀"者，但只要对照贞观四年断死罪者仅 29 人，仅近两年，一下增至 290 人，《资治通鉴》作 390 人。白居易在《新乐府》诗中称颂此事说"死囚四百来归狱"，[⑨] 看来 390 人更接近事实。无论多少，两年死刑犯增加十倍，让太宗不舒服，他利用"录囚"的手段，变相赦免了这些死刑犯。直到贞观二十一年，仍"虑囚，降死罪以下"。[⑩] 高宗执政期间也多次亲自录囚，录囚制度成为皇帝控制司法的法定程序。但到玄宗朝，其初期尚能"亲录囚徒"，如开元二年（714 年）、三年、六年、七年都曾"亲录囚徒，多所原免"。[⑪] 但也正是在这一年，因出现日食，

---

① 《旧唐书》卷一《高祖纪》。
② 《新唐书》卷一《高祖纪》。
③ 《旧唐书》卷一《高祖纪》。
④ 《新唐书》卷一《高祖纪》。
⑤ 《旧唐书》卷一《高祖纪》。
⑥ 《旧唐书》卷二《太宗纪上》。
⑦ 《新唐书》卷二《太宗纪》。
⑧ 《旧唐书》卷三《太宗纪下》。
⑨ 《白居易集》卷三《讽谕三·新乐府·七德舞》，中华书局，1979，第 55 页。
⑩ 《新唐书》卷二《太宗纪》。
⑪ 参见《旧唐书》卷八《玄宗纪上》；《新唐书》卷五《玄宗纪》。

"以中书、门下虑囚"。① 从此以后，玄宗不再亲自录囚，或遣使出外录囚，或以中书门下录囚。如开元十七年四月，"令中书门下分就大理、京兆、万年、长安等狱疏决囚徒"；而他则以制书的形式，"制天下系囚死罪减一等，余并宥之"；开元二十二年四月，"诏京都见禁囚徒，令中书门下及留守检校覆降罪，天下诸州委刺史"。② 天宝以后，更是"从此君王不早朝"，录囚之事皆委中书门下及诸使、诸州操办。

其次，皇帝以覆奏的方式行使复核权。贞观初，太宗曾因怒杀大理丞张蕴古、交州都督卢祖尚，后又追悔，乃下制曰："凡决死刑，虽令即杀，仍三覆奏。"后又规定："自今以后，宜二日中五覆奏，下诸州三覆奏。"③ 为保证复核制度的确切实行，还将此制编入了律令：

> 凡决大辟罪。在京者，行决之司五覆奏；在外者，刑部三覆奏。
>
> 注曰：在京者，决前一日二覆奏，决日三覆奏；在外者，初日一覆奏，后日再覆奏。纵临时有敕不许覆奏，亦准此覆奏。④
>
> 诸死罪囚，不待覆奏报下而决者，流二千里。即奏报应决者，听三日乃行刑，若限未满而行刑者，徒一年；即过限，违一日杖一百，二日加一等。
>
> 疏议曰："死罪囚"，谓奏画已讫，应行刑者。皆三覆奏讫，然始下决。若不待覆奏报下而辄行决者，流二千里。"即奏报讫应决者"，谓奏讫报下，应行决者。⑤

覆奏制度既体现了唐代统治者慎用死刑的指导思想，同时也将死刑的最终判决权集中到皇帝手中。

再者，皇帝以直诉的方式行使复核权。唐代向皇帝直诉的方式有四种：第一是上表，即对经县、州、府、省多级审理的案件当事人仍不服判决者，可以上奏表状的方式向皇帝直接申诉。"受表恒有中书舍人、给事

---

① 《新唐书》卷五《玄宗纪》。
② 《旧唐书》卷八《玄宗纪上》。
③ 《旧唐书》卷五〇《刑法志》。
④ 《唐六典》卷六《刑部郎中员外郎条》。
⑤ 《唐律疏议》卷三〇《狱官律·死囚覆奏报决条》。

中、御史三司监受",① 由中书省、门下省和御史台组成的三司，实际上就是皇帝收受表状的传达机构。其二是邀车驾，即在皇帝外出时，伏于路边挡车驾申诉。其三是挝登闻鼓，唐长安、洛阳各置登闻鼓，有冤情者可击鼓鸣冤，以求皇帝闻知。《资治通鉴》引武则天垂拱元年（685年）二月癸未，制："朝堂所置登闻鼓及肺石，不须防守，有挝鼓及立石者，令御史受状以闻。"胡三省注曰："登闻鼓在西朝堂，肺石在东朝堂。"② 看来当时登闻鼓与肺石都有专人把守，一般人不能轻易击打。现由御史负责受理。大历十四年（770年），德宗即位，颁诏："天下冤滞，州府不为理，听诣三司使，以中丞、舍人、给事中各一人，日于朝堂受词。推决尚未尽者，听挝登闻鼓。"此诏一下，每日诤讼者击登闻鼓者不断，右金吾将军裴谞上疏说："讼者所争皆细故，若天子一一亲之，则安用吏理乎！"③ 德宗也早不耐烦，顺其谏而复将各讼事归于有司。以前三种方式鸣冤者，"即邀车驾及挝登闻鼓，若上表诉，若主司不即受者，加罪一等"，④ 以保证皇权的行使。其四是立肺石，是对社会弱势人群的特殊规定，即"若茕独老幼不能自申者，乃立肺石之下"。⑤ "立于石者，左监门卫奏闻；挝于鼓者，右监门卫奏闻。"⑥ 监门卫是掌管宫廷门禁的卫兵，在此兼管受理直诉的表章，并负责奏闻皇帝。投匦是指以向朝廷专设的"铜匦"内投递表章的方式申诉。武则天垂拱二年（686年），在朝堂的四边列四铜匦，其中在西者为白匦，称"申冤"，"陈抑屈者投之"。"以谏议大夫、补阙、拾遗一人充使，知匦事；御史中丞侍御史一人，为理匦使。"⑦ 理匦之事也是由门下省、中书省和御史台掌管，"每日所有投书，至暮并进"，这就造成三司受事与投匦的矛盾，直到代宗大历十二年（777年），理匦使崔造提出，诸申诉"并合先本司；本司不理，然后省司；省司不理，然后三司；三司不理，然后合报投匦进状。如进状人未经三处，及事非冤屈，辄妄来

---

① 《唐律疏议》卷二四《斗讼律·越诉条》。
② 《资治通鉴》卷二〇三《唐武则天垂拱元年》。
③ 《资治通鉴》卷二二五《唐代宗大历十四年》。
④ 《唐律疏议》卷二四《斗讼律·越诉条》。
⑤ 《唐六典》卷六《刑部郎中员外郎条》。
⑥ 《唐六典》卷六《刑部郎中员外郎》。
⑦ 《新唐书》卷四七《百官二·门下省》。

进状者，不在进限"。对于妄进状者，"今后请并状牒送本司及台府处理"。① 正式明确"投匦"是三司上面的一级申诉程序，也是直诉的一种方式，或说是上表的一种形式。敬宗时李渤充理匦使，上奏曰：

> 事之大者闻奏，次申中书门下，次移诸司。诸司处理不当，再来投匦，即具事奏闻。如妄诉无理，本罪外加一等。准敕告密人付金吾留身待进止。今欲留身后牒台府，冀止绝凶人。②

此奏得到批准，成为法定程序。

最后，皇帝可以"赦"的形式，不经复核程序，直接免除死刑犯死罪。唐初对赦较为慎重。高祖武德年间正值改朝换代也仅大赦四次。太宗认为：

> 天下愚人者多，智人者少，智者不肯为恶，愚人好犯宪章。凡赦宥之恩，惟及不轨之辈。古语云："小人之幸，君子者不幸。""一岁再赦，善人暗哑。"凡"养稂莠者伤禾稼，惠奸宄者贼良人。"昔"文王作罚，刑兹无赦"。③

太宗的这一原则，得到百官的支持，甚至长孙皇后病重，太子要求大赦以祈福，皇后说"岂以吾一妇人而乱天下法"。④ 太宗在位 23 年，大赦 6 次。武则天执政期间，开始滥用赦权，称帝后 21 年，大赦 29 次。玄宗开元后期，不再亲自录囚，即以大赦"降死罪"的方式，直接免除死刑犯的死罪，降等发落，甚至全免。如开元十一年（723 年）十一月："大赦天下，见禁囚徒死罪至徒、流已下免除之。"十三年正月："降死罪从流，流已下罪悉原之。"⑤ 其后"降死罪从流"成为定制。总之，皇帝可以根据现实需要，直接以赦免的方式决定是否执行死刑，赦免权是皇帝掌握死刑执行权的最终手段。

皇帝通过多种渠道对死刑进行复核，以刑部从司法角度对死刑进行复

---

① 《唐会要》卷五五《省号下·匦》。
② 《旧唐书》卷一七一《李渤传》。
③ 《贞观政要》卷八《论赦令第三十一》。
④ 《旧唐书》卷五一《后妃上·太宗皇后长孙氏》。
⑤ 《旧唐书》卷八《玄宗纪上》。

核，以门下、中书从立法角度对死刑进行复核，以尚书都省从行政角度对死刑进行复核，以御史台从监察角度对死刑进行复核，将司法权及死刑的复核权完全控制在朝廷，也就是皇帝本人手中，皇帝拥有最高审判权、复核权和赦免权。

皇帝对死刑的复核权的行使，既是专制皇权强化的标志，也表明中国古代中央集权体制在司法领域的最终完成。

（原文载《政法论坛》2008 年第 4 期，2018 年 4 月 15 日改定稿，收入本书时略有改动）

唐代赐死制度之演进与适用

陈　玺[*]

　　赐死是古代适用于官僚贵族的死刑执行方式。与绞、斩等处断方式相比，唐代赐死制度内容繁杂，程序严格，牵涉广泛；在具体执行中，又对律令规定之行刑时限、死刑覆奏、左降流贬等制度有所变通。学界关于唐代死刑的讨论由来已久，并取得了一系列重要成果，[①] 然关于赐死问题的专门研究，迄今惜未见及，赐死之程序规则、实质规则、涉案罪名、主要特征等基本问题亟须查明。因此，有必要博稽史料、类比分析，从实证角度探究唐代赐死制度，以期客观认知古代刑罚兴替践行的历史进程。

一　引言

　　上古已降，常规死刑皆公开执行，商周时死刑统称"大辟"，须刑于街市，"凡杀人者，踣诸市，肆之三日，刑盗于市。"[②] 秦汉之际，死刑概称"弃市"，"市众所聚，言与众人共弃之也"。[③] 隋唐律典法定死刑为绞、斩二刑，"凡决大辟罪皆于市"。[④] 可见，唐代死刑公开执行制度与上古、

---

　　*　陈玺，西北政法大学法学院教授。
　　①　主要研究成果有：王元军：《刘洎之死真相考索》，《人文杂志》1992 年第 5 期；许仲毅：《赐死制度考论》，《学术月刊》2003 年第 7 期；赵旭：《唐宋死刑制度流变考论》，《东北师大学报》（哲学社会科学版）2005 年第 4 期；胡兴东：《中国古代死刑行刑种类考》，《云南大学学报》（法学版）2009 年第 1 期；王平原：《死刑诸思——以唐代死刑为素材的探讨》，《山东警察学院学报》2010 年第 3 期。
　　②　（汉）郑玄注，（唐）贾公彦疏《周礼注疏》卷三十六《秋官·掌戮》，十三经注疏整理委员会整理，北京大学出版社，2000，第 1127 页。
　　③　（汉）刘熙：《释名》卷八《释丧制》，中华书局，1985（丛书集成初编本），第 131 页。
　　④　（唐）李林甫等撰《唐六典》卷六《尚书刑部》，陈仲夫点校，中华书局，1992，第 189 页。

秦汉一脉相承，其中涵盖昭示罪恶、明正典刑、辅弼教化三重社会功能。

"王族刑于隐者，所以议亲。刑不上大夫，所以议贵。"① 商周之际，以"亲亲""尊尊"为精髓的宗法等级制度逐步确立，血缘亲疏与身份差异成为影响刑罚执行的决定性因素。西周时期，形成专门适用于官员贵族的"八辟"② 原则，大夫以上贵族"其犯法则在八议轻重，不在刑书"。③ 贵族阶层犯罪当依法议减，即使身犯死罪，仍应享受秘密处决的优待。《周礼》记载："凡有爵者与王之同族，奉而适甸师氏，以待刑杀。"④ 相比之下，自尽最能保全贵族体面及尊严，不令众庶见之，与受戮于吏完全不同。⑤ 由此，赐死逐渐成为君主宽宥死罪臣僚的重要措施，并对秦汉以后的死刑制度产生直接影响。

唐代在尊奉古礼、优崇衣冠原则指引之下，对赐死制度进行了完善，据开元《狱官令》："五品已上犯非恶逆以上，听自尽于家。"⑥ 此为唐代赐死之基本规定。开元二十七年（739 年）《唐六典》又以此为基础，对唐代死刑执行制度予以规范：

> 凡决大辟罪，皆于市。五品已上犯非恶逆已上，听自尽于家。七品已上及皇族，若妇人犯非斩者，皆绞于隐处。（原注：古者决大辟罪，皆于市。自今上临御以来，无其刑，但存其文耳。决大辟罪，官爵五品已上，在京者，大理正监决。在外者，上佐监决。余并判官监决。在京决者，亦皆有御史、金吾监决。若囚有冤滥灼然者，听停决奏闻。）⑦

① （后晋）刘昫：《旧唐书》卷八十五，列传第三十五《唐临》，中华书局，1975，第 2812 ~ 2813 页。

② （汉）郑玄注，（唐）贾公彦疏《周礼注疏》卷三十五《秋官·小司寇》，十三经注疏整理委员会整理，北京大学出版社，2000，第 1073 页。

③ （汉）郑玄注，（唐）孔颖达疏《礼记注疏》卷三《曲礼上》，十三经注疏整理委员会整理，北京大学出版社，2000，第 91 ~ 92 页。

④ （汉）郑玄注，（唐）贾公彦疏《周礼注疏》卷三十六《秋官·掌囚》，十三经注疏整理委员会整理，北京大学出版社，2000，第 1125 页。

⑤ 参见瞿同祖《中国法律与中国社会》，商务印书馆，2010，第 237 页。

⑥ 天一阁博物馆、中国社会科学院历史研究所天圣令整理课题组校证：《天一阁藏明钞本天圣令校证》附《唐开元狱官令复原清本》第 9 条，中华书局，2006，第 644 页。

⑦ （唐）李林甫等撰《唐六典》卷六《尚书刑部》，陈仲夫点校，第 189 页。

至会昌元年（841 年）九月，库部郎中知制诰纥干泉等奏请，又将五品以上官赃罪抵死者明确纳入赐死范围，"犯赃官五品已上，合抵死刑，请准《狱官令》赐死于家者，伏请永为定式"。① 从令典文本层面，仅可知唐代赐死官员身份与赐死场所之大致规定，如从司法实践角度切入，依托史籍文献与墓志材料，则赐死制度之执行程序、实质规则、涉案罪名等问题几可厘清。

二 唐代赐死程序规则

（一） 发布敕令

发布诏敕为赐死之首要程序。唐代诏敕发布甚为严格，大致遵循中书草拟、天子画敕、门下封驳、有司施行的程序，赐死诏敕亦应严格遵循上述规则。垂拱三年（687 年）四月庚午，或告凤阁侍郎刘祎之受归州都督孙万荣金，兼与许敬宗妾有私。则天令肃州刺史王本立推鞠其事，"本立宣敕示祎之，祎之曰：'不经凤阁鸾台，何名为敕？'"② 此处祎之所言，即为中书、门下所出之"正敕"。唐代凡出宣命，"有底在中书，可以检覆，谓之正宣"。③ 然据《唐六典》"凡律法之外，有殊旨、别敕，则有死、流、徒、杖、除、免之差"，④ 从而明确赋予殊旨、别敕凌驾于常法之上的特别效力。永淳元年（682 年）七月，则天赐曹王明自尽，黔州都督谢祐仅凭口谕，"更无别敕"，⑤ 其违法刑决的做法为时诟病。同时，发布赐死诏敕应为处决人犯之先决条件，断不得事后追补。建中元年（780 年）七月己丑，赐忠州刺史刘晏自尽，"后十九日赐死诏书乃下，且暴其罪，家属徙岭表坐累者数十人"。刘晏为杨炎、庾准诬陷罹难，且"先诛后诏，天下骇惋"。⑥ 然至晚唐，依凭口谕赐死者仍于史可见。据《资治通鉴考

① （宋）王溥：《唐会要》卷三十九《定格令》，上海古籍出版社，2006，第 825 页。
② （后晋）刘昫：《旧唐书》卷八十七，列传第三十七《刘祎之》，第 2848 页。
③ （宋）司马光：《资治通鉴》卷二百二十一，唐纪三十七"肃宗乾元二年夏四月"胡三省注，中华书局，1956，第 7074 页。
④ （唐）李林甫等撰《唐六典》卷六《尚书刑部》，陈仲夫点校，第 188 页。
⑤ （唐）张鷟撰《朝野佥载》卷二，赵守俨点校，中华书局，1979，第 35 页。
⑥ （宋）欧阳修、宋祁：《新唐书》卷一百四十九，列传第七十四《刘晏》，中华书局，1975，第 4797 页。

异》引《续宝运录》，广明元年（880 年）左拾遗侯昌业上疏极谏，僖宗遣内养刘季远宣达口敕：

> 昌业出自寒门，擢居清近，不能修慎，妄奏闲词，讪谤万乘君主，毁斥百辟卿士，在我彝典，是不能容！其侯昌业宜赐自尽。①

口敕赐死是不经中书门下的临时处分措施，不仅事后无从质证，且律令规定之死刑覆奏、秋冬行刑等刑罚执行规则即被废置。

"赐自尽"是唐代诏敕中关于"赐死"之官方称谓，见于两《唐书》、《资治通鉴》、《唐大诏令集》及《册府元龟》之赐死诏敕在罗列事主罪状的同时，包含了君主矜恤官僚贵族身份特权的政治意涵。《说文解字》言："赐，予也。"② 与一般死刑相比，赐死制度的微妙之处可谓在"赐"而非"死"。大历四年（769 年）正月处置颍州刺史李岵，诏敕言法司以议亲，"宽其斧锧之诛，降从盘水之礼，宜使自尽"。③ 次年武将刘希暹赐死，诏敕仍云"氂缨盘水，尚许归全。特从宽典，宜使自尽"。④ 唐代诏敕屡次提及之"氂缨盘水"乃衣冠罪臣自尽之古礼。据汉儒贾谊言，古制赐死程序至为郑重，受刑人"白冠牦缨，盘水加剑，造请室而请其罪耳，上弗使执缚系引而行也"。⑤ 所谓"白冠牦缨"，乃"以毛作缨，白冠丧服"；"盘水加剑"者，据《汉书》引如淳曰，"水性平，若已有正罪，君以平法治之也。加剑，当以自刎也。或曰，杀牲者以盘水取颈血，故示若此也"。⑥ 而"请室"则为请罪之室。唐代赐死程序正是在承继古礼精神的基础上，结合当时典章制度与法治实践损益而成。

---

① （宋）司马光：《资治通鉴考异》卷二十四，唐纪十六"广明元年正月侯昌业上疏极谏赐死"，商务印书馆，1937（四部丛刊本）。

② （汉）许慎撰《说文解字注》卷六（下），（清）段玉裁注，上海古籍出版社，1981，第 280 页。

③ （宋）王钦若等编纂《册府元龟》卷一百五十二《帝王部·明罚》，周勋初等校订，凤凰出版社，2006，第 1704 页。

④ （宋）宋敏求编《唐大诏令集》卷一百二十六《政事·诛戮上·刘希暹自尽制》，中华书局，2008，第 681 页。

⑤ （汉）贾谊撰《新书》卷二《阶级》，阎振益、钟夏校注，中华书局，2000，第 81~82 页。

⑥ （汉）班固撰《汉书》卷四十八，《贾谊传》第十八，（唐）颜师古注，中华书局，1962，第 2259 页。

（二）遣使监决

唐初立法者基于慎刑初衷，设立御史监刑制度，赐死诏敕依法由御史宣达，同时履行监刑职责。贞观元年（627 年）夏四月癸巳，长乐郡王幼良阴养死士，交通境外，谋为反逆，太宗诏遣中书令宇文士及代为都督，并按其事。后复遣"侍御史孙伏伽鞠视，无异辞，遂赐死"，① 此为唐代御史赐死监刑之首例记载。在此后漫长的历史时期，该制度得到相当程度的贯彻与继承。值得注意的是，御史宣敕监刑无法有效履行平反冤狱职责。究其根本，宪司御史乃天子耳目，宣达赐死诏敕之际，并未赋予昭雪冤滥之权。因皇权直接干预，御史台司法监察之实际效力大为减损。永昌元年（689 年）闰九月甲午，周兴诬魏玄同言太后年老，宜复皇嗣，赐死。监察御史监刑房济明玄同之枉，唯劝其告事，"冀得召见，当自陈诉"② 而已。天宝六载（747 年）春正月，李林甫诬构韦坚私见太子，意图不轨，韦坚长流岭南临封郡，"坚弟将作少匠兰、鄠县令冰、兵部员外郎芝、及男河南府户曹谅，皆贬远郡，寻又分遣御史，并赐死"。③ 哀帝天祐中，朱全忠以"旧朝达官尚在班列，将谋篡夺，先俾翦除，凡在周行，次第贬降"，④ 御史监决制度至此完全流于形式。天祐二年（905 年）六月戊子，陇州司户裴枢等，"委御史台差人所在州县各赐自尽"。⑤ 同年十二月甲寅，又敕北海尉温銮、临淄尉裴磵、博昌尉张茂枢"并除名，委于御史台所在赐自尽"。⑥

中唐以后，君主对于死刑裁量权力掌控日趋强化，中使宣达赐死诏敕现象频繁出现。德宗时宦官权威日炽，"万机之与夺任情，九重之废立由己"。⑦

---

① （宋）欧阳修、宋祁：《新唐书》卷七十八，列传第三《宗室·长乐王幼良》，第 3521 页。

② （宋）欧阳修、宋祁：《新唐书》卷一百一十七，列传第四十二《魏玄同》，第 4701 页。

③ （宋）王钦若等编纂《册府元龟》卷九百二十五《总录部·谴累》，第 10732 页。韦坚弟韦兰官将作少匠，韦冰官鄠县令，周勋初校订本《册府元龟》此段文字标点误断为"坚弟将作少匠，兰鄠县令冰"，当更正。

④ （五代）孙光宪撰《北梦琐言》卷十五"谋害衣冠"，贾二强点校，中华书局，2002，第 297 页。

⑤ （后晋）刘昫：《旧唐书》卷二十（下），本纪第二十（下）《哀帝》，第 796 页。

⑥ （后晋）刘昫：《旧唐书》卷二十（下），本纪第二十（下）《哀帝》，第 805 页。

⑦ （后晋）刘昫：《旧唐书》卷一百八十四，列传第一百三十四《宦官》，第 4754 页。

建中元年（780 年）刘晏赐死，德宗"密遣中使就忠州缢杀之"，① 此为唐代差遣宦官赐死宣敕之始。此后，中使宣诏赐死臣僚之事屡见史籍。元和六年（811 年）五月，前行营粮料使于皋谟、董溪坐赃数千缗，敕贷其死。皋谟流春州，溪流封州，"行至潭州，并专遣中使赐死"。② 大和九年（835 年）十月辛巳，文宗疾观军容使王守澄元和逆罪，"遣中使李好古就第，赐鸩杀之"。③ 咸通十年（869 年）二月，端州司马杨收流驩州，懿宗"令内养郭全穆，于其所在赐自尽"。④ 内廷宦官并无平反之责，宣诏赐死完全奉命行事而已。

（三）行刑方式

赐死是封建时期君主对臣下之最终礼遇。御史或宦官宣达赐死诏敕后，人犯当荷奉圣慈，领旨谢恩，此为赐死之必经程序之一。据《御史大夫王公墓志》：王鉷赐死时，"奉鏊缨盘水，北面拜跪而自裁"。⑤ 兴元元年（784 年）八月壬寅，李希烈使阉奴与部将辛景臻等谋害颜真卿，诈云有敕赐死，"真卿再拜"，⑥ 自言无状，罪当死。结合律令规定与司法实践，唐代赐死官僚贵族，人犯有权自尽其命，法司不得擅自变更，据《唐律疏议》："若应自尽而绞、斩，应绞、斩而令自尽，亦合徒一年。"⑦ 实践中，常见自尽方式为自缢与服毒。天宝六载（747 年）十一月丁酉，李林甫诬构御史中丞杨慎矜欲复兴隋室、妄说休咎，慎矜兄弟皆赐自尽。慎名"遂缢而死"，慎余"合掌指天而缢"。⑧ 神龙二年七月，武三思等矫制杀袁恕己，遣大理正

① （宋）司马光：《资治通鉴》卷二百二十六，唐纪四十二"德宗建中元年七月"，第 7284 页。
② （宋）王钦若等编纂《册府元龟》卷五百一十一《邦计部·贪污》，周勋初等校订，第 5811 页。
③ （宋）司马光：《资治通鉴》卷二百四十五，唐纪六十一"文宗大和九年十月辛巳"，第 7909 页。
④ （宋）宋敏求编《唐大诏令集》卷一百二十七《政事·诛戮下·杨收赐自尽制》，第 685 页。
⑤ （宋）李昉等编《文苑英华》卷九百四十二《职官四·御史大夫王公墓志》，中华书局，1966，第 9454 页。
⑥ （宋）司马光：《资治通鉴》卷二百三十一，唐纪四十七"德宗兴元元年八月壬寅"，第 7443 页。
⑦ （唐）长孙无忌等撰《唐律疏议》卷三十《断狱》"断罪应斩而绞"，刘俊文点校，中华书局，1983，第 573 ~ 574 页。
⑧ （后晋）刘昫：《旧唐书》卷一百五，列传第五十五《杨慎矜》，第 3228 页。

周利用"逼之使饮野葛汁，尽数升不死，不胜毒愤，掊地，爪甲殆尽，仍捶杀之"。① 光启三年（887年）三月，太子少师致仕萧遘受朱玫伪命，"赐死于永乐县"。②《北梦琐言》对萧遘服毒就刑的过程有细致描摹：

> 萧遘相就河中，赐毒握之在手，自以主上旧恩希贬降，久而毒烂其手，竟饮之而终。③

然而，通过对百余宗唐代赐死案例的统计分析发现，唐代赐死之施行，多数并非人犯自尽，而是由使臣或法司处决，其具体措施包括缢死、杖决、斩杀等。天宝十五载（756年）六月玄宗幸蜀，至马嵬驿诸卫顿军不进，乃赐杨妃自尽，《资治通鉴》明言"上乃命力士引贵妃于佛堂，缢杀之"。④ 建中四年（783年）十月，卢杞诬告检校司空崔宁与朱泚通谋，《旧唐书·德宗纪》言"赐崔宁死"，⑤ 实则由"中人引宁于幕后，二力士自后缢杀之"。⑥ 元和十三年（818年）十月，五坊使杨朝汶妄捕系人，责其息钱，转相诬引，系近千人。为中丞萧俛劾奏，朝汶赐死，"遂杖杀之，即日原免坐系者"。⑦ 乾宁三年五月辛巳，责授梧州司马崔昭纬赐自尽，"时昭纬行次至荆南，中使至，斩之"。⑧ 至宣宗朝，赐死制度更趋严苛，开始出现剔取人犯喉结复命的现象。⑨ 该制度经僖宗时宰臣路岩奏请，更

---

① （宋）司马光：《资治通鉴》卷二百八，唐纪二十四"中宗神龙二年七月"，第6605～6606页。

② （后晋）刘昫：《旧唐书》卷十九（下），本纪第十九（下）《僖宗》，第727页。

③ （五代）孙光宪撰《北梦琐言》卷六"裴郑立襄王事"，贾二强点校，第130页。关于萧遘具体处死方式，《资治通鉴》与《唐大诏令集》记为集众斩杀，两《唐书》记为赐死河中永乐县。盖此案史料有不同来源，故存两说。然《北梦琐言》详述僖皇反正后，赐鸩于萧遘事，萧遘、裴澈、郑匡图处断方式有别。由此，两《唐书》言及萧遘赐死事当可信从。

④ （宋）司马光：《资治通鉴》卷二百一十八，唐纪三十四"肃宗至德元载六月丙申"，第6974页。

⑤ （后晋）刘昫：《旧唐书》卷十二，本纪第十二《德宗上》，第337页。

⑥ （后晋）刘昫：《旧唐书》卷一百十七，列传第六十七《崔宁》，第3402页。

⑦ （宋）王溥：《唐会要》卷五十二《忠谏》，上海古籍出版社，2006，第1066～1067页。

⑧ （后晋）刘昫：《旧唐书》卷一百七十九，列传第一百二十九《崔昭纬》，第4655页。

⑨ 大中时，京兆府参军卢甚与左补阙崔瑄争厅，下狱，言涉大不敬。甚除籍为民，投之岭表，"甚行及长乐坡，赐自尽。中使适回，遇瑄，囊出其喉曰：'补阙，此卢甚结喉也。'"（宋）李昉等编《太平广记》卷四百九十九《杂录七》"崔铉"引《玉泉子》，中华书局，1961，第4091页。

定为"三品以上得罪诛殛，剔取喉验其已死"，① 路岩本人亦于乾符元年（874 年）正月"自罹其祸"。②

赐死人犯行刑时，不乏蒙受屈辱之例，遂使律令优崇士族之立法初衷丧失殆尽。大历十二年（777 年）三月辛巳，赐宰臣元载自尽于万年县，"载请主者：'愿得快死！'主者曰：'相公须受少污辱，勿怪！'乃脱秽袜塞其口而杀之"。③ 天祐二年（905 年）六月，朱全忠谋行篡夺，裴枢、独孤损等赐死于滑州白马驿。谋主李振累试不第，尤愤朝贵。谓朱全忠曰，"此清流辈，宜投于黄河，永为浊流"，④ 全忠笑而从之。元载秽袜塞口、裴枢等投尸黄河虽属个案，却从中深刻反映出唐代缙绅贵胄与吏卒士民之间不可逾越的身份隔阂。

三 赐死制度实质规则

（一）赐死场所

赐死依令当于私宅实施，然考诸史籍，有唐一代赐死人犯得以自尽于家者，仅见寥寥六例（汉王元昌、刘祎之、魏玄同、韩大敏、太平公主、杜师仁）。其他百余宗赐死案件多数并未按照律令规定施行于家。涉案人犯因罪下狱，赐死诏敕可直接于狱所施行。武德二年（619 年），刘武周陷太原，都水监赵文恪因弃城逃遁，"赐死狱中"。⑤ 大和三年（829 年）十一月，舒元舆诬奏前亳州刺史李繁擅兴捕贼，滥杀无辜，敕"于京兆府赐死"。⑥ 司法实践中，赐死内廷的现象较为常见。与赐死于家或狱中赐死相比，这类案件往往对审判程序大幅删削，律典尊严与缙绅礼遇皆被废弃。天宝十一载（752 年）四月，御史大夫王鉷坐弟銲与凶人邢縡谋逆，"赐死三卫厨"。⑦ 天复三年（903 年）正月，崔胤、朱全忠诛杀内官，"第五可范已下七百人并

---

① （宋）欧阳修、宋祁：《新唐书》卷一百八十四，列传第一百九《路岩》，第 5397 页。
② （宋）司马光：《资治通鉴》卷二百五十二，唐纪六十八"僖宗乾符元年正月"，第 8169 页。
③ （宋）司马光：《资治通鉴》卷二百二十五，唐纪四十一"代宗大历十二年三月辛巳"，第 7242 页。
④ （五代）孙光宪撰《北梦琐言》卷十五"谋害衣冠"，贾二强点校，第 297 页。
⑤ （后晋）刘昫：《旧唐书》卷五十七，列传第七《刘文静附赵文恪》，第 2297 页。
⑥ （后晋）刘昫：《旧唐书》卷十七（上），本纪第十七（上）《文宗上》，第 533 页。
⑦ （宋）欧阳修、宋祁：《新唐书》卷一百三十四，列传第五十九《王鉷》，第 4566 页。

赐死于内侍省"。① 此外，流所亦是唐代赐死人犯时常选择的地点之一。唐代流贬宗室官僚于边远安置，在人犯到达后，流所之性质等同私宅，可依律令赐死于兹。麟德元年（664 年）十二月戊子，庶人忠坐与上官仪交通，"赐忠死于（黔州）流所"。② 贞元二年（786 年）十二月，尚书右丞度支元琇"贬雷州司户参军，坐私入广州，赐死"。③

值得注意的是，自玄宗朝始，左降官中路赐死现象开始大量涌现，④赐死犯官往往先流贬瀼州、驩州、崖州、雷州等远恶州郡，赐死作为重惩流人之升格措施，多于犯官发遣途中，选择沿途驿站施刑。先天二年（713 年），中书令崔湜因坐私侍太平公主，配流窦州。会有司鞫宫人元氏，元氏引湜同谋进毒，乃赐死，"其日追使至，缢于驿中"。⑤ 此后，流贬罪臣赐死于道的记载即不绝于史。开元十九年（731 年）春正月壬戌，霍国公王毛仲"贬为瀼州别驾，中路赐死，党与贬黜者十数人"。⑥ 开元二十五年（737 年）四月乙丑，驸马都尉薛锈"长流瀼州，至蓝田驿赐死"。⑦ 驿路赐死作为追惩逐臣的重要手段，在中晚唐时期得到广泛适用。宝应元年（762 年）七月，襄邓防御使裴茙兵败申口，除名，长流费州，"行至蓝田驿，赐自尽"。⑧ 宝应二年（763 年）正月，兵部尚书来瑱"贬播州县尉员外置。翌日，赐死于鄂县，籍没其家"。⑨ 贞元八年（792 年）四月，谏议大夫知制诰吴通玄贬泉州司马，"至华州长城驿赐死"。⑩ 元和五年（810 年）夏四月，昭义军节度副大使卢从史因与王承宗通谋，"贬驩州司马，赐死，子继宗等并徙岭南"。⑪ 大和九年十二月壬申，左金吾卫将军李贞素

① （后晋）刘昫：《旧唐书》卷二十（上），本纪第二十（上）《昭宗》，第 775 页。
② （宋）司马光：《资治通鉴》卷二百一，唐纪十七"高宗麟德元年十二月戊子"，第 6342 页。
③ （宋）欧阳修、宋祁：《新唐书》卷一百四十九，列传第七十四《刘晏附元琇》，第 4798 页。
④ 陈玺：《唐代长流刑之演进与适用》，《华东政法大学学报》2013 年第 4 期，第 131～312 页。
⑤ （后晋）刘昫：《旧唐书》卷七十四，列传第二十四《崔仁师孙湜》，第 2624 页。
⑥ （后晋）刘昫：《旧唐书》卷八，本纪第八《玄宗上》，第 196 页。
⑦ （后晋）刘昫：《旧唐书》卷九，本纪第九《玄宗下》，第 208 页。
⑧ （后晋）刘昫：《旧唐书》卷一百十四，列传第六十四《裴茙》，第 3364 页。
⑨ （后晋）刘昫：《旧唐书》卷一百一十四，列传第六十四《来瑱》，第 3368 页。
⑩ （后晋）刘昫：《旧唐书》卷一百九十（下），列传第一百四十（下）《文苑下·吴通玄》，第 5058 页。
⑪ （宋）欧阳修、宋祁：《新唐书》卷一百四十一，列传第六十六《卢从史》，第 4661 页。

因知"甘露事变"韩约之诈,"流儋州,至商山赐死"。① 光化三年(900年)六月乙巳,门下侍郎平章事王抟贬崖州司户,枢密使宋道弼长流驩州,景务修长流爱州,"是日,皆赐自尽。抟死于蓝田驿;道弼、务修死于霸桥驿"。② 唐代长安近郊之灞桥、蓝田等地是通往岭表荒僻区域的必经之路,城东驿馆时常成为赐死犯官之首选场所。赐死场所的实际选择,造成人犯量刑在文本层面与实际运行中的重大差异。官方诏敕公开宣称将人犯流贬荒远,降职安置,仍保留其士族身份。其后遣使奉诏,于驿路秘密处决。驿路赐死在保全罪臣体面和尊崇的同时,彰显出朝廷严惩左降官与流人的真实意图。

(二)临刑优崇

开元《狱官令》基于人道悲悯及优崇士族之司法理念,规定五品以上官决大辟者,"听乘车,并官给酒食,听亲故辞诀,宣告犯状,皆日未后乃行刑"。③ 唐代司法实践则以此为基础,为赐死之官僚宗室设定诸多特权,且多有变通律令规定之处。首先,许可人犯临决饮食洗沐、料理后事。先天中,宋之问赐死于桂州驿,得诏震汗,临刑与妻子诀别,"荒悸不能处家事……饮食洗沐就死"。④ 天宝六载(747年)杨慎矜兄弟赐死,杨慎名"以寡姊老年,请作数行书以别之",⑤ 监刑御史颜真卿许之。后又书数条事,宅中板池鱼皆放生。其次,允许临刑人犯上表陈奏。贞观十九年(645年),刘洎临决,"请纸笔欲有所奏,宪司不与。洎死,太宗知宪司不与纸笔,怒之,并令属吏"。⑥ 垂拱三年(687年),刘祎之"及临终,既洗沐,而神色自若,命其子执笔草谢表,其子将绝,殆不能书。监刑者

① (宋)欧阳修、宋祁:《新唐书》卷一百七十九,列传第一百四《王播附李贞素》,第5326页。
② (宋)司马光:《资治通鉴》卷二百六十二,唐纪七十八"昭宗光化三年六月乙巳",第8531页。
③ 天一阁博物馆、中国社会科学院历史研究所天圣令整理课题组校证《天一阁藏明钞本天圣令校证》附《唐开元狱官令复原清本》第8条,中华书局,2006,第644页。
④ (宋)欧阳修、宋祁:《新唐书》卷二百二,列传第一百二十七《文艺中·宋之问》,第5751页。
⑤ (后晋)刘昫:《旧唐书》卷一百五,列传第五十五《杨慎矜》,第3228页。
⑥ (后晋)刘昫:《旧唐书》卷七十四,列传第二十四《刘洎》,第2612页。

促之，袆之乃自操数纸，援笔立成，词理恳至，见者无不伤痛"。[1] 天宝十四载（755年）封常清赐死前亦"自草表待罪，是日临刑，托令诚上之"。[2] 咸通十年（869年）端州司马杨收临刑，以弟兄沦丧将尽，请上表请弟严奉先人之祀，监刑中使郭全穆复奏，"懿宗愍然宥严"。[3] 再次，允许人犯书写家传墓志。前述大和三年（829年）李繁下狱，"知且死，恐先人功业泯灭，从吏求废纸掘笔，著家传十篇，传于世"。[4] 此即后世屡见著录之《邺侯家传》，其名士风骨昭然若是。开成初，泽潞刘从谏子积表斥损时政，或言欧阳秬为之。秬流崖州，赐死，"临刑，色不挠，为书遍谢故人，自志墓，人皆怜之"。[5] 贾谊曾言："廉耻礼节以治君子，故有赐死而无僇辱。是以系、缚、榜、笞、髡、刖、黥、劓之罪不及士大夫，以其离主上不远也。"[6] 唐代矜恤衣冠的礼遇措施虽未见于律令明确规定，然由封建时代君臣荣辱一体精神导引，经长期司法实践运行与经验总结，获得官方与民间的普遍认同，此或可作为唐代诉讼惯例之一端。

（三）奉敕安葬

据开元《狱官令》，罪囚处决后，皆许家人安葬。无人收葬者，有司于官地给棺殡葬，上述规定当对于各地死囚一体行用。

> 诸囚死，无亲戚者，皆给棺，于官地内权殡。（原注：其棺并用官物造给。若犯恶逆以上，不给棺。其官地去京七里外，量给一顷以下，拟埋诸司死囚，大理检校。）置砖铭于圹内，立榜于上，书其姓名，仍下本属，告家人令取。即流移人在路，及流、徒在役死者，亦

---

① （后晋）刘昫：《旧唐书》卷八十七，列传第三十七《刘袆之》，第2848页。

② （后晋）刘昫：《旧唐书》一百四，列传第五十四《封常清》，第3210页。

③ （后晋）刘昫：《旧唐书》卷一百七十七，列传第一百二十七《杨收》，第4600页。

④ （宋）欧阳修、宋祁：《新唐书》卷一百三十九，列传第六十四《李泌子繁》，第4639页。《直斋书录解题》言："《相国邺侯家传》十卷。右唐李繁撰。繁，邺侯泌之子也。太和中以罪系狱当死，恐先人功业不传，乞废纸、掘笔于狱吏，以成传藁，戒其家求世闻人润色之，后竟不果。宋子京谓其辞浮侈云。"（宋）晁公武：《郡斋读书志》卷七《传记类》，江苏古籍出版社，1988（宛委别藏衢本），第249页。

⑤ （宋）欧阳修、宋祁：《新唐书》卷二百三，列传第一百二十八《文艺下·欧阳詹从子秬》，第5787页。

⑥ （汉）贾谊撰《新书》卷二《阶级》，阎振益、钟夏校注，中华书局，2000，第80页。

准此。①

凡于私宅或狱所赐死者，当据令文规定安葬。然与一般罪囚相比，唐代赐死人犯葬事之规定却异常严苛。犯官赐死后仅许暂厝尸骨，待朝廷恩宥或特赦后，方可正式依礼安葬。唐代收葬犯官尸骨需要承担一定政治风险，部分官员赐死后籍没其家，亲戚故旧唯恐牵连，避之尤不能及。天宝十一载（752 年）王鉷赐死，妻子配流，宾佐莫敢窥其门，"独采访判官裴冕收其尸葬之"。② 杨国忠为裴冕眷恋故主之义举所感，特令归宅权敛，又请令妻、女送墓所，"鉷判官齐奇营护之"，③ 在当时皆为法外施恩之举。宝应二年（763 年）正月，兵部尚书来瑱赐自尽后，籍其家，"门下客散去，掩尸于坎，校书郎殷亮独后至，哭尸侧，为备棺衾以葬"。④

凡赐死于监所或驿路者，只得就近权殡，非逢大赦或奉诏敕，不得随意迁葬。实践中，赐死人犯之归葬期限，受时局、政策及人事等因素影响，并无定数可言。建中四年（783 年），尚书右仆射崔宁被缢杀于朝堂，至贞元十二年（796 年）六月，经宁故将夏绥银节度使韩潭奏请，方雪崔宁之罪，"任其家收葬"，⑤ 葬事迁延十四年。窦参于贞元九年（793 年）赐死于邕州武经镇，至十二年六月壬戌，"许其家收葬"。⑥ 大和九年（835 年）八月，内官杨承和等赐死远州，至开成元年（836 年）正月丁未，即敕复官爵，"听其归葬"。⑦

"左降官死，亦必遇赦而后归葬。"⑧ 安史乱后，朝廷曾十余次发布诏敕，允许左降官身亡者归葬，并责令州县量给棺椁优赏发遣。如肃宗元年（761 年）建辰月己未诏："流贬人所在身亡者，任其亲故收以归葬，仍州

① 天一阁博物馆、中国社会科学院历史研究所天圣令整理课题组校证《天一阁藏明钞本天圣令校证》附《唐开元狱官令复原清本》第 11 条，第 645 页。

② （宋）司马光：《资治通鉴》卷二百一十六，唐纪三十二"玄宗天宝十一载四月"，第 6912 页。

③ （后晋）刘昫：《旧唐书》卷一百五，列传第五十五《王鉷》，第 3232 页。

④ （宋）欧阳修、宋祁：《新唐书》卷一百四十四，列传第六十九《来瑱》，第 4701 页。

⑤ （后晋）刘昫：《旧唐书》卷一百一十七，列传第六十七《崔宁》，第 3402 页。

⑥ （后晋）刘昫：《旧唐书》卷十三，本纪第十三《德宗下》，第 383 页。

⑦ （后晋）刘昫：《旧唐书》卷十七（下），本纪第十七（下）《文宗下》，第 564 页。

⑧ （清）何焯：《义门读书记》卷三十三《昌黎集碑志杂文》，崔高维点校，中华书局，1987，第 580 页。

县量给棺椁发遣。"① 长庆二年（822 年）十二月册皇太子，敕"左降官及流人，并与量移，亡殁者任归葬"。② 天祐元年（904 年）闰四月甲辰又敕，左降官"如所在亡殁者，便许归葬"。③ 上述诏敕并未对流贬犯官的死亡原因作出具体规定，在特定时限内，对自然亡故或奉旨赐死者均可适用。上述举措对于化解政治积怨、安抚丧属、延揽人心具有重要意义。实践中，确有赦文发布后赐死犯官归葬之例证，据《唐故朝散大夫商州刺史除名徙封州董府君墓志铭》载，元和六年（811 年）五月，董溪因赃贿赐死潭州，次年七月册遂王为太子，大赦天下，流贬亡殁以及得罪之人，并任归葬，④"其子居中始奉丧归。元和八年十一月甲寅，葬于河南河南县万安山下太师墓左，夫人郑氏祔"。⑤

四　唐代赐死涉案罪名

（一）十恶重罪

1. 谋反

谋反谓"谋危社稷"，宗室因此罪赐死者，多作为绞、斩之减等。贞观十七年（643 年）三月丙辰，齐州都督李祐等据齐州自守，"兵曹杜行敏执之而降，遂赐死于内侍省"。⑥ 同年四月，汉王元昌阴附太子承乾欲图反逆，帝弗忍诛，欲免其死，"高士廉、李勣等固争不奉诏，乃赐死，国除"。⑦

---

① （宋）王钦若等编纂《册府元龟》卷八十七《帝王部·赦宥第六》，周勋初等校订，第970 页。
② （宋）宋敏求编《唐大诏令集》卷二十九《皇太子·册太子赦·长庆二年册皇太子德音》，第 106 页。
③ （宋）王钦若等编纂《册府元龟》卷九十一《帝王部·赦宥第十》，周勋初等校订，第1009 页。
④ 参见（宋）宋敏求编《唐大诏令集》卷二十九《皇太子·册太子赦·元和七年册皇太子赦》，第 105 页。
⑤ （唐）韩愈撰《韩昌黎文集校注》卷六《碑志·唐故朝散大夫商州刺史除名徙封州董府君墓志铭》，马其昶校注，上海古籍出版社，1986，第 443 页。
⑥ （后晋）刘昫：《旧唐书》卷三，本纪第三《太宗下》，第 55 页。
⑦ （宋）欧阳修、宋祁：《新唐书》卷七十九，列传第四《高祖诸子·汉王元昌》，第 3549页。西安碑林博物馆藏《唐故元昌墓志》载："贞观十七年四月六日赐死于私第，春秋廿有五。诏以国公礼葬焉。粤以其年岁次癸卯十月丁未朔十五日辛酉，窆于雍州之高阳原。"录文见樊波、举纲《新见唐〈李元昌墓志〉考略》，《考古与文物》2006 年第 1 期。

上元二年（761 年）四月乙卯，宗正员外卿嗣岐王珍"与蔚州镇将朱融善，融尝言珍似上皇，因有阴谋"，肃宗"以其可讳，不忍加刑"，① 免为庶人，于溱州安置，后赐死。臣僚谋反赐死者，如先天二年（713 年）七月，太子少保薛稷预知窦怀贞逆谋，"赐死于万年狱"。② 大历十四年（780年）五月丙申，兵部侍郎黎干、宦者特进刘忠翼阴谋东宫事觉，"干、忠翼并除名长流，至蓝田，赐死"。③ 建中二年（781 年）冬十月乙未，尚书左仆射杨炎于曲江南立私庙，飞语云地有王气，"贬崖州司马同正，未至百里，赐死"。④ 此外，反逆罪人家属亦可缘坐赐死，前述天宝六载赐死杨慎矜、慎名、慎余兄弟事即可为证。大历十二年元载赐死后，"妻王及子扬州兵曹参军伯和、祠部员外郎仲武、校书郎季能并赐死"。⑤

2. 谋叛

据《唐律疏议》："诸谋叛者，绞。已上道者皆斩。"⑥ 安史乱后，朝廷数度离乱播迁，官僚没陷贼廷署授伪职者，均以谋叛已行论处。然基于身份因素之考量，谋叛官僚之行刑多存宽宥。至德二载（757 年）十二月，太子太师陈希烈掌安禄山机衡，肃宗以明皇素所遇，"于大理寺狱赐自尽"。⑦ 臣僚背国从伪，叛逃番邦者，以谋叛拟断。贞元七年（791 年）十月，汾阳王郭子仪孙丰州刺史郭钢叛走吐蕃，德宗感念尚父"翼戴肆勤，

---

① （宋）宋敏求编《唐大诏令集》卷三十九《诸王·降黜·嗣岐王珍免为庶人制》，第 180页。
② （宋）司马光：《资治通鉴》卷二百一十，唐纪二十六"玄宗先天二年七月甲子"，第6684 页。
③ （宋）司马光：《资治通鉴》卷二百二十五，唐纪四十一"代宗大历十四年五月丙申"，第 7260 页。
④ （宋）欧阳修、宋祁：《新唐书》卷一百四十五，列传第七十《杨炎》，4726 页。
⑤ （宋）欧阳修、宋祁：《新唐书》卷一百四十五，列传第七十《元载》，4714 页。
⑥ （唐）长孙无忌等撰《唐律疏议》卷十七《贼盗》"谋叛"，刘俊文点校，第 325 页。
⑦ （后晋）刘昫：《旧唐书》卷五十，志第三十《刑法》，第 2152 页。两《唐书》本传皆言陈希烈赐死于家，然据两《唐书·刑法志》及《资治通鉴》载，陈希烈等与张垍、达奚珣同掌贼之机衡，六等定罪，陈希烈、张垍、郭纳、独孤朗等七人于大理寺狱赐自尽。至德二年受审伪官，当时皆系于狱，当无赐死于家之理，当从《刑法志》与《通鉴》所述。又据《大唐故左相兼兵部尚书集贤院学士崇玄馆大学士上柱国许国公陈府君（希烈）墓志》，讳言陈希烈赐死事，唯言永泰二年秋七月廿三日与妻王氏合袝（参见周绍良、赵超主编《唐代墓志汇编续集》，上海古籍出版社，2001，第 691 页）。《全唐文补遗》误录为永泰三年［参见吴钢主编《全唐文补遗》（第七辑），三秦出版社，2000，第393 页］。永泰二年十一月甲子，即改元大历，当据《汇编续集》改。

安固邦国",① 召至京赐自尽。身犯谋反、叛逆者，皆属"恶逆"以上重罪，按照《狱官令》规定，本无权自尽。上述两类赐死事例，皆为君主法外施恩之特殊举措。

3. 大不敬

据《唐律疏议》规定，指斥乘舆情理切害、对捍制使而无人臣之礼等情形皆属"大不敬"。前述垂拱三年（687）刘祎之即以"拒捍制使，乃赐死于家"。② 大历二年（767 年）八月壬寅，太常卿驸马都尉姜庆初等修植建陵误坏连冈，比照"御幸舟船误不牢固"条，"下吏论不恭，赐死"。③ 因言辞不逊赐死者，史籍之中可捡得数条。贞观十九年（645 年）十二月庚申，侍中刘洎因谋执朝衡，猜忌大臣，言涉不顺，赐自尽。④ 垂拱二年（686 年）十月，给事中魏叔璘"窃语庆山"，⑤ 赐死。开元十九年（731 年）正月，霍国公王毛仲以不忠怨望，贬瀼州别驾，"行至永州，追赐死"。⑥ 广德元年（763 年）九月，丰王琪"有不逊语，群臣奏请诛之，乃赐死"。⑦ 大中时，京兆府参军卢甚与左补阙崔瑄争厅下狱，以"言涉大不敬，除籍为民，投之岭表。行至洛源驿，赐死"。⑧ 因进谏语失赐死者，如广明元年（880 年）二月左拾遗侯昌业上疏极言时病，"上大怒，召昌业至内侍省，赐死"。⑨ 光启元年（885 年）七月乙巳，右补阙常濬以僖宗姑息藩镇上疏极谏，"贬万州司户，寻赐死"。⑩

---

① （宋）王钦若等编纂《册府元龟》卷一百三十四《帝王部·念功》，周勋初等校订，第 1485 页。

② （后晋）刘昫：《旧唐书》卷八十七，列传第三十七《刘祎之》，第 2848 页。

③ （宋）欧阳修、宋祁：《新唐书》卷九十一，列传第十六《姜庆初》，第 4701 页。

④ 参见（宋）宋敏求编《唐大诏令集》卷一百二十六《政事·诛戮上·刘洎赐自尽制》，第 678 页。

⑤ （宋）宋敏求撰《长安志》卷十五《县五·临潼》，（清）毕沅校正，成文出版有限公司，1970（中国地方志丛书本），第 355 页。

⑥ （宋）司马光：《资治通鉴》卷二百一十三，唐纪二十九"玄宗开元十九年正月壬午"，第 6793 页。

⑦ （宋）司马光：《资治通鉴》卷二百二十三，唐纪三十九"代宗广德元年九月"，第 7151 页。

⑧ （唐）裴庭裕撰《东观奏记》卷中"卢甚与崔瑄长亭争厅"，田廷柱点校，中华书局，1994，第 111 页。

⑨ （宋）司马光：《资治通鉴》卷二百五十三，唐纪六十九"僖宗广明元年二月"，第 8220 页。

⑩ （宋）司马光：《资治通鉴》卷二百五十六，唐纪七十二"僖宗光启元年七月乙巳"，第 8323 页。

4. 不道

"杀一家非死罪三人，及支解人、造畜蛊毒厌魅"者，因安忍残贼背违正道，故谓"不道"。唐代因此三款"不道"行为赐死者皆有证可查，大历四年（769 年）七月癸未，皇姨弟薛华因酒色忿怒，手刃三人，弃尸井中，"事发系狱，赐自尽"，① 此为杀非死罪三人之例。元和八年（813 年）二月，太常丞于敏因贿赂梁正言以求出镇未果，肢解其家僮弃溷中，事发"敏窜雷州，至商山赐死"，② 此为肢解人之例。开元十二年（724 年）秋七月，王皇后兄太子少保守一以后无子为厌胜事，后废为庶人，移别室安置，"贬守一潭州别驾，中路赐死"，③ 此则为造畜蛊毒厌魅之例。

（二）经济犯罪

"在律，'正赃'唯有六色。"④ 唐律将强盗、窃盗、枉法、不枉法、受所监临，及坐赃界定为"六赃"。据《唐律疏议·名例律》"平赃及平功庸"条："诸平赃者，皆据犯处当时物价及上绢估。"⑤ 即犯罪赃物依照犯罪所在地当时的上等绢折价计算其数额。唐代司法实践中因赃赐死者，主要集中于下述四类。

1. 监临主司因事受财

"监临主司，谓统摄案验及行案主典之类"，即负有统领、主管职责之官吏，利用职务之便，接受当事人财物的行为，即今所言受贿犯罪。贞元八年（792 年），窦参以中书侍郎同中书门下平章事，任族子窦申为给事中，窦参选拔官吏多咨于窦申，申遂得以漏禁密语，延揽贿赂。贞元九年（793 年）三月赃秽事发，参初贬郴州别驾，再贬骧州司马，"未至骧州，赐死于邕州武经镇"。⑥ 元和元年（806 年）九月辛丑，中书史滑涣通于内枢密刘光琦，通四方赂，"贬涣雷州司户，寻赐死；籍没，家财

---

① （后晋）刘昫：《旧唐书》卷十一，本纪第十一《代宗》，第 294 页。

② （宋）欧阳修、宋祁：《新唐书》卷一百七十二，列传第九十七《于頔》，第 5200 页。

③ （宋）司马光：《资治通鉴》卷二百一十二，唐纪二十八"玄宗开元十二年秋七月"，第 8220 页。

④ （唐）长孙无忌等撰《唐律疏议》卷四《名例》"以赃入罪"，刘俊文点校，第 88 页。

⑤ （唐）长孙无忌等撰《唐律疏议》卷四《名例》"平赃及平功庸"，刘俊文点校，第 91 页。

⑥ （后晋）刘昫：《旧唐书》卷一百三十六，列传第八十六《窦参》，第 3748 页。

凡数千万"。① 元和六年（811 年）十一月，"弓箭库使刘希光受羽林大将军孙璹钱二万缗，为求方镇，事觉，赐死"。②

2. 监临主守盗

《唐律疏议·贼盗律》规定："诸监临主守自盗及盗所监临财物者，加凡盗二等，三十匹绞。"疏议云："假有左藏库物，则太府卿、承为监临，左藏令、承为监事，见守库者为主守，而自盗库物者，为'监临主守自盗'。"③ 由此，"监守盗"是利用职务之便，将公共财产据为己有之贪污犯罪。开元二十年（732 年）六月庚寅，幽州长史赵含章坐盗用库物，左监门员外将军杨元方受含章馈饷，"并于朝堂决杖，流瀼州，皆赐死于路"。④ 赵含章盗用官物，属监守自盗；复私馈于杨元方，当依"有事以赃行求"⑤ 条，以行贿处置。含章二赃罪并发，当依《唐律》"以赃致罪，频犯者并累科"⑥ 原则，累赃倍论。此外，亦有监临主司"盗所监临财物"赐死之例。开成元年（836 年）二月丙申，"泾原节度使朱叔夜坐侵牟士卒，赃数万，家畜兵器，罢为左武卫大将军"，⑦ 后赐死于蓝田关。

3. 坐赃

"坐赃者，谓非监临主司，因事受财，而罪由此赃，故名'坐赃致罪'"。⑧ 人犯贪赃数额巨万者，当处极刑。麟德元年（664 年）四月丙午，"魏州刺史郇公孝协坐赃，赐死"。⑨ 宝应元年（762 年），卫尉卿李鼎坐

① （宋）司马光：《资治通鉴》卷二百三十七，唐纪五十三"宪宗元和元年九月辛丑"，第 7635 页。

② （宋）司马光：《资治通鉴》卷二百三十八，唐纪五十四"宪宗元和六年十一月"，第 7686 页。

③ （唐）长孙无忌等撰《唐律疏议》卷十九《贼盗》"监临主守自盗"，刘俊文点校，第 358 页。

④ （宋）王钦若等编纂《册府元龟》卷一百五十二《帝王部·明罚》，周勋初等校订，凤凰出版社，2006，第 1702 页。

⑤ （唐）长孙无忌等撰《唐律疏议》卷十一《职制》"有事以财行求"，刘俊文点校，第 220 页。

⑥ （唐）长孙无忌等撰《唐律疏议》卷六《名例》"二罪从重"，刘俊文点校，第 124 页。

⑦ （宋）欧阳修、宋祁：《新唐书》卷一百六十四，列传第八十九《殷侑》，第 5054 页。

⑧ （唐）长孙无忌等撰《唐律疏议》卷二十六《杂律》"坐赃致罪"，刘俊文点校，第 479 页。

⑨ （宋）司马光：《资治通鉴》卷二百一，唐纪十七"高宗麟德元年四月丙午"，第 6339 页。

赃，贬为思州长史，"既行，赐死于路"。① 李孝协与李鼎坐赃数额、情节因史料阙载，未可详知。元和六年（811 年）前行营粮料使于皋暮、董溪坐赃赐死案，为厘清唐代坐赃赐死制度提供了重要参考。据《册府元龟》卷五百十一《邦计部·贪污》载，于皋暮"坐犯诸色赃计钱四千二百贯，并前粮料使董溪犯诸色赃计四千三百贯，又于正额供军市籴钱物数内抽充羡馀，公廨诸色给用计钱四万一千三百贯"。② 于董二犯除坐赃外，又有侵吞官物行为，当依前述监守盗处置。因其"尝列班行，皆承门序"，于皋暮、董溪行至潭州，宪宗遣中使赐死。至大和八年（834 年）九月己未，又有随州刺史杜师仁"坐赃计绢三万匹，赐死于家"。③

（三）其他犯罪

1. 交通

中唐以后，内外朋比，蠹害甚深。广德元年（763 年）九月甲午，秘书监韩颖、中书舍人刘烜坐狎昵李辅国，"配流岭表，寻赐死"。④ 永贞元年（805 年）八月壬寅，王叔文因擅权专制，交接朋党，贬渝州司户，"明年，赐叔文死"。⑤ 元和五年（810 年）夏四月，泽潞节度使卢从史坐与镇州王承宗通谋，"贬骧州，赐死于康州"。⑥ 上述三例皆为朝廷清算旧恶，抑制结党之举。对于内外官交接者，亦有以赐死处置之例，大和九年（835 年）八月丙子，李宗闵托驸马都尉沈仪厚赂女学士宋若宪求执政，事发，"幽若宪外第，赐死，家属徙岭南"。⑦ 此案又涉及内廷宦官杨承和、韦元素、王践言，三人分别于权州、象州、恩州安置，寻遣使追

① （宋）王钦若等编纂《册府元龟》卷七百《牧守部·贪黩》，周勋初等校订，凤凰出版社，2006，第 8088 页。
② （宋）王钦若等编纂《册府元龟》卷五百一十一《邦计部·贪污》，周勋初等校订，第 5811 页。
③ （后晋）刘昫：《旧唐书》卷十七（下），本纪第十七（下）《文宗下》，第 555 页。
④ （后晋）刘昫：《旧唐书》卷十一，本纪第十一《代宗》，第 270 页。
⑤ （宋）司马光：《资治通鉴》卷二百三十六，唐纪五十二"顺宗永贞元年八月壬寅"，第 7619 页。
⑥ （宋）李昉等编《太平广记》卷三百四十六《鬼三十一》"李湘"引《续玄怪录》，中华书局，1961，第 2740 页。
⑦ （宋）欧阳修、宋祁：《新唐书》卷七十七，列传第二《后妃下·尚宫宋若昭》，第 3508 ~3509 页。

赐死。① 乾宁三年（896 年）五月辛巳，责授梧州司马崔昭纬亦因"内结中人，外连藩阃"，② 赐自尽。

2. 杀人

"诸谋杀人者，徒三年；已伤者，绞；已杀者，斩。"③ 郇国公主子尚衣奉御薛谂与其党李谈、崔洽、石如山"同于京城杀人，或利其财，或违其志，即白日椎杀，煮而食之"。④ 开元二十七年（739 年）夏事发，谂以国亲流瀼州，赐死于城东驿。大历四年（769 年）正月，宗室颍州刺史李岵杀本道节度判官姚奭，"法司以议亲，宜赐自尽"。⑤ 德宗朝，有刘士干、乐士朝二人皆为宣武节度刘玄赟养子，玄赟薨，或云为士朝所鸩。贞元八年（792 年）五月癸未，士干以奴持刀伏于丧位，诱而杀之，"士干坐是赐死"。⑥《唐律》规定："元谋署杀，其计已成，身虽不行，仍为首罪，合斩。"⑦ 此案刘士干首谋杀人，依律当斩，因曾官太仆少卿例减，故赐自尽。

3. 军事犯罪

"大事在于军戎，设法须为重防。"据《唐律疏议·擅兴律》"主将守城弃去"条："诸主将守城，为贼所攻，不固守而弃去及守备不设，为贼所掩覆者，斩。若连接寇贼，被遣斥候，不觉贼来者，徒三年；以故至有覆败者，亦斩。"⑧ 天宝十四载（755 年）十二月，封常清、高仙芝败绩，玄宗遣内宦边令诚赍敕至军，"赐死于陕州"。⑨ 咸通十年（869 年）十月，庞勋以兵劫乌江，和州刺史崔雍不能抗，遣人持牛酒劳之，雍以"开门延贼"⑩ 获罪，懿宗"差内养孟公度专往宣州，赐自尽"。⑪

① 参见（宋）司马光《资治通鉴》卷二百四十五，唐纪六十一"文宗大和九年八月丙申"，第 7906～7907 页。
② （后晋）刘昫：《旧唐书》卷一百七十九，列传第一百二十九《崔昭纬》，第 4654 页。
③ （唐）长孙无忌等撰《唐律疏议》卷十七《贼盗》"谋杀人"，刘俊文点校，第 329 页。
④ （后晋）刘昫：《旧唐书》卷九，本纪第九《玄宗下》，第 211 页。
⑤ （后晋）刘昫：《旧唐书》卷十一，本纪第十一《代宗》，第 291 页。
⑥ （宋）王钦若等编纂《册府元龟》卷八百九十六《总录部·复仇》，周勋初等校订，第 10411 页。
⑦ （唐）长孙无忌等撰《唐律疏议》卷十七《贼盗》"谋杀人"，刘俊文点校，第 329 页。
⑧ （唐）长孙无忌等撰《唐律疏议》卷十六《擅兴》"主将守城弃去"，第 307 页。
⑨ （唐）因亮撰《颜鲁公行状》，载（唐）颜真卿撰《颜鲁公集》，上海古籍出版社，1992，第 124 页。
⑩ （宋）司马光：《资治通鉴》卷二百五十一，唐纪六十七"懿宗咸通十年十月"，第 8150 页。
⑪ （后晋）刘昫：《旧唐书》卷十九（上），本纪第十九（上）《懿宗》，第 669 页。

此外，尚有禽兽行（永嘉王㬇）①、倡饮省中（冉祖雍）②、妖妄（申大芝）③、漏泄（贾道冲）④、诬告（吴通玄）⑤、矫诏（顾师邕）⑥、诈伪（萧洪、萧本）⑦、苛政（蔡京）⑧诸多罪名与赐死相关，因篇幅所限，概不逐一论及。

五　唐代赐死制度特征

（一）赐死与唐代政治密切相关

赐死制度始终与唐代宫闱政治直接关联，凡被赐自尽者，或为宗属贵胄，或为宰辅重臣，亦时有地方长吏与将帅宦官交错其间。赐死遂与各派政治力量之博弈直接关联。除因十恶、赃贿、交通等原因罪当赐死者以外，缘宗室内讧、酷吏陷害、朋党倾轧、反逆缘坐等原因赐死者比比皆是。太宗、高宗两朝，宗室称乱赐死现象频发。贞观中，长乐郡王幼良阴养死士、齐王祐据城逆谋、汉王元昌阴附承乾，三人皆因窥测神器伏诛。高宗朝赐死者凡五例，人犯竟皆为宗室。永徽四年（653 年）二月房遗爱谋反，累及荆王元景、吴王恪、巴陵、高阳公主等宗室数人。⑨ 至武后临朝称制，反易刚柔，罗织冤狱，剪除贵胄。⑩ 凤阁侍郎刘祎之、纳言魏玄

① （后晋）刘昫：《旧唐书》卷六十四，列传第十四《高祖二十二子·江王元祥》，第 2436页。
② （宋）欧阳修、宋祁：《新唐书》卷二百二，列传第一百二十七《文艺中·宋之问》，第5751 页。
③ （后晋）刘昫：《旧唐书》卷五十二，列传第二《后妃下·肃宗张皇后》，第 2186 页。
④ （宋）李昉等：《太平御览》卷四百一十四《人事部·孝下》，中华书局，1960，第 1912 页。
⑤ （后晋）刘昫：《旧唐书》卷一百九十（下），列传第一百四十（下）《文苑下·吴通玄》，第 5058 页。
⑥ （宋）欧阳修、宋祁：《新唐书》卷一百七十九，列传第一百四《王璠附顾师邕》，第5325 页。
⑦ （后晋）刘昫：《旧唐书》卷五十二，列传第二《后妃下·穆宗贞献皇后萧氏》，第 2201页。
⑧ （宋）司马光：《资治通鉴》卷二百五十，唐纪六十六"懿宗咸通三年八月"，第 8100 ~ 8101 页。
⑨ 参见（后晋）刘昫《旧唐书》卷四，本纪第四《高宗上》，第 71 页。
⑩ 陈玺：《从〈皇甫文备墓志〉看武周酷吏政治》，《社会科学辑刊》2008 年第 6 期，第132 页。

同、文昌左相岑长倩五子、广州都督冯元常等，皆因酷吏诬告罹祸赐死。至玄宗朝，伴随宫闱权力斗争发生的赐死案件仍层出不穷，先天二年（713 年），太平公主与其党谋兴废立，公主及崔湜、薛稷皆赐自尽。开元二十五年（737 年）四月，杨洄、武惠妃言瑛兄弟三人与驸马薛锈常构异谋，玄宗使宦者宣制于宫中，"废瑛、瑶、琚为庶人；流锈于瀼州；瑛、瑶、琚寻赐死城东驿，锈赐死于蓝田"，① 人皆惜之。中唐以后，不同派系之间相互诬告倾陷，蒙冤就刑者不乏其例。天宝十五载，哥舒翰因素与安思顺有隙，乃"伪为贼书遗思顺者，使关逻禽以献，翰因疏七罪，请诛之"，② 玄宗诏思顺及弟元贞皆赐死，徙放其家。大和三年（829 年）六月，德州行营诸军计会使柏耆平李同捷，诸将嫉耆军功，比奏攒诋，兼内官马国亮参奏其私取奴婢珍赏，耆贬循州司户，"再命长流爱州，寻赐死"。③ 赐死作为一种特殊的死刑执行制度，伴随君权专制的高度发展，赐死"礼遇大臣之原始特征越益式微，相反却成为君权专制下君主随意处死大臣的一种手段"。④ 晚至乾宁、天祐之际，王室暗弱、藩镇称雄，朝臣无罪受戮几成常态，赐死完全沦为乱臣贼子挟持君上、诛杀异己之托词。

（二）赐死对死刑规则多有变通

依唐律规定，死刑仅有法定绞、斩二刑，不得互换。受传统天人感应、秋冬行刑，以及佛道好生悲悯思想的影响，唐代各类死刑可以执行的时间为除正月、五月、九月和闰月以外的其他月份，⑤ 且须将禁杀日、致斋、朔望、假日等特定期日排除在外。⑥

与唐律规定之死刑行刑时限形成鲜明对比的是，唐代赐死案件基本遵

---

① （宋）司马光：《资治通鉴》卷二百一十四，唐纪三十"玄宗开元二十五年四月"，第6828～6829 页。

② （宋）欧阳修、宋祁：《新唐书》卷一百三十五，列传第六十《哥舒翰》，第4572 页。

③ （后晋）刘昫：《旧唐书》卷一百五十四，列传第一百四《柏耆》，第4109 页。

④ 许仲毅：《赐死制度考论》，《学术月刊》2003 年第7 期，第78 页。

⑤ 参见（唐）长孙无忌等撰《唐律疏议》卷三十《断狱》"立春后秋分前不决死刑"，刘俊文点校，第571 页。

⑥ 参见天一阁博物馆、中国社会科学院历史研究所天圣令整理课题组校证《天一阁藏明钞本天圣令校证》附《唐开元狱官令复原清本》第10 条，中华书局，2006，第644 页。

循"决不待时"的处决原则，在可以查明行刑月份的 101 宗赐死案件中，有 74 宗于春夏之际或"断屠月"行刑，占全部赐死案件的 73%。其中于春、夏两季行刑者 52 宗；断屠月（正月、五月、九月、闰月）行刑者 22 宗。其他 27 宗案件于十至十二月行刑（其中十月 11 宗、十一月 5 宗、十二月 11 宗），而这 27 宗案件亦未必完全符合禁杀日、大祭祀及致斋、朔望、假日等禁刑条件。此外，尚有 14 宗案件具体行刑月份不详。可见，唐代赐死案件违背行刑时限者，至少占据全部案件七成以上，律令规定之恤刑慎杀原则，在赐死领域难以有效贯彻。

死刑覆奏是唐代诉讼法制中彰显慎刑思想的一项重要制度。自贞观五年（631 年）张蕴古案始，唐代逐步确立死刑覆奏制度，即一般死刑案件执行，法司须多次奏报。开元二十七年（739 年）《唐六典》详尽规定了死刑覆奏制度，明确了刑部和地方法司的死刑覆奏程序，"与《唐律疏议》'死囚覆奏报决'条的罚则相互配合，形成完整的死刑覆奏制度"。[①] 基于慎刑考量，各类死刑案件均需履行覆奏程序。然实践中赐死案件明确提及覆奏者，仅见三例。其一，麟德元年（664 年）四月丙午，魏州刺史郇公孝协坐赃赐死，宗正卿陇西王博文等覆奏，"孝协父长平王叔良身死事者，孝协更无兄弟，继嗣便绝，特望矜免其死"。[②] 高宗不从，孝协竟自尽于第。其二，大历十二年（777 年）三月庚辰，宰相元载、王缙得罪下狱，代宗命吏部尚书刘晏讯鞫之。后元载赐死，王缙初亦赐自尽。刘晏谓李涵等曰："故事：重刑覆奏，况大臣乎！且法有首从，宜更禀进止"。[③] 涵等从之，缙乃贬栝州刺史。其三，会昌四年（844 年），刘从谏妻裴氏"以酒食会潞州将校妻子，泣告以固逆谋"，赐死。时朝议以裴氏乃以弟裴问立功，欲原之。刑部侍郎刘三复覆奏以为裴氏"激励凶党，胶固叛心，广招将校之妻，适有酒食之宴，号哭激其众意，赠遗结其群情……朝典固在不疑，阿裴请准法。从之"。[④] 可见，与一般死刑案件相同，赐死案件亦应依法履行

---

① 陈玺：《唐代诉讼制度研究》，商务印书馆，2012，第 264～265 页。

② （宋）王钦若等编纂《册府元龟》卷五十八《帝王部·守法》，周勋初等校订，第 618 页。

③ （宋）司马光：《资治通鉴》卷二百二十五，唐纪四十一"代宗大历十二年三月庚辰"，第 7242 页。

④ （宋）王钦若等编纂《册府元龟》卷六百一十六《刑法部·议谳第三》，周勋初等校订，第 7127 页。

覆奏程序。但由于覆奏须上请君主慎思裁夺，而赐死则直接执行至尊最终旨意，赐死诏敕遂在实质上具有排斥覆奏程序的效力。

（三） 唐代赐死对后世影响深远

五代承唐季丧乱，法度废弛，赐死制度之适用愈显轻重随意，赐死适用的对象及罪名多与律令相违。后梁开平二年（908 年）三月，蜀太师王宗佶以阴畜养死士谋乱罹祸，蜀主贬其党御史中丞郑骞为维州司户，卫尉少卿李纲为汶川尉，"皆赐死于路"。① 后唐明宗时，"襄邑人周威父为人所杀，不雪父冤，有状和解"，② 降敕赐死。后晋天福六年（941 年）六月，王延政以书招泉州刺史王继业，闽王曦"召继业还，赐死于郊外"。③ 开运三年（946 年）春正月丁未，"刑部员外王涓赐私家自尽，坐私用官钱经营求利故也"。④

延及两宋，唐代律令典章之赐死制度，得到相当程度的继受与贯彻。《宋刑统》在保留唐律旧文的同时，援引唐《狱官令》明确规定了赐死制度。⑤ 此外，《宋刑统》"断死罪"条又准唐会昌元年（841 年）九月五日敕，将犯赃五品以上，合抵死刑，准《狱官令》赐自尽于家的规定纂入律文，⑥ 从而为这一时期赐死的实施提供了直接法律依据。

唐代赐死之实质与程序性规则也在五代、两宋时期得以延续。后周广顺三年（公元 953 年）正月，莱州刺史叶仁鲁坐赃绢万五千匹，钱千缗，"庚午，赐死；帝遣中使赐以酒食"，⑦ 此为优崇临刑犯官之证。建炎元年（1127 年）五月蔡攸、翛赐死，翛乃饮药，"攸犹豫不能决，左右授以绳，

---

① （宋）司马光：《资治通鉴》卷二百六十六，后梁纪一"太祖开平二年三月"，第 8693 页。

② （五代）孙光宪撰《北梦琐言》卷十八"诛不孝"，贾二强点校，中华书局，2002，第 339 页。

③ （宋）司马光：《资治通鉴》卷二百八十二，后晋纪四"高祖天福六年六月"，第 9224 页。

④ （宋）薛居正等：《旧五代史》卷八十四，晋书十《少帝纪四》，中华书局，1976，第 1113 页。

⑤ 参见（宋）窦仪等撰《宋刑统》卷三十《断狱》"断罪不当"，吴翊如点校，中华书局，1984，第 496~497 页。

⑥ 参见（宋）窦仪等撰《宋刑统》卷三十《断狱》"决死罪"，吴翊如点校，第 496~497 页。

⑦ （宋）司马光：《资治通鉴》卷二百九十一，后周纪二"太祖广顺三年正月庚午"，第 9489 页。

攸乃自缢而死",① 此为罪囚自绝其命之例。同时,唐代左降官中路或贬所赐死惯例于后世史籍中亦可捡得数例。乾化元年(912 年)秋,相州刺史李思安以"壁垒荒圮,帑廪空竭",② 贬柳州司户,寻赐死于相州。宋太宗端拱元年(988 年)三月乙亥,郑州团练使侯莫陈利用坐不法,"配商州禁锢,寻赐死"。③ 至道元年(995 年)正月丁卯,赵赞、郑昌嗣以横恣不法,"诏削夺赞官爵,并一家配隶房州,昌嗣责授唐州团练副使。既行数日,并于所在赐死"。④ 此外,为宋代司法所继承者,尚有唐代差遣御史监决之制。建炎元年(1127 年)六月,张邦昌贬至潭州安置,"朝廷遣殿中侍御史马伸赐死,读诏毕,张徘徊退避,不忍自尽。执事者趣迫登楼,张仰首急睹三字,长叹就缢"。⑤

六 结语

赐死属于唐代死刑具体执行方式之一。一方面,唐代赐死规则以《唐律疏议》之《狱官令》规定为基础,并在司法实践中形成诸多诉讼惯例,且对律令规定多有变通。唐代赐死规则在彰显缙绅贵胄刑罚适用特权的同时,体现出君主权威对于诉讼活动的强势干预。另一方面,由于赐死程序的启动多数源自君主权断,且适用于特殊身份群体,因而在具体行刑层面显现出与绞、斩等普通死刑的重大差异。赐死的实施原因与具体程序时常受到宫闱争斗、朋党倾轧、权臣乱法等负面因素侵扰,遂使赐死制度之演进与适用,时常表现出背离律令之倾向。

(原文载《华东政法大学学报》2015 年第 4 期,收入本书时略有改动)

---

① (宋)周辉撰《清波杂志校注》卷二"王黼身任伐燕",刘永翔校注,中华书局,1994,第 42 页。

② (宋)薛居正等:《旧五代史》卷十九,梁书十九,列传九《李思安》,中华书局,1976,第 262 页。

③ (元)脱脱等:《宋史》卷五,本纪第五《太宗二》,中华书局,1977,第 82 页。

④ (宋)李焘:《续资治通鉴长编》卷三十七"太宗至道元年正月戊申",上海师范大学古籍整理研究所、华东师范大学古籍研究所点校,中华书局,1995,第 808 页。

⑤ (宋)王明清:《挥麈余话》"平楚楼",载(明)陶宗仪等编《说郛三种》卷三十七,上海古籍出版社,1988,第 629 页。

人命与人权：
宋代死刑控制的数据、程序及启示

张守东[*]

宋代统治者有关"人命"的观念是其死刑制度设置与微调的主要依据。其死刑制度设置与微调的主要内容是如何使制度服务于减少死刑的判决与执行的数目。本文拟探讨死刑数量的控制与死刑制度之间的互动关系，也试图把人命观念当成人权的替代观念并进而论述其在宋代死刑制度运作中如何通过死刑数量控制而使观念发挥制度的影响力。由于学界对宋代审判制度及赦降制度已有充分研究，而死刑数据尚有许多混淆需要澄清，所以本文首先就宋代死刑数据进行进一步梳理，然后再集中探讨人命价值观、死刑数据与审判制度之间的互动关系，并不单纯讨论审判制度，更不涉及赦降制度。

一 数字的忧虑：宋代死刑数据之谜

宋代君臣对于死刑制度的设置与微调往往以如何缩小死刑数量为中心。严格控制死刑数量似乎是必须达标的执政业绩。唐代两位数的死刑执行数量有着不可抗拒的示范效应：

> 刑部侍郎燕肃奏："唐贞观四年断死罪二十九，开元二十五年才五十八。今天下生齿未加于唐，而天圣三年（1025年）断大辟二千四百三十六，视唐几至百倍，盖以奏谳之法废，失朝廷钦恤之意。"[①]

---

[*] 张守东，中国政法大学法学院副教授。

[①] 马端临：《文献通考·刑考六·刑制》。

在燕肃心目中，与唐代人口基本相当的宋王朝（天圣三年的宋王朝）的死刑人数"视唐几至百倍"，不论死刑判决就法律本身而论是否恰当，单就数据本身而言就是必须解决的问题。后来，刑部的另一位官员希望朝廷下诏汇总全国死刑数据，以便朝廷及时调控：

> 嘉祐五年（1060 年），判刑部李綖言"一岁之中，死刑无虑（大约）二千五百六十，其杀父母、叔父母、兄弟、兄弟之妻，夫杀妻、杀妻之父母，妻杀夫，凡百四十，故、谋、斗、杀，千有三百，劫、盗九百七十，奸、亡命一百十。夫风俗之薄，无甚于骨肉相残，衣食之穷，莫急于盗贼。及犯法者众，岂刑罚不足以止奸，而教化未能导而为善欤？愿诏刑部类次天下所断大辟，岁上朝廷，以助观省。"①

这种"类次天下所断大辟"的举措为我们留下了宝贵的数据。根据《续资治通鉴长编》和《建炎以来系年要录》等资料的记载，学界汇总的宋代死刑数据体现在表 1 和表 2 中。②

表 1　北宋死刑数据

（单位：次）

年　　代	天下断大辟数据	年　　代	天下断大辟数据
真宗年间	800	熙宁十年（1077 年）	389
咸平年间	56	元丰二年（1079 年）	806
天圣三年（1025 年）	2436	元丰三年（1080 年）	1212
天圣中	2300	元丰五年（1082 年）	2815
嘉祐四年（1059 年）	2560	元丰六年（1083 年）	2671
嘉祐七年（1062 年）	1683	元丰七年（1084 年）	2365
嘉祐八年（1063 年）	1066	元丰八年（1085 年）	2066
治平元年（1064 年）	2493	元祐元年（1086 年）	5786
治平二年（1065 年）	1736	元祐二年（1087 年）	5573
治平三年（1066 年）	1832	元祐三年（1088 年）	2915

---

① 马端临：《文献通考·刑考六·刑制》。

② 表 1 和表 2 的数据主要来自杨高凡的汇总，她将这些数据归为一个表，即她文章中所说的表 1，为了论述方便，本文将数据根据年代分为北宋、南宋两个表，即表 1、表 2，同时删去了杨高凡表格中列举的史料出处。杨高凡：《宋代大辟研究——从宋代死刑的执行率角度考察》，《保定学院学报》2014 年第 1 期。

续表

年　代	天下断大辟数据	年　代	天下断大辟数据
熙宁三年（1070年）	3523	元祐四年（1089年）	5409
熙宁四年（1071年）	3699	元祐五年（1090年）	4261
熙宁五年（1072年）	3792	元祐六年（1091年）	4801
熙宁六年（1073年）	2951	元祐七年（1092年）	4191
熙宁七年（1074年）	3509	绍圣四年（1097年）	3192
熙宁八年（1075年）	1397	元符元年（1098年）	2043
熙宁九年（1076年）	758	元符二年（1099年）	1395

表 2　南宋死刑数据

（单位：次）

年　代	诸路断大辟	年　代	诸路断大辟
建炎三年（1129年）	324	绍兴二十二年（1152年）	16
绍兴二年（1132年）	324	绍兴二十三年（1153年）	25
绍兴十二年（1142年）	24	绍兴二十四年（1154年）	19
绍兴十三年（1143年）	88	绍兴二十五年（1155年）	21
绍兴十四年（1144年）	26	绍兴二十六年（1156年）	30
绍兴十五年（1145年）	91	绍兴二十七年（1157年）	19
绍兴十六年（1146年）	48	绍兴二十八年（1158年）	47
绍兴十七年（1147年）	35	绍兴三十年（1160年）	31
绍兴十八年（1148年）	32	绍兴三十二年（1162年）	41
绍兴十九年（1149年）	31	嘉泰元年（1201年）	上奏1811，其中181被判死刑
绍兴二十年（1150年）	25	景定五年（1264年）	33
绍兴二十一年（1151年）	22	咸淳二年（1266年）	35

从表1、表2可以看出，表1即北宋的死刑数据基本上是四位数，表2即南宋的死刑数据基本上是两位数。目前学界基本上认定北宋人口最多时达到一亿。[①] 即使南宋时人口减半，两宋数据的差异也是不可思议的。对

[①] "北宋王室的男子人口已达五千三十多万，设男女相当，则总人口超过一亿六十万。" 穆朝庆：《两宋户籍制度问题》，《历史研究》1982年第1期。"根据户数推算，北宋后期的实际人口已达一亿，宋金合计人口超过一亿，是中国人口史上的新高峰。" 葛剑雄：《宋代人口新证》，《历史研究》1993年第6期。"无数史实证明，宋代每户平均有2个左右丁口，加上不成丁，男子约有3口；再加上接近男口数的女口，平均每户有5口至6口。以大观四年的户数计算，宋代全国户口最多的这一年，总人口在1.1044亿亿1.1252亿人之间。" 何忠礼：《宋代户部人口统计考察》，《历史研究》1999年第4期。

此，杨高凡有以下解释。

有确切数目记载的死刑案件涉及两宋 9 帝 59 年共 91184 件，平均每年约 1600 件，数量不算少，但不同年份决断大辟数目差别较大，多者如元祐年间，岁断大辟 5000 人以上；少者如绍兴年间，岁断大辟不足 50 人。杨高凡认为，仅就表 1看，第一，北宋岁断死刑案件绝对数量远远大于南宋；第二，北宋元祐年间是判决死刑案件的高潮期。需要注意的是，表 1 中所断大辟数量仅仅是每年年终刑部或大理寺汇总全国死刑案件上奏皇帝等待圣裁的数目，不是真正执行死刑的案件数目。在司法实践过程中，宋政府每年执行死刑的人犯数量应该远远少于这一数字。

杨高凡笼统地认为以上两表所列两宋数据"仅仅是每年年终刑部或大理寺汇总全国死刑案件上奏皇帝等待圣裁的数目，不是真正执行死刑的案件数目"，而"少者如绍兴年间，岁断大辟不足 50 人"，岂不是说，绍兴年间每年实际执行死刑的案件数目远远低于 50，那就应该把绍兴年间颂为太平盛世，超过唐太宗。为什么史书并未对这个近乎"刑措"的年代推为榜样呢？

赵旭根据陈师道的记载认为"大致宋代每年实际执行的死刑的人数最多不会超过一百人"。 陈师道的记录是："元祐初，司马温公辅政，是岁天下断死罪凡十人。其后，二吕继之，岁常数倍。此岂人力所能胜邪？"

但宋史专家兼出版家李伟国先生点校《后山谈丛》时对"十人"给出的校勘有这样的说明："《学海》、文渊阁本及《言行录》卷七引均作'千人'。" 何况根据《续资治通鉴长编》，仅元祐元年（1086 年）死刑人数即有 5786 之多，即使说"凡千人"，也说得太保守了。如果"是岁天下断死罪凡十人"是指奏裁案件实际被判死刑的数量，那还是有可能的。

杨高凡和赵旭似乎没有注意到我们现在看到的宋代死刑数据应该至少有两种。一种是刑部汇总的各路提刑司依据程序核准的死刑判决，这就是《续资治通鉴长编》所谓"是年，断大辟若干"提供的数据。另一种死刑

---

① 杨高凡此处所说表 1 被本文拆为表 1、表 2，因此她说的表 1 实际上是本文的表 1、表 2。

② 杨高凡：《宋代大辟研究——从宋代死刑的执行率角度考察》，《保定学院学报》2014 年第 1 期。

③ 赵旭：《唐宋死刑制度流变考论》，《东北师大学报》（哲学社会科学版）2005 年第 4 期。

④ 陈师道：《后山谈丛》，李伟国点校，中华书局，2007。

⑤ 陈师道：《后山谈丛》，李伟国点校，中华书局，2007。

数据是"四方奏到大辟刑名疑虑及情理可悯公案"等"奏裁"（本文第二部分将论述奏裁制度）案件，也就是"全年天下所上（奏）死案"。这些基本上属于可判可不判的案件，也是朝廷乐于显示其宽仁的地方，难怪只有大约1/10的奏裁案件最终被核准死刑。混淆这两种数据的结果是不少学者把第二种死刑数据约1/10的死刑执行率与第一种数据的执行率等量齐观。如果表1所列北宋死刑数据也只有1/10的执行率，那么即使人口高达一亿的北宋在其杀戮最多的年代也只有三位数的死刑执行，即使够不上"刑措"，也完全做到了"慎刑"。相信《续资治通鉴长编》的作者也更乐意给出这个实际执行的三位数以显示大宋仁政，而不会抛出一个个并未造成人头落地之实的四位数。根据对学界已有研究成果的归纳，我比较相信目前获得的北宋死刑实际执行数据应该这样推算：每年死刑执行数据＝《续资治通鉴长编》所载"断大辟若干" ＋当年奏裁后实际判处死刑数据（占奏裁总数的1/10左右）。范纯仁的奏折可以帮助我们了解第二种数据，即奏裁案件的数据：

> 元祐元年（1086年）给事中范纯仁又言："窃见四方奏到大辟刑名疑虑及情理可悯公案，并用去年十一月二十三日敕，只委大理寺并依法定夺，更委刑部看详，如实有疑虑可悯，方奏取旨，余皆依法处死。臣体问未降此条以前，自前年十一月二十三日至去年十一月二十三日，一年之内，四方奏到大辟案共计一百四十六人，内只有二十五人处死，其余并蒙贷配，所活将及九分。自去年十一月二十三日降敕，后来至今年二月终，不及百日，奏案共一百五十四人，却有五十七人处死，计所活才及六分已上。臣固知去年十一月未降敕已前，全活数多，其间必有曲贷，然犹不失'罪疑惟轻'之仁。自降敕之后，所活数少，其间或有滥刑，则深亏'宁失不经'之义。臣乞今后四方奏到大辟疑虑可悯公案，并仰刑部、大理寺再行审覆，节略罪人所犯及本处原奏因依，令执政将上，乞自圣意裁断。如所奏或有不当，并与免罪。如此，则刑不滥施，死无冤人矣。"是日诏大辟刑名疑虑情理可悯公案，令刑部看详，不得致有枉滥。从纯仁之请也。[①]

_____

① 李焘：《续资治通鉴长编·元祐元年》。

戴建国已注意到范纯仁讨论的只是奏裁案件，不是当时全国的全部死刑案件。"范纯仁所说大辟奏到数乃死刑疑案上奏数，经朝廷裁决，只二十五人判死刑；而正常的死刑案，地方事先并不报朝廷复核。如果说无疑难的死刑案也要报朝廷复核，那么元丰八年这一年四方奏到死刑案断不止像范纯仁所说的才一百余人，真正处死刑的也不可能仅二十多人"。① 的确，元丰八年还有另一数据，即"元丰八年（1085 年）断大辟 2066 人（《续资治通鉴长编》卷 363）"。于是，我们有了元丰八年的死刑数据：天下（各路）断大辟 2066 +（当年全国奏裁 146 人 – 贷配 121 人）= 2066 + 25 = 2091 人。2091 人，而非 25 人，才是元丰八年实际执行死刑的数据。因此，南宋的数据也应该如此推论吧：

> 嘉泰二年（1202 年）刑部侍郎林粟言："嘉泰改元，全年天下所上死案共一千八百一十一人，而断死者才一百八十一人，余皆贷放。夫有司以具狱来上，必皆可议刑之人，蒙陛下贷其非辜者凡一千六百三十人，岂谓细事，欲令秘书省修入日历，上以示陛下好生之德，下以戒有司用刑之滥。"②

嘉泰元年仅断死者就有 181 人，林粟尚且认为有必要"修入日历，上以示陛下好生之德，下以戒有司用刑之滥"。倘若宋高宗绍兴年间（1131 ~ 1162 年）死刑执行总数仅有表 2 所示两位数，岂不令宋宁宗羞愧，林粟又有何颜面以三位数的死刑"示陛下好生之德"。所以，表 2 所列诸路断大辟数据即使是南宋各路经提刑司核准后执行死刑的全部，那也同时该有一个奏裁数据，即前文所说第二种数据。可惜，在《建炎以来系年要录》中，这种数据基本没有。我们现在只有嘉泰元年的奏裁数据，却没有当年各路提刑司自行终审判决的死刑数据，因此，对于嘉泰元年，我们无法获得像北宋元丰八年那样的完整数据。然而，我们有绍兴二十六年的大致数据，该年右正言凌哲上疏称，"自去岁郊祀后距今大辟奏裁者，无虑（大约）五十有余人"，而从《建炎以来系年要录》中，我们获知，绍兴二十六

---

① 戴建国：《宋代审判制度考》，载杨一凡主编《中国法制史考证》甲编第五卷，中国社会科学出版社，2003，第 263 页。

② 徐松：《宋会要辑稿·刑法·矜贷》。

年，各路断大辟30人。我们还不知道奏裁的50多人中有多少实际被执行死刑，如果按1/10算，也该有五六个人，所以当年实际执行死刑的总人数至少有35人。即使如此，也是一个相当低的数字，不知为什么未被歌功颂德。

仅就数据而言，虽然我们现在还不能确知两宋历年各路提刑司核准的死刑数据与经奏裁的数据这二者之和，但是我们所能知道的是一定要以二者之和来推算各年的死刑执行总数。

从宋代君臣围绕死刑数据展开的死刑制度对话中，我们发现他们主要注意两点。其一，希望通过汇总各路核准而执行的死刑数据留作调控死刑制度的参照，但对"于法既无疑虑，于情又无可悯"（凌哲语），而经各路提刑司核准的死刑案件并不宽贷，除非遇有赦降；其二，通过尽量减少奏裁案件的实际执行数目来实现钦恤刑罚的仁政。从以下苏颂的叙述，我们可以想见宋人追求的目标："每岁之中，天下之奏常以千数，多或倍之。其间情涉巨蠹论如律者，百才一二，余从末减，不下千人，计淳化（990～994年）殆今八十年间，其获全贷蒙自新之人，且十数万矣。"这里我们还要强调：苏颂所称颂的八十年间"获全贷蒙自新之人"达"十数万"的骄人成绩，是从"天下之奏"的奏裁案件中刀下留人的结果。宋代恤刑、仁政的施政方针落实到死刑上，就是尽力从成百上千的奏裁案件中大幅缩减死刑适用，以"所活将及九分"为目标，只把死刑保留给"百才一二"的"巨蠹"，至于情、法相当，无须奏裁的死刑案件，各路提刑司核准即可执行，事后报刑部备案即可，不属于"末减"的范围。

由于宋代君臣对死刑数据偏高的忧虑主要集中在务必减少奏裁案件实际判处死刑的比例上，所以下文从死刑数据宏观控制的角度论述奏裁制度。我深知学界对奏裁制度本身已有充分论述，本文无意于重复论证，只是把奏裁制度在宋代"死刑数据"的视角上加以重新审视而已。

二　宋代死刑数据与审判制度的微调

在宋代，"刑不滥施，死无冤人"的死刑执行方针落实下来就是以唐代贞观年间两位数的死刑执行数目为标准来调控死刑制度。燕肃、范纯仁、林粟的奏折都是建议君主严格把控奏裁程序，在不是必须执行死刑的奏裁案件中把死刑执行数量降下来。可以说，程序上需要奏裁的案件承担了宋代降低死刑执行数量的重任，而适用奏裁的程序规定是以实体法方面划定应当执行死刑的范围来为启动奏裁这一特殊程序提供依据的，从而实现实体法与程序法对死刑制度的双重微调：

> 宋真宗天禧四年（1020 年）下诏："天下犯十恶、劫杀、谋杀、故杀、斗杀、放火、强劫、正枉法赃、伪造符印、厌魅咒诅、造妖书妖言、传授妖术、合造毒药、禁军诸军逃亡为盗罪至死者，每遇十二月，权住区断，过天庆节即决之。余犯至死者，十二月及春夏未得区遣，禁锢奏裁。"①

这一诏书明确把十恶及谋杀等暴力侵犯人身之类的犯罪排除在奏裁之外。只有"余犯至死者"即不属于宋代法律认为非杀不可的犯罪行为才可因纳入奏裁程序而享有极大程度被从轻发落的机会。前引李綖所列被处死的人犯的罪行也主要是暴力犯罪，显然不属于奏裁的范围："其杀父母、叔父母、兄弟、兄弟之妻，夫杀妻、杀妻之父母，妻杀夫，……故、谋、斗、杀，……，劫、盗……，奸、亡命……"南宋政府重申了实体法上必须严惩的强盗罪的处罚范围，从而再次限定了奏裁程序适用的范围。南宋淳熙十三年（1186 年）宋孝宗下诏："自今应强盗除六项指挥外，其间有累行劫至两次以上，虽是为从，亦依旧法处断。有情实可悯者，方行奏裁。"②

奏裁即前引燕肃所谓"奏谳之法"。奏裁是指对刑名疑虑、情理可悯的案件必须上奏朝廷敕裁的制度。③ 就死刑而言，各州原本可以自行裁决，只需就已执行的死刑"奏闻"，后来须交各路提刑司核准才能执行，此外，另有四种必须由皇帝定夺的情形：宋太祖建隆三年（962 年）令，"诸州自今决大辟讫，录案奏闻，委刑部详复之"，④ 之后，"在法，大辟情法相当之人，合申提刑司详复，依法断遣。其有刑名疑虑、情理可悯、尸不经检、杀人无证见，四者皆须奏裁"。⑤ 总之，"综观宋代的死刑复核制，元

---

① 《宋史·刑法志·刑法一》。
② "所谓六项者，谓为首及下手伤人、下手放火、因而行奸、杀人加功、已曾贷命再犯之人也。"（马端临：《文献通考·刑考九·详谳》）
③ 郭东旭、陈玉忠：《宋代刑事复审制度考评》，《河北大学学报》（哲学社会科学版）2009年第 2 期。
④ 徐松：《宋会要辑稿·刑法 1 之 10》。
⑤ 楼钥：《愧集》卷二七《缴刑部札子》，四部丛刊本，上海商务印书馆，1919。转引自郭东旭、陈玉忠《宋代刑事复审制度考评》，《河北大学学报》（哲学社会科学版）2009 年第 2 期。

丰改制前，州拥有终审执行权，而不必申奏刑部复核，元丰改制后，才加强控制，需要提刑司复核后才能执行"。① 无论如何，在宋代，"于法既无疑虑，于情又无可悯"等"情法相当"的死刑案件始终都是在州或路一级核准执行的，只有所谓"刑名疑虑、情理可悯、尸不经检、杀人无证见"的情形才需要走特殊程序，即报请皇帝最终定夺。正如门下侍郎韩维所言："天下奏案，必断于大理，详议于刑部，然后上之中书，决于人主。"② 奏裁案件因此成为宋代君臣恤刑的主要资源。

"情法相当"的死刑案件依法在路一级得到执行，满足了"杀人者死"这一报应正义的要求，也使法律的确定性和稳定性得以保持。与此同时，奏裁案件又使皇帝有机会把怜悯运用到司法中，使下级实施的正义能有来自最高当局的怜恤的调和，二者结合起来，法律的刚性和柔性就得以兼顾。

然而，奏裁程序也带来了两个问题。一是下级滥奏为凶恶之徒逃脱应有的惩罚大开方便之门，从而使正义打了折扣；二是司法效率出现了问题，案件久延不决，甚至最终出现罪犯终得轻判而证人已被关死的荒唐结果。于是又引起案件应奏还是不应奏的反复辩难，即在司法的效率与怜悯之间如何抉择。比如：

> 宋徽宗崇宁三年（1104 年），大理寺言："熙宁四年，诏狱案不当奏而奏者，大辟疑虑、可悯，免勘，其余并具官吏所坐刑法于案后，取旨原之。元祐初，流罪以下，不应奏而奏者，勿坐。故有司皆知免庚，不复详法用刑，率多奏上，是致奏牍滋多，有烦朝廷处断。请自今并依熙宁法。"从之。
>
> 五年（1106 年），诏："民以罪丽法，情有重轻，则法有增损。故情重法轻，情轻法重，旧有取旨之令。今有司惟以情重法轻则请加罪，而法重情轻则不闻奏减，是乐于罪人，而难于用恕，非所以为钦恤也。自今宜遵旧法取旨，使情法轻重，各适其中，否则以违制论。"
>
> 宣和六年（1124 年），臣僚言："元丰旧法，有情轻法重，情重法轻，若大辟刑名疑虑，并许奏裁。比来诸路以大辟疑虑决于朝廷

---

① 王云海主编《宋代司法制度》，河南大学出版社，1992，第 354 页。

② 马端临：《文献通考·刑考九·详谳》。

者，大理寺类以'不当'劾之。夫情理巨蠹，罪状明白，裁奏以幸宽贷，固在所戒；然有疑而难决者，一切劾之，则官吏莫不便文自营。臣恐天下无复以疑狱奏矣。愿诏大理寺并依元丰法。"从之。[①]

在避免"奏牍滋多，有烦朝廷处断"与"恐天下无复以疑狱奏"之间，宋代君臣仔细推敲，前后不无反复，因为既要避免"情理巨蠹，罪状明白"的案件被奏，又要保证"情轻法重，情重法轻"的案件因奏裁得到宽贷，实在不是容易的事情。无论如何，不断地审视应奏与不应奏的界限，正是"行动中的法律"必然出现的特征。正是在奏裁程序的伸缩消长中，宋代君臣对于死刑数据的焦虑所反映的人命价值的关怀才更充分地表现出来。

三 数目字与价值观："人命"即人权

通过前文论述，我们可以发现宋代统治者在程序上一方面通过维护州、路的死刑判决权与核准权有效率地实现"杀人者死"的报应正义，为无辜被害人申冤；另一方面又通过对四类矜疑案件实行奏裁，给朝廷机会最大限度地运用怜悯，使被告人也有机会得以"自新"。在路一级依法自行核准情罪相当案件与在中央一级宽贷矜疑案件无疑是程序上有效的职能划分，以便实现"杀人者死"的报应正义与"人命至重"的仁政情怀之间的平衡。宋代收集和记录两种死刑数据也是为了鞭策自己通过宏观掌控数据来提醒自己顾惜被害人与被告人双方人命。宋代死刑数据无疑成为其自我评估人命伦理与法理的可靠依据，也切实体现了其人情关怀的温度。

从以下论述中，我想勾勒宋代以"人命"为核心价值的伦理与法理是一种强大的另类人权观念，它对人的保护丝毫不亚于西方从自然法延伸出来的人权观念。宋代人权观念同时有两方面的含义：既顾惜被害人的人命，也保护被告人的人命。

首先，就顾惜被害人的人命而言，主要体现在对被告人罪行的追讨方面。而且，宋代君臣从未忘记大体上实现"杀人者死"至少是自刘邦以来历代统治者论证政权正当性的主要依据：

---

① 马端临：《文献通考·刑考九·详谳》。

元丰八年（1085 年）司马光言："杀人不死，伤人不刑，尧、舜不能以致治。近刑部奏钞兖、怀、耀三州之民有斗杀者，皆当论死，今乃妄作情理可悯或刑名疑虑奏裁，刑部即引旧例一切贷之。凡律、令、敕、式或不尽载，则有司引例以决。今斗杀当死，自有正条，而刑部承例，不问可否，尽免死决配，作奏钞施行，是杀人者不死，其斗杀条律无所用也。"①

宣和二年（1120 年），都曹翁彦深上言："自五帝、三代至于汉、唐，未有杀人不死之法。"②

绍兴二十六年（1156 年），诏申严州郡妄奏出人死罪之禁。右正言凌哲上疏曰："臣闻高祖入关，悉除秦法，与民约三章耳。所谓杀人者死，实居其首焉。司马光有言：'杀人者不死，虽尧、舜不能致治。'斯言可谓至当矣。"③

显然，在翁彦深和司马光看来，"杀人者死"是历朝历代不能修改的根本大法；而在凌哲看来，"妄奏出人死罪"只是对矜疑案件奏裁程序的滥用。如果"杀人者不死"，不仅使受害人蒙冤，而且也无以达至天下大治，统治者就无以担当自己的政治责任。我们不能用今天主张废除死刑的眼光来评价宋人对于"杀人者死"这一站在被害人立场上的原则提出苛求。

其次，宋人以人命为核心的伦理与法理也体现在对于被告人人命的保护方面，这一点颇与当今人权观念接近：

（太祖）谓宰相曰："五代诸侯跋扈，有枉法杀人者，朝廷置而不问，人命至重，姑息藩镇，当若是耶？自今诸州决大辟，录案闻奏，付刑部覆视之。"遂著为令。④

有司上窃盗罪至大辟，诏特贷其死，（宋太宗）因谓宰相曰："朕重惜人命，但时取其甚者以警众。然不欲小人知宽贷之意，恐其犯法

---

① 马端临：《文献通考·刑考九·详谳》。
② 马端临：《文献通考·刑考六·刑制》。
③ 马端临：《文献通考·刑考九·详谳》。
④ 《宋史·太祖本纪》卷三。

者众也。"①

> 今州郡杖罪悉委职幕官，而徒罪必自监决，帅府则以徒罪委通判。圣朝谨严于用刑，盖以人命为重也。②

此处所列"人命至重""重惜人命""以人命为重"的表达，均指被告人人命。"杀人者死"只是司法正义的一面，另一面则是法官不得"枉法杀人"。而且，即使依法判处的死刑，比如"窃盗罪至大辟"，有时也会"诏特贷其死"，这与今天把侵犯财产等非暴力犯罪适当排除在死刑之外的趋势也是一致的。缩小非暴力犯罪的死刑适用，这是宋代顾惜被告人人命这一人权观念的应有之义。

宋代人命至重观念的另一表现是"事干人命许越诉"。乾道元年（1165 年）七月十六日，三省言："应陈词人除军期急速、事干人命许越诉外，余敢于宰执马前投陈白纸及自毁伤者，并不得受理。"从之。③ 人命无小事，即使越诉也当容忍，这是宋代君臣以程序的通融顾惜人命的又一佐证。

由于数据不全，我们今天还无法仅凭数据准确评估宋代以人命为核心的人权观念究竟在多大程度上限制了死刑的适用。虽然"杀人者死"的达摩克利斯之剑始终高悬在被告头上，但严格的法律规定和严谨的司法制度，比如鞫谳分司即审与判分开的体制，已使"于法既无疑虑，于情又无可悯"的情罪相当案件得到了严格的把控，何况奏裁的矜疑案件一般只有十分之一左右实际被判死刑。宋代死刑得到控制的另一重要手段是大赦（全面赦免）、曲赦（部分地区赦免）、德音（刑罚减等）等频繁实施的赦降制度，其更使宋朝刑罚的严厉大打折扣。④ 由于无法确知赦降数据与本文所列两种死刑数据的确切关系，所以本文对赦降制度存而不论。

总之，宋代是一个因为秉持人命至重的价值观因而把死刑数量的多寡

---

① 《续资治通鉴·太宗雍熙元年》。
② 王栐：《燕翼诒谋录》卷三。
③ 《宋会要辑稿·刑法三·诉讼田讼附》。
④ 郭东旭统计了两宋 17 帝 321 年 448 次各种赦免，这还不算以减免刑罚为目的的 246 次录囚。郭东旭：《论宋代赦降制度》，载《宋朝法律史论》，河北大学出版社，2001，第 378～379 页。

当作君臣对死刑制度进行微调的重要理由的时代。人命至重的价值观、对高额死刑数量的忧虑、死刑制度的微调这三者在君臣的死刑制度对话中形成了不断的互动，从而使宋代死刑执法这一行动中的法律能够不断在正义与怜悯、正义与效率之间的平衡中反复被校准，避免死刑制度持续僵化或被一再滥用。通过以上论述，我们认为宋史对宋代的评价并非言过其实：

> 其君一以宽仁为治，故立法之制严，而用法之情恕。狱有小疑，覆奏辄得减宥。观夫重熙累洽之际，天下之民咸乐其生，重于犯法，而致治之盛于乎三代之懿。元丰以来，刑书益繁，已而憸邪并进，刑政紊矣。国既南迁，威柄下逮，州郡之吏亦颇专行，而刑之宽猛系乎其人。然累世犹知以爱民为心，虽其失慈弱，而祖宗之遗意盖未泯焉。①

四 司法保护人权需要死刑数据的披露

宋代君臣在死刑执法中坚持慎刑与恤刑，把人命至重的价值观体现在死刑数据的反复掂量之中。如果没有死刑数据的汇总和披露，君臣双方将失去微调死刑制度使之既能为被害人伸张正义又能为被告人带来怜悯的主要依据。成百上千的死刑数量无疑是君臣忧虑的焦点之一，促使其反思制度的缺陷、官吏的失职。我们现在知道元丰八年（1085 年）判决的死刑总数是 2091 人，我们也知道那年奏裁的 146 人中获得贷配的就有 121 人之多，"所活将及九分"。这一数据导致范纯仁要求修改元丰八年十一月二十三日的敕令，该敕"只委大理寺并依法定夺，更委刑部看详，如实有疑虑可悯，方奏取旨，余皆依法处死"，范纯仁注意到，此敕一出，"不及百日，奏案共一百五十四人，却有五十七人处死，计所活才及六分已上"。②范纯仁加强奏裁案件审核程序的建议得到了采纳。

其实，无须人权观念，人命至重的伦理与法理也完全可以与人权观念一样起到保护被告人权益的作用。但是，缺少了死刑数据的公布与公开，微调死刑制度、保护被告人权益的一个关键因素就暂付阙如，其他因素无

---

① 《宋史·刑法志·刑法一》。
② 李焘：《续资治通鉴长编·元祐元年》。

以弥补。今天我们看到的宋代死刑数据虽有许多缺漏与疑问，但当时的君臣对其应该是比较清楚的。宋代君臣有关死刑数据的讨论留给我们的经验是，为了保护死刑案件被告人人权，死刑数据的公布与公开是一个不可替代的举措。

（原文载《政法论坛》2015 年第 2 期，收入本书时略有改动）

晚清"就地正法"考论

李贵连[*]

在封建社会，"正法"是执行死刑，特别是执行死刑中斩刑的代名词。在通常情况下，只要说将某人"正法"，人们便立即意识到将某人斩首。其实，"正法"一词，其开始使用时并无此种含义，清末法学家沈家本曾对这个词进行过考证。他先引《后汉书·陈忠传》："自今强盗为上官若它郡县所纠举，一发部吏，皆正法"。然后引章怀的注解："正法，依法也。"据此，沈氏认为："正法犹言如律也，今以正法为专指斩罪者误。"[①] "正法"就是依照法律对罪犯定罪处刑。这种解释与传统的把"正法"作为斩刑的代名，有天渊之别。但是，考证归考证，约定俗成，在人们的观念和现实社会生活中，"正法"仍然是斩刑的代名。

"就地正法"，本指将罪犯抓获审清，在当地立即斩首。历代封建统治者，为了维护自己的统治，在严酷镇压劳动人民的反抗和政敌的斗争中，不乏"就地正法"之例。但是，把"就地正法"上升为一种制度，[②] 在全国推行，则是清朝末年太平天国农民革命爆发以后之事："惟就地正法一项，始自咸丰三年。时各省军兴，地方大吏，遇土匪窃发，往往先行正法，然后奏闻。"[③]

这种野蛮残酷的制度，有效地维护了在太平天国农民起义打击下摇摇欲坠的清王朝。但是，由于这种制度，有悖于传统的儒家仁政思想；更为严重的是，这一制度的推行，破坏了清朝持续近二百年的司法审判制度，

---

* 李贵连，北京大学法学院教授。

① 《沈寄簃先生遗书·日南随笔》卷三。
② 本文称其为制度，本于《清史稿·刑法二》："而就地正法之制，迄未之能革"之说。
③ 《清史稿·刑法二》。

特别是死刑上报中央复核由皇帝亲自裁决的制度，削弱了皇权。因此，带来中央和地方之间的权力矛盾，利弊交织，得失相悖。其结果形成这样一种局面：坚持传统儒家仁政思想，维护皇权至上，没有军政实权的翰林御史们，一再主张取消这种制度；务实、手握地方军政大权的总督巡抚则一再要求继续适用；至高无上的皇帝和总汇天下刑名的刑部，则游离其间。"嗣军务敉平，疆吏乐其便已，相沿不改。光绪七、八年间，御史胡隆洵、陈启泰等屡以为言。刑部声请饬下各省，体察情形，仍照旧例解勘，分别题奏。嗣各省督抚俱覆称地方不靖，碍难规复旧制。刑部不得已，乃酌量以限制，如实系土匪、马贼、游勇、会匪，方准先行正法，寻常强盗，不得滥引。自此章程行，沿及国变，而'就地正法'之制，迄未之能革"。①历咸同光宣四朝，与清王朝同日告终。

一 "就地正法"有效地延续了末代王朝的国祚

清朝贵族入主中原，统一全国以后，在总结历史经验的基础上，建立起一套完备的司法审判制度。死刑案件的审理，必须遵循严格的法律程序，以保证封建皇帝对死刑案件的终审权。

按照清朝法律的规定，京师以外的全国各地的死刑案件，都由案发地的州县进行初审，然后层层转解，申详到府（相当于府的直隶州为初审者，申详到道）、臬司、巡抚总督。经各级审转复核，拟出定罪量刑意见，最后由巡抚总督以结案报告形式向皇帝专案具题，同时将具题副本"揭帖"咨送总揽天下刑名的刑部。皇帝将巡抚总督的具题批交刑部，由三法司核拟。三法司（主要是刑部）对案件进行复核，检查有无冤滥，定罪量刑是否准确适当，会谳后，提出共同意见，向皇帝回奏。最后，由皇帝作出终审裁决：或立决，或监候，或重审。立决者，由刑部咨文所在省，立即处死；监候者转入第二年秋审；重审则大部分发回所在省重新审理。个别案情复杂重大的案件，也有派钦差大臣前往审理，也有令所在省将人犯案卷解送京师，由刑部等三法司会同重新审理。

这种死刑复核制度，保证了皇帝手中握有对全国臣民的生杀大权，维

---

① 《清史稿·刑法二》。

护了皇帝的绝对权威。但是，它也存在弊病。由于层层审转递解人犯，不但结案时间长（往往几年）、耗费的资财大，而且转解途中还存在安全问题。这种费时耗资的制度，适于和平安定时期。在太平天国革命爆发，全国性的大动乱年代，显然不能有效地为维护封建统治服务。以快速、省事、严厉为特征的"就地正法"，正好能弥补这种死刑复核制度的缺陷。因此，它的出现，完全是时代的必然。

清道光三十年十二月十日（1851 年 1 月 11 日），洪秀全领导拜上帝会会众在广西省桂平县金田村发动了推翻清王朝统治的农民武装起义。这是一场摧毁旧秩序和维护旧秩序之间的生死斗争。军事上节节失利的腐朽王朝，面对亿万人民的反抗，只好乞灵于他的列祖列宗们留给他们的法宝。两年后，亦即咸丰三年（1853 年）三月十三日，"就地正法"便以清朝皇帝谕旨形式正式发布：

> 前据四川、福建等省奏陈缉匪情形，并陈金绶等奏遣散广东各勇沿途骚扰，先后降旨谕令该督抚等认真拿办，于讯明后就地正法。并饬地方官及团练、绅民，如遇此等凶徒，随时拿获，格杀勿论。现当剿办逆匪之时，各处土匪难保不乘间纠伙抢劫滋扰。若不严行惩办，何以安戢闾阎。著各直省督抚，一体饬属随时查访，实力缉拿。如有土匪啸聚成群，肆行抢劫，该地方官于捕获讯明后，即行就地正法，以昭炯戒。并饬各属团练、绅民，合力缉拿，格杀勿论。俾凶顽皆知敛迹，地方日就乂安。至寻常盗案，仍著照例讯办，毋枉毋纵。①

这道谕旨的前半部分，指明"就地正法"是根据四川、福建、广东三省的请求，允许三省将抓获的"匪"和遣散的骚扰兵勇就地处决，无须按照历来的审转制度，层层转解，报告皇帝裁决。它说明了三个问题。一是在这道谕旨下达以前，"就地正法"就已在四川、福建、广东三省部分地区执行。②

---

① 《刑部奏案》，手稿本，藏北京大学图书馆。
② 实际上不止三省，湖南就已执行。如 1852 年曾国藩给湖南各州县绅士的信就说："望公正绅耆，严立团规，力持风化。其有素行不法惯为猾贼造言惑众者，告知团长、族长，公同处罚；轻则治以家刑，重则置之死地。其有逃兵逃勇经过乡里，劫掠扰乱者，格杀勿论；其有匪徒痞棍，聚众排饭持械抄抢者，格杀勿论。"（《与湖南各州县公正绅耆书》，见《曾文正公全集·书札》卷一）。

二是授权三省总督巡抚，对已缉获的"匪"和"散勇"实行"就地正法"；授权地方官和团练、绅士，在缉拿"匪"和"散勇"行动中可以"格杀勿论"，不受法律的约束。三是此时的"就地正法"显然不是针对军事而发的。

后半部分的变化在于：一是针对军事出发，"现当剿办逆匪之时"，说得很明确；二是旨在稳定地方统治秩序，预防"土匪"滋扰，而不是针对正面军事战场，正面军事战场另有军法；三是施行地域由三省扩展到全国所有地方；四是授权范围由总督巡抚扩大到各级地方官。

清代死刑案件，以命、盗为主。由于在全国推行"就地正法"，因此，过去的死刑复核审转制度被破坏。申报中央，由皇帝亲自裁决的死刑案件相当有限。

20 世纪初，在西方法律大量引进中国的时代，有人曾用近代法学观点分析指出，这种为"防盗匪之酿成乱匪，而予以治乱匪之法治盗匪"的"就地正法"，从发布之日起，便兼具军法和戒严法性质。此论不为无见。但是，依笔者之见，它比军法、戒严法还有过之而无不及。实际上它不仅是一项特别刑事法规，而且是一项极为野蛮残酷的特别刑事法规。因为，它的授权范围特别广泛，团练、乡绅也有权对他们所认定的"土匪""格杀勿论"；而就地域而言，又遍及全国各地的穷乡僻壤。因此，无论是授权范围还是执行地域，近现代军法、戒严法都很难与之相比。

命盗案件的死刑裁决权，由高度集中走向高度分散。这就是"就地正法"实施后所带来的审判制度上的变化。适应政治斗争、阶级斗争的需要，为了延续封建国祚，封建统治者终于自己动手破坏了自己的法制。这种变化的结果，是全国性的滥杀。几千年来，被封建统治者奉为圭臬的"治乱世用重典"，在封建末世，被封建地主阶级最后一次付诸实践。在这充满血腥味的铁血年代里，封建地主阶级用反抗者的头颅再次验证了维护封建统治秩序的真理。

"就地正法"的谕旨发布后，各级地方官、团练、乡绅是如何执行的？这里引一节曾国藩的信函，以见其一斑。

太平天国金田起义后不久，在家持丧守制的曾国藩，受清王朝之命，在湖南长沙设公馆举办团练。公馆内设审案局，局内仅有照磨、承审二人，一人管理文书卷宗，一人审理案件。"匪类解到，重则立决，轻则毙之杖下，又轻则鞭之千百。"审案局只用这三种实际上都是死刑的刑罚。而且，"案至即时讯供，即时正法，亦无所期待迁延"。① 严厉、快速，这是颁布"就地正法"的要求。从曾氏信函可以看出，各级地方官及团练、乡绅执行这一谕旨是绝不含糊的。

"就地正法"发布后，全国被"正法"的有多少人？清政府没有统计，看来也无法统计。这里再引曾国藩自己所说的一个数字："公馆设审案局，讯得不法重情，立予磔死，或加枭示邦人……实则三月以来，仅戮五十人，于古之猛烈者不足比。"② 这是湘乡一个县三个月所杀之数，而且还是通过审案局"审讯"之数，五十之目也是他自己所说数字。一县如此，一省呢？全国呢？三个月如此，一年呢？十年呢？显然，这是一个非常惊人的数目。

封建地主阶级执行"就地正法"之令，屠杀这么多的生灵，"刑部不知，按察不问"，③ 其冤滥可想而知。但是，受害者是不能申诉的，也是无法申诉的。同治三年（1863 年），太平天国革命失败前夕，也就是"就地正法"执行十年之后，曾国藩在一份批件中便十分明确地说："当咸丰年间各省土匪蜂起之时，州县办理团练，拿获匪党，多系奉有格杀勿论之谕，或有准以军法从事之札。若事后纷纷翻案，则是非缪葛，治丝愈棼，有碍于政体。本部堂前在湖南办团，及在湖北两江等处，凡州县及团练所杀土匪来辕翻控者，概不准予申理，以翻之不胜其翻也。"④

可见，曾氏自己也知道杀错不少人。但是，为了维护封建"政体"，即便是杀错了、冤枉了，上告申诉也不准翻案平反。否则，就会"翻之不胜其翻"，而使"政体"不能维护，扰乱初定的统治秩序。"刑章枉挠，呼天无所"，⑤ 这种制度的野蛮、黑暗、专横，就无须再费笔墨去叙述了。

军事围剿配合"就地正法"，清王朝确实在短期内有效地遏止了农民的反抗。天京被攻破，太平天国和捻军相继被消灭。大规模的反抗停息

---

① 《曾文正公全集·书札》卷二。
② 《曾文正公全集·书札》卷二。曾国藩此处所述，与《清史稿》本传有出入。史稿云：曾国藩"奉旨办团练于长沙"。"四境土匪发，闻警即以湘勇往。立三等法，不以烦府县狱。旬月中，莠民猾胥，便宜捕斩二百余人。"
③ 章炳麟：《讨满洲檄》，参见《章氏丛书－文录》卷二。
④ 《曾文正公全集·书札》卷三。
⑤ 章炳麟：《讨满洲檄》，参见《章氏丛书－文录》卷二。

了。"就地正法"确实为恢复清王朝的专制统治，迫使反抗者回到旧秩序立下了汗马功劳。但是，成功中包藏着隐患。最严重的隐患就是：被自己所破坏的法制不能恢复，从而导致皇权削弱，封建专制政权由绝对集中走向分散。

二 "就地正法"削弱了封建专制皇权

"内轻外重"，是史学界对太平天国革命爆发后，清王朝中央和地方权力消长所下的评断。这些权力包括政治、军事、经济等。其中也应该包括司法审判权，特别是司法审判中的"就地正法"权。

如前所述，太平天国农民革命爆发前，全国只有皇帝才握有对所有臣民的死刑裁决权。总揽天下刑名的刑部，对死刑案件也只有承旨核办拟定罪名的权力。各级地方官就更不用说了。"就地正法"实施后，各级地方官甚至乡绅、团练都可随意就地处决"盗""匪"。这样一来，常法遭到破坏，封建中央对地方的生杀，无能制约，也无力制约。对"生杀予夺惟予一人"的皇帝来说，这是一种权力的失控，权威的丧失。

这种权力失控、权威丧失究竟到了什么程度，由于没有确切的统计资料，本文拟就下述两事以窥其一斑。

一是由沈家本之父沈丙莹亲自所见而做的记事诗。咸丰十年（1860年），沈丙莹由都察院御史调任贵州省安顺府知府，由京官改放地方官。在安顺府任内，他写了一首名为《三桥团》的记事诗："三桥团、三桥团，团丁张牙如封�。谁家乡兵新放逐，五十六人夜投宿。投宿不纳言龃龉，团丁凭怒心胆粗。仓卒缚人同缚猪，磨刀霍霍骈首诛。髑髅满地红模糊，吁嗟呼！我朝好生古无比，议狱年年诏缓死。奈何太阿之柄团丁操，杀人如麻敢如此？"[1]

他记述的是这样一件事：五十六个团丁，天晚投宿，因主人不纳，发生争吵。就为这样一件小事，团丁便挥刀杀人。杀了多少人？他没有具体说出数目。但是，从"髑髅满地红模糊"看，肯定不是一两个。沈丙莹是一个受儒家仁政思想影响很深，而又比较开明的官员，曾任职刑部十多

---

[1] 《春星草堂集·诗三》。

年，又刚由京师外任。过去大概从未见到过这种场面，所以才写出这类谴责团丁暴行的诗来。他在诗中叹息将"太阿之柄"交团丁操纵，因而使他们能随意屠杀而不受任何制裁。很显然，对"就地正法"他最少是持不同意见的，这个例子，不能说是一个特殊例子。在"就地正法"施行的过程中，这应该是一个极为普遍的例子。

这是一事，当时正是"就地正法"施行的全盛时期，团丁操生杀之柄，封建中央对生杀权完全失控。还有一事，就是"就地正法"收缩时期，也就是全国性的大规模的农民反抗被基本镇压以后，一般地方官以及团练、乡绅已没有这种权力了。但是，各省大吏仍有"就地正法"权。他们草菅人命，一旦苦主及其亲属鸣冤，或社会舆论谴责，官僚们便互相庇护，阻挠平反，抵制舆论。光绪初年震动朝野的三起著名冤案，便是十分典型的例子。

为叙述简便，下面将三案作简略介绍。

第一起为浙案，即民间熟知的杨乃武案。此案发于同治末年，直至光绪初年才由刑部审清，平反结案。原审此案之浙江巡抚杨昌浚、学政胡瑞澜（侍郎衔）等一批官员，或被革职，或被流放。此案内容为一般人所熟知，故略。

第二起为江宁三牌楼案。此案因光绪初年南京三牌楼发现一具无名尸体而起。按通常做法，它应交地方官查清审理。但是，两江总督沈葆桢却将它批给营务处总办洪汝奎，由参将胡金传经办。胡金传罗织罪名，认定这是一桩（哥老）会匪内讧互相残杀案，凶手是僧人绍宗、平民曲学如、张克友，死者名叫薛春芳。沈葆桢据此不问真假，援引"就地正法"章程，将绍宗、曲学如处斩，割去张克友的耳朵并将他逐出江宁。沈葆桢死后，江宁地方官偶获真正凶手周五、沈鲍洪，审讯查证后，证实死者不叫薛春芳而是朱彪。继任两江总督刘坤一与洪汝奎私交甚密，福建籍官僚又企图维护沈葆桢名声而提出诸多质疑，致使案延不结。最后，由清朝廷派钦差大臣前往江宁秘密审讯，才予平反。沈葆桢已死免议，胡金传问斩，洪汝奎等一批承审官员降革流放有差。

第三起为豫案，起于光绪五年。河南镇平县张楼被劫，抓获劫犯之一胡体安。开刀问斩时，罪犯呼冤，声称自己不叫胡体安，真名乃王树文，系受差役蒙骗，冒名顶替胡体安。河南巡抚李鹤年、东河总督梅启照受命先后审理此案，虽明知罪犯确为无辜之王树文，真犯胡体安早已逸走。但是，为庇护属员，仍坚持要处斩王树文。几经周折，最后案提刑部，才予平反。李鹤年、梅启照等一大批官员，降革流放有差。

这几起冤案属命、匪、盗案，十分典型，当时震动全国。它最少反映了下述两个课题。

第一，全国性的农民反抗斗争被镇压以后，皇帝的生杀大权仍然严重失控。各地官僚，特别是各省总督巡抚以及将军都统，由于"就地正法"施行多年，自专成习，嗜杀成性，极不愿意，或者说明里暗里对抗封建中央政权对他们的行动进行干预。

官僚们自专嗜杀、草菅人命，在当时的官场中极为普遍。以处理三牌楼案的沈葆桢为例。他是林则徐的女婿，在当时的督抚中，不但颇负能名，而且颇负清名，福建籍官僚视之为"圣人"。但是，这个"圣人"当时就被一些人视为"恣睢好杀"[①]的魔王。绍宗、曲学如无辜被斩，冤情尚有明白之日；不明不白死在他刀下的冤魂到底有多少？《清史稿》本传说他担任两江总督后，"治尚严肃"。"尤严治盗，莅任三月，诛戮近百人，莠民屏迹。"三月杀人近百，令人叹为观止，野史笔记对他在福建船政大臣任内的杀人事迹有一则具体记述，录之可补史稿之简："船厂有一小工窃洋匠汗衫，乃执而告之曰：'汝偷外国人汗衫，太不替中国人做脸。'遂喝令处斩。公余，亦集僚属作诗钟，有一日，未终唱，忽告人曰：'我适有事。'少顷回来再唱。遣人民詗之。则坐大堂又杀一人矣。"[②] 杯觥交错、丝竹嘹耳的诗钟唱和，伴之以罪犯哀号、刀光血影的刑场决囚，决然相反的两种情景居然如此融洽，令人难于置信。儒雅风流如沈葆桢尚且如此，出身行伍的官僚们就不难想象了。

对清朝廷平反上述三大冤狱，督抚们几乎都持对立情绪。以浙案为例，沈葆桢对清朝廷"不冤杀匹夫匹妇而反黜抚臣学臣"[③] 便极为不满。这是当时督抚大臣的一般心态。沈葆桢如此，左宗棠也如此[④]。以斩杀太

---

① 李慈铭：《越缦堂日记》。李慈铭评论沈葆桢的全句是："沈君为林文忠婿，素有贤声，其抚江西，政绩甚著，及闽中居里，为船政大臣，恣睢好杀，声望聚损。"

② 何刚德：《客座偶谈》卷一。

③ 李慈铭：《越缦堂日记》，沈葆桢对浙案的平反不满，还可见于他对詹启纶案的审理，此案的审结具奏见《沈文肃公政书》。

④ 浙江巡抚杨昌浚因杨乃武案而被革职，但很快就被左宗棠奏保，重予起用。

监安德海而闻名海内的丁宝桢则最露骨。光绪二年，浙案即将结案时，他由山东巡抚调任四川总督。进京朝觐时，他大闹刑部，公开替杨昌浚、胡瑞澜鸣不平。"丁文诚入觐，颇持正论，终不能解铄金之众口"，① 刑部虽未为他之闹而移，但是，对他也无可奈何。

总之，各地总督、巡抚，习于自专，明里暗里对抗清朝廷对各地死刑案件，特别是命盗案件审判的干预。这是一种普遍的现象。这种现象背后所隐藏的是：皇权对死刑案件的最终裁决权仍然严重失控，正常法制仍无法恢复。

第二，这几起案件反映出来的另一个问题就是清朝中央政权企图恢复旧制控制生杀大权的意图。

这种意图，在刑部审理浙案时便初露端倪。

光绪二年十二月，在刑部即将审结杨乃武案时，御史王昕曾给清朝廷上过一份奏折。他在这个奏折中，严厉指责浙江官员"徇情枉法，罔上行私，颠倒是非，至于此极"；斥责杨昌浚"狂易负气，刚愎怙终"，"饰词狡辩，淆惑圣聪，其心尤不可问"，"藐法欺君，肆无忌惮"。并由此而推及所有地方军政大吏，指出"大臣倘有朋比之势，朝廷不无孤立之忧"。最后提出两项建议。（1）胡瑞澜、杨昌浚犯的是"瞻徇欺罔之罪"，因此不能像对待平常办错案件那样，以"故入误入已决未决比例轻重"，而应"究出捏造真情"，"予以重惩"。（2）借平反此案之机，扭转疆臣藐法欺君的局面，通过重惩杨昌浚、胡瑞澜"以伸大法于天下，以垂炯戒于将来。庶大小臣工知所恐惧，而朝廷之纪纲为之一振"。②

这是一份很有代表性的奏折。王昕由一省一案推及全国所有案件，由深究杨、胡推及所有督抚，反映了清朝中央官僚，企图借平反冤案，缩小甚至收回"就地正法"权，削弱督抚权力的意向。正因为如此，所以它得到清朝廷的赞赏，因而在下发奏折的谕旨中指出："各省似此案件甚多"，并令刑部"彻底根究"浙案，这无异于向各省封疆大吏发出讯号：大批类似浙案的案件，都要根究，加强中央皇权通过案件的审理而被提出。

如果说，王昕就浙案所上的弹劾还有那么一点转弯抹角的话，豫案结

---

① 刘体仁：《异辞录》卷二。
② 朱寿朋：《光绪朝东华录》，中华书局，1958，总第346页。

案后，三法司批驳河南巡抚李鹤年的奏折就是一针见血了。与杨昌浚一样，李鹤年在刑部审结王树文案后，仍然哓哓置辩。针对他的辩词，三法司批驳说：李鹤年"拉杂引例，希图淆惑众听，颠倒是非。长外省草菅人命之风，其失犹小；启疆臣欺罔朝廷之渐，其罪实大。现在诸事内轻外重，势已积成，尚未有如斯之明目张胆，护过饰非者"。①

三法司的奏稿由实际主持审理平反豫案的刑部候补郎中赵舒翘起草。但是，据李岳瑞云，这几句话乃当时清流首领、都察院左副都御史张佩纶所加。李岳瑞在《春冰室野乘》中记述豫案的平反经过后说："方三法司会稿时，丰润张学士佩纶署副宪，阅书稿竟，援笔增数语于牍尾曰：'长大吏草菅人命之风，其患犹浅；启疆臣藐视朝廷之渐，其患实深'② 云云。"这几句与前面王昕奏折相较，内容相似。但是，提出的问题却比王昕奏折更直接、更尖锐。综观两折，都针对冤狱参劾督抚，但是参劾的重点都不在冤狱本身。御史们担心的不是督抚们的草菅人命，换句话说，就是不在乎老百姓的生与死；目的也不在总结经验以便更有效地平反由督抚们所制造的冤狱上。"其患犹浅"四字，十分明确地表达了他们对待冤狱的态度。他们所真正担心的是"内轻外重"继续发展，皇权继续削弱。因此，他们的真正目的是要扭转"疆臣藐视朝廷"的局面，加强皇权，维护中央集权的封建专制政权。这才是问题的实质。

"就地正法"既然削弱了中央权力，削弱了皇权，那么，围绕这个问题，封建统治阶级内部的争论就很难避免了。

三 "就地正法"的存废之争

同治三年（1864 年），太平天国天京失陷，农民革命失败。同治七年，西捻军张宗禹战死，捻军斗争停止。太平天国和捻军起义的失败，标志着全国性的大动乱结束。既然"就地正法"是专为镇压农民对旧秩序的破坏而发布实施的，那么，当全国性的动乱结束后，这种铁血制度要不要取消呢？围绕这个问题，封建地主阶级内部时断时续地争论了四十多年。

① 赵舒翘：《慎斋文集》卷五。
② 李岳瑞此处所述，与上面所引赵舒翘《慎斋文集》，文字略有不同。

（一） 最初的争论

《清史稿·刑法志》说，停止"就地正法"之议于光绪七、八年由御史胡隆洵、陈启泰提出。其实不然，时间要早得多。

同治八年，亦即捻军起义失败后的第二年，御史袁方城便上章请求停止"就地正法"。袁氏的奏疏经刑部核议后，清朝廷曾下达过一道谕旨："前因军务方殷，各该地方官拿获匪徒，即行'就地正法'。原属一时权宜之计。除现有军务地方仍准照办外，其业经肃清省份，遇有获案要犯，著仍照旧章，详由该管上司复核办理，以重人命。"①

这道谕旨肯定"就地正法"只是"一时权宜之计"，而非常法，但是却无彻底取消的决心。有恢复旧制的意图，而无真正予以恢复的勇气。

因此，用"军务"进行限制，缩小执行地域。苦衷难言，拟此谕旨者看来颇费一番苦心。

但是，就是这样，实践中仍然不能执行。因此，同治十二年御史邓庆麟再次上章，请求在"军务肃清省份，拿获盗贼土匪"，照旧例办理，恢复正常法制，停止"就地正法"。清朝廷将邓氏奏疏批交刑部核议。刑部十分为难："各省军务虽早肃清，盗劫之案尚未止息。若一律改归旧制，窃恐窒碍难行。"② 不同意以有无军务来确定是否停止"就地正法"，主张把邓氏奏疏咨行各省督抚，由他们去体察实际情形，决定是否停止"就地正法"，恢复旧制。

各省督抚核议的结果几乎完全一致，都反对停止"就地正法"的执行，主张有保留地继续适用。如广东巡抚兼署两广总督张兆栋就提出："粤东盗风，甲于他省，动辄明火持械，肆行劫掠。"军务虽然停止，但是，"盗劫之风，尚未止息"；其他省军务肃清后，遣散兵勇回粤，打家劫舍，为害乡里。在这种情况下，"若拘泥成例，遽请规定复旧制，诚恐凶暴稽诛，妄思漏网；监狱拥挤，致有他虞，转贻地方隐患"。因此，对这两类案件，他只同意广州府属各县应予解省勘转，向朝廷具题。其他地方则仍由督抚核明，批饬"就地正法"。③

---

① 《穆宗实录》卷253。
② 《光绪朝东华录》，总第56页。
③ 《光绪朝东华录》，总第57页。

再如两江总督刘坤一、江苏巡抚吴元炳，在连衔复议奏折中说：江苏省在军务肃清以后，"游勇抢匪强劫之事，仍复不小。徐海各属地方伏莽，亦尚未能净绝"。对这些土匪游勇，若"一概照例解勘，则稽延时日，实不足以示惩创而儆效尤；并恐道路稍涉疏虞，转致酿成巨案"。① 因此，他们指出：江苏省对聚众抢劫的土匪、游勇，必须继续适用"就地正法"。

总之，在太平天国和捻军被镇压的最初几年里，清朝中央既无彻底取消"就地正法"的决心，各地督抚也反对使自己肆行威福近十年的铁血制度一旦停止。

（二）光绪初年的大争论

"就地正法"是否停止的争论，由于督抚们的阻拦而暂时止息。就在此期间，浙案、三牌楼案、豫案相继曝光。而且往往是前案未结，后案踵起。朝野上下、京城内外，舆论为之大哗。而冤案的发生又与"就地正法"的无限期推行紧密相关。因此，御史们停止"就地正法"的奏章，再次被送到御案前。

光绪七年七月，御史胡隆洵首先上章。他没有直接提出取消"就地正法"（按：《清史稿·刑法志》以胡隆洵提议停止"就地正法"，此说误），而是建议废除咸丰初年的"强盗已行，但得财者不分首从皆斩"的规定。理由是，"军务肃清已久，百姓相率归业。凡各直省兴养立教诸政，无不次第举行。是今日之天下，正国家培养元气之时。复祖制而广皇仁，此时不容缓矣。欲推恤刑之心，宜先复原情之律。夫劫盗伙犯，岂尽无良。或迫于饥寒，或被人诱胁，原其情节，实可哀矜"。他从儒家的仁政思想出发，提出对老百姓实行安抚，恢复雍正时的"盗劫之案，将法所难宥，情有可原者，分别正法及发遣"的旧例。

刑部核议胡氏奏疏，认为恢复强盗分首从之旧例，不如先停止"就地正法"章程的执行。因此，奏请朝廷，令"各省督抚将军都统府尹体察情形，将伙众持械强劫案件，仍照成例，解由该管上司覆勘，分别题奏，不得先行正法，迅速妥议具奏"。②

---

① 《光绪朝东华录》，总第 141 页。
② 《光绪朝东华录》，总第 1138 页。

刑部意见遭到所有封疆大吏的反对。他们几乎一致以自己所治地方的特殊性强调自己辖地不宜停止"就地正法"。例如，直隶总督李鸿章便复议说：直隶"情重之马贼、海盗、枭匪、游勇，不得不严速惩办以遏乱萌"。为什么对这几种人要从严从速呢？理由是，"此等匪徒，目无法纪，犷悍性威，习惯为盗。动辄啸聚多人，横行村市，倚强肆掠。或骑马持械，中途截抢；或驾船出海，迭劫巨赃；甚至炮烙事主，强奸妇女，烧毁房屋，拒伤捕人，劫掠官衙饷鞘。凡此种种凶恶，实属罪不容诛。若复辗转迁延，久稽显戮，不特解审在途，拘禁在狱，虑滋事变；而被害商民，只见其犯法，不见其伏诛，殊不足以平怨愤而儆效尤"。犯罪的恶性和社会影响都要求对这些人从严从速。再从司法实践看，"就地正法之犯，必令该地方官详细研究，录取切供、赃证明确，再由臣饬派本管道府或另委妥员确加复审，果是情真罪当，方始处决"。因此，绝无冤滥之虞。而从地理环境论，"直隶幅员辽阔，西北临边、东路滨海，时有马贼海盗勾结为患。塞外之张、独、多三厅，广袤千数百里，匪徒横行，肆无忌惮。西南路之深、冀、正、赵、顺、广、大名一带，与东豫犬牙交错，素为枭匪出没之区，……伏莽尚多，盗风实未尽靖息"。基于这三个方面的理由，他认为，原定"就地正法"章程，直隶不能停止。必须将"情重之马贼海盗枭匪游勇，审明'就地正法'"，才能维持地方秩序。①

两江总督左宗棠与江苏巡抚卫荣光联衔核议江苏不能停止的理由与李鸿章近似。从地理环境和社会效果看，江苏的"淮、徐、海三府州属距省窎远，民情犷悍，抢劫频仍。一经获犯，若不就地严惩，非特辗转解勘，疏脱劫夺在勘虞；且被害之商民未得见其早日伏诛，冤仇莫泄；即匪党亦无所警惕，难冀其猛省回头"。宁、苏、常、镇等地，则有江洋巨盗、游兵散勇、积匪盐枭出没其间。停止"就地正法"，势必助其气焰。从维护统治秩序的必要性看，"为政首重安良，而安良又必先除暴。江苏滨临江海，口岸繁多，华洋商贾，辐辏云集。值此奸宄潜迹出没无常之时，非悬一重典以严为之防，窃恐震慑无由，转致酿成隐患"。更何况，就地处决之犯，都是"凶恶众著"之罪魁，缉获以后，经州县审理，而道府、而臬

---

① 《光绪朝东华录》，总第1231页。

司、而督抚,层层研鞫,证据确凿,始行正法。司法上不会出现冤滥。①
基于上述理由,他们主张对江苏的伙众持械抢劫情重案犯、江洋巨盗、游
兵散勇、积匪盐枭,仍然适用"就地正法"章程。

直隶、两江总督,例兼北洋、南洋大臣,是全国督抚首领;李鸿章、
左宗棠在当时督抚中,地位和声望都足以左右其他督抚的行止。两人的态
度如此,其他督抚不可能有相反的意向。继两地总督之后,热河、奉天、
吉林、黑龙江、陕西、湖北、山西、山东、广西、广东、四川、河南、江
西、云南、新疆,以及稍后的贵州、福建、浙江等全国总督巡抚将军都
统,相继以类似特殊问题,要求继续保留"就地正法"。

督抚们的奏章尚未完全送京,光绪八年二月,御史陈启泰就上疏批驳
督抚,陈述各省盗案"就地正法"章程流弊甚大,请求停止执行。他首先
综合反对停止的理由:"各省复奏'就地正法'章程,皆以势难停止为辞。
所陈不过谓盗案尚多,递解虞有疏脱,省监聚处,或恐别滋事端,以外无
他说也"。针对这些理由,陈启泰一一进行驳斥。(1)"夫未有新章以前,
何一案不解省?何一犯不在监?今之视昔,情形不相悬绝。护解之不慎,
典守之多疏,疆吏顾不能区划周详,反谓势有阻难,遂置国家成宪于不
顾"。把停止不停止提到要不要国家法制问题上来。(2)"至谓简便章程行
之日久,骤归旧例,州县层层解勘,经费难筹;办盗愈难,讳盗必愈甚。
不知囚粮役食,原准坐支;胥吏陋规,尤干例禁。何得以此(为)借口。
况讳盗之习尚,在上司之整顿,并不视办法为转移。无庸鳃鳃过虑"。所
有理由都不过是人为寻找的借口而已,根本不能成立。(3)"若迁就新章,
流弊甚大。一案既出,但凭州县禀报,督抚即批饬'就地正法',则其中
以假作真,移甲就乙,改轻为重情事,皆所不免。盖地方盗案,登时就获
者少。参限届满,踩缉无期,往往别取平民,安拿充数。或前案人名窜入
后起,或寻常案犯陷以重情,捏赃教供,刑逼诬服,但以考成为念,上司
各怀瞻徇之私。委员会审者,不过一公禀销差;道府复讯者,不过空详塞
责。案情既结,则死者不可复生,断者不可复续。覆盆之下,昭雪无从。
且补录招供,成何信谳;按季汇报,亦亵刑章。等祖制若弁髦,视民命为
儿戏。"淋漓尽致地揭露了官僚们上下相蒙、互相包庇、制造冤案、草菅

---

① 《光绪朝东华录》,总第 1297～1298 页。

人命的种种行径。（4）最后指出不停止执行的危害。"若不亟思变计，恐残杀习为故常，怨愤激成事变。从前发捻未平、匪徒蜂起，自不妨权用重典。今海内晏然处二十年矣，百姓相安，元气未复，休养生息，正在斯时。分别首从之例，纵未能遽议改旧，而'就地正法'之章，何不先行停止。应请饬令仍照旧例解勘，分别题奏，以重刑宪。毋令地方官吏久擅生杀大权，庶人命不致草菅。"①

陈氏奏疏一针见血地道出了督抚们反对停止执行"就地正法"，继续擅作威福、专擅生杀之权的用心。在"就地正法"要否停止的争论中，这是一份最有分量的奏疏。

继陈启泰之后，另一御史谢谦亨也疏请停止"就地正法"。他以三牌楼案沈葆桢冤杀绍宗、曲学如为例，指出："'就地正法'之章程一日不停，则此一日冤杀吾民者不知凡几。在各省督抚等，或先朝旧勋，或特旨擢用，无不力图报效。惩咸同间盗匪之害，以为治盗宜严，而后闾阎可靖。然正惟其急于求治，而属员之望风迎合者，益教串诬罔，以显其缉捕勤能。承审之员，又锻炼周内以附之。坦直者轻于信人，果决者亟于除盗，欲求无误，能乎？章程本为军务而设，仍应分别有无军务省份，核实办理。现在有军务省份，惟甘肃缠回时扰，广西越境剿办越南土匪，应暂缓停止。其余各省，办理边防海防，皆武备之常，不得假借防务为军务，率请暂缓停止。"②

谢疏不无开脱督抚之嫌，但是，他揭露了督抚们将正常防务作为紧急军务而请求继续使用"就地正法"的另一用心。因此，也是分量很重的奏疏。

这是"就地正法"施行近三十年以来最大的一次争论。督抚们以各省"实在情形"立论，意见"不谋而合"。御史们则以儒家仁政思想相诘，以已经审明的冤错案为例，主张"治平世用轻典"，恢复法制、集权皇帝，名正而言顺。双方意见，形如水火，甚难调和。

清朝廷将督抚和御史们的条陈，统统发交刑部议核。光绪八年四月，刑部综核所有条陈研究分析后，拟出如下意见。（1）肯定"就地正法"是

---

① 《光绪朝东华录》，总第 1316～1317 页。
② 《光绪朝东华录》，总第 1317 页。

"一时权宜之计",不能作为"经久不易之常",也就是说,不能作为常法长期施行。(2)驳斥督抚,重申生杀之权应归中央皇帝。"若如各该省所奏,盗案尚多,碍难规复旧制。试问盗风何时方能止息?似此年复一年,安于简便,致令杀戮之权操之臣下,终无规复旧制之时,亦殊非慎重人命之道。"(3)从维护封建统治秩序出发,全国尚非停止执行之时。理由是:"此事行之日久,骤然停止,难免若辈不从而生心,转相庆幸。是朝廷方慎重刑章,而宵小反诩为得计;非特无以昭炯戒。且于地方大有关系。"失去特殊预防和一般预防手段。(4)权衡利弊之后,他们提出一个限制性意见:"除甘肃省现有军务,广西为昔年肇乱之区,且剿办越南土匪,以及各省实系土匪、马贼、会匪、游勇,案情重大,并形同叛逆之犯,均暂准'就地正法'。其他盗案,停止执行。"①

这是一种折中方案,以"军务"和"土匪、马贼、会匪、游勇"而断。二者不息,"就地正法"不止。而中国近代恰好又是内忧外患,"军务"不息年代,也是"土匪、马贼、会匪、游勇"杀而不绝、愈剿愈盛的年代(这几种人还往往与"军事"有直接或间接联系)。因此,"就地正法"便难得停止之期。刑部意见,经清朝廷批准,下令施行。

(三)光宣争执余绪

光绪二十四年(1898年)九月,戊戌变法失败,光绪皇帝被囚禁。再度垂帘听政、对维新派不施一点仁政的那拉氏,大概是考虑要为她的倒行逆施做点粉饰,以稳定人心的原因吧,居然关心起劫盗犯,表示要对他们法外施仁。没有中外臣工的条陈,便发了一道谕旨:"向来中外各衙门办理强劫盗犯,俱属不分首从,自属照律办理。惟从前犹分别法无可贷,情尚可原两层。近则一经审明真盗,无不立予骈首,辟以止辟,立法不得不严。惟念盗案首从虽同一犯法,究属稍有区别。应如何网开一面,稍施法外之仁,著军机大臣会同三法司妥议具奏次。"②

军机大臣和三法司很快拟出意见复奏:"强盗得财,不分首从,原系辟以止辟之意。惟现行则例,强劫之案,临时不行及事后分赃者,均分别

① 《光绪朝东华录》,总第1318~1319页。
② 《光绪朝东华录》,总第4237页。

减拟，并非概予骈诛。州县官果能遇案虚心审断，自无冤滥之虞。"现行法律已不存在此类问题，剩下的问题是地方官如何在司法实践具体执行。真正成为问题的是法律上没有规定，实际上广泛使用的"就地正法"章程。此"乃一时权宜，并未纂为定例，各省地方官惮于解勘，借图简便、草菅人命，恐所不免"。但是，他们找出问题，而提不出解决问题的善策。最后，只好重复光绪八年的意见了事。①

限制使用的谕旨虽然一再发出，但是，督抚们却仍然我行我素，根本没有把这些禁止令当作一回事。岑春煊处斩李云甫、李松甫就是很好的例证。

李云甫、李松甫是广西桂林府全州州同刘应琛的门丁。光绪三十年（1905 年）正月，署理两广总督岑春煊，因二李串同书办蒋吉安，借案吓诈事主薄志道，便以严惩诈扰、以儆效尤为辞，在草率审问、连赃数多寡亦无确切数目的情况下，将李氏兄弟"就地正法"，并以"知情故纵"，将刘应琛革职，发遣新疆。

以此案而论，当时广西虽有军务，然而两犯却"既非军营获罪，又非强盗案件"。因此，"断无援照'就地正法'章程先行处决之理"。但是，岑春煊不但把人杀了，而且还以"除弊"为由，公然奏请清廷将此案通报全国，让各省也像他这样去革除门丁之弊。②

对岑春煊的这种越法杀人行为，刑部曾拟稿准备参劾。但是，南岑（春煊）北袁（世凯），势倾天下。就连刑部大僚也害怕他们的威势，而将参劾岑氏的词句全部删除。如果说，对封疆大吏的滥杀，过去是"刑部不知，按察不问"的话，那么，在这个案子中，刑部就已不是不知，而是知而不问了。当然，刑部中的一些人想问，但是力不从心，不能问，或不敢问。由此可见，晚清末造，封建法制已败坏到何等程度。

南岑如此，被时人誉为"民屠"的北袁更是肆意妄为。早在光绪二十九年接任直隶总督不久，他就以战后直隶各地窃挖坟墓案件增多，而对发冢之犯实行"就地正法"。对此，刑部照样不敢奏请清廷强行制止，而仅作一点限制，规定对"发掘坟冢开棺见尸为首例应斩决之犯，如实系土

---

① 《光绪朝东华录》，总第 4284 页。
② 《刑部奏底》。

匪、游勇及伙众持械拒捕、杀人伤人、凶暴众著者"，可以适用 "就地正法"。① 如此，为袁世凯屠杀民众，大开方便之门。

这就是那拉氏施仁政、限制 "就地正法" 的成效。由此而推及清朝廷历次发布的限制 "就地正法" 的谕旨，在多大程度上限制了督抚们的 "生杀皆可任意"？这个问题，似乎不用多费笔者的笔墨了。

"就地正法" 始于咸丰，历同、光两朝，争而不停，限而不除。那拉氏死后，清王朝在寿终正寝的前夕，加紧集权，同时又加大伪立宪的宣传。而 "就地正法" 这一野蛮重法与宪政原则格格不入，"蹂躏人权，破坏立法，莫此为甚"。"决不容一日存留此等恶法" 之呼声，日甚一日。但是，"地方行政官，方以生杀之权，操之数十年，不甘放弃"，"草菅人命之举，犹复变本加厉"。有些地方官甚至扩大解释，把抢劫地发生在城外，解释为 "啸聚薮泽"。屠刀挥动，人头滚滚落地。野蛮的屠杀，激起民众更加强烈的反抗。出于集权和敷衍宪政两种目的，宣统元年四月，御史吴纬炳，又一次上章请求停止 "就地正法"。

法部核议吴氏奏疏，提出：除剿办胡匪的东三省外，各省 "土匪、马贼、会匪、游勇"，只有在 "啸聚薮泽、抗拒官兵，形同叛逆" 时，才暂准 "就地正法"。这个意见，经当时的政务处核议，清朝廷下令施行。谕旨下达后，湖南巡抚岑南蓂，两广和云贵总督袁树勋、李经羲复奏，要求仍按旧章程办理盗案，遭到法部的批驳。法部并请求以后各地督抚，"有再请暂照 '就地正法' 章程办理者，以违制论"。因当时《大清律例》已经修改而成《大清现行刑律》，为免法令分歧，宣统三年三月，宪政编查馆专就限制 "就地正法" 进行解释，规定：所谓 "抗拒官兵，自系指派兵剿办时而言。凡由军营官兵登时于军前拿获者，暂准讯明禀请军令，立予就地正法。此外事后捕获人犯，但有拒捕情形，只能按律治罪。诚以罪人拒捕，《现行刑律》列有专条，与抗拒官兵者，情事确有不同"。② 因此，必须送交审判衙门或地方官讯办，不准率先处决。这是 "就地正法" 推行五十多年，范围限制最小的一次解释。而这时的封建王朝，已是风雨飘摇中即将沉没的破船。

① 《刑部奏底》。
② 《法政浅说报》第 17 期。

四 "就地正法"久争不停原因浅说

以上是"就地正法"施行半个多世纪，清王朝封建官僚集团就它的行止所进行的多次争执。五六十年中，不管翰林、御史如何引经据典，这种野蛮之法终未停止。手握军政实权的封疆大吏不愿停止，总揽天下刑名的刑部大臣不敢轻倡彻底停止，处心积虑企图扭转外重内轻、削弱督抚权力的清朝廷不敢贸然下令废止。实际上，高谈阔论的翰林、御史，也只是在做无权无势的穷翰林、穷御史时，才建言停止。一旦跻身权要、手握地方军政大权，就立即改变态度。张之洞就是一个典型例子。光绪初年，他由清流翰林出任山西巡抚，以后历任两广、湖广、两江总督。几十年间，所到之处无不先请暂缓停止"就地正法"。这种现象，看似奇怪，事实上，时局使然，他不得不为。

清末的立宪派，曾将"就地正法"长期不能停止的原因，归咎于封疆大吏的"惮解勘之繁费，乐于简易；久操生杀之权，习于残忍"。《清史稿》则认为是"疆吏乐其便已"。二者之论，无甚悬殊。笔者认为，这些都不过是皮相之谈。在这种皮相之后，蕴蓄着极其深刻的社会原因。

本文开篇时曾说过，"中国历史上不乏'就地正法'之法之例"。以清朝为例，从努尔哈赤到玄烨，清朝贵族的列祖列宗们在争夺全国统治权的斗争中，曾上演过诸如"扬州十日""嘉定三屠"等人间惨剧；"留发不留头"的薙发令，也曾使难以计数的汉民脑袋搬家；开棺戮尸、文字狱则把文人墨客的鬼魂赶出旧穴而失所流离。但是，这种比"就地正法"还要残酷得多的暴力，并未给大清帝国的建立造成多大的障碍，原因何在？因为当时是明末败政民心厌弃的时代，他们依靠自己的雄才大略，在驱使八旗铁骑踏碎旧秩序的同时，迅速制定常法，用法制稳定新的统治秩序。而他们的后继者，既无乃祖乃翁的雄才大略，当然也就没有乃祖乃翁那样的文治武功。他们要守住江山，只能谨守祖制，依靠乃祖乃翁创立的法制，保住皇位，皇权需要法制的维护。但是，清朝在道咸以降，统治集团已极度腐化，政治败坏，法制废弛，封建国家机器运转失灵。在大规模的农民起义面前，非借常法之外的强力就不能使封建统治苟延残喘。因此，"就地正法"这种野蛮残酷的暴力，成了封建国家机器继续运行的润滑剂。

"就地正法"之用意，"乃在防盗匪之酿成乱匪，而予以治乱匪之法治盗匪"。也就是说，它本来是为对付已经扯旗造反的"乱匪"的，但是，为了防止饥寒交迫、死里逃生、单个地破坏旧秩序的"盗匪"汇合而成"乱匪"，因此，用这种兼具特殊预防和一般预防两种功用的重法，来对付"盗匪"。正是在这种意义上，我们说它是特别刑事法规。

毋庸讳言，这种润滑剂曾在短期内，又有效地推动庞大的封建国家机器继续缓慢地运行了一阵，但是，它没有也不可能有起死回生的功用。更确切地说，它还是一种奇毒无比的腐蚀剂。破坏常法，削弱皇权，仅仅是次要问题。深受内外反动势力压迫的中国民众，不愿意也不甘心永远充当奴隶和顺民。屠杀愈多，激起的反抗愈烈；反抗愈烈，屠杀愈酷愈滥。"权宜之法"，变成了久行不止之法。腐朽庞大的封建帝国就在这种愈演愈烈的屠杀中，被愈来愈多甘弃头颅的反抗者所推翻。辛亥武昌起义在1911年10月10日这一天爆发，不能说与清朝的"就地正法"毫无关系。高悬武昌城头、被湖广总督瑞澂就地处决的彭楚藩、刘复基、杨宏胜三颗血淋淋的人头，激怒了新军士兵，推动了起义的进程，历史就是这样记录的。

应该承认，"就地正法"的这种反作用，封建地主阶级，特别是其中头脑清晰的成员，是十分清楚的，他们并为此而深怀恐惧。但是，陷入困境中的封建王朝，实在拿不出比这更有效的治国办法。苟延残喘之中，明知自己酿造的是能置自己于死地的鸩酒，也只好强行吞饮。这就是每次争执，中央皇权与地方督抚总要妥协折中的内在原因。维持现存旧秩序，双方不但目标一致，而且还是排在首位的目标。双方的权力，都必须以封建国家的存在为前提。因此，争执总是前提一致的争执，为了共同目的，双方当然可以而且应该妥协。

总之，"就地正法"既然以维护旧的封建秩序为己任，那么，只要破坏封建旧秩序的力量还严重威胁着封建统治，统治阶级的任何一方，就不会轻易停止这种野蛮之法。这就是"就地正法"为什么一定要伴随清王朝的灭亡而告终的本质原因。

（原文载李贵连的《近代中国法制与法学》卷五，北京大学出版社，2002，收入本书时略有改动）

论现行死缓制度与清代死刑监候之不同

孙家红 *

一

"死刑缓期执行"（简称"死缓"）制度历来是中国刑法学界讨论的一个重要问题。随着死刑复核权被最高人民法院收回，"死缓"——作为中国现行刑法中一项颇具特色的刑罚执行制度引起人们更多的关注。其中大多数讨论文章从现实的角度进行立论，也不乏有人从历史的角度进行考察，或者研究中国古代的死刑复核制度，或者追溯现行死缓制度的历史渊源。平心而论，此皆为可取的研究途径。而在众多讨论死缓制度的篇章中，有两种说法值得我们注意：其一，"死缓是我国的一种独创"，其二，"明清的秋朝审制度是死缓制度的萌芽形式"。前者或可称为"独创说"，后者或可称为"萌芽说"。时下，"独创说"比较流行；而"萌芽说"有时会被俗解成"相似说"，因为在一些人的观念里，现行的死缓制度与明清的秋朝审是如此相似，他们真会当成相同的东西看待呢。

其实，早在一些人提出"独创说"后，反对的意见也随之产生。《江海学刊》1983 年第 3 期曾刊载张红洲的文章《"死缓制度"考辨》，指出在法国和英国都曾有过死刑缓期执行的做法，用以否定"独创说"。而在张正新的博士论文中亦承袭张红洲的说法，并在材料上有所补充。① 可是，二人均未提及的是，英文中专有一词"reprieve"表示死刑的暂缓执行之

---

* 孙家红，中国社会科学院法学研究所副研究员。

① 张正新：《死缓制度研究》，博士学位论文，武汉大学，1999 年 5 月。

意。比如，英国戴维·M. 沃克著《牛津法律大词典》载："Reprieve（暂缓行刑）：刑事法院的判决延期执行。如果定罪是妇女，且已怀孕，或犯人在定罪后精神错乱，那么当死刑判决作出时，法院可允许暂缓执行。如果法官不满意陪审团裁决并认为应给予君主赦免的时间，也可这样做。在其他所有案件内，只有国王才能决定暂缓行刑，必须由内务大臣或英格兰国务大臣建议。暂缓行刑通常与无期徒刑的减刑相联系，但暂缓行刑同减刑截然不同。"① 又如，2003 年版《元照英美法词典》中将该词翻译作"暂缓执行刑罚"，并解释为"对判处的刑罚，尤其是死刑暂予缓期执行。例如对判处死刑的妇女在怀孕期间暂缓执行"。② 可见，"reprieve"乃指专门针对死刑进行的缓期执行方式，并且在英美法系中有相对严格的适用限制。由此，死刑暂缓执行的方式在西方国家的确是存在的。但是，仅仅根据这一点相似就认为中国的死缓制度并非独创，仍是比较冒险的。因此，我们仍有必要对中国死缓制度的产生作一番历史的考察。

刑法学界的一个基本共识是，现行死缓制度直接产生于新中国成立初期的镇压"反革命"运动。1950 年 12 月 19 日，毛泽东在给湖南省委书记黄克诚的电报中指示："对镇压反革命分子，请注意打得稳，打得准，打得狠，使社会各界没有话说。"次年 1 月 17 日，毛泽东又在一份内部电报中再次强调"所谓打得稳，就是要注意策略。打得准，就是不要杀错。打得狠，就是坚决杀掉一切应杀的反动分子"，并特别注明"不应杀者，当然不杀"。③ 同年 5 月，毛泽东在修改第三次全国公安会议决议时所作的接连几段批示中谈道，"目前在全国进行的镇压反革命的运动，是一场伟大的激烈的和复杂的斗争"，并提出了一条"群众路线"："党委领导，全党动员，群众动员，吸收民主党派及各界人士参加，统一计划，统一行动，严格地审查捕人和杀人的名单，注意各个时期的斗争策略，广泛地进行宣传教育工作（召开各种代表会、干部会、座谈会、群众会，在会上举行苦主控诉，展览罪证，利用电影、幻灯、戏曲、报纸、小册子和传单做宣传，做到家喻户晓，人人明白），打破关门主义和神秘主义，坚决地反对草率从事的偏向。"而对于"关于杀反革命的数字"，他认为"必须控制在

---

① 〔英〕戴维·M. 沃克：《牛津法律大词典》，光明日报出版社，1988，第 767 页。

② 薛波等：《元照英美法词典》，法律出版社，2003，第 1184 页。

③ 《毛泽东文集》第 6 卷，人民出版社，1999，第 117 页。

一定比例之内"，且要坚持一个原则，"对于有血债的或其他最严重的罪行非杀不足以平民愤者和最严重地损害国家利益者，必须坚决地判处死刑，并迅即执行。对于没有血债、民愤不大和虽然严重地损害国家利益但尚未达到最严重的程度、而又罪该处死者，应当采取判处死刑，缓期二年执行，强迫劳动，以观后效的政策"。①

对于制定这样政策的理由，毛泽东在同月的另外一件批示中给出了很好的解释："这个政策是一个慎重的政策，可以避免犯错误。这个政策可以获得广大社会人士的同情。这个政策可以分化反革命势力，利于彻底消灭反革命。这个政策又保存了大批的劳动力，利于国家的建设事业。因此，这是一个正确的政策。"据此分析，主要有四点：（1）慎重对待，避免错误；（2）获得广大社会人士的理解和同情，而不会因大规模的杀人激起更多的民愤；（3）对"反革命"势力分化瓦解，彻底消灭；（4）保存劳动力资源，为新政权建设出力。他同时指出："缓期二年执行"的政策，又"决不应解释为对于负有血债或有其他重大罪行人民要求处死的罪犯而不处死"，"如果这些人中有若干人不能改造，继续为恶，将来仍可以杀，主动权操在我们手里"。总之，"人民要求杀的人则必须杀掉，以平民愤而利生产"。② 此种说法，表面上看，很像当年孟子的主张："左右皆曰可杀，勿听；诸大夫皆曰可杀，勿听；国人皆曰可杀，然后察之；见可杀焉，然后杀之。故曰，国人杀之也。如此，然后可以为民父母。"③ 不过，现在的政权性质早已发生改变，却是不争的事实。

对于"反革命"分子的杀戮规模，毛泽东似乎成竹在胸，他说："在上述党、政、军、教、经、团各界清出来的应杀的反革命分子中，有血债或有其他引起群众愤恨的罪行或最严重地损害国家利益的人只占极少数，大约不过十分之一二，而判处死刑缓期执行的人可能占十分之九，即可保全十分之八九的死罪分子不杀。"④ "杀人不能太多，太多则会丧失社会同情，也损失劳动力。……凡无血债或其他引起民愤的重大罪行，但有应杀之罪者，例如某些特务或间谍分子，有些教育界及经济界中的反革命等，

---

① 《毛泽东选集》第 5 卷，人民出版社，1977，第 39~41 页。
② 《毛泽东选集》第 5 卷，第 43~44 页。
③ 《孟子》卷二，梁惠王章句下，上海书店，1996。
④ 《毛泽东选集》第 5 卷，第 42~45 页。

可判死刑，但缓期一年或二年执行，强迫他们劳动，以观后效。如他们在劳动中能改造，则第二步可改判无期徒刑，第三步可改判有期徒刑。（凡判徒刑一年以上者，一般都应组织他们劳动，不能吃闲饭。）这样，主动权抓在我们手里，尔后要怎么办都可以。"① 因此，"为慎重起见，一律要报大行政区或大军区批准"。② 若干年后，彭真回忆道，"全国镇压反革命运动取得了伟大胜利，反革命的气焰被打下去了，……另一方面我们应该估计到，群众起来时怕反革命，群众起来后在高潮中容易产生'左'的情绪，……有一部分人有点头脑发热了，热了就容易出问题"，为求谨慎，"对那些危害人民利益严重，但不是最严重的，民愤不大，就判处死刑缓期"。③

从以上的过程可以看出，"判处死刑，缓期二年执行，强迫劳动，以观后效"的刑事政策出台具有一定的合理性，而与中国古老的慎刑思想不无相通之处。这项特殊的死刑执行政策最终在 1979 年 7 月被写入《中华人民共和国刑法》，"死缓"制度在中国刑法体系中正式确立起来。

有些人不免产生疑问：这种政策的出台是毛泽东等人凭空想象出来的，还是当时全面学习苏联的产物？为此，我们考察了苏联有关"反革命罪"的一些规定。根据 1950 年苏联法律专家讲述，"刑罚是追求一般预防和特别预防合而为一的任务"，"苏维埃政权永远看成死刑是特殊的和暂时的方法。……无论是在一九二二年颁行的首次苏维埃刑法中或是在现行的刑法典中，死刑都在一般刑罚体系之外所规定了的。它未经列入刑罚名称表以内，也就因此而强调了这一刑罚的特殊性质"。④ 1927 年 6 月 6 日《法令汇集第四十九号法令第三三〇号》对"反革命"犯罪的规定如下："对于反革命犯罪之刑事责任、时效之适用应于每一各别情形，由法院酌定之；惟法院认为不能适用时效时，对于该项犯罪行为之判决判处枪决者，必须以宣布为劳动人民公敌，褫夺盟员共和国国籍同时并褫夺苏联国籍，并永远放逐出苏联国境，或判处剥夺自由二年以上以代替之。"⑤ 其中谈到对"反革命"分子"判处剥夺自由二年以上"代替死刑的执行方式与 20

---

① 《毛泽东文集》第 6 卷，第 121 页。
② 《毛泽东选集》第 5 卷，第 42 ~ 45 页。
③ 彭真：《论新中国的政法工作》，中央文献出版社，1992，第 29 ~ 31 页。
④ 中央人民政府司法部司法干部轮训班：《苏联刑法、民法介绍》，1950，第 23 ~ 28 页。
⑤ 陈汉章：《苏俄刑法》，第二章第 14 条，新华书店，1950。

世纪50年代中国"判处死刑，缓期二年执行，强迫劳动，以观后效的政策"不无暗合之处。但是，我们仍不能据此肯定前者与后者有直接的渊源关系，因为从毛泽东等人当时的言论中几乎不能发现类似的表述。另外一个基本事实是，新中国成立之初也没有严格形成"二年"的死缓期限。

二

通过以上考察，我们基本可以认为现行死缓制度是在新政权下的一种"独创"。除此以外，有的学者试图从历史角度论证死缓制度"其来有自"，提出了"明清的秋审和朝审是死缓制度的萌芽形式"这一说法。据笔者所见，钱大群在《江海学刊》1983年第6期上发表《中国"死缓"制度的形成》一文首倡此说。而后该文又经改名为《中国"死缓"制度的萌芽形式》，收入氏著《中国法律史论考》一书。

两文的观点基本一致，认为今日死缓制度与"明清死罪监候秋朝审制"相比有三个相同之点：第一，古代的"监候"及今天的"死缓"都作为同"死刑立即执行"相对的一种制度使用；第二，无论今天和古代，处死刑还是"死缓"都是决定于犯罪的性质和危害程度；第三，今天刑法中，"死缓"期限届满后由司法机关作出执行死刑或减刑的决定，古代也是于"缓决"期限届满后由司法当局作出执行死刑或减刑的决定。又有两个"根本不同之点"：其一，在缓刑期间，今天的刑法"实行劳动改造"，古代在监候"缓决"期间则不存在这种制度；其二，缓刑期届满即执行死刑或是作减刑处理，今天的刑法根据罪犯本人的表现，而古代主要是取决于罪行既定的情况及不以罪犯本人意志为转移的方面（如老幼笃疾入"可矜"、父祖无人奉养入"留养承祀"）。①

对于上述观点，笔者不敢苟同。试以清代死刑监候制度为例，与现行死缓制度相比，贡献若干个人浅见。之所以不将"明清的秋审与朝审"与死缓相比，主要出于以下几点考虑。其一，清代的朝审和秋审制度虽然继承明朝中后期的"朝审之制"而来，但是形成比较完善、全面的制度乃是在清朝，尤其是康乾时代，规模才逐渐完备起来。死缓制度经过半个多世

---

① 钱大群：《中国法律史论考》，南京师范大学出版社，2001，第190~198页。

纪的发展，在今天也是比较成型的制度。因此，以清朝与今天相比，更具有可比性。其二，尽管清代的秋审和朝审专门以死刑监候案件为覆审对象，但是，从死刑监候案件审理的全部过程观之，秋审和朝审皆不是完整的司法程序。因为，秋审和朝审的对象是既成的死刑监候案件，在此前还有一个重要的定案拟罪的过程，二者前后相连续，共同构成死刑监候案件的司法程序。其三，有清一代死刑监候案件的审理除了在司法程序上不断成熟之外，在立法层面也逐渐成熟，二者又是截然不可分的。是以，笔者提出"清代死刑监候制度"这一概念，用以涵盖清代有关死刑监候的立法、司法两个领域，力求对死刑监候这一罪名进行全方位的考察。在此研究视野下，清代的秋审和朝审只能是死刑监候制度的一个组成部分，或者说是一个重要的司法阶段。以此为起点，再将死刑监候与死缓制度进行对比，会有不少新的发现。

从宏观的层面考察，现行死缓制度与清代的死刑监候有着本质的差别。先述清代死刑监候之大概。（1）中国古代死刑监候的思想历史比较悠久，《礼记》中有关"四时行政"的记载堪为滥觞。以"天人合一"的理念为哲学基础，"四时行政"则要求秋冬行刑，除了极重之犯，其他时间概不执行死刑。是以，在司法上大致将死刑分立决和秋决两种。在当时人看来，此为必须遵守之"天道"。其实既含有人们对天道的敬畏，也含有对人命重案的矜慎态度。（2）"天人合一"的思想在中国古代立法、司法等领域皆有所影响。但是，在诸般影响中，最为深刻、能够称为或成为制度的，无过于"秋决"之制。在中国古代，汉代秋后处决死刑犯人的做法与《礼记》"四时行政"的思想相当契合，也最为后世称道，对后世王朝影响甚大。虽然像其他中国古代的制度一样，它经常遭受屡建屡毁的境遇，但是，在法律儒家化的大背景下，总有一种力量在推动"秋决"向制度化的方向迈进。明清两朝确立朝审和秋审的制度，"秋决"获得较为稳固的制度基础。然而，明朝中后期受纷乱复杂的政治形势影响，朝审制度发挥的效能比较有限。清朝顺治十年即恢复此制，随后历经康熙、雍正、乾隆三朝，行之京师地区的朝审和行之直隶各省的秋审制度逐渐完善。也是到了清朝，前所未有地将死刑监候与死刑立决在立法上予以明确。总之，清朝针对死刑监候的立法和司法体系空前完善，死刑监候终于实现从思想到制度的飞跃。清代死刑监候制度历时二百余年，与清王朝的命运相始终。民国肇建，立法与司法又是一新面目，死刑监候的思想与制度很快沦为"垂亡古乐"①，几乎不再有人问津。

结合前文的分析，死缓政策的出台纯出于维护新生政权、发展生产的一种客观需要，一方面不得不对"反革命"分子进行镇压，另一方面又要避免杀人太多和减少冤假错案的发生，所以采取这种比较谨慎的手段。仅以此点来看，则与死刑监候所包含的古代慎刑思想不无相通之处。但是，根本上，死缓的产生源于现实的政策需要，死刑监候的思想根源于"天人合一"的哲学理念，二者是绝不可同日而语的。而在制度上，我们也很难将清代的死刑监候（或明清的秋审和朝审）看作现行死缓制度的"萌芽"形式。从植物的生成进化来看，萌芽必然与成株性质相同，而在时间上又必然相连续。可以说，不会有人能够证明现行死缓制度与清代的死刑监候（或明清的秋审与朝审）性质相同。而近一百多年的历史告诉我们，清朝灭亡后，秋审和朝审的制度没有再恢复，死刑监候的思想和制度在后来的法律里面也找不到任何痕迹。因此，所谓的"萌芽说"是不能成立的。

从制度微观层面来看，我们更能发现二者的本质差异。（1）"死刑监候"虽与"死刑立决"相对，但"死刑监候"人犯还要经过秋审和朝审才能得到进一步的处理结果。因此，定案时拟定死刑监候并非最终确定的刑罚。而死缓虽非专门刑种，但一旦判为"死缓"，即属于定刑，以明确的"二年"作为时间尺度，二年以内如果"拒绝改造"仍有被执行死刑的可能，二年期满有可能减为无期徒刑、有期徒刑或执行死刑。（2）"死刑监候"犯人经过秋审和朝审一般会有情实、矜疑、缓决、留养承祀四种，其中的"缓决"更不同于目前的"死缓"。"死刑监候"的"缓决"并不能在判处斩、绞监候时获得，只能经过秋审和朝审才能获得，而"死刑缓期执行"在犯罪分子被判处死刑同时即被明确宣判。

另外，刑事制裁的标准总是取决于"犯罪的性质和危害程度"，如果认为这也是"死刑监候"与"死缓"的相同点，不免泛泛。二者的差别实在于政权的性质和法律观念不同。这种差别的不可融合性在清末礼法之争中就已经表露无遗：前者坚持以家族主义的礼教观念为最高原则，而后者以国家主义的个人自由权利观念为指导，二者水火不容。

---

① 董康：《清秋审条例》，绪言。

　　综上所述，死缓制度属于中国现代刑法范畴，而清代死刑监候制度则更属于传统中华法律文化的一个重要组成部分，二者存在本质的不同。然而，尽管二者存在如许不同，进行一些比较分析也还是要得的。其实，如果立足于司法程序的角度，将现行的死缓制度与清代的死刑监候制度进行对比考察，未尝不是一条可取的路径。

　　（原文载《江西财经大学学报》2007 年第 4 期，收入本书时略有改动）

晚清的死刑废除问题及其历史借鉴

姜晓敏*

众所周知，自 1764 年意大利法学家贝卡里亚在《论犯罪与刑罚》一书中提出死刑并不是一种必要和有益的刑罚时起，[①] 死刑废除问题就开始为人们所关注。经过两个多世纪的激烈争论，主张死刑存续和废除的双方差不多都已穷尽了各自的理由。诚如日本学者西原春夫所讲，死刑存废的问题，迄今已经成了一个枯竭的问题，"所剩的只是关于存续或者废除的法律信念而已"。[②] 目前世界上废除死刑的国家越来越多，俨然成为一种时代潮流和发展趋势。我国的澳门和香港已经废除死刑，台湾地区从 2006 年底开始停止执行死刑，2010 年 4 月又恢复执行死刑，而大陆地区尚未将死刑的废除提上议事日程。

当代学者赵秉志在论及中国刑法的现代化问题时指出："研究中国刑法的现代化，既不能脱离世界现代刑事法治文明进程这一基本轨道，又不能忽视对本国刑法传统的考察。因为，现代化终究是文明的组成部分，而文明成果的相互借鉴和移植固然是人类社会普遍的出路，但作为文明精神底蕴的文化却只能孕育于本国的传统土壤之中。"[③] 从历史发展来看，死刑的废除是一个漫长而曲折的过程，不仅取决于该社会的现状，而且与文化传统密切相关。死刑废除曾是晚清法律变革中所关注过的一项重要内容，梳理百余年前的这段历史，或许仍能给我们提供一些有益的启示。

* 姜晓敏，中国政法大学法学院教授。
① 参见〔意〕贝卡里亚《论犯罪与刑罚》，黄风译，中国大百科全书出版社，1993，第 45 页。
② 参见〔日〕长井圆《围绕舆论与误判的死刑存废论》，张弘译，《外国法译评》1999 年第 2 期。
③ 赵秉志、田宏杰：《传承与超越：现代化视野中的中国传统刑法考察》，《政法论坛》2001 年第 5 期。

晚清时期，原本孤立于世界之外的中国已被拖进了世界的大舞台，"中国刑法之发展成为资本主义刑法史之一页"。[①] 西方学界所探讨的死刑问题，在那时也受到了相应的关注。具体说来，在学理上明确提出废除死刑的是陈虬，而在实践中切实主导了死刑制度改革的是沈家本，所以本文将主要介绍他们二人对于死刑废除问题的见解。

一 陈虬及其废除死刑的主张

陈虬（1851～1904），原名陈国珍，字志三，晚号蛰庐先生，自称皋牢子，浙江温州瑞安人。他既是清末维新派的代表人物之一，又是造诣精深的中医学大师。在"上医医国"的传统思想熏陶下，他以变法维新为救世的药方，提出"欲图自强，首在变法"。[②] 陈虬一生没有做官，在《清史稿》中无传，其代表作《治平通议》八卷本于1893年出版，得到张之洞的肯定，并被梁启超列入《西学书目表》，引起上层社会的关注。陈虬的著述丰富，1992年整理出版的《陈虬集》，是目前研究陈虬思想的重要资料。[③]

陈虬一生并没有从事任何专门的法律工作，但是为了变法图强，他在宪法、民事、经济、司法等方面提出了不少卓有见地的观点。其中最引人注目的还是他的废除死刑论。他认为"古今治法备矣"，[④] "而独有一事为尧、舜以来四千年中圣君贤相所未及讲明协中者，则刑法是也"，其中"杀人者死"就是刑法不完善的突出表现之一。因为在陈虬看来，"'杀人者死'抵之者诚当矣，于已死者复何裨焉！"即处死杀人者来为死者抵命确实适当，但是对死者而言又有什么裨益呢？"且抵矣，又何以处憨不畏死与一杀数人者乎！"即况且只是以命抵命，又如何来应对那种毫不畏惧死刑的凶暴之徒以一人杀死数条人命的情况呢？加之"一谳之成，倾其家而不足；所得恤埋，不足供幺麼走卒之使费；死无以葬，生无以养，是囚

---

① 蔡枢衡：《中国法理自觉的发展》，清华大学出版社，2005，第270页。
② 陈虬：《陈虬集·经世博议·变法》，胡珠生辑，浙江人民出版社，1992，第19页。
③ 该书系温州市政协文史资料委员会编写的"温州文史资料"第八辑，附录有陈虬传、陈虬年谱等。本文写作在资料上亦主要仰赖于该文集，特此致谢！
④ 本部分引文皆出自《陈虬集·经世博议·变法》，胡珠生辑，浙江人民出版社，1992，第36～37页。

死其一人，而官乃杀其一家"。即一个案子审定下来，其花费倾家荡产而仍有不足；所得到的抚恤丧葬之费，还不足以供官差们的开销；结果是已经死了的无法下葬，活着的人得不到供养，因此囚犯仅杀死一人，而官府则是断了全家人的生路。可见在死刑案中，无论是犯罪者还是受害者，以及双方的家庭，都将受到很大的伤害。为此，陈虬主张简约刑法："杀人者，杖而宫"，"皆墨其背而髡其首，防逃逸"，"皆罚令亲身力苦，定率抵钱，扣存贮库，每年于犯事之日按提。责办于犯事处所，荷校，徇于境内三日，抵足罚款，始行责赦"，"凡被陷者，按月官皆廪给其家，以二十年为率"。

由此可知，陈虬主张废除死刑，而以杖、宫、墨、髡刑及劳役相折抵。具体做法是：先将杀人犯痛打一顿，处以宫刑，然后在犯人背上刺字涂墨并剪掉头发以防止其逃跑；强令犯人做苦工，以其劳役所得工钱来补偿受害之家，每月由官府定期给付，大约以二十年为期；每年到罪犯戕害人命那天，还要把犯人押解到原来的行凶地点枷号示众三天。这样不仅使受害之家在经济上得到更好的补偿，而且可以有效避免冤冤相报，促进阴阳的平衡与罪犯的悔改。陈虬指出："天地以好生为德，人无知而杀人，吾亦以其无知而杀之，是亦杀人类也。人被杀，而吾不知恤其家；人杀人，而吾仅刑戮其身，平民冤抑不得伸，积之既久，皆足以伤天地之和而致阴阳之沴。"再者，"好勇斗狠之徒，其焰恶而魄强，虽死而实能为厉。困之辱之，磨之策之，柔之导之，以渐消其桀骜不驯之气，使憬然而生其悔悟，庶好生之德洽于民心，化枭为良，无刑之治或可几乎！"这就是说，采取他所设计的那些惩戒手段，不仅可以消除犯人的桀骜不驯，防止其死后化为厉鬼害人，而且慢慢促使其心生悔悟，重新成为良民，因而可以达到天下大治。他还信心满满地宣称："数十年后，吾说亦将有所施者也夫！"即数十年后他的学说就将变为现实。

二　沈家本对死刑制度的改革

沈家本作为大家所熟知的清末修订法律大臣、法律变革的实际主持者，在晚清死刑制度的改革方面发挥了至关重要的核心作用。近年来关于沈家本及清末法律变革的研究成果非常丰富，但是专门针对死刑变革的论著并不多见，且往往集中于某一论题，① 并在内容上多有重复。② 所以本文在此只选取以往研究中容易被忽略的几个方面加以补充说明。

（一） 关于死刑制度改革的原因

尽管沈家本在奏折中所提出的刑制"中重而西轻"，"中国之重法，西人每訾为不仁"，并以此要求领事裁判权，是引发清末法律变革包括死刑改革的重要原因，但是须知刑罚制度的"中重而西轻"并非一贯的历史现象，过分突出强调容易引人误解。

因为就整个人类法律制度的演变来看，在相当长的一个历史时期内，中国法律所规定的刑罚制度曾经是世界上最文明、最人道的，至少要比同时期的欧洲法律中的刑罚制度文明得多、人道得多。比如在 18 世纪时，法国的法律规定犯重婚罪就要处以剥皮刑，而当时中国的法律对此不过是杖六十、离异。19 世纪的初叶，在英国，盗窃 1 先令就要被处以死刑；而同时代的中国，盗窃满 120 两银子才只是个绞监候。就连美国人写的《剑桥中国晚清史》也承认："与当时（19 世纪中叶）西方的观点相反，中国法律是非常符合人道的。"③ 至少在清前期，《大清律例》在包括西方在内的世界范围，仍享有极高的声誉，以致法国启蒙学者伏尔泰曾这样评价中国法律，"关于中国，只要听到这种法律，我已不得不主张只有中国是世界中最公正最仁爱的民族了"。④ 清末修律时，从世界范围讲，中国的刑律并不比西方落后多少，起码与日本的刑律改革是同步进行的。⑤ 只是历史发

---

① 例如李交发：《简论沈家本的废除死刑观》，《现代法学》2005 年第 1 期；李鼎楚：《略论沈家本死刑思想》，《求索》2005 年第 3 期；曾丽玮：《论沈家本之死刑观》，《甘肃政法成人教育学院学报》2005 年第 1 期；刘鄂：《浅析沈家本的死刑观》，《和田师范专科学校学报》（汉文综合版）2005 年第 2 期。这四篇论文都是研究沈家本死刑观的，均发表于 2005 年，且作者单位均为湘潭大学法学院。

② 例如许建刚：《晚清死刑改革研究——以清末修律为中心的考察》，硕士学位论文，扬州大学，2007（中国近现代史专业，导师周新国）；徐健：《沈家本与清末死刑改革研究》，硕士学位论文，河北师范大学，2008（中国近现代史专业，导师吴宝晓）。这两篇论文在篇章结构、主要内容甚至语言表述等方面存在着诸多相似之处。

③ 参见郭建《獬豸的投影——中国的法文化》，上海三联书店，2006，第 86～92 页。

④ 参见〔法〕伏尔泰《古今历史》，第一百六十四章，见《全集》英译本，第二十卷，第 145～146 页，转引自朱谦之《中国哲学对欧洲的影响》，上海世纪出版集团，2006，第 294 页。

⑤ 参见王宏治《清末修刑律的再认识》，《比较法研究》2005 年第 4 期。

展到近代，当其他国家已经纷纷开始改革刑罚，向文明进步迈进的时候，清朝仍在法律上沿袭以枭首、凌迟以及闹市公开行刑等方式来执行死刑，无怪乎被视为"中重而西轻"，但应当明确，这一说法至少不适用于 19 世纪以前中西刑罚的比较。

（二）关于死刑改革的具体主张及社会影响

沈家本所提出的相关改革建议，既关乎实体法又涉及程序法，有的备受赞赏，很快被朝廷下诏采纳，有的则在清朝未得实施，所产生的社会影响亦不相同。

在死刑的实体性法律变革方面，沈家本的贡献主要是：其一，于 1905年上奏《删除律例内重法折》，很快得到朝廷允准，下诏废除了戮尸、枭首、凌迟等残酷的死刑执行方式，使传统的死刑执行由野蛮向文明迈进了一大步，他的奏折也因此被称为"是对'中国法系'加以改造的一篇大'宣言'！"① 其二，1906 年在《虚拟死罪改为流徒折》中提出将戏杀、误杀、擅杀等三种杀人罪由虚拟死罪（即虽有死罪之虚名，但实际并不执行，而要通过秋审减为流罪）直接改为流刑和徒刑，进一步削减死罪的条目。同年由刑部、都察院遵旨核议后，基本同意沈家本的意见，于是朝廷准其所奏，使死刑罪名的设置更为合理。废除残酷的死刑、删改虚拟死罪这些改革成果，在 1910 年颁行的《大清现行刑律》中被进一步巩固下来。其三，沈家本又在《变通行刑旧制议》中主张将死刑由公开行刑改为秘密行刑，设置专门的刑场，围造墙垣，派专员严密防卫，"总以不令平民闻见为宗旨"，"以养其仁爱之心"。② 1911 年颁布的《钦定大清刑律》第三十八条规定："死刑用绞，于狱内执行之。"③ 但是该刑律所附《暂行章程》又规定对谋反、大逆及谋杀祖父母、父母等罪大恶极的犯罪，仍用斩刑，由此确立以绞刑为死刑的主刑，而斩刑为特别执行，并由公开行刑改为秘密行刑。只是该刑律还未来得及实施，清朝即告灭亡。

---

① 杨鸿烈：《中国法律思想史》，范忠信、何鹏勘校，中国政法大学出版社，2004，第 280页。

② 沈家本撰《历代刑法考·变通行刑旧制议》（四），邓经元、骈宇骞点校，中华书局，1985，第 2062 页。

③ 怀效锋主编《清末法制变革史料》下卷，中国政法大学出版社，2010，第 472 页。

在死刑的程序性法律变革方面，沈家本的举措主要有：其一，1910 年《法院编制法》颁行，沈家本上《变通秋审覆核旧制折》，请求变通秋审等中央和地方的各种会审制度，行政各官不得干预司法，经宪政编查馆核议，得到朝廷的认可，停止了会审制度，由此确立了晚清新的死刑审判体系，推进了司法独立。其二，为了坚持死刑终审权归属于专任审判的大理院，1907 年，时任大理院正卿的沈家本与法部尚书戴鸿慈之间发生了著名的"部院之争"，最后在清政府的干预下，要求大理院自定的死刑案件，须咨送法部复核，并仍要上奏皇帝，所以死刑终审权仍由皇帝掌握。

尽管沈家本等人的上述努力，大大促进了我国死刑制度的轻刑化和近代化，但在当时取得的社会效果并不是很理想。例如，枭首虽在 1905 年即被废除，可是当 1907 年革命党人秋瑾慷慨赴死之前，还郑重提出三项要求："一、准许写家书诀别；二、不要枭首；三、不要剥去衣服。"① 这说明枭首不仅在实践中有可能仍在继续被适用，而且还残存着处死女犯要剥去衣服等野蛮的陋习。而同年刺杀恩铭的徐锡麟在英勇就义后，竟"在刑场，几个刽子手先用铁锤把徐锡麟睾丸砸烂，然后剖腹取出心脏，先祭祀恩铭。然后，恩铭的卫兵们将徐的肝脏炒熟下酒"。② 抛开其中的政治仇恨不论，上述事例至少说明晚清的死刑制度在法律规定和司法实践之间还存在不小的距离。

（三）对于废除死刑的看法

有学者认为，沈家本仍然固守着"杀人者死"的传统观念，明确指出："到清末，在开明的法律大家沈家本看来，'杀人者死'仍是适当的"；对于清代中后期将"故杀"案件以"斗杀"拟罪，使罪犯在秋审之后得以免死，"沈家本犹感到不平，以为过宽"；并以沈家本在《论故杀》中所说的"虽系慎重人命之意，然杀人不死，未免过于宽厚矣"为据。③ 其实细读《论故杀》一文，可知"杀人不死，未免过于宽厚"并非沈家本的原话，而是引述薛允升在《读例存疑》中的一段论述。尽管沈家本在该文按

---

① 《辛亥革命浙江史料续辑》，浙江人民出版社，1987，第 459 页，转引自傅国涌《秋瑾被杀害之后》，《书屋》2002 年第 8 期。

② 高华：《同盟会的"暗杀时代"》，《文史精华》2010 年第 4 期。

③ 蒋冬梅：《"杀人者死"的中国法律传统研究》，上海人民出版社，2011，第 75 页。

语中对薛允升的论点给予了高度评价，认为"薛氏此论，为前人所未发"，但这里称颂的是薛允升对"故杀"的精妙论述，① 以此为据得出沈家本不满于杀人者不死，未免欠妥。

值得注意的是，沈家本曾明确提出，死刑在特定条件下可以被废止，即"欲废死刑，先谋教养，教养普而人民之道德日进，则犯法者即日见其少，而死刑可以不用"。② 但是应否废除死刑不能一概而论，而应视各国的实际情况而定。尽管当时南美洲一些小国已经废除死刑，但废止死刑并未成为世界主流趋势，而像清王朝这样一个复杂的泱泱大国，死刑制度还应予保留，所以沈家本在晚清积极推进的是死刑制度的改革而非废除。

当代学者李交发研究认为，沈家本形成了自己颇具特色的废除死刑观，即要在中国废除死刑，必须结合中国的国情，走两步废除论之路，即首先减省死刑、死刑唯一；然后在此基础上谋教养、讲道德、废死刑。③尽管废除死刑确实不是沈家本关注的重点，但是这至少说明沈家本并没有顽固地坚持"杀人者死"。

三　晚清死刑废除的相关历史借鉴

（一）陈虬废除死刑思想的历史借鉴

1. 自身理论的局限性导致后世少有关注

近几年因为吴英案、聂树斌案以及刑法、刑事诉讼法的修改等，是否废除死刑这一问题被广泛讨论，陈虬虽然是晚清乃至中国历史上明确系统地主张废除死刑的第一人，但其废除死刑的论述很少为学界所提及。这不得不说是与陈虬自身的思想存在诸多历史局限性，有一定的迂阔色彩和空想成分有关。例如，他对死刑的批判，仍是以惧怕伤天地之和的中国传统观念为立论基础，还要对罪犯适用杖、宫、墨、髡、劳役等苦辱刑，这不

---

① 沈家本撰《历代刑法考·论故杀》（四），邓经元、骈宇骞点校，中华书局，1985，第2068页。
② 沈家本撰《历代刑法考·死刑之数》（三），邓经元、骈宇骞点校，第1249页。
③ 李交发：《简论沈家本的废除死刑观》，《现代法学》2005年第1期；李交发：《论沈家本的死刑废除思想》，载《沈家本与中国法律文化国际学术研讨会论文集》（上册），中国法制出版社，2005，第246页。

仅带有强烈的迷信色彩，亦与人权保障无关。陈虬的理论基础存在明显的落后因素，与近现代法律思想的发展主流有比较大的差距，因而在一定程度上妨碍了其思想的传播和认同。

2. 积极主张对被害人及其家属进行经济补偿，肯定劳动改造的价值，有一定的合理性

中国素有"杀人偿命，欠债还钱"，"打了不罚，罚了不打"的说法，意即追究了刑事责任，就可以不必承担民事责任。直到元朝出现"烧埋银"的相关法律规定（即针对不法致人死亡的杀人案件，除了对行凶者按律定罪外，凶手的家属还必须出烧埋钱，作为受害之家烧埋尸体的费用），才在中国法律史上第一次要求在追究行凶者刑事责任的同时，还要其承担民事赔偿责任，首创了对行凶杀人犯附带民事损害赔偿的立法先河。也就是说，元朝法律规定，只要发生命案，不论身份的贵贱高下，一律征收烧埋银，这在之前的汉唐及宋代从未有类似的制度，而与蒙古人早期处理人命案件的习惯法等多种因素有关。烧埋银不仅是丧葬费，还有物质补偿和精神安慰的作用，并且确实能为受害之家带来一定的实际利益，因而该规定为之后的明清法律所继承，只不过将其限定为主要针对"车马杀伤人""威逼人致死"等过失杀人行为。这导致自元明清以来，害死人命赔丧葬费逐渐被中国民众视为理所当然的事情。① 陈虬的相关论述正是在这一法律传统之上形成的，但是他所主张的是对所有的杀人案件都要由杀人犯本人通过自己的劳动所得予以经济补偿，这就在元代烧埋银的基础之上，又多了对杀人犯进行劳动改造的一层深意，因而有一定的合理性。

3. 完善死刑案件的民事赔偿制度是当务之急

中国传统社会信守"杀人者死"，主要是为了安顿九泉之下受害者的冤魂。人们认为如果杀人者不死，那么对于死者而言，正义就没有伸张，因而申冤报仇被看作死者家属当然的义务，私和则被法律严厉禁止。陈虬从功利的角度提出"杀人者死"给死者和生者均不能带来任何实在的利益，因而要求废除死刑，以杀人犯的工钱来补偿受害者家属，显然与晚清时期的主流价值观念不合，因而难以产生切实影响。根据学者的研究，直到19世纪末，西方社会才开始讨论被害人及其家属的赔偿问题，到20世

---

① 张群：《论元朝烧埋银的起源》，《历史教学》2002年第12期。

纪 60 年代才确立国家对被害者给予损害赔偿的制度。[①] 随着社会的发展与观念的转变，目前死刑案件的民事赔偿制度已逐渐为人们所接受和重视，我国《刑法》、《刑事诉讼法》及相关司法解释也为刑事被害人请求民事赔偿提供了法律依据，然而在法律实践中又产生了新的问题。一方面精神损害尚未纳入刑事附带民事诉讼赔偿的范围，常因死刑犯没有财产或遗产而使刑事被害人难以获得赔偿，相关判决往往沦为"法律白条"；另一方面因民事赔偿作为重要的酌定量刑情节而对死刑的适用产生了显著影响，因而招致"以钱买命""花钱赎命"的质疑，所以相关法律亟待进一步完善。相比较而言，陈虬将劳动改造和经济补偿相结合，明确由国家代为追缴，并且设计了具体的执行方法，在一百多年前的清末，无疑是非常难能可贵的。有调查结果显示，如果用不可提前释放的无期徒刑来替代死刑，并要求犯人必须在监狱中劳动，劳动所得用于补偿受害人家属，则有 55% 的受访者表示赞成。[②] 可见推进多元化的受害人保障制度，无疑有助于缓解被害人的复仇情绪、化解社会矛盾。我们不妨引以为鉴，积极建构刑事被害人国家救济补偿制度，以劳动改造及其他手段促使犯罪人真诚悔罪，为减少死刑的适用奠定基础。当下我国理论界的热烈探讨与部分省市地区实践中的积极探索，[③] 让人们对刑事被害人国家救济补偿制度的建立充满了期待。

（二）沈家本废除死刑、改革死刑思想的历史借鉴

1. 立论平实，没有盲目迎合废除死刑这一高调

沈家本认识到近数十年来，欧洲学者在倡导废止死刑，也有一些小国予以实施，但是大国都不能推行，以致"虚悬此学说而已"[④]，所以从世界范围看，废除死刑并未成为主流趋势，中国没有必要为了与世界接轨而推

---

① 张群：《烧埋银与中国古代生命权侵害赔偿制度》，载《中西法律传统》第 4 卷，中国政法大学出版社，2004，第 290 页。

② 邝璐：《中国社会死刑观念实证研究》，博士学位论文，武汉大学，2009，第 89 页。

③ 相关论述和研究成果很多，可参见赵秉志、彭新林《论民事赔偿与死刑的限制适用》，《中国法学》2010 年第 5 期；冯春萍《浅析我国死刑量刑体系中经济赔偿的合理性与局限性》，《法学杂志》2012 年第 5 期；江海强《论我国刑事被害人国家补偿制度适用的条件》，法律硕士学位论文，吉林大学，2013。

④ 沈家本撰《历代刑法考·死刑之数》（三），邓经元、骈宇骞点校，中华书局，1985，第 1249 页。

动此项变革。况且他认为普及教化而使全民的道德素养得到提升，是废除死刑的必要前提，这对于地广人多的中国而言，绝非短期所能完成之事。如果不顾一切废除死刑，使罪犯得不到应有的惩罚，只能助长其为恶之心，对全社会造成更大的伤害，因此不宜草率行事。作为熟谙中国法律发展历史的大家，沈家本当然知晓早在唐玄宗时期，就进行了中国历史上第一次废除死刑的尝试，以重杖流放代替死刑，所以他认为"废止死刑之说实胚胎于唐"。① 但是这次改革的实际效果却很糟糕，正如《资治通鉴》所言："上慕好生之名，故令应绞、斩者皆重杖流岭南，其实有司率杖杀之。"② 也就是说，死刑犯往往等不到流放岭南而在决杖时就被官吏打死了，因而并未实现唐玄宗保全死刑犯生命的目的。之后不久，唐代就爆发了"安史之乱"，整个社会陷入大动荡之中，唐肃宗不得不下旨恢复斩、绞死刑，这次废除死刑的时间，前后总共也不超过十三年，因而是一次失败的尝试。③ 有鉴于此，沈家本更加明确了死刑的废除绝非易事，需要一定的社会基础，古今中西概莫能外，"今日西国废止死刑之说，学者日扬其波而不能遂废者，气运犹未至也"。④ 在前提条件不具备的情况下，与其高调宣扬废除死刑，很可能适得其反，远不如推动死刑改革更为务实，所以沈家本把他的努力重点放在了后者。

2. 思虑缜密，注意以适宜的策略推动死刑改革

面对晚清的死刑改革，沈家本选择了最易为人们所接受的废止戮尸、枭首、凌迟等残酷的死刑执行方式为突破口。尽管他对西方的理论新说及西方对中国法律苛酷的批评有相当了解，深知凌迟等死刑执行方式早已为西方舆论所诟病，而中国的法律改革在中西会通的背景下，不可能不考虑西方列强对于中国法律的批评意见，但沈家本在奏折中仍主要以传统的仁政思想为立论基础，并提出"西国从前刑法，较中国尤为惨酷"，"各国法律之精意固不能出中律之范围"，⑤ 有意识地避免西方以清朝律例为野蛮的

---

① 沈家本撰《历代刑法考·元和死罪改流法》（二），邓经元、骈宇骞点校，第948页。
② 《资治通鉴》卷二一五《玄宗天宝六载正月戊子》。
③ 参见黄全来《中国历史上废除死刑的第一次尝试》，《广西政法管理干部学院学报》2011年第1期。
④ 沈家本撰《历代刑法考·元和死罪改流法》（二），邓经元、骈宇骞点校，中华书局，1985，第948页。
⑤ 沈家本撰《历代刑法考·删除律例内重法折》（四），邓经元、骈宇骞点校，第2024页。

指责。他又指出"我朝开国之初，死刑用斩一项，最合古法。迨后采用明制，死刑遂多"，① 这就巧妙地将酷刑的责任部分推卸给明朝，着重从恢复本国律典传统来立言。② 因而沈家本的奏折得到主持政务的军机大臣瞿鸿機的高度赞赏，称赞道："年来臣僚，侈谈新政，皆属皮毛，惟法律馆此奏，革除垂及千年酷虐之刑，于小民造福不浅也。"③ 沈家本的上奏不仅为造福万民，也为继续推进其他改革措施开了一个好头。推动改革一定会遇到来自多方面的压力，沈家本认为如果把斩、绞死刑再删去一项，势必会因阻力过大而难以实行，因此转而定绞为死刑之主刑，斩为特别之刑。这遭到了一直坚定地积极支持他变革法律的日本学者冈田朝太郎的激烈反对。冈田认为中国即使不废除死刑，也该采用一种死刑方法，如果斩、绞兼用，不仅是与世界之大势相抗，而且仍然会被外人认为法律野蛮。沈家本专门撰写了《死刑惟一说》予以回应，他指出德国的斩刑兼用斧子和断头台，各国的军律又有枪毙之法，这些国家都可以依自己的习惯行事，而"独责中国死分斩、绞之非，中国岂首肯哉！"作为修订法律大臣，在推动死刑改革方面，沈家本不能不有循序渐进的现实考虑，他认为"惟以渐进为主义"，才可以"庶众论不至纷挈，而新法可以决定"，否则"必至訾议蜂起，难邃实行"。④ 这种面对外人的指责据理力争的勇气以及扎根于本国历史传统的渐进变革方式，显示了沈家本的凛然自信与深沉的睿智。这种灵活务实的策略选择，为晚清时期死刑改革的推动营造了良好的前提条件。

3. 以客观务实的态度逐步推进死刑制度的改革，正在获得越来越广泛的认同

尽管有学者主张中国应立即废止死刑，⑤ 但是更多的人将目光和热情投向了如何有步骤、有计划地逐步限制、减少死刑的适用，以期为最终全面废止死刑铺平道路。例如，胡云腾描画了废除死刑的百年梦想，⑥ 赵秉

---

① 沈家本撰《历代刑法考·死刑惟一说》（四），中华书局，邓经元、骈宇骞点校，第 2101 页。
② 参见李欣荣《清末死刑方式的转变与争论》，《中山大学学报》（社会科学版）2011 年第 2 期。
③ 董康：《中国修订法律之经过》，载何勤华、魏琼编《董康法学文集》，中国政法大学出版社，2005，第 461 页。
④ 沈家本撰《历代刑法考·死刑惟一说》（四），邓经元、骈宇骞点校，第 2101 页。
⑤ 邱兴隆：《死刑的德性》，《政治与法律》2002 年第 2 期。
⑥ 胡云腾：《死刑通论》，中国政法大学出版社，1995，第 301～302 页。

志提出了分三个阶段逐步废除死刑的具体构想,① 其中有些主张已经变为现实,如 2007 年将死刑案件的复核权收归最高人民法院,2011 年《刑法修正案(八)》取消 13 种经济性的非暴力犯罪的死刑。这些成果的取得进一步坚定了人们对于渐进式改革死刑制度的信心,认识到废止死刑"不能是'突然死亡',或者直线推进,而是应走一条渐进和中庸的道路"。② 可以说,这种认识与沈家本注意区别难易制定务实的策略、主张分两步废除死刑的设想是一致的。当年沈家本曾将普及教化、提升全民的道德素养作为废除死刑的必要前提,如今这也正在成为许多有识之士的努力方向。有人提出,刑法学者"应当向老百姓宣传死刑的弊害,使老百姓不继续处于死刑的迷信与狂热之中";③ 有人采用实证研究的方法,运用大量的社会调查数据,对我国不同群体的死刑观念进行考察分析,并对学者如何引导人们转变死刑观念给出了具体的建议;④ 有人对废止死刑国家的数量统计结论予以反思,主张应立足于中国国情去理性地思考死刑的存与废,并警惕学术研究中的数字陷阱和数字诱导;⑤ 有人认为我国公布死刑人数利大于弊,有必要尽快实现。⑥ 相关的研究成果不胜枚举。这种注意从具体问题入手来切实推进改革的思路以及踏踏实实而非好高骛远的态度,在一定程度上与晚清时期沈家本废除死刑、改革死刑的思想是相通的,表明了百余年来我们中国人代代传承,正在为死刑的最终废除而进行持续不断的努力。

(原文载《法学杂志》2013 年第 12 期,收入本书时略有改动)

---

① 赵秉志:《中国逐步废止死刑论纲》,《法学》2005 年第 1 期。
② 卢建平、李山河:《中国废除死刑的路径选择》,《甘肃政法学院学报》2006 年第 4 期。
③ 张明楷:《刑法学者如何为削减死刑作贡献》,《当代法学》2005 年第 1 期。
④ 参见邝璐《中国社会死刑观念实证研究》,博士学位论文,武汉大学,2009(刑法学专业)。
⑤ 于志刚:《关于废止死刑国家的数量统计结论之反思》,《法学》2009 年第 1 期。
⑥ 陈光中:《公布死刑人数利弊考》,《南方周末》2009 年 12 月 16 日,第 A04 版。

中国传统死刑专题目录索引

书　籍

1. 沈家本：《历代刑法考》，中华书局，1985；商务印书馆，2011；中华书局，2013；商务印书馆，2017。

2. 〔日〕堀毅：《秦汉法制史论考》，萧红燕等译，法律出版社，1988。

3. 周密：《中国刑法史纲》，北京大学出版社，1998。

4. 徐岱：《中国刑法近代化论纲》，人民法院出版社，1999。

5. 蔡枢衡：《中国刑法史》，中国法制出版社，2005。

6. 张文等：《十问死刑：以中国死刑文化为背景》，北京大学出版社，2006。

7. 〔日〕冨谷至：《秦汉刑罚制度研究》，柴生芳、朱恒晔译，广西师范大学出版社，2006。

8. 孙家红：《清代的死刑监候》，社会科学文献出版社，2007。

9. 戴建国：《宋代刑法史研究》，上海人民出版社，2008。

10. 胡兴东：《中国古代死刑制度史》，法律出版社，2008。

11. 崔敏：《死刑考论：历史、现实、未来》，中国人民公安大学出版社，2008。

12. 〔荷兰〕冯客：《近代中国的犯罪、惩罚与监狱》，徐有威等译，江苏人民出版社，2008。

13. 杨文革：《死刑演变要略》，中国人民公安大学出版社，2011。

14. 蒋冬梅：《"杀人者死"的中国法律传统研究》，上海人民出版社，2011。

15. 〔加〕卜正民、〔法〕巩涛、〔加〕格力高利·布鲁编《杀千刀：中西视野下的凌迟处死》，张光润、乐凌、伍洁静译，商务印书馆，2013。

16. 龙腾云：《刑罚进化研究》，法律出版社，2014。

17. 陆侃怡：《死刑刑事政策：近代以来死刑立法的变迁》，中国政法大学出版社，2015。

18. 宋杰：《汉代死刑制度研究》，人民出版社，2015。

19. 刘春花：《向死而生：中国死刑制度改革的政治抉择》，法律出版社，2015。

20. 连宏、赵静波：《汉唐刑罚演变特点研究》，光明日报出版社，2016。

21. 石冬梅：《唐代死刑制度研究》，人民出版社，2018。

22. 王宏治：《中国刑法史讲义：先秦至清代》，商务印书馆，2019。

23. 〔美〕胡宗绮：《意欲何为：清代以来刑事法律中的意图谱系》，景风华译，广西师范大学出版社，2020。

论　文

1. 黎楷：《论生命刑之废止及执行之方法》，《法政学报》1913年第1卷第3期。

2. 《古代犯罪史》，《法政学报》1914年第2卷第1期。

3. 庄永芬：《废止死刑之我见》，《法律评论》1924年第40期。

4. 许藻镕：《不定期刑》，《法律论文集》1924年第4卷第2期。

5. 黄禹裳：《死刑存废问题》，《法政学报》1926年第4卷第10期。

6. 张树声：《我国对于死刑应否废止之研究》，《法专月刊》1926年第5期。

7. 王恩生：《唐虞夏商周刑法研究》，《东北大学周刊》1926年第12期。

8. 镜蓉：《死刑果有预防杀人罪之效果乎》，《法律评论》1927年第195期。

9. 潘莹：《论死刑存废》，《法科月刊》1928年第1期。

10. 赵韵逸：《舜代刑法思想之一斑》，《法科月刊》1928年第1期。

11. 刘之谋：《死刑与防止犯罪之效果》，《中大法律季刊》1928年10月。

12. 孟普庆：《死刑废止之必要及其改善之方法》，《中大法律季刊》1928

年 10 月。

13. 百友：《死刑不应废止乎》，《法律评论》1928 年第 271 期。

14. 李世杰：《死刑之研究》，《监狱杂志》1929 年第 1 卷第 1 期。

15. 《死刑应否废止》，《法界》1929 年第 2 期。

16. 高鳞阁：《废除死刑论》，《法律月刊》1929 年第 1 卷第 1 期。

17. 胡长清：《论大赦》，《法律评论》1929 年第 6 卷第 32 期。

18. 楼兴邦：《死刑存废问题与我国今后应采取之方针》，《社会科学季刊》
    1930 年第 1 卷第 1 期。

19. 沈孝祥：《废除死刑》，《法界》1930 年第 3 期。

20. 五恒颐：《汉文帝废止肉刑与中国刑制之得失》，《国立中央大学半月
    刊》1930 年第 2 卷第 1 期。

21. 待行：《死刑之阶级性》，《北新》1930 年第 4 卷第 5 期。

22. 余群宗：《死刑考》，《社会科学论丛月刊》1930 年第 2 卷第 4~6 期。

23. 真太：《死刑矛盾论》，《法学新报》1930 年第 107~108 期。

24. 徐雍舜：《废止死刑诸国的成绩》，《大公报》1930 年第 26~30 期。

25. 郎云鹏：《废止死刑是否与我国国情相适合论》，《法律月刊》1931 年
    第 2 卷第 1 期。

26. 陈文藻：《死刑存废问题》，《法学季刊》1931 年第 4 卷第 7~8 期。

27. 林廷柯：《我国死刑存废问题》，《法轨期刊》1933 年创刊号。

28. 刘少荣：《废止死刑刍议》，《法轨期刊》1933 年创刊号。

29. 任启珊：《论语中的刑法思想》，《社会科学论丛月刊》1933 年第 4 卷
    第 8 期。

30. 蔡枢衡：《刑法文化之展望》，《法律评论》1933 年第 10 卷第 42 期。

31. 董光孚：《古代苗民刑法之研究》，《政治评论》1934 年第 105 期。

32. 赖班亚：《死刑存废问题》，《法治周报》1934 年第 28 期。

33. 林治衡：《废除死刑的商榷》，《政法与经济》1934 年第 3 期。

34. 胡孔殷：《再论废止死刑》，《湖北每周》1934 年第 137 期。

35. 仲珍：《死刑存废之我见》，《当代法学》1934 年第 1 卷第 1 期。

36. 孙传瑗：《中国上古时代刑罚史》，《学风月刊》1934 年第 4 卷第 1 期。

37. 李海波：《废止死刑之我见》，《中华季刊》1934 年第 2 卷第 3 期。

38. 居正：《死刑存废论》，《中华法学杂志》1936 年第 4 卷第 1 期。

39. 顾石苇：《论大赦》，《南青》1948 年第 2 卷第 5 期。

40. 钱健夫：《论大赦及赦典》，《东方杂志》1948 年第 2 卷第 5 期。

41. 蔡枢衡：《刑法名称的由来》，《北京政法学院学报》1981 年第 3 期。

42. 许晓麓：《我国古代的死刑》，《法学研究资料》1981 年第 6 期。

43. 谭世保：《"车裂"考》，《学术论坛》1982 年第 4 期。

44. 陈光中：《中国古代的上诉——复审和复核制度》，《法学评论》1983 年第 Z1 期。

45. 吕友仁：《古代刑制大赦、曲赦、德音小辨》，《河南大学学报》（社会科学版）1984 年第 4 期。

46. 沈家本：《删除律例内重法折》，载氏著《历代刑法考》，中华书局，1985；商务印书馆，2011；中华书局，2013；商务印书馆，2018。

47. 何柏生：《论中国古代死刑制度的特点》，《法律科学（西北政法学院学报）》1990 年第 6 期。

48. 王元军：《刘泊之死真相考索》，《人文杂志》1992 年第 5 期。

49. 巩富文：《中国古代申诉复审制度述论》，《政法论坛》1993 年第 2 期。

50. 赵恩龄：《漫谈中国古代法制对死刑的慎重态度》，《中央政法管理干部学院学报》1995 年第 5 期。

51. 张建国：《秦汉弃市非斩刑辨》，《北京大学学报》（哲学社会科学版）1996 年第 5 期。

52. 牛继清：《关于秦汉"弃市"的几个问题——兼与张建国先生商榷》，《甘肃理论学刊》1997 年第 3 期。

53. 张建国：《"弃市"刑有关问题的再商榷——答牛继清先生》，《甘肃理论学刊》1998 年第 1 期。

54. 邱远猷：《太平天国与晚清"就地正法之制"》，《近代史研究》1998 年第 2 期。

55. 沈厚铎：《试析中国古代的赦》，《中外法学》1998 年第 2 期。

56. 沈厚铎：《秋审初探》，《政法论坛》1998 年第 3 期。

57. 张建国：《夷三族解析》，《法学研究》1998 年第 6 期。

58. 王耀虎：《浅谈中国古代死刑制度的演变及特点》，《山西省政法管理干部学院学报》1999 年第 Z1 期。

59. 王立民：《古代东方死刑论》，《浙江社会科学》2000 年第 2 期。

60. 邱远猷：《晚清政府何时何地开始实行"就地正法之制"》，《历史档案》2000 年第 3 期。

61. 曹旅宁：《从天水放马滩秦简看秦代的弃市》，《广东社会科学》2000 年第 5 期。

62. 郭建、姚少杰：《"坑"考》，《华东政法学院学报》2001 年第 3 期。

63. 钱大群：《中国"死缓"制度的萌芽形式》，载氏著《中国法律史论考》，南京师范大学出版社，2001。

64. 郭东旭：《论宋代赦降制度》，载氏著《宋朝法律史论》，河北大学出版社，2001。

65. 王立民：《中国古代的死刑复核制度及其思想基础》，《政治与法律》2002 年第 6 期。

66. 李贵连：《晚清"就地正法"考论》，载氏著《近代中国法制与法学》，北京大学出版社，2002。

67. 高绍先：《重刑考》，《现代法学》2003 年第 4 期。

68. 许仲毅：《赐死制度考论》，《学术月刊》2003 年第 7 期。

69. 王仲修：《从野蛮走向文明——中国死刑执行方式的历史演变》，《烟台大学学报》（哲学社会科学版）2004 年第 2 期。

70. 曾代伟：《蒙元法定死刑考辨》，《法学家》2004 年第 5 期。

71. 孔学：《论凌迟之刑的起源及在宋代的发展》，《史学月刊》2004 年第 6 期。

72. 周国均、巩富文：《我国古代死刑复核制度的特点及其借鉴》，《中国法学》2005 年第 1 期。

73. 王瑞成：《就地正法与清代刑事审判制度：从晚清就地正法之制的争论谈起》，《近代史研究》2005 年第 2 期。

74. 赵旭：《唐宋死刑制度流变考论》，《东北师大学报》（哲学社会科学版）2005 年第 4 期。

75. 胡兴东、刘婷婷：《中国古代死刑适用机制初探》，《云南大学学报》（法学版）2006 年第 2 期。

76. 冯卓慧：《中国古代慎刑思想研究——兼与 20 世纪西方慎刑思想比较》，《法律科学（西北政法学院学报)》2006 年第 2 期。

77. 徐忠明：《古典中国的死刑——一个文化史与思想史的考察》，《中外法学》2006 年第 3 期。

78. 〔美〕步德茂:《死刑与儒家的公平正义——中国传统法律有关宽宥的限度》,张世明、朱玛珑译,《清史研究》2006 年第 4 期。

79. 柴荣:《近代刑法人权保障功能机制的建立》,《法律文化研究》2006 年 9 月。

80. 姜晓敏:《中国古代死刑的文化透视》,载《中国监狱文化的传统与现代文明》,法律出版社,2006。

81. 刘港:《论唐代前中期宽松死刑制度》,硕士学位论文,湘潭大学法律史专业,2006。

82. 曹旅宁:《秦汉磔刑考》,《湖南大学学报》(社会科学版)2007 年第 1 期。

83. 陶阳、肖阳:《中国古代关于刑罚目的以及功利主义与反功利主义价值观的争论》,《政治与法律》2007 年第 3 期。

84. 孙家红:《论现行死缓制度与清代死刑监候之不同》,《江西财经大学学报》2007 年第 4 期。

85. 刘晓林:《“〈唐律疏议·户婚〉无死刑”辨正》,《甘肃社会科学》2007 年第 6 期。

86. 岳悍怡:《中国古今死刑复核制度价值取向的比较研究》,《科技信息》2007 年第 7 期。

87. 许建刚:《晚清死刑改革研究——以清末修律为中心的考察》,硕士学位论文,扬州大学近现代史专业,2007。

88. 秦艳:《唐律死刑考析》,硕士学位论文,吉林大学法律史专业,2007。

89. 王雪静:《两汉死刑制度研究》,硕士学位论文,首都师范大学中国古代史专业,2007。

90. 胡兴东:《中国古代死刑行刑时间制度研究》,《云南师范大学学报》(哲学社会科学版)2008 年第 1 期。

91. 赵秉志、王东阳:《中国古代死刑观念论要》,《南都学坛》2008 年第 1 期。

92. 张明敏:《中国古代死刑复奏制度的流变及其现代价值》,《中国刑事法杂志》2008 年 3 月号。

93. 常宁:《死刑赦免制度探析》,《法学杂志》2008 年第 3 期。

94. 邢琳：《我国古代死刑制度的演变过程及其动因》，《广西社会科学》2008 年第 3 期。

95. 王宏治：《唐代死刑复核制度探究》，《政法论坛》2008 年第 4 期。

96. 娜鹤雅：《清末"就地正法"操作程序之考察》，《清史研究》2008 年第 4 期。

97. 胡兴东：《赦宥在中国古代死刑适用中的作用》，《现代法学》2008 年第 5 期。

98. 胡兴东：《中国古代死刑中替代刑的运用问题研究》，《昆明理工大学学报》（社会科学版）2008 年第 5 期。

99. 张明敏：《中国古代死刑复核制度的文化解读》，《山东警察学院学报》2008 年第 6 期。

100. 张佐良：《中国古代限制死刑适用路径初探》，《中国人民公安大学学报》（社会科学版）2008 年第 6 期。

101. 朱湘蓉：《从简牍材料看秦汉时期"磔"的含义》，《现代语文》（语言研究版）2008 年第 11 期。

102. 〔日〕古胜隆一：《魏晋时的皇帝权力与死刑——以西晋末的诛杀为例》，载冨谷至编《东亚的死刑》，京都大学学术出版会，2008。

103. 〔日〕岩井茂树：《宋代以降死刑的诸种状况与法文化》，载冨谷至编《东亚的死刑》，京都大学学术出版会，2008。

104. 刘海涛：《辽代死刑研究》，硕士学位论文，辽宁师范大学中国古代史专业，2008。

105. 徐健：《沈家本与清末死刑改革研究》，硕士学位论文，河北师范大学中国近现代史专业，2008。

106. 刘晓林：《〈唐律疏议·贼盗〉死刑律文考述》，硕士学位论文，吉林大学法律史专业，2008。

107. 蒋冬梅：《杀人者死的中国传统观念及其实践研究》，博士学位论文，华东政法大学法律史专业，2008。

108. 胡兴东：《中国古代死刑行刑种类考》，《云南大学学报》（法学版）2009 年第 1 期。

109. 〔日〕铃木秀光：《恭请王命考——清代死刑判决的"权宜"与"定例"》，吕文利、袁野译，《内蒙古师范大学学报》（哲学社会科学版）

2009 年第 4 期。

110. 刘建：《清末至民国时期死刑观念变革浅探》，《法学杂志》2009 年第 6 期。

111. 石冬梅：《略论唐代废除死刑的尝试》，《贵州社会科学》2009 年第 11 期。

112. 〔日〕冨谷至：《从终极的肉刑到生命刑——汉至唐死刑考》，周东平译，《中西法律传统》（第 7 卷），北京大学出版社，2009。

113. 邱远猷、王茜：《"慎刑恤杀"传统与古今死刑复核制度》，《中西法律传统》（第 7 卷），北京大学出版社，2009。

114. 陈玺：《唐代诉讼制度研究》，博士学位论文，陕西师范大学历史文献专业，2009。

115. 唐景：《论明代死刑制度》，《求索》2010 年第 1 期。

116. 王平原：《死刑诸思——以唐代死刑为素材的探讨》，《山东警察学院学报》2010 年第 3 期。

117. 吕丽、杨二奎：《影响唐代死刑适用的法律观念分析》，《法制与社会发展》2010 年第 6 期。

118. 王一鸣：《试论明代朝审制度》，硕士学位论文，天津师范大学法律史专业，2010。

119. 曾赟文：《中国古代死刑复核制度研究》，硕士学位论文，华南理工大学法律史专业，2010。

120. 帅立为：《魏晋南北朝死刑制度研究》，硕士学位论文，福建师范大学中国古代史专业，2010。

121. 杨二奎：《唐代死刑适用研究》，硕士学位论文，吉林大学法律史专业，2010。

122. 杨艳：《"坑"之"活埋"义考》，《理论月刊》2011 年第 1 期。

123. 李欣荣：《清末死刑方式的转变与争论》，《中山大学学报》（社会科学版）2011 年第 2 期。

124. 陈银珠：《中国肉刑的废除过程对死刑废除的启示》，《重庆大学学报》（社会科学版）2011 年第 5 期。

125. 林宁：《清代死刑案件审理程序研究》，硕士学位论文，南京师范大学法律史专业，2011。

126. 徐勤涛：《战国时期秦国刑罚研究》，硕士学位论文，苏州大学中国古代史专业，2011。

127. 邱冬华：《唐代死刑问题研究》，硕士学位论文，福建师范大学中国古代史专业，2011。

128. 张可：《清代审级制度研究》，博士学位论文，中国政法大学法律史专业，2011。

129. 宋杰：《汉代死刑中的"显戮"》，《史学月刊》2012年第2期。

130. 张世明：《清末就地正法制度研究（上）》，《政法论丛》2012年第1期。

131. 张世明：《清末就地正法制度研究（下）》，《政法论丛》2012年第2期。

132. 刘仁文、谢青松：《论我国古代死刑制度中的人道精神》，《法商研究》2012年第6期。

133. 刘彦波：《晚清两湖地区州县"就地正法"述论》，《暨南学报》（哲学社会科学版）2012年第3期。

134. 肖洪泳：《中国古代死刑观的人性基础》，《法学家》2012年第6期。

135. 连宏：《两汉魏晋弃市刑考辨》，《兰州学刊》2012年第9期。

136. 〔日〕石冈浩：《张家山汉简〈二年律令〉之〈盗律〉所见磔刑的作用》，李力译，载《日本学者中国法论著选译》（上册），中国政法大学出版社，2012。

137. 〔日〕鹰取祐司：《汉代的死刑奏请制度》，李力译，载《日本学者中国法论著选译》（上册），中国政法大学出版社，2012。

138. 连宏：《汉唐刑罚比较研究》，博士学位论文，东北师范大学中国古代史专业，2012。

139. 赵秉志：《晚近中国大陆死刑制度演进之观察——纪念韩忠谟先生百年诞辰》，《南都学坛》2013年第3期。

140. 王伟、高若辰：《清朝秋审与当前死刑复核程序的比较研究》，《法学杂志》2013年第9期。

141. 姜晓敏：《晚清的死刑废除问题及其历史借鉴》，《法学杂志》2013年第12期。

142. 黄涛：《唐代五刑实施情况研究》，硕士学位论文，福建师范大学中国古代史专业，2013。

143. 徐丽：《试论中国古代死刑复核制度》，硕士学位论文，西南政法大学法律史专业，2013。

144. 宋洁：《"具五刑"考——兼证汉文帝易刑之前存在两个"五刑"系统》，《中国史研究》2014 年第 2 期。

145. 赵海龙：《两汉"减死刑"问题探析》，《咸阳师范学院学报》2014 年第 3 期。

146. 石冬梅：《略论唐中后期死刑立法的特点》，《兰台世界》2014 年第 3 期。

147. 〔法〕杰罗姆·布尔贡：《中国古代废除死刑论的得与失》，李滨译，《环球法律评论》2014 年第 6 期。

148. 赵晓耕、王帅：《老弱不受刑——论我国死刑适用年龄上限的历史演进》，《天府新论》2014 年第 6 期。

149. 张守东：《人命与人权——宋代死刑控制的数据、程序及启示》，《政法论坛》2015 年第 2 期。

150. 宋杰：《汉代"弃市"与"殊死"辨析》，《中国史研究》2015 年第 3 期。

151. 陈鸣：《东汉秋冬行刑的立法及其思想嬗变》，《同济大学学报》（社会科学版）2015 年第 3 期。

152. 陈玺：《唐代赐死制度之演进与适用》，《华东政法大学学报》2015 年第 4 期。

153. 刘伟：《晚清州县"就地正法"司法程序之再考察》，《社会科学》2015 年第 7 期。

154. 石冬梅：《唐代死刑的减轻探析》，《历史教学》（下半月刊）2015 年第 8 期。

155. 刘春花：《明清时期死刑政策的流变述论》，《兰台世界》2015 年第 6 期。

156. 刘春花：《罪与罚——秦汉时期死刑制度发展述论》，《兰台世界》2015 年第 33 期。

157. 许少华：《唐代死刑复核制度研究》，硕士学位论文，苏州大学法律硕士专业，2015。

158. 洪倩倩：《汉代恤刑制度研究》，硕士学位论文，河南大学中国古代史专业，2015。

159. 张本照：《论清代"就地正法"之制的产生时间》，《历史档案》2016
年第 1 期。

160. 连宏：《汉代磔刑考辨》，《东北师大学报》（哲学社会科学版）2016
年第 2 期。

161. 王雪静：《两汉时期"下狱死"考》，《首都师范大学学报》（社会科
学版）2016 年第 S2 期。

162. 柏桦、高金：《正法与就地正法考》，《社会科学辑刊》2016 年第 3 期。

163. 高若辰、高铭暄：《清代秋审与当代中国死刑复核程序的比较研究》，
《法治研究》2016 年第 4 期。

164. 吕丽：《中国传统的慎杀理念与死刑控制》，《当代法学》2016 年第
4 期。

165. 张行：《清代"慎刑"理念下的死刑制度》，硕士学位论文，郑州大
学法律硕士专业，2016。

166. 李雪蓉：《宋代死刑复核制度研究》，硕士学位论文，吉林大学法律硕
士专业，2016。

167. 卢祎：《宋代死刑制度研究》，硕士学位论文，西南政法大学法律史专
业，2016。

168. 麦丽斯：《明代死刑立法研究》，硕士学位论文，内蒙古大学法律硕士
专业，2016。

169. 冯义强、王剑：《死刑适用案例指导制度的构建——以清代秋审成案机
制为鉴》，《福建农林大学学报》（哲学社会科学版）2017 年第 5 期。

170. 司茹：《〈大清新刑律〉死刑制度研究》，硕士学位论文，郑州大学法
律硕士专业，2017。

171. 刘杰杰：《从秋审看清代的死刑文化》，硕士学位论文，烟台大学法律
硕士专业，2017。

172. 黄露露：《清代慎刑制度研究》，硕士学位论文，安徽大学法律史专
业，2017。

173. 魏道明：《汉代"殊死"考》，《青海民族大学学报》（社会科学版）
2018 年第 1 期。

174. 胡兴东：《宋朝死罪分类制度及对死刑适用的影响》，《郑州大学学

报》（哲学社会科学版）2018 年第 1 期。

175. 娜鹤雅：《晚清中央与地方关系下的就地正法之制》，《清史研究》
2018 年第 1 期。

176. 涂思瑜：《试论唐宋明清时期死刑立法的演变》，硕士学位论文，南昌
大学法律史专业，2018。

177. 林晓炜、周东平：《唐代死刑复核制度之研究》，《山西大同大学学
报》（社会科学版）2019 年第 2 期。

178. 李睿：《论终身监禁的法律性质——以中国古代的死刑减等刑为视
角》，《绥化学院学报》2019 年第 3 期。

179. 刘安志：《"比古死刑，殆除其半"与唐贞观年间的死刑减免问题》，
《历史研究》2019 年第 4 期。

180. 刘晓林：《传统刑律中的死刑限制及其技术策略——以〈唐律疏议〉
中的"至死"为中心的考察》，《四川大学学报》（哲学社会科学版）
2019 年第 6 期。

181. 何慧：《我国死刑复核制度之完善研究——以清朝秋审为视角》，《法
学杂志》2019 年第 9 期。

182. 陈俊强：《唐代死刑发展的几个转折》，《中华法理的产生、应用与转
变》2019 年 12 月。

183. 凡如玉：《宋代死刑案件的审理和监督研究》，硕士学位论文，南京师
范大学法律史专业，2019。

184. 陈嘉煌：《清代凌迟刑研究》，硕士学位论文，武汉大学专门史专
业，2019。

185. 刘任：《清代死刑制度的立法特征：基于〈大清律例〉的实证研究》，
硕士学位论文，西南财经大学法律硕士专业，2019。

186. 贾怡萍：《夏商西周刑罚研究》，硕士学位论文，苏州大学中国古代史
专业，2019。

187. 宋艺：《论清代死刑监候制度的慎刑表现》，硕士学位论文，南京师范
大学法律史专业，2019。

188. 赵久湘：《秦汉简牍法律文献所见死刑与〈唐律疏议〉死刑之比较》，
《渤海大学学报》（哲学社会科学版）2020 年第 1 期。

189. 刘晓林：《唐律中的"杀"与"死"》，《政法论坛》2020 年第 3 期。

190. 杨鹏程：《宋代刑案奏裁制度研究》，硕士学位论文，安徽大学法律史专业，2020。

191. 张乾：《春秋时期的戮刑》，硕士学位论文，吉林大学中国史专业，2020。

192. 孙祺祺：《清代秋审免死减等机制研究》，博士学位论文，吉林大学法律史专业，2020。

编辑部章程

第一章　总则

第一条　《法律文化研究》是由中国人民大学法律文化研究中心与北京市法学会中国法律文化研究会组织编写、曾宪义法学教育与法律文化基金会资助、社会科学文献出版社出版的学术集刊。

第二条　《法律文化研究》编辑部（以下简称编辑部）负责专题的策划、征稿、审定、编辑、出版等事宜。

第三条　《法律文化研究》为年刊或半年刊，每年出版一辑或两辑。

第二章　组织结构

第四条　编辑部由编辑部主任一名、副主任两名、编辑若干名组成。编辑部主任负责主持编辑部的日常工作，统筹《法律文化研究》刊物的总体策划与协调。

第五条　《法律文化研究》实行各辑主编责任制，负责专题的拟定、申报（或推荐）和稿件编辑工作。每辑主编采取自荐或者他人推荐的方式，经编辑部讨论后确定。

第六条　编辑部成员须履行下列义务：（1）遵守编辑部章程；（2）积极参加编辑部的各项活动，连续两年不参加活动者视为自动退出。

第七条　编辑部每年召开一次编务会议，审议稿件并讨论第二年的工作计划。

第三章　经费使用

第八条　编辑部经费来源于曾宪义法学教育与法律文化基金会。

第九条　编辑部给予每辑主编一定的编辑费用，由各辑主编负责编辑费用的管理、支配和使用，并按照主办单位的财务要求进行报销。

第十条　编辑部不向作者收取任何费用，也不支付稿酬。作品一旦刊发，由编辑部向主编赠送样刊 30 本，向作者赠送样刊 2 本。

第四章　附则

第十一条　本章程由《法律文化研究》编辑部负责解释。

第十二条　本章程自 2014 年 4 月 1 日起施行。

征稿启事

《法律文化研究》发刊于 2005 年，是由曾宪义教授主编，中国人民大学法律文化研究中心、曾宪义法学教育与法律文化基金会组织编写的学术集刊。自创刊以来，承蒙学界同人的支持，至 2010 年已出版六辑，并获得学界的肯定，在此向支持《法律文化研究》的各位专家学者致以诚挚的感谢。

自 2014 年度起，《法律文化研究》改版续发，每年年底由中国人民大学法律文化研究中心、北京市中国传统法律文化研究会组织，编辑部审议所申报的选题，并决定次年的出版专题。《法律文化研究》由曾宪义法学教育与法律文化基金会资助，社会科学文献出版社出版，每年出版一辑或两辑。选题来源于各位同人的申报以及编辑部成员的推荐，申报者自任主编，实行主编负责制。

改版后的《法律文化研究》，向海内外学界同人诚恳征稿。

图书在版编目（CIP）数据

法律文化研究. 第十五辑, 中国传统死刑专题 / 姜
晓敏主编. -- 北京：社会科学文献出版社，2022.8
ISBN 978 - 7 - 5201 - 9272 - 9

Ⅰ.①法… Ⅱ.①姜… Ⅲ.①法律 - 文化研究 - 丛刊
②死刑 - 研究 - 中国　Ⅳ.①D909 - 55 ②D924.124

中国版本图书馆 CIP 数据核字（2021）第 221147 号

法律文化研究　第十五辑：中国传统死刑专题

主　　编／姜晓敏
副 主 编／张文韬

出 版 人／王利民
责任编辑／芮素平
责任印制／王京美

出　　版／社会科学文献出版社·联合出版中心（010）59367281
　　　　　　地址：北京市北三环中路甲 29 号院华龙大厦　邮编：100029
　　　　　　网址：www.ssap.com.cn
发　　行／社会科学文献出版社（010）59367028
印　　装／三河市尚艺印装有限公司

规　　格／开　本：787mm × 1092mm　1/16
　　　　　　印　张：22.5　字　数：366 千字
版　　次／2022 年 8 月第 1 版　2022 年 8 月第 1 次印刷
书　　号／ISBN 978 - 7 - 5201 - 9272 - 9
定　　价／149.00 元

读者服务电话：4008918866